ELFENBEIN
BAROCKE PRACHT AM WIENER HOF

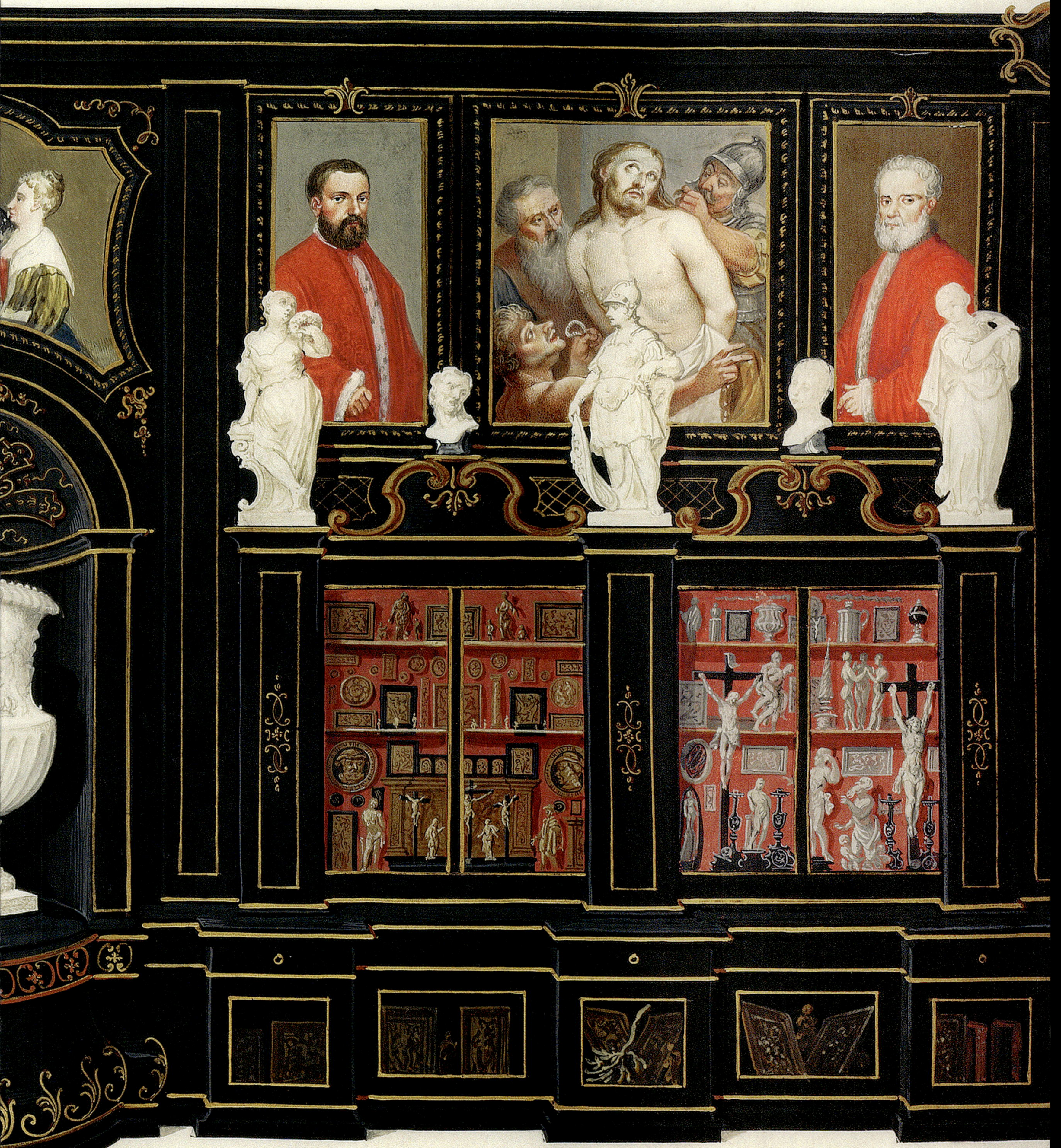

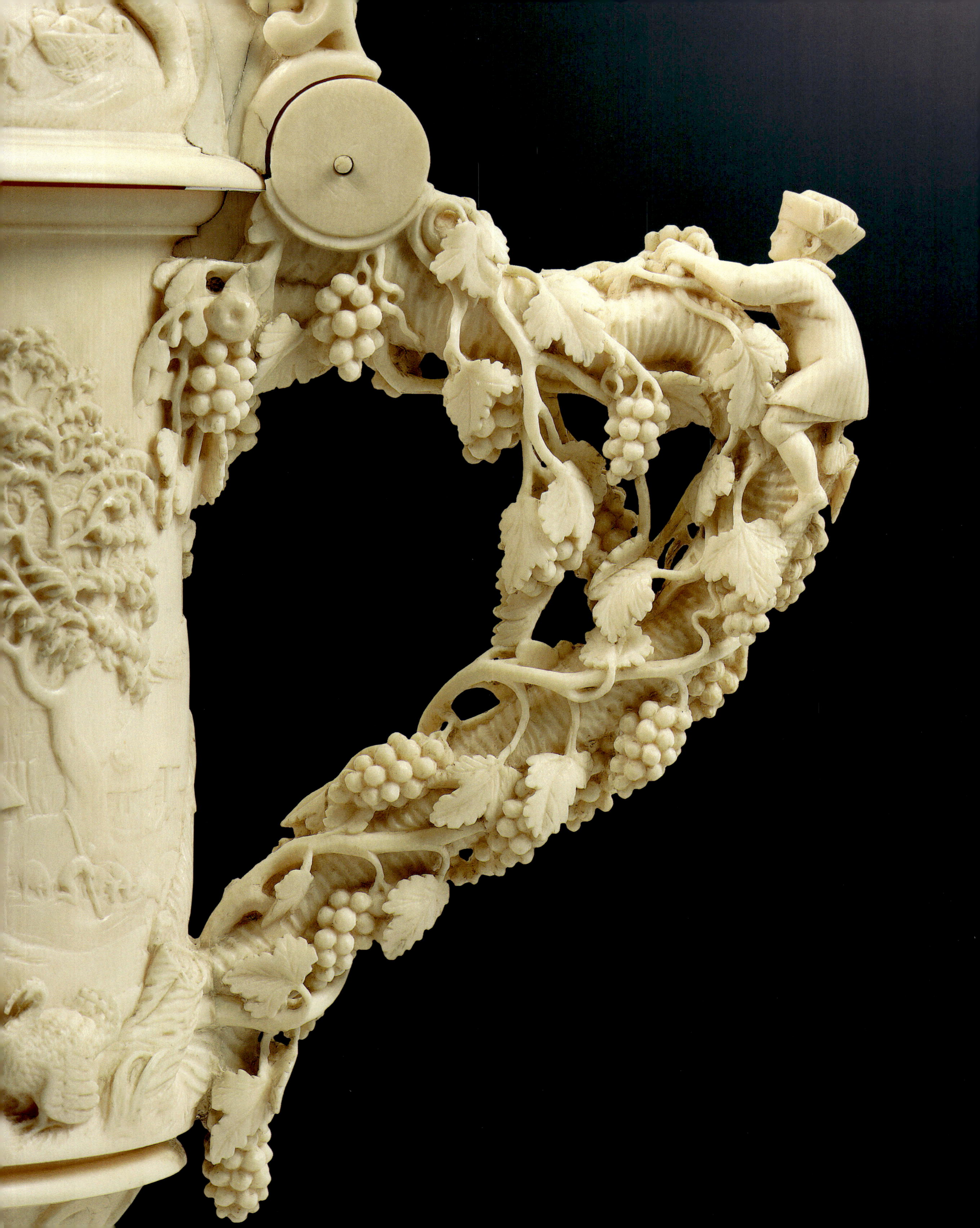

Elfenbein
Barocke Pracht am Wiener Hof

herausgegeben von
Maraike Bückling und Sabine Haag

Liebieghaus Skulpturensammlung, Frankfurt am Main
3. Februar bis 26. Juni 2011

Eine Ausstellung der Liebieghaus Skulpturensammlung, Frankfurt am Main,
in Zusammenarbeit mit dem Kunsthistorischen Museum Wien

Liebieghaus
SKULPTUREN
SAMMLUNG

Gefördert von

Georg und Franziska Speyer'sche Hochschulstiftung

REINER WINKLER STIFTUNG

Stadt Frankfurt am Main

Medienpartner

Frankfurter Rundschau

VerkehrsGesellschaft Frankfurt am Main VGF

LOREY seit 1796

Kulturpartner

hr2 kultur

Inhalt

Vorwort

MAX HOLLEIN

Seine Herkunft aus fernen und unbekannten Ländern sowie seine Seltenheit machten Elfenbein im Barock zur großen Kostbarkeit. Die faserfreie und feine, netzartige Struktur kann durch meisterliche Oberflächenbehandlung zu seidiger Glätte gebracht werden. Virtuose Meister der Elfenbeinkunst fertigten daraus Kunstkammerstücke, die einen hohen Kunstwert, jedoch keinerlei Gebrauchswert besitzen, selbst wenn Kannen, Pokale, Humpen oder Schalen Bildträger sind. Die Erlesenheit des Werkstoffs diente fürstlich-imperialem Repräsentationsanspruch, war sein Besitz doch auch ein Ausweis von Reichtum. Die schimmernde Oberfläche und weiche Körpermodellierung kamen und kommen der genussvollen Betrachtung entgegen. Diesem faszinierenden Material widmeten wir uns mit den Ausstellungen »Elfenbein. Einblicke in die Sammlung Reiner Winkler« (2001) und »Der Furienmeister« (2006). Die Schau »Elfenbein. Barocke Pracht am Wiener Hof«, die in Zusammenarbeit mit dem Kunsthistorischen Museum Wien entstand, greift das Thema erneut auf.

Im 17. Jahrhundert entwickelte sich die Vorliebe für exquisit gearbeitete Kunstwerke aus Elfenbein und vergleichbaren Materialien wie Walrosszahn, Rhinozeroshorn und Narwalzahn, dem sagenhaften Horn des Einhorns. Ihre höchste Blüte erlebte die Elfenbeinkunst in Wien zur Zeit von Kaiser Ferdinand III. (reg. 1637–1657), von Kaiser Leopold I. (reg. 1658–1705) und des Fürsten Karl Eusebius von Liechtenstein (reg. 1627–1684). Die Regenten erlernten das Drechseln als fürstliches Handwerk, besaßen mehrere Drechselbänke und hatten Hofdrechsler angestellt. Ihre besondere Begeisterung für das Material führte dazu, dass sie die Elfenbeinschnitzer Adam Lenckhardt (1610–1661), Johann Caspar Schenck (um 1620–1674) und Matthias Steinl (1643/ 44–1727) als Kammerkünstler fest an ihre Höfe banden. Die große Bedeutung, die dem Elfenbein in Wien beigemessen wurde, zog zahlreiche weitere Künstler in die kaiserliche Residenz. Unbestritten entwickelte sich Wien zum bedeutendsten Zentrum der barocken Elfenbeinkunst.

Am Beginn der Planungen für diese Ausstellung stand die Verabredung eines gemeinsamen Projektes mit dem Kunsthistorischen Museum in Wien und seiner Generaldirektorin Sabine Haag, einer ausgewiesenen Elfenbeinspezialistin. In Gesprächen kristallisierte sich rasch das Thema der Ausstellung heraus: die Elfenbeinkunst des 17. Jahrhunderts. Die wertvollen Schnitzereien dokumentieren nicht nur die barocke Pracht im kaiserlichen Wien, sondern auch eine nie wieder erreichte Meisterschaft in der Behandlung des kostbaren Materials.

Ohne die entgegenkommende Bereitschaft von Privatsammlern und Museen, sich für längere Zeit von kostbaren Werken zu trennen und sie unserer Obhut anzuvertrauen, wäre dieses Vorhaben nicht realisierbar gewesen. Allen voran gilt dies für das Kunsthistorische Museum in Wien, das uns in beispielloser Großzügigkeit 23 Leihgaben der Wiener Kunstkammer, der Geistlichen Schatzkammer Wien und der Hofjagd- und Rüstkammer Wien zugesagt hat. Dazu zählen Werke, die entweder überhaupt noch nie oder nicht außerhalb Wiens ausgeliehen wurden, so das beeindruckende Relief »Martyrium des heiligen Sebastian«, das dem großartigen, leider noch immer namenlosen Bildhauer seinen Notnamen »Meister der Sebastiansmartyrien« verleiht. Zu der Auswahl gehören ferner Inkunabeln wie Matthias Steinls »Allegorie der Elemente Wasser und Luft« aus Walrosszahn oder auch die große Prunkschale von Balthasar Grießmann, die mit Landschaftsdarstellungen geschmückt ist. Die vor Einfallsreichtum sprühende Gestaltung der reich mit feinsten Details ausgestatteten Prunkkannen, Deckelbecher und Pokale von Grießmann und Johann Caspar Schenck, eine aus dem seltenen und kostbaren Rhinozeroshorn geschaffene Bacchantengruppe von Adam Lenckhardt, meisterliche Reliefs von Ignaz Elhafen und Ignaz Bendl sowie ein von Kaiser Leopold I. gedrechselter Deckelbecher werden ebenfalls in der Ausstellung zu sehen sein.

Vom ersten Moment an stellte uns auch Reiner Winkler generös und freigebig Leihgaben zur Verfügung. Wir können aus seiner Sammlung Werke von Bildhauern zeigen, die zu den herausragendsten des 17. Jahrhunderts zählen: von Adam Lenckhardt, Ignaz Elhafen, Balthasar Grießmann, Johann Caspar Schenck, Jacob Auer und – allen voran – von Matthias Steinl.

Einzelne besonders ausgewählte Werke, die für eine solche Ausstellung unverzichtbar sind, durften wir vom Bayerischen Nationalmuseum München, vom Badischen Landesmuseum Karlsruhe, vom Hessischen Landesmuseum Darmstadt, vom Hamburger Museum für Kunst und Gewerbe und von der Kunsthandlung Julius Böhler leihen: Zentrale Schlüsselwerke von Adam Lenckhardt, die einst zu den Sammlungen des Fürsten von und zu Liechtenstein gehörten, eine lange in Privatbesitz verschollene Gruppe von Matthias Steinl, ein Relief des Meisters der Sebastiansmartyrien und ein virtuos gearbeitetes Relief von Jacob Auer runden die Ausstellung inhaltlich auf höchstem Niveau ab. Wir danken den Museen ebenso wie den Privatbesitzern für ihre zuvorkommende und hochherzige Zusammenarbeit.

Doch nicht allein diese überwältigenden Zusagen und Vereinbarungen, die ein Zeichen größter Kollegialität sind, legten den Grundstein für unsere Ausstellung. Ebenso gilt dies für die enge Zusammenarbeit mit Sabine Haag, die den Katalog mit herausgibt. Unsere Kooperation ist ein weiteres Beispiel für die freundschaftliche Verbundenheit der beiden Häuser, die nun einen besonderen Höhepunkt erfährt. Wir danken Sabine Haag und auch ihren Mitarbeitern, allen voran Barbara Goldmann und Thomas Kuster, für ihre so überaus liebenswürdige und stets hilfsbereite Unterstützung sehr herzlich.

In der Verwirklichung dieses anspruchsvollen Ausstellungsvorhabens wurden wir von einem Kreis von Stiftungen, Partnern und Förderern unterstützt.

Ein großer Dank geht an die Georg und Franziska Speyer'sche Hochschulstiftung, insbesondere an den Geschäftsführer Günter Hampel, für sein Vertrauen in unsere Arbeit und die Förderung dieser besonderen Schau.

Hervorheben möchte ich gleichfalls die Unterstützung des umfangreichen Katalogs und inhaltliche Anteilnahme an den Vorbereitungen der Ausstellung durch die Reiner Winkler Stiftung. Mein Dank gilt hierbei dem Stiftungsrat Herbert Beck und Christian Theuerkauff.

Unseren Medienpartnern, der Frankfurter Rundschau und der Verkehrsgesellschaft Frankfurt am Main wie auch unserem Kulturpartner hr2-kultur danke ich für die gute Kooperation und Unterstützung im Rahmen der Ausstellung. Ebenso freue ich mich, dass das Frankfurter Traditionsgeschäft Lorey unsere Ausstellung als Marketing-Partner unterstützt.

Die Umsetzung und Realisierung eines so aufwendigen Ausstellungsprojektes wäre für die Liebieghaus Skulpturensammlung ohne die große und engagierte Unterstützung der Stadt Frankfurt nicht möglich. Ich möchte mich daher an dieser Stelle sehr herzlich bei der Oberbürgermeisterin Petra Roth und dem Kulturdezernenten Felix Semmelroth, stellvertretend für alle Entscheidungsträger, bedanken.

Zu danken ist ferner den zahlreichen Mitarbeitern, ohne die die Ausstellung nicht zu realisieren gewesen wäre: Ganz besonders gebührt dies unseren Autoren – Eva Maria Breisig, Christine Kitzlinger, Thomas Kuster, Astrid Scherp und Sabine Schwab – für ihre instruktiven, den Katalog bereichernden Beiträge.

Besonderer Dank geht gleichfalls an die Kollegen und Kolleginnen im Städel Museum und in der Liebieghaus Skulpturensammlung, die sich mit Enthusiasmus, Können und Kreativität um die Ausstellung und den Katalog verdient gemacht haben: Die Projektleitung lag ein weiteres Mal in den Händen von Eva Maria Breisig, die mit großem Engagement, Liebenswürdigkeit und Zuverlässigkeit zu einer Stütze auch dieses Ausstellungsvorhabens wurde.

Großer Dank gebührt allen, die der Ausstellung gestalterisch ihr Gesicht gaben: Das Architektenteam Kühn/Malvezzi, vor allem Nina Beitzen und Steffen Oestreich, war für die Präsentation der Ausstellung verantwortlich. Cathrin Ladwig gestaltete das Plakat, den Katalogeinband und das Layout des Katalogs. Für das Marketing der Ausstellung waren Kerstin Schultheis und ihre Mitarbeiterinnen Laura Salice und Daniela Bamberger verantwortlich. Sandra Adler und Klaus Benderoth waren mit der Grafik der Ausstellung betraut. Eva Mongi-Vollmer bereitete die Katalogausschreibung vor, leitete die Verhandlungen mit dem Verlag und begleitete die Entstehung des Katalogs in allen Phasen. Das Lektorat lag in den Händen von Ines Dickmann. Schließlich sind der Imhof Verlag und hier insbesondere Michael Imhof, Marina thom Suden und Carolin Zentgraf zu nennen, deren Professionalität wesentlich zum Gelingen des Katalogs beitrug. Ihnen allen danken wir für ihre Zuverlässigkeit und ihr Engagement.

Die stets zuverlässige Abwicklung des Leihverkehrs und des Leihgabentransports lag in den Händen von Katja Hilbig, Doris Prade und vor allem Sven Lubinus. Von Anfang an war auch Harald Theiss, Restaurator des Liebieghauses, an der Vorbereitung der Ausstellung beteiligt. Er behielt die restauratorischen Belange stets im Blick und kümmerte sich, zusammen mit Sabine Schwab und Petra Bausch, um den sorgsamen Umgang mit den uns anvertrauten Leihgaben.

Chantal Eschenfelder, unterstützt von ihren Mitarbeiterinnen Kirsten Herrmann und Céline Mülich, die auch das Begleitheft für die Ausstellung verfasste, betreute in bewährter Weise die Planung und Durchführung des Veranstaltungsprogramms, bestehend aus Vorträgen, Führungen sowie Workshops für Kinder und Erwachsene. Das Veranstaltungsmanagement wurde maßgeblich von Antje Jacob betreut. Ausstellung und Veranstaltungsprogramm werden durch die umfangreiche Pressearbeit der Öffentlichkeit vermittelt; hierfür sei Dorothea Apovnik und ihren Mitarbeitern Sarah Heider und Axel Braun vielmals gedankt. Julia Lange und Julia Hammer stellen seit Langem einen engen Kontakt zu unseren Förderern her. Ich danke ihnen sehr herzlich für ihre bewährte Zusammenarbeit mit den Sponsoren.

Hinter den Kulissen wirkte Stephan Zimmermann mit seinem Team, um die Ausstellung ins rechte Licht zu rücken. Nils Jahnke, Thomas König und Thomas Pietrzak kümmerten sich um alle handwerklichen Belange. In der Verwaltung unterstützten uns in gewohnt kompetenter Weise Heinz-Jürgen Bokler, Leiter der Finanzen, und sein Team.

Mein besonderer Dank gilt schließlich Maraike Bückling, Sammlungsleiterin für die Skulptur von der Renaissance bis zum Klassizismus hier am Liebieghaus. Sie hat diese Ausstellung gemeinsam mit Sabine Haag kuratiert und ist für den großen Teil der Arbeit an Katalog und Ausstellungskonzeption verantwortlich. Es galt für die Liebieghaus Skulpturensammlung die Chance zu ergreifen, die herausragende Elfenbeinsammlung des Kunsthistorischen Museums in Wien gemeinsam mit der exquisiten Sammlung von Reiner Winkler sowie einer Auswahl von weiteren Leihgaben zeigen zu können. Maraike Bückling hat diese einmalige Möglichkeit mit großer Energie und wissenschaftlichem Interesse in kurzer Zeit auf den Weg gebracht und in eine hervorragende Ausstellung und einen eindrucksvollen Katalog umgesetzt.

Einführung

»... das artigste ... alss ich mein tage wass gesehen habe ...«

ELFENBEINKUNST IM KAISERLICHEN WIEN DER BAROCKZEIT

SABINE HAAG

Das Besitzen, Bewahren und Präsentieren kostbarer und rarer Schätze gehört zu den Grundfesten herrschaftlicher Lebenskultur. Nicht zufällig entstanden und wuchsen zwischen dem 15. und 17. Jahrhundert eine Fülle von Sammlungen: die botanischen Gärten, die Menagerien und zoologischen Gärten; die enzyklopädisch weiten Kunst- und Wunderkammern ebenso wie die enger spezifizierten Naturalien- und Raritätenkabinette, die Kuriositätenkabinette und Monstrenkollektionen. Mit vollem Recht hat man jüngst die fürstlichen Kunstkammern, jene Sammelform, die ab der Mitte des 16. Jahrhunderts eine zunehmend konturierte Gestalt annimmt, als Mutter aller Sammlungen bezeichnet. Als wichtigstes Prinzip kennzeichnet die Kunstkammern der frühen Neuzeit das Bestreben, Produkte der Natur, die »naturalia«, und jene des Menschen, die »artificialia«, zusammenzubringen und einander gegenüberzustellen. Es stand dabei im Bewusstsein der Zeit, dass »viele Dinge weder ganz zur Natur noch ganz zur Kunst gehören, sondern dass beide an ihnen teilhaben«.[1]

Dieses Verhältnis zwischen der Welt der Natur und der Welt der Kunst fand im Kosmos der fürstlichen Kunstkammern seinen besonders sinnfälligen Ausdruck in der Gestalt jener komplexen Gebilde, bei denen außergewöhnliche Naturalien wie Straußeneier, Muscheln, Korallen oder auch Erze und Mineralien in weitestgehend zweckfreie, also nicht für eine praktische Verwendung vorgesehene Schauobjekte einbezogen wurden. Höfische wie bürgerliche Sammellust konzentrierte sich auf das kleinformatige Kunstwerk, das in die Hand genommen werden sollte und ein spielerisches Entdecken und aufmerksames Betrachten aus der Nähe verlangte. Die kleinformatigen Liebhaberstücke dienten ihrem Besitzer über die persönliche Freude hinausgehend als Ausgangspunkt gelehrter Unterhaltung mit den Gästen. Der Sammler, der von der materiellen Schönheit und künstlerischen Virtuosität seiner Schätze gefesselt war, nutzte die elitäre Sammlungsform der Kunstkammer über das Divertissement hinausgehend, um mit ihrer Pracht und Vielfalt im Wettbewerb mit den anderen Sammlern die Spitze zu erreichen. Die Geschichte einzelner fürstlicher Kunstkammern zeigt, in welchem Maße ihre Entwicklung vom jeweiligen Regenten abhing.[2] Innerhalb kurzer Zeit hatte sich die Kunstkammer, die als Ort fürstlicher Repräsentation für einen ausgewählten Personenkreis zugänglich war, zu einem Medium herrschaftlichen Weltverständnisses entwickelt. Die berühmtesten habsburgischen Kunstkammern, jene von Erzherzog Ferdinand II. von Tirol (1529–1595) auf Schloss Ambras bei Innsbruck sowie jene von Kaiser Rudolf II. (reg. 1576–1612) in Prag, prägten entscheidend die Vorstellung, die man sich von einer Kunstkammer des Manierismus und des Barock machte. Die intellektuelle Faszination der Kunstkammern, die den Versuch unternahmen, mit einem enzyklopädischen Sammlungsanspruch die Gesamtheit der erfahrbaren und bekannten

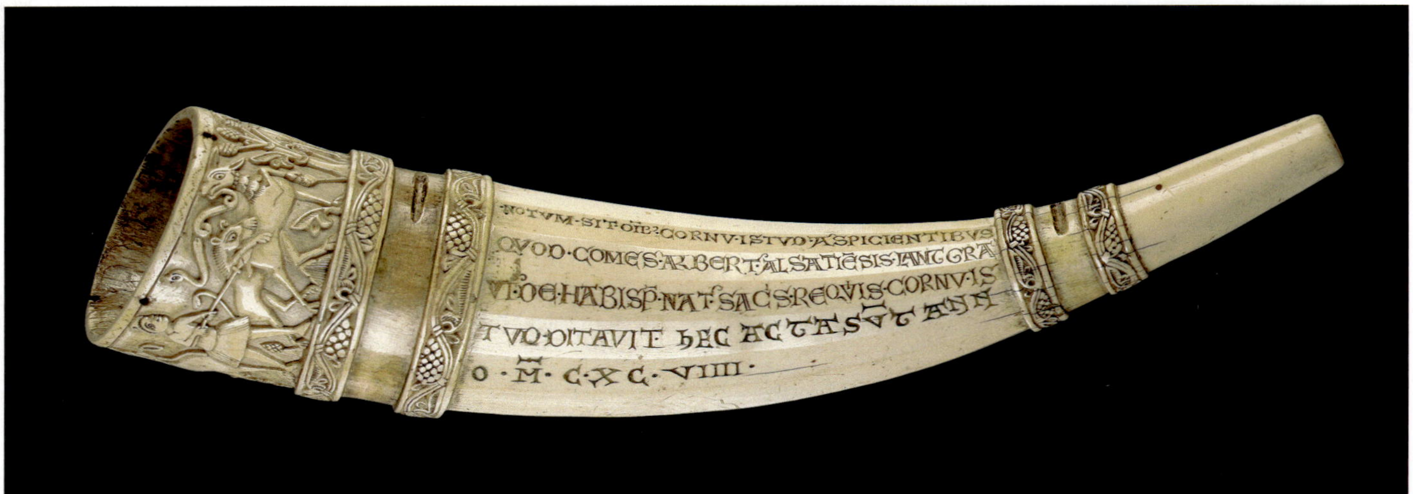

Abb. 1 Olifant, unteritalienisch, 11. Jahrhundert oder 1. Hälfte 12. Jahrhundert, Elfenbein, Wien, Kunsthistorisches Museum, Kunstkammer

Abb. 2 Fächer, Ceylon, 2. Hälfte 16. Jahrhundert, Elfenbein, Wien, Kunsthistorisches Museum, Kunstkammer

Abb. 3 Egidius Lobenigk, Elfenbeinkunststück mit Marcus Curtius, 1591–95, Elfenbein, Dresden, Grünes Gewölbe, Staatliche Kunstsammlungen

Welt zu erfassen und zu erklären, hat in der Modernität ihrer Fragestellung noch heute Gültigkeit.

Ganze Kunstgattungen verdanken ihre Blüte der Kunstkammer, wie etwa die Kleinbronzen, die Elfenbeinschnitzerei, die virtuosen Drechselarbeiten oder auch die Steinschneidekunst. Die Statuetten, Reliefs, Prunkgefäße und gedrechselten Kunststücke aus dem Stoßzahn des Elefanten waren zweckfreie Schaustücke von höchstem künstlerischen, technischen und materiellen Anspruch, die primär für den ästhetischen Genuss des feinsinnigen Connaisseurs hergestellt wurden. Der Reiz des sonderbaren, bizarren Materials der Natur im Wettstreit mit der künstlerischen Lösung, das Spiel, das spannungsgeladene Kräftemessen von Harmonie und Disharmonie ist immer ein Anliegen des künstlerischen Schöpfungsaktes geblieben. Vielleicht begründet sich in dieser bleibenden Aktualität der Kunstkammer ihre hohe Anziehungskraft auf das neugierige Auge des Betrachters. Höchste Ansprüche loteten einerseits die Grenzen des Materials und der menschlichen Fähigkeiten der Bearbeitung desselben aus, andrerseits entstand unter den Fürstenhöfen eine enorme Konkurrenz um die besten Werke. Beides nützte den Künstlern, die die Kunstkammer als »Theatrum Naturae et Artis« zur »utilitas et delectatio« bedienen sollten.[3]

Im komplexen Gebilde der Kunstkammer fand die spezielle Gattung der Kleinplastik ein adäquates Umfeld, wenngleich sie auch nicht deren Mittelpunkt bildete. Die Inventare der fürstlichen Sammlungen glichen einander in der Aufzählung des Reichtums ihrer Schätze, deren Vielfalt und Facettenreichtum die kosmische Ordnung der Welt wiedergab. Dem Einzelobjekt wurde damals eine gänzlich andere Einschätzung als heute zuteil, in der das Kunstwerk gleich viel galt wie die Naturalie, das Buch um nichts wertvoller war als ein Federbild.

Exotica aus Elfenbein zählen überhaupt zu den frühesten Sammelgegenständen (Abb. 1).[4] In den Kunstkammern der Habsburger, deren Sammeleifer zuvorderst von der »curiositas« getrieben war, fanden sich seit dem 16. Jahrhundert Gegenstände aus »helffenpain«,[5] wie etwa »… ain schener helfenpainer gar khunstlicher windmacher mit aim schön durchgraben langen still«, der 1596 im Nachlassinventar von Erzherzog Ferdinand II. beschrieben ist (Abb. 2).[6] Das facettenreiche Themenspektrum der in den Kunstkammern beheimateten europäischen Elfenbeinkunst umfasst antik-mythologische, profane sowie religiöse Stoffe, deren virtuose Umsetzung Staunen und höchste Bewunderung hervorrief.[7]

Zur Nobilitierung von Elfenbein als spezifisch höfischer Werkstoff trug mit Sicherheit auch das fürstliche Dilettieren an der Drehbank bei, in dem sich »recréation« und spielerisches Lernen vereinten.[8]

Als von Gott ausersonnen, wie es in einem Gedicht von Hans Weber aus dem Jahr 1589 heißt,[9] galt die von Fürsten ausgeübte Maschinenkunst des Drechselns in Elfenbein. Wir wissen von habsburgischen Kaisern, Königen und Erzherzögen, dass sie viele Stunden des Tages an ihren von Spezialisten mittels Patronen programmierten Drechselbänken standen. In München taten es ihnen die Wittelsbacher gleich. Die

Abb. 4 Lorenz Zick, Konterfettenkugel, 2. Drittel 17. Jahrhundert, Elfenbein, Wien, Kunsthistorisches Museum, Kunstkammer

Abb. 5 Christoph Angermair, Herzog Wilhelm V. von Bayern, 1602, Elfenbein, Wien, Kunsthistorisches Museum, Kunstkammer

Epoche, in der die Fürsten Europas drechselten, war fasziniert von den Programmwerken der Uhren, Sphären und Automaten, in denen immer der mechanische Ablauf vorhersehbar, geregelt und geordnet war, nichts dem Zufall überlassen blieb und alle Bewegungen nach einem einsehbaren geometrischen Plan funktionierten. Das Faszinosum der Mechanik lag in ihrer Regelhaftigkeit, alles folgte dem vom Erbauer vorgegebenen Plan, dem Programm. Produkte ihrer Betätigung lassen sich heute noch in der Wiener Kunstkammer finden. Daneben legten noch geheimnisvolle Schließmechanismen und raffinierte Werkzeuge ein Zeugnis für jüngste technische Innovationen und bestaunenswertes Virtuosentum ab. Die »Welt als Uhr«, der »Staatsapparat«, waren die mechanischen Metaphern dieses mechanistischen Zeitalters mit seiner heimlichen, nicht ausgesprochenen Vorliebe für eine autoritäre Ordnung.

Der Umstand, dass frühneuzeitliche Fürsten drechselten, war Ausdruck einer Veränderung der Maximen adeliger Erziehung. Seit der Antike war der »cortegiano«, der Hofmann, nicht der Staatsmann das pädagogische Ziel. Aus den adeligen Tugendlehren, die seit Aristoteles gleich geblieben waren, war alles Utilitaristische ausgespart; stets hieß es: »exempla docent« (Beispiele lehren).

Am kursächsischen Hof in Dresden scheint mit dem aus Regensburg stammenden Jakob Zeller (1581–1620) die neuartige Verbindung von Drechselarbeit und Skulptur, die mit Egidius Lobenigk (tätig 1584–1595) im ausgehenden 16. Jahrhundert ihre Anfänge genommen hatte, überzeugend geglückt zu sein (Abb. 3).[10]

Zu den eindrucksvollsten und komplexesten Gegenständen, die auf der Drehbank hergestellt wurden, zählen die sogenannten Konterfettenkugeln. Einer Nürnberger Tradition des frühen 18. Jahrhunderts folgend führte man fälschlicherweise die Idee zu diesen komplizierten Kunststücken auf die in Nürnberg ansässige Familie Zick zurück. Lorenz Zick (1584–1660) wies übrigens in den Jahren 1642/44 als Kammerdrechsler Ferdinands III. den Kaiser an der Drehbank ein.[11] Vermutlich ist in jenen Jahren die eindrucksvolle Konterfettenkugel mit Herkules (Abb. 4) entstanden, die der deutsche Jurist Johann Basilius Kuechelbecker 1730 in der kaiserlichen Schatzkammer gesehen hatte: »Eine auf einem Stativ oder Fuß stehend Kugel, auf derselben sind unterschiedliche Brust-Bilder etlicher Kayser. Dieselbe ist hohl, und wenn man durch ein Löchlein in solche siehet, so erblickt man das Bildniß des heylandes und der

Abb. 6 Furienmeister, Furie, um 1610, Elfenbein, Wien, Kunsthistorisches Museum, Kunstkammer

Jungfrau Maria, welche ein Mahler durch das kleine Löchlein in die hohle Kugel gemahlet hat.«[12]

Hof- und Kammerdrechsler waren hoch bezahlte Künstler-Ingenieure. Mit einem mathematisch-konstruktiven Geist ausgestattet, schufen sie nicht nur auf Grundlage komplizierter Berechnungen virtuose Kunststücke, sondern fertigten auch die dazu notwendigen Spezialwerkzeuge an. Sie waren Spezialisten einer Maschinenkunst, die um 1600 höchste Bewunderung erzielte, denn ihre Kunst war das Ergebnis eines perfekten Zusammenspiels von angewandter Mathematik und Technologie, von handwerklicher Präzision und künstlerischer Virtuosität.[13]

Es waren offensichtlich sowohl Drechsler als auch Bildhauer, die mit Elfenbein arbeiteten. In diesem Zusammenhang muss berücksichtigt werden, dass die im 17. und 18. Jahrhundert allgemein übliche Berufsbezeichnung »Bildhauer« überhaupt keinen Hinweis auf eine eventuelle Spezialisierung, etwa als Holzschnitzer, Marmormeißler, Elfenbeinstecher oder Steinbockhornschnitzer, gibt. Während seiner ganzen Lehrlings- und Gesellenzeit wurde ein Bildhauer vom 15. bis in das frühe 19. Jahrhundert grundsätzlich in der künstlerischen Gestaltung aller bearbeitbaren Materialien ausgebildet, sodass die generelle oder auch temporäre Präferenz für einen bestimmten Werkstoff individuellen Kriterien überlassen war.[14] Kleinplastik wurde nur zu einem geringen Teil auf Bestellung gearbeitet. Das fürstliche Mäzenatentum, das sich eine eigene Hofwerkstatt leisten konnte, spielte gegenüber dem Verkauf über den freien Markt lediglich eine untergeordnete Rolle.

Der Hof sah seine Aufgabe nicht im fördernden Mäzenatentum, wie oft fälschlich angenommen wird; beschäftigt wurden nur jene Künstler, deren kunsthandwerkliche Fähigkeiten gut genug waren, um dem Ausdruck imperialer Selbstdarstellung in adäquater Weise dienlich sein zu können. Das Streben nach der Darstellung von Macht und Würde, von Kunstsinn und breitem Wissen wurde begleitet von einer immensen Sammellust, die ihre großartigste Ausprägung in der Kunstkammer, jener seit der Mitte des 16. Jahrhunderts typischen Sammlungsform nördlich der Alpen, fand. In den Kunstzentren Europas konnte jeder Fürst und jeder wohlhabende Bürger kaufen. Exklusivität hingegen war nur durch eigene Hofkünstler gesichert, die zuweilen genau nach den Wünschen der höfischen Auftraggeber arbeiteten. Als herausragendes Zentrum sei hier auf Prag mit der Hofkunst unter Kaiser Rudolf II. verwiesen, die im Bereich des Kunstgewerbes weit über dem Niveau von demjenigen anderer Höfe stand und deren Erzeugnisse zum Besten gehören, was damals in Europa geschaffen wurde. Etwa zeitgleich setzten Christoph Angermair (um 1580 –1633) am Hof der bayerischen Herzöge in München (Abb. 5) und der anonyme Furienmeister (Abb. 6) an der erzbischöflichen Residenz in Salzburg mit ihren ambitionierten Kunstkammerstücken Maßstäbe für nachfolgende Generationen von Elfenbeinkünstlern.[15] Die noch vor 1600 entstandenen Elfenbeinstatuetten von Francesco Terilli, gen. Rossetto (tätig in Feltre und Venedig 1596–1635), fanden erstaunlicherweise keine unmittelbare Nachfolge (Abb. 7).[16]

Im Laufe des 17. Jahrhunderts gewann das Elfenbein somit eine Stellung im höfischen Ambiente zurück, die es im Spätmittelalter schon einmal besessen hatte: Es avancierte erneut zum bevorzugten Material der Fürsten. Dieser Umstand erklärt unter anderem den enormen Umfang des avorischen Bestandes innerhalb der Wiener Kunstkammer, der sich über mehrere Generationen von Sammlern angehäuft hatte.[17] Der großartigste Zuwachs an Elfenbeinarbeiten ist unzweifelhaft mit Kaiser Leopold I. (reg. 1658–1705) und seiner Vorliebe für das ausgesprochen höfische Material verbunden. Seiner Sammeltätigkeit ist zu verdanken, dass die kaiserliche Residenzstadt Wien Anziehungspunkt für die besten Meister wurde: Adam Lenckhardt (1610–1661; Kat.-Nr. 1–5), der Meister der Sebastiansmartyrien (Kat.-Nr. 6–8), Johann Caspar Schenck (um 1620–1674; Kat.-Nr. 16–20), Balthasar Grießmann (um 1620–1706; Kat.-Nr. 9–15), Matthias Rauchmiller (1645–1686), Johann Ignaz Bendl (um 1650–um 1730; Kat.-Nr. 26–30), Matthias Steinl (1643/44–1727; Kat.-Nr. 21–23). Der Umstand, dass viele von diesen Künstlern anscheinend beinahe ausschließlich in Elfenbein gearbeitet haben, hat die Bedeutung und das hohe Niveau der Elfenbeinschnitzerei im barocken Wien zusätzlich gefördert.

Das 1720 bis 1733 von Ferdinand Storffer in drei Bänden gemalte Bildinventar der kaiserlichen Gemäldegalerie Karls VI. in der Stallburg illustriert das Erscheinungsbild der Galerieräume, in die antike wie neuzeitliche Skulpturen, Goldschmiedearbeiten, Naturalia, Münzen, Medaillen und Kuriositäten integriert waren. Der reiche Bestand an Elfenbeinarbeiten war im »Schwarzen Kabinett« in Glaskästen dicht nebeneinander aufgestellt (Abb. 8) oder im Eckkabinett als »Wunder-Stücke aus verschiedener Matery als … Elffenbein … versammelt« in die Holzvertäfelung eingelassen.[18] Ein besonders prominenter Platz wurde dem

Abb. 7 Francesco Terilli, Maria und Johannes, um 1600, Elfenbein, Wien, Kunsthistorisches Museum, Kunstkammer

bildhaften Martyrium des heiligen Sebastian zugewiesen, das sich heute stark fragmentiert und ergänzt in Linz befindet (Abb. 9). 1656 war Erzherzog Leopold Wilhelm (1614–1662), Statthalter der Spanischen Niederlande, von Brüssel nach Wien zurückgekehrt. Er brachte nicht nur eine umfangreiche Bildersammlung von rund 1500 Gemälden mit, die in Teilen ebenfalls in der Stallburg eine Bleibe von relativ langer Dauer fand, sondern ließ auch seine Kunst- und Schatzkammer »unter die Statuen« stellen,[19] die im Prodromus von 1735 aus dem räumlichen Kontext mit den Gemälden entflochten reproduziert wurden (Abb. 10).[20] Eine analoge Anordnung von Schätzen, wo über den Stallungen die Rüstkammer und darüber die Kunstsammlungen aufgestellt waren, ist in zahlreichen Residenzen Europas (Ambras, Florenz, Dresden, München, Kassel, Madrid und Prag) nachweisbar.

Zur Zeit Karls VI. (reg. 1711–1740) gab es allerdings noch eine zweite kaiserliche Schatzkammer, die sogenannte Kleine Geheime Schatzkammer, von der ein Inventar aus dem Jahre 1731 erhalten ist.[21] Bemerkenswert scheint, dass in dieser privat gehaltenen, Besuchern nicht zugänglichen Schatzkammer das kuriose Monument mit Kaiser Leopold als Triumphator über die Türken von Christoph Maucher (1642–1706/07) Aufstellung gefunden hatte (Abb. 24).

Das im Zuge der Neuordnung der kaiserlichen Schatzkammer 1750 von Joseph Angelo de France, dem Schatzmeister von Maria Theresia, verfasste Schatzkammerinventar gibt Aufschluss darüber, dass nun zahlreiche Elfenbeinobjekte in die Kunstkammer Eingang gefunden hatten, die in der Schatzgalerie Ferdinands III. und Leopolds I. nicht genannt wurden.

Abb. 8 Ferdinand Storffer, Gemaltes Inventarium der Aufstellung der Gemäldegalerie in der Stallburg, Bd. II, 1730, fol. 5

Abb. 9 Meister der Sebastiansmartyrien, Martyrium des heiligen Sebastian, 1657, Elfenbein, Holz, Linz, Oberösterreichisches Landesmuseum

Die aus der Recherche der Archivalien gewonnenen Erkenntnisse ermöglichen neue kunst- und kulturhistorische Perspektiven, unter anderem zu ästhetischen Vorlieben des Hauses Habsburg, zur zeitgenössischen Rezeption der Kunstwerke sowie deren Kontextualisierung. Ein Vergleich der Schatzkammer-Beschreibung von 1730[22] mit jener der Jahre 1750 und 1771,[23] die beide die Umgestaltung durch Maria Theresia 1747 wiedergeben, belegt, dass die Anordnung der Materialgruppen und die Aufstellung der Objekte wesentlich verändert wurde. Unter Leopold I. und Karl VI. sind im ersten Schrank noch Elfenbeinarbeiten aufgeführt. Die Neuordnung der Schatzkammer durch Joseph Angelo de France markiert den grundlegend geänderten dynastischen Anspruch: Dem Besucher wurden nun im ersten Schatzkammerkasten Steinschneidearbeiten präsentiert, welche sowohl antike Herrscher als auch Franz I. und Maria Theresia und ihre Kinder zeigen.

Kaiser Rudolf II., der die kaiserliche Residenz von Wien auf den Prager Hradschin verlegt hatte, beschäftigte mit Nikolaus Pfaff (1556?–1612) einen Kammertischler, der vor allem als Bildschnitzer im kleinen Format reüssierte.[24] Sowohl seine zierlichen, erotisch-evokativen Elfenbeinstatuetten (Abb. 11–12) als auch Gefäße aus Rhinozeroshorn oder Seychellennuss zählen nicht nur zu den frühesten Zeugnissen der neu in Mode gekommenen Kunstkammerstücke aus exotischen Materialien, sondern markieren zugleich einen Höhepunkt des kleinformatigen Sammlerstücks, das den Blick des genießenden Connaisseurs voraussetzt.[25] Sein Bruder Paul Pfaff folgte ihm als Bildschnitzer nach und wurde ab dem 16. November 1612 mit monatlich 16 Gulden entlohnt.[26] Seiner Hand ist vielleicht die Kybele (Abb. 13), deren Gewand Spuren von Bemalung zeigt, sowie ein kleiner Amorknabe zuzuschreiben (Abb. 14).[27] Offensichtlich war der jüngere Pfaff auch den Kapuzinern zu Diensten, in deren Schatzkammer-Inventar von 1626 ein segnendes Christuskind von Paul Pfaffs Hand nachweisbar ist.[28]

Nach einem Inventareintrag war der zuvor für Herzog Wilhelm V. von Bayern tätige Hans Wecker spätestens seit 1601 als Kammerdrechsler für den genuin kosmopolitisch geprägten Hof in Prag tätig.[29] Die vierstöckige, »Apotheke« bezeichnete Stapeldose (Abb. 15a–b) – als exemplarisches Kunstkammerobjekt zugleich Kunststück und technisch perfekte, miniaturhafte Spiegelung eines realen Lebensbereichs – konnte bislang als einzige der im Rudolfsinventar genannten »sechs gedrechsleten sachen« des »jungen Wecker« identifiziert werden.[30] Für Kaiser Matthias (reg. 1612–1619) war Hans Wecker ab 16. März 1614 mit nur 20 Gulden Monatsgehalt tätig.[31]

Weder unter Kaiser Ferdinand II. (reg. 1619–1637) noch unter Kaiser Ferdinand III. (reg. 1637–1657) ist von einem fix bestallten Elfenbeinspezialisten bei Hof etwas bekannt. Mit Adam Lenckhardt tritt in Wien erstmals gegen 1640 ein Elfenbeinbildhauer auf den Plan. Der aus Würzburg stammende Bildhauer war seit 1638 für den Kaiserhof und die Fürsten von Liechtenstein in Wien tätig; am 1. Februar 1642 ist die erste Zahlung an Lenckhardt vom Hofzahlamt des Fürsten Karl Eusebius (reg. 1627–1684) dokumentiert,[32] am 28. September 1642 erfolgt die Bestallung als Kammerbildhauer des Fürsten.

Die Sammeltätigkeit von Karl Eusebius von Liechtenstein, die alle Gattungen der bildenden Künste umfasste, stand freilich ganz unter dem Einfluss der als Vorbild wirksamen Kunstsammlungen Kaiser Rudolfs II. Karl Eusebius huldigte einem Repräsentationsbedürfnis, das weit über die Angemessenheit seines Fürstenstandes hinausging, und war von kennerschaftlicher Passion getragen. Mit dem Namen des Fürsten verbinden sich – als Auftraggeber wie als Sammler – die Schaffung und der Erwerb feinster Werke der Malerei, der Skulptur und des Kunsthandwerks. Seine besondere Vorliebe galt den Bronzen, die als kleinformatige Kopien die besten Werke des Altertums anstelle von antiken Originalen versammelten. Karl Eusebius war offensichtlich ein großer Liebhaber von Elfenbeinarbeiten, wie dem Inventar seiner Garderobe in Schloss Feldsberg vom 5. Februar 1684 zu entnehmen ist. Darin sind insgesamt elf Arbeiten von Adam Lenckhardt,[33] eine Diana von Ferdinand Pfauntler,[34] mehrere Drechselarbeiten von Johann Hauslaub[35] sowie von Fürst Maximilian von Liechtenstein (1578–1643)[36] aufgeführt, nebst zahlreichen Arbeiten aus Elfenbein ohne Nennung von Künstlernamen.

Aus der Tätigkeit Lenckhardts für den kaiserlichen Hof haben sich nur wenige Arbeiten erhalten. Seine beste Elfenbeinskulptur im Kunsthistorischen Museum, »Satyr und Nymphe Corisca« (Kat.-Nr. 2), ist 1639 datiert.[37] Die frivole Gestik der verführerischen Nymphe Corisca und der erigierte Penis des lüsternen Satyrs lassen an Deutlichkeit nichts zu wünschen übrig. Während diese Drastik für spätere Generationen dem Dekorum zuwiderlief, war das Schäfermelodram »Il Pastor Fido« (Der treue Schäfer; 1585) von Giovanni Battista Guarini, dem die

Darstellung des ungleichen Paars verpflichtet ist, fester Bestandteil der Theatertradition am Wiener Hof.

Ein ungewöhnliches Objekt, von Adam Lenckhardt monogrammiert und 1651 datiert, ist die Bacchantengruppe aus Rhinozeroshorn (Abb. 16; Kat.-Nr. 5), deren Komposition die gebogene Form des exotischen Werkstoffs nutzt. Beinahe vierzig Jahre später hat Matthias Steinl eine ungleich konzentriert verdichtete Komposition in Walrosszahn eingeschrieben, die bernineske Gruppe der Elemente Wasser und Luft, die an Virtuosität ihresgleichen sucht (Kat.-Nr. 21).

Von Ferdinand Pfauntler, dessen Name mit einer heute nicht mehr nachweisbaren »Diana von helffenbein mit einen wündtspiehl, stehet auf einen schwartz gebatzten hieltzernen postamentel« im Feldsberger Inventar genannt ist, sind weder die näheren Lebensumstände noch weitere Arbeiten bekannt.[38] Pfauntler variiert einen in der Elfenbeinplastik des 17. Jahrhunderts beliebten Typus, der insbesondere von Leonhard Kern (1588–1662) und seiner Werkstatt geprägt wurde (Abb. 17).[39]

Selbstverständlich wurde auch bei den Fürsten von Liechtenstein die Drechselkunst ausgeübt. Die Quellen überliefern Drechselkunststücke von Maximilian von Liechtenstein, dem Onkel von Karl Eusebius, der nach der Mode der Zeit seine adelige Erziehung an der Drehbank vervollkommnete. Der Kammerdrechsler Johann Hauslaub wird erstmals am 25. Juli 1637 in den Quellen genannt: »… in abschlag des ihm angedingten fürst. Drähwerckhs...50 fl r«.[40] Im Inventar von Feldsberg 1684 sind mehrere Drechselkunstücke des Meisters überliefert, der bis zu seinem Tod 1669 als fürstlicher Kammerdrechsler am Hof von Karl Eusebius tätig war.[41]

Zu den ungewöhnlichsten Werken der Elfenbeinkunst in der Kunstkammer in Wien gehört das großformatige bildhafte Martyrium des heiligen Sebastian, das 1655 datiert ist (Kat.-Nr. 6). Zwei Jahre später entstand ein zweites Relief desselben Themas (Abb. 9), heute im Oberösterreichischen Landesmuseum in Linz, das mit seiner konsequenten Entflechtung der Figuren aus der Fläche eine gegenüber dem Wiener Stück fortgeschrittene Stilstufe vorführt.[42] Beide Elfenbeinbilder verbinden sich mit dem sogenannten Meister der Sebastiansmartyrien, von dem sich weitere Elfenbeinarbeiten in den ehemals kaiserlichen Sammlungen nachweisen lassen (Kat.-Nr. 7). In welcher Verbindung der Meister zum Kaiserhof stand, ist noch immer ungewiss. Sein Schaffen, charakterisiert durch eine perfekte Schnitztechnik, die den übersteigerten Realismus seiner Werke erst zur Geltung bringt, prägte die Elfenbeinkunst in der kaiserlichen Residenzstadt ab der Mitte des 17. Jahrhunderts. Sowohl im Bereich der bildhaften Reliefs als auch der Prunkgefäße entwickelte der Anonymus offensichtlich Prototypen, die ab den 1660er-Jahren sogleich von Elfenbeinschnitzern wie Johann Caspar Schenck, Balthasar Grießmann oder Matthias Rauchmiller aufgegriffen wurden.

Im Sinne der Herrschaftsrepräsentation ließ sich Leopold I. gerne als Förderer von Kunst und Wissenschaft lobpreisen (Abb. 18).[43] Er bemühte sich jedenfalls, in einzelnen Bereichen ganz bewusst die Tradition seiner Vorfahren inhaltlich und künstlerisch fortzusetzen.[44] Das kulturelle Kapital Wiens bildete zuvorderst die Hofmusik, deren Aufführungen zum Standardprogramm für Wienreisende gehörten.[45] Schwerpunkte seiner Sammlungstätigkeit als auch deren Präsentation legte Leopold eindeutig im Bereich der Kunstkammer. Dabei stand für den Kaiser nicht allein der ästhetische Genuss im Vordergrund, sondern auch die

Abb. 10 Prodromus zum Theatrum Artis pictoriae, 1735, Tafel 30

Demonstration der politischen und religiösen Ideologie des Hauses Habsburg, worauf sein Biograf E. G. Rinck immer wieder verweist.[46] In diesem Zusammenhang kam der »vortrefflichen Käyserlichen Schatz=Kammer welche eine der schönsten Gallerien in ganz Europa« sei, wohl besondere Bedeutung zu.[47] Häufige Besuche des Kaisers sowie laufende Zuwächse bestätigen dies. Bereits unter seinem Vorfahren Kaiser Ferdinand III. war die Sammlung zwischen 1640 und 1642 in einer langgestreckten Galerie in der Hofburg eingerichtet und nach Materialien geordnet worden; die strenge Inszenierung der dort vereinten Schätze entsprach dem habsburgischen Hofzeremoniell.[48] Diese kaiserliche Schatzkammer, in der die zur Schau gestellten Schatzobjekte zur Verherrlichung der habsburgischen Macht und Herrschaftsrepräsentation eingesetzt wurden, war für die fürstlichen Sammler Europas eine enorme Herausforderung in der Präsentation ihrer eigenen Sammlungen.[49]

Mit prunkvollen Kunstkammerstücken setzte Leopold I. den religionspolitischen Aspekt der habsburgischen Ideologie weiter fort. Der Wiener Hof war sich der Bedeutung der Kunstschätze zweifellos bewusst, weshalb die Sammlungen bei Führungen mehr oder weniger öffentlich zugänglich waren.[50] Für die kleineren deutschen Fürstentümer erfüllte Wien im dritten Viertel des 17. Jahrhunderts die Funktion einer Kulturhauptstadt.[51] Als der Herzog von Sachsen-Weimar 1660 eine Abordnung nach Wien entsandte, erhielt diese den ausdrücklichen Auftrag, alle Kulturdenkmäler und Sammlungen zu besichtigen und nach geeigneten Künstlern für den Fürsten Ausschau zu halten: »zu besehen, was

Abb. 11 Nikolaus Pfaff, Venus verticordia, 1605/12, Elfenbein, Wien, Kunsthistorisches Museum, Kunstkammer

Abb. 12 Nikolaus Pfaff, Venus und Amor, 1601/07, Elfenbein, Wien, Kunsthistorisches Museum, Kunstkammer

an der keyser(lichen) burg … des ertzherzogs schatz- und kunstcammern … notabel sein mag«.[52]

Wien war in der zweiten Hälfte des 17. Jahrhunderts offensichtlich ein Zentrum der Elfenbeinkunst, wie aus einer Aufzählung der hier tätigen bekannten Meister dieses Fachs hervorgeht. Bis zur Errichtung der 1679 gelobten Pestsäule (Abb. 87) gab es keine nennenswerten barocken Bildhauer in Wien, die meisten scheinen von auswärts gekommen zu sein.[53] Das Konzept von dem bedeutenden Votivprojekt des für seine Frömmigkeit gerühmten Herrschers, das nach langjähriger Planung am 1. Juni 1692 im Beisein des Hofes feierlich eingeweiht wurde, wurzelt im Spannungsfeld von Ars sacra und barockem Jesuitentheater.[54] Der Jesuitenpater Franz Menegatti (1631–1719), späterer kaiserlicher Beichtvater und Vertrauter in politischen Fragen, zeichnete für das gelehrte ikonographische Programm verantwortlich, das am auffälligsten in der Sockelzone das trinitarische Leitmotiv und mittelalterliche Typologie vermischt. Gemäß dem Verständnis der »habsburgischen Hausmystik«

Abb. 13 Paul Pfaff, Kybele, um 1612, Elfenbein, teilweise bemalt, Wien, Kunsthistorisches Museum, Kunstkammer

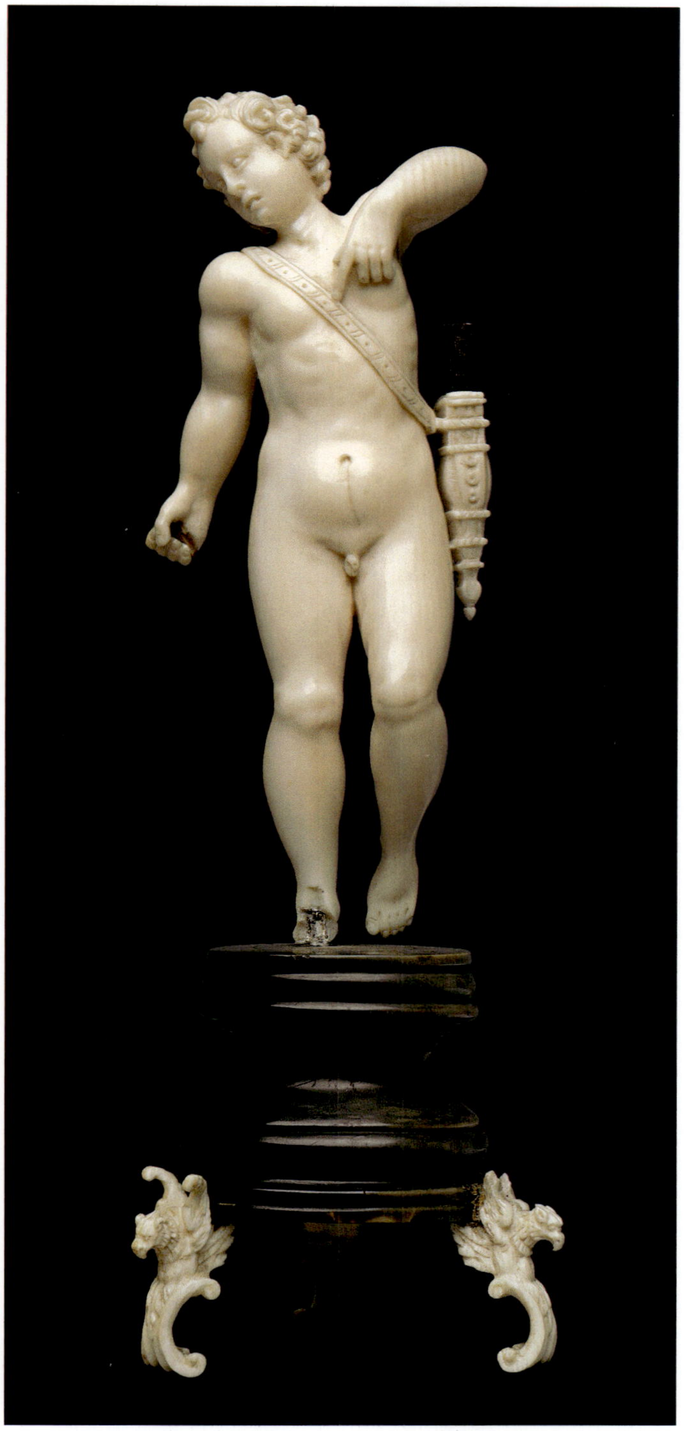

Abb. 14 Paul Pfaff, Amor, um 1612, Elfenbein, Holz, Wien, Kunsthistorisches Museum, Kunstkammer

war es das höchste Bestreben der Geistlichkeit, die religiöse Dimension der Herrschaftsaufgabe zu betonen.[55] Die kniende Person des Kaisers an der Dreifaltigkeitssäule belegt exemplarisch die Verbindung von vordergründiger Bescheidenheit und hintergründiger Sakralisierung. Die Wiener Pestsäule gilt als innovativstes und ambitioniertestes skulpturales Ensemble Europas in der Zeit nach Gianlorenzo Bernini (1598–1680).

Einige Künstler des Monuments am Graben, das von der Wiener Bruderschaft der Heiligen Dreifaltigkeit in Auftrag gegeben wurde, waren auch als Elfenbeinschnitzer tätig: Matthias Rauchmiller und Johann Ignaz Bendl.[56]

Matthias Rauchmiller, der sich wie zahlreiche andere Künstler, die aus dem Bodenseegebiet nach Wien gezogen waren, dort eine günstigere Auftragslage erhoffte, ist ab 1675 als hofbefreiter Bildhauer und Maler in der Residenzstadt nachweisbar.[57] Der Beifall, der Rauchmiller durch die Schöpfung des fulminanten Prunkhumpens mit dem Raub der Sabinerinnen (Abb. 119–128) sicher war, führte Kaiser Leopold I. dazu, ihn

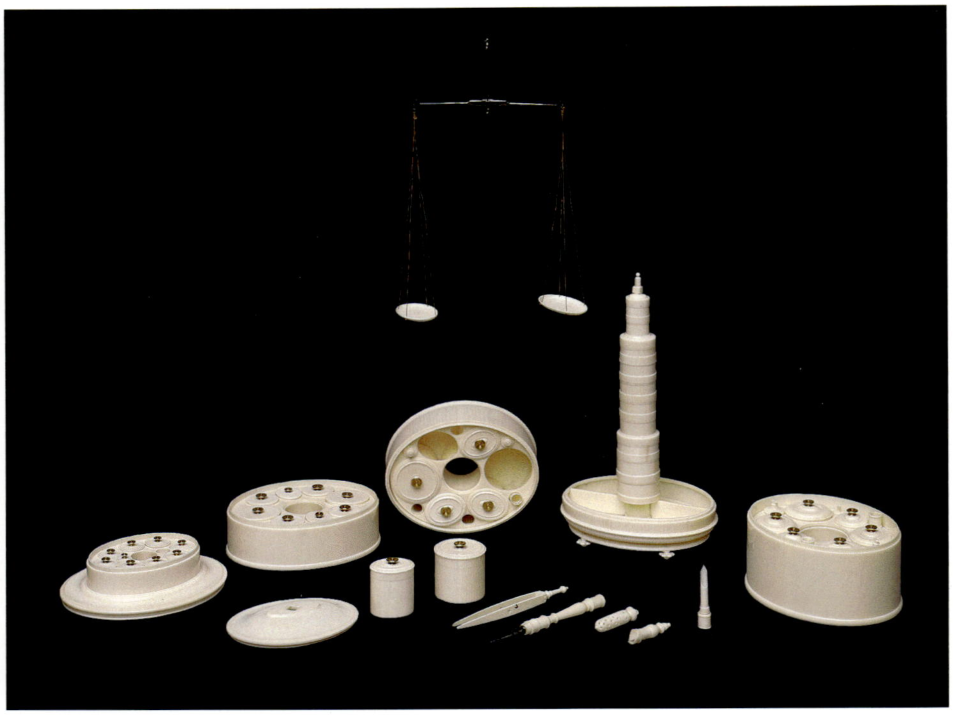

Abb. 15a–b Hans Wecker, Apotheke, 1610, Elfenbein, Wien, Kunsthistorisches Museum, Kunstkammer

wenige Jahre später mit dem wohl prestigeträchtigsten Projekt der Zeit, dem Entwurf der Pestsäule am Graben zu betrauen. Der Dichter, Dramatiker und Staatsmann Daniel Caspar von Lohenstein (1635–1683), der als offizieller Vertreter der Stadt Breslau 1675 in diplomatischer Mission nach Wien gereist war, lobte Matthias Rauchmiller und dessen auf von Livius und Plutarch überlieferten Legenden inszeniertes Prunkgefäß beinahe hymnisch. 1684/85 stand der vielschichtig tätige Künstler in Diensten des Fürsten Johann Adam Andreas von Liechtenstein (1662–1712).[58] Von den damals entstandenen Elfenbeinarbeiten hat sich bedauerlicherweise kein einziges Beispiel erhalten.

Johann Ignaz Bendl, aus Böhmen stammend, ist einer der führenden Bildhauer, die zwischen 1680 und 1730 in Wien, Prag und Brünn tätig waren und das barocke Bild der Residenzstadt entscheidend geprägt haben.[59] Neben seiner Tätigkeit als Maler, Bildhauer und Kupferstecher begründete sich Bendls Bedeutung vor allem in seiner umfangreichen Tätigkeit als Elfenbeinschnitzer und Medailleur, die in den Sammlungen des Kunsthistorischen Museums (Kunstkammer, Münzkabinett) vielfach verankert ist. Die zwölfteilige Serie von Elfenbeinreliefs mit Themen aus der griechischen Mythologie sind die frühesten signierten und 1684 datierten Werke Bendls in Wien (Kat.-Nr. 26–30).[60] Die zwölfteilige, signierte Sybillen-Serie aus Kehlheimerstein spielt auf die Befreiung von den Türken an und ist vermutlich ebenfalls in den 1680er-Jahren entstanden.[61]

Die Schaumünze, meist größeren Formats sowie meist gegossen und ziseliert, nimmt in der Frühzeit Leopolds eine bedeutende Stellung ein. Allerdings dienten nur wenige Elfenbeinmedaillons von Ignaz Bendl als Modelle für Gussmedaillen, wodurch deren Charakter als eigenständige Schaustücke oder Memorialobjekte besonders betont wird (Kat.-Nr. 29–30).[62]

Wie aus späteren Angaben zu seiner Person hervorgeht, hat der aus Konstanz stammende Johann Caspar Schenck jedenfalls sowohl die Bildhauerei als auch das Drechseln beherrscht. Von wesentlich größerer Wertschätzung müssen dennoch Schencks Fähigkeiten als Elfenbeinschnitzer gewesen sein. In den Hofzahlamtsbüchern wird er zwischen 1666 und 1674 stets als einziger »Painstecher« unter den »Khay. Hoff Officier und cammer personen« geführt.[63] Seine Besoldung wird am 28. April 1666 mit 500 Gulden pro Jahr festgesetzt.[64] Bedenkt man, dass einem Hofkünstler zu seinem fixen Einkommen in der Regel zusätzlich Quartier, Tafel und Hofkleid zustehen, so darf eine jährliche Abgeltung in dieser Höhe doch als reichlich angesehen werden, umso mehr, da ihm auch das Material beigestellt wird.[65] Der Wiener Kaiserhof rangierte in der Hierarchie der Besteller des teuren und exotischen Elfenbeins, das von Handelsagenturen über Antwerpen und Rotterdam in die Zentren der Elfenbeinkunst weitergeleitet wurde, wohl ganz oben. War seitens der Hofkammer eine Barzahlung gewährleistet, konnten auch größere Mengen von Zähnen eingelagert werden, die bei Bedarf zugeteilt wurden.

Die Hofhandwerker, zu denen auch die Bildhauer und Drechsler gehörten, unterstanden rechtlich dem Obersthofmarschall in seiner Funktion als oberster Hofrichter und zählten als Hofdiener im eigentlichen Sinne zum sogenannten inneren Hofstaat.[66] Die Kammerhandwerker, die weitgehend ohne interne Konkurrenz ausschließlich für den Hof arbeiteten, nahmen unter den Hofhandwerkern als ausgewählte Personen mit besonderer Nähe zum Herrscher – sie hatten unmittelbaren Zutritt zu den Privatgemächern des Kaisers und standen dessen privaten Ansprüchen uneingeschränkt zur Verfügung, wofür sie auch aus der Privatschatulle des Regenten bezahlt wurden – ohnehin eine begünstigte, ja gehobene soziale Stellung ein. Die Anstellung eines eigenen Beinstechers oder Bildhauers, eines fix besoldeten Hofkünstlers also, wie er in den Hofstaatsverzeichnissen Leopolds I. im Oberstkämmererstab von 1666–74 bis in die Zeit um 1700 aufscheint, beweist die allgemeine

Abb. 16 Adam Lenckhardt, Bacchantengruppe, 1651, Rhinozeroshorn, Wien, Kunsthistorisches Museum, Kunstkammer

Abb. 17 Leonhard Kern, Diana mit Windspiel, um 1640–45, Elfenbein, Wien, Kunsthistorisches Museum, Kunstkammer

Beliebtheit des Elfenbeins im höfischen Bereich, aber auch die persönliche Affinität des Kaisers zu dem Material, der die seit Maximilian I. (1459–1519) bestehende Tradition der drechselnden Habsburger fortgeführt hat. In den Archivalien tauchen Namen von Beinstechern und -drechslern im ganzen 17. Jahrhundert auf, mit denen aber in den seltensten Fällen Realien verbunden werden können (s. Kat.-Nr. 36). Selbstverständlich fügte sich auch der Thronfolger in die lange Liste der drechselnden Souveräne ein. Reiseberichte des frühen 18. Jahrhunderts nennen die Produkte habsburgischer Kunstfertigkeit, als Memorabilia von besonderer Bedeutung, im ersten Kasten der Schatzkammer: »Eine kleine Kanne von Helffen=Bein so der jetzige Käyser LEOPOLD, mit eigener Hand gedrähet und eine grössere so der verstorbene Käyser Ferdinand III. gedrähet. Noch eine von dem lezt=verstorbenen Ertz= Hertzog Sigismund von Ynspruck«.[67]

Von Daniel Vading (1601–1678),[68] der um 1673 als Hofdrechsler beschäftigt war und vielleicht die Erzherzöge an der Drehbank einwies, legen Gefäße aus Elfenbein, sogenannte Kaiserhumpen, Rosenreife und eine Kette mit Bildnismedaillons (Abb. 19) Zeugnis von der vergleichsweise bescheidenen Drechselkunst am Hof Leopolds ab.[69]

Das Auftreten des hofbefreiten Handwerks entwickelte sich parallel zur Entstehung ständiger Residenzen und dem wachsenden Bedürfnis nach imperialer Selbstdarstellung. Hofbefreite Handwerker, vom obligaten Zunftzwang des städtisch-bürgerlichen Handwerks befreit, waren nicht regelmäßig besoldet und wurden nur bei Bedarf für den Hofdienst

Abb. 18 Johann Andreas Thelott, Leopold I. als Triumphator und Förderer der Künste, Silber, Wien, Kunsthistorisches Museum, Kunstkammer

Abb. 19 Daniel Vading, Kette mit Bildnismedaillons, um 1673, Elfenbein, Wien, Kunsthistorisches Museum, Kunstkammer

herangezogen und nach Maßgabe ihrer Arbeit bezahlt.[70] 1670 bestätigte Kaiser Leopold I. die Ordnung der »Hof- und bürgerlich unirten Bildhauer«, deren Pfarrkirche bei den Schotten war. Wurden 1621 noch vier Bildhauer genannt, waren 1736 insgesamt 87 Bildhauer in Wien tätig, die zum überwiegenden Teil Fremde waren.[71]

Leopolds Vorliebe für Feinmalerei und kunsthandwerkliche Arbeiten manifestiert sich nicht zuletzt in seiner Förderung und besonderen Wertschätzung für das »kaiserliche Elfenbein«, die sich auch in der Anstellung eines »Hof-Painstechers«, also eines Hofkünstlers, der exklusiv für den Hof in Elfenbein arbeiten sollte, manifestierte. Zunächst war es Johann Caspar Schenck aus Konstanz, der die mit 500 Gulden jährlich dotierte Stelle ab 1665 bis zu seinem Tod 1674 einnahm. Zuvor war Schenck am Innsbrucker Hof tätig gewesen. Danach scheint kein anderer Künstler die vakante Position ausgefüllt zu haben. Wohl datieren aus jener Zeit Elfenbeinarbeiten von Matthias Rauchmiller und Johann Ignaz Bendl, die aber ohne Anstellungsverhältnis entstanden. Erst 14 Jahre nach dem Ableben von Johann Caspar Schenck tritt Matthias Steinl am 1. März 1688 dessen Nachfolge als »Kammerpainstecher« an. In viel höherem Ausmaß als Schenck war Steinl in das Kunstgeschehen der Residenzstadt involviert: Als Universalkünstler war er als Architekt, Ingenieur, Maler sowie als Bildhauer im großen und kleinen Format erfolgreich. Vermutlich konnte Steinl mit einigen Arbeiten aus Walrosszahn seine Kunstfertigkeit und Virtuosität unter Beweis stellen, die ihm den Ruf an den Kaiserhof in Wien einbrachten.

Die von wahrer innerer Monumentalität getragene Kreuzigungsgruppe aus Walrosszahn (Abb. 20),[72] die sich heute als Fragment in der Geistlichen Schatzkammer in Wien befindet, hat Matthias Steinl wahrscheinlich noch in Breslau geschaffen, bevor er 1688 als kaiserlicher Kammerbeinstecher an den Wiener Hof Kaiser Leopolds I. gerufen wurde. Diese mit großer Sensibilität und technischer Meisterschaft geschnittenen Kompositionen aus Walrosszahn schließen an Steinls frühe Werke für die Altäre der Klosterkirche in Leubus (um 1680) an. Im Verhältnis von Körper zu Gewand drückt sich eine Spannung aus, die in ihrer starken Affinität zur römischen Antike für die Wiener Barockplastik ein Novum darstellt.

Der zeitlebens in Tirol ansässig gebliebene Jacob Auer (um 1645–1706)[73] führte mit seiner Werkstatt umfangreiche groß- und kleinplastische Aufträge für die oberösterreichischen Stifte St. Florian, Lambach und Kremsmünster aus. Zwischen 1687 und 1693 hielt er sich immer wieder in Wien im Kreise Rauchmillers und Steinls auf. Sein Virtuosenstück mit »Apoll und Daphne« (Abb. 21), das lange Zeit Matthias Rauchmiller zugeschrieben wurde, führt sein Potential als Elfenbeinkünstler stupend vor Augen.[74] Die Gruppe ist durch das Reisejournal des schwedischen Hofarchitekten Nicodemus Tessin d. J. 1688 in der Kaiserlichen Schatzkammer dokumentiert: »Untter dem figuren wahr das artigste eine groupe von der Dafne undt Apollon, sehr artig actioniret, undt so fleissig mit allen blättern in elffenbein aussgearbeitet, alss ich mein tage wass gesehen habe.«[75] Vielleicht hatte der Tiroler Bildhauer eine Kopie von Berninis berühmter Marmorgruppe in der 1688 ins Leben gerufenen Strudel'schen Privatakademie gesehen.[76]

Zu den größten Herausforderungen seiner Regentschaft zählte für Kaiser Leopold I. der Kampf gegen die Osmanen. Die Belagerung der kaiserlichen Residenzstadt durch die Osmanen brachte zweifellos Erschwernisse für den Hof mit sich, aber nach dem Sieg über die Türken in Budapest intensivierte sich die Offensive im Bereich der bildenden Künste noch wesentlich. Die Siegeseuphorie über die Türken fand in zahlreichen Medien ihren Niederschlag. Ganz den kaiserlichen Vorlieben entsprechend entstanden vor allem auch Elfenbeinarbeiten, die vom kaiserlichen Triumph kündeten.

Die Überhöhung Leopolds I. als Sieger über die Türken findet ihre Erklärung darin, dass Gott dem Kaiser und dem Haus Österreich gehol-

Abb. 20 Matthias Steinl, Kreuzigungsgruppe, vor 1688, Walrosszahn, Wien, Kunsthistorisches Museum, Geistliche Schatzkammer

fen habe. Dass dem Haus Habsburg bei der Türkenabwehr eine besondere Vormachtstellung zukam, war anhand der Schlachten, deren Symbolfigur der »miles christianus« war, leicht zu beweisen. Der Grund für die besondere Auszeichnung lag in der überaus großen Frömmigkeit der Dynastie, der »Pietas Austriaca«.[77]

In vielfacher Weise werden von den Historiografen die Weissagungen des Jesuiten Martin Stredonius aus dem Jahr 1647 herangezogen, in denen das zukünftige Schicksal Leopolds I. vorausgesagt worden sein soll: Nach anfänglichen Anfechtungen in der Herrschaft des Kaisers stehe am Ende der Triumph, als Beweis dafür, dass sich Gottes schützende Hand stets über dem Haus Österreich befinde. Das Haus Habsburg wurde so zu einer gleichsam himmlisch gelenkten Erscheinung auf Erden, der Kaiser zu einem entindividualisierten Werkzeug des göttlichen Heilsgeschehens. Der waffenlos dargestellte Kaiser trat somit in die Tradition der Kaiserbildnisse als Glaubensstreiter ein.

Sein Biograf Rinck berichtet, dass der Kaiser diesen Text »als eine Offenbarung Gottes stetig bey sich gehabt« habe.[78] Der Wiener Hofhistoriker Hans Jakob Wagner von Wagenfels, 1691 zum Instructor des Thronfolgers »in historicis et politicis« bestellt, veröffentlichte den Text im selben Jahr im »Ehren-Ruff Teutschlands«. Leonore Pühringer-Zwanowetz vermutete, dass die Weissagungen von Stredonius auch als mögliche Inspirationsquelle für ein Prestigeprojekt des Kaisers gedient habe – die beiden Saalmonumente aus Elfenbein (Abb. 22–23), die im Sinne der Memoria für die Aufstellung in der Kaiserlichen Schatzkammer

Abb. 21 Jacob Auer, Apoll und Daphne, 1688, Elfenbein, Wien, Kunsthistorisches Museum, Kunstkammer

bestimmt waren.[79] In keinem Reisebericht fehlte die von höchster Bewunderung getragene Beschreibung der Virtuosenstücke: Die »zwey zimblich grosse helffenbeinerne Bildnussen; eines so den Käyser Leopold und das andere so den damahligen Römischen König Joseph nach dem Leben zu Pferd vorstellen unter welchem ein Türck ligt«.[80] Mit den beiden Reitermonumenten, die beinahe zwanzig Jahre später um ein drittes, Kaiser Karl VI. vorstellend, erweitert wurden, führte Leopold I. nicht nur die Tradition seiner Vorfahren fort.[81] Das Standbild mit Leopold I. war zudem das einzige Herrscherdenkmal, das zu Lebzeiten des Kaisers ausgeführt wurde.[82] Allenfalls »so etwas wie öffentliche Standbilder«[83] sind auszumachen: die ephemeren Reiterstandbilder in Triest, Gradisca und Klagenfurt.[84] Allein aus der Tatsache, dass das Doppelmonument im Herzen der Kaiserlichen Schatzkammer, in unmittelbarer Nachbarschaft zur Achatschale – als unveräußerliches Erbstück von eminenter Bedeutung für die kaiserliche Sammlung – aufgestellt war, lässt sich die Wertschätzung Leopolds ablesen. Das Barockzeitalter sah in der Herrschaftsrepräsentation in noch erheblich höherem Maße als andere Epochen ein wesentliches Element der Herrschaftslegitimation.[85] Die beiden Reiterdenkmäler können als beredtes Zeugnis eines neu erwachten Selbstbewusstseins des Kaisertums angesehen werden.

Über den Auftraggeber des großartigen Kuriosums, das 1700 datierte und signierte Türkenmonument von Christoph Maucher wissen wir nichts Verbindliches (Abb. 24).[86] Möglicherweise zeichnet sein Scheitern als Steinplastiker für Karl Eusebius von Liechtenstein, von dem die Quellen 1667 berichten, für Mauchers ausschließliche Hinwendung zur Kleinplastik aus Elfenbein und Bernstein verantwortlich. Wollte er sich mit dem Triumphdenkmal, der starken Konkurrenz am Wiener Hof zum Trotz, nachdrücklich bei Leopold empfehlen?[87] Das als politisches Manifest und Kuriosum zu verstehende Denkmal ist die einzige für den Danziger Meister gesicherte und 1700 datierte Elfenbeinarbeit, die einst in der kaiserlichen geheimen Schatzkammer ihre Aufstellung gefunden hatte. Das Siegesdenkmal en miniature zeigt Leopold und seinen Sohn Joseph als »Sieger wider die Türken«. Akribisch sind sämtliche bis zum Jahre 1699 gewonnenen Schlachten aufgelistet und der Sieg dem Schutz der göttlichen Vorsehung sowie der göttlichen Macht zugeschrieben. Die einzigartige Apotheose feiert den habsburgischen Kaiser, der Europa die Ruhe wiedergeschenkt hat und seinen zum Nachfolger bestimmten Sohn Joseph auf dessen zukünftige Aufgaben hinweist.

Der aus Innsbruck gebürtige Ignaz Elhafen (1658–vor 1715) ist nur für einen kurzen Zeitraum, von 1697 bis 1703, in Wien nachweisbar. Ähnlich wie Adam Lenckhardt stand er nicht in direktem Arbeitsverhältnis mit dem Hof, sondern war auch für die Fürsten von Liechtenstein tätig. Elhafen wurde bald für seine subtil ausgeführten Elfenbeinarbeiten gerühmt, denen er malerisch sinnliche Valeurs entlockte. Man darf davon ausgehen, dass Kaiser Leopold I. den Elfenbeinkünstler seinem Schwager, Kurfürst Johann Wilhelm von der Pfalz (1658–1717), an den Düsseldorfer Hof empfohlen hat.

Auch Elhafen trug zur propagandistischen Verbreitung des kaiserlichen Triumphs über die Osmanen bei. Von seiner Hand ist die Serie von insgesamt acht Reliefs mit Darstellungen siegreicher Feldherren des Zweiten Türkenkrieges (Kat.-Nr. 31). Die bereits 1767 in den fürstlich Liechtenstein'schen Sammlungen nachweisbaren Täfelchen entstanden in den Jahren 1687 bis 1691 unter dem Eindruck des militärischen Triumphs der kaiserlichen Truppen über den Reichsfeind.

Balthasar Grießmann wird als Bildhauer in Stein, Bildschnitzer und Kunstdrechsler von kleinplastischen Arbeiten in Elfenbein und Steinbockhorn genannt. Als Monogrammist BG in die Literatur eingeführt,[88] war er wohl vornehmlich für die Salzburger Fürsterzbischöfe tätig, die gelegentlich Geschenke an den Kaiserhof verehrten. So führt etwa das

Abb. 22a–b Matthias Steinl, Kaiser Leopold I. als Sieger über die Türken, 1690–93, Elfenbein, Wien, Kunsthistorisches Museum, Kunstkammer

Inventar der Schatzkammer von 1677 ein »großes Gies-Beck von Helffenbein« auf, das der Salzburger Erzbischof und Reichstagsprinzipalkommissär Guidobald Graf Thun dem Kaiser »bey den jeczigen Reichstag« 1663 verehrt hat.[89]

Zahlreiche seiner Elfenbeinarbeiten aus der Großen Galerie der Erzbischöflichen Residenz in Salzburg kamen im Zuge der Säkularisation des Erzstiftes zu Beginn des 19. Jahrhunderts, gemeinsam mit den Arbeiten des Furienmeisters, nach Wien.[90] Die Kunstkammer besitzt einen guten Querschnitt verschiedener Gefäße und mit »Herkules und der Nemeische Löwe« (Kat.-Nr. 11) sogar ein rares Beispiel einer vollrunden Figurengruppe. Angeregt durch die kühn aufragenden Deckelpokale des Meisters der Sebastiansmartyrien (Kat.-Nr. 7) scheinen sich die in Wien tätigen Elfenbeinkünstler Grießmann, Schenck und Rauchmiller gegenseitig darin angefeuert zu haben, komplizierte Deckelgefäße ohne stabilisierende Edelmetallfassung und sichtbare Nahtstellen herzustellen, wodurch sie sich deutlich von den Augsburger Produkten mit deren prächtigen Montierungen unterschieden.

Um die Jahrhundertwende änderte sich die Auftragslage für die Elfenbeinkünstler. Nicht mehr der kaiserliche Hof nahm die Führungsrolle in der Kunstförderung ein, sondern Vertreter des Hochadels, allen voran die Fürsten von Liechtenstein, machten Wien zu einer Kunstmetropole ersten Ranges. Das große Zeitalter der barocken Pracht am habsburgischen Kaiserhof neigte sich seinem Ende zu.

Abb. 23 Matthias Steinl, König Joseph I. als Sieger über den Furor, 1690–93, Elfenbein, Wien, Kunsthistorisches Museum, Kunstkammer

1 Vincenzo Borghini 1570, zitiert nach Liebenwein 1977, S. 155.
2 Julius von Schlosser (Schlosser 1908) ist die erste Würdigung der Kunstkammer als Sammlungsform zu verdanken. Siehe zuletzt Sauerländer 2008.
3 Seelig 1989, S. 119.
4 Wien, Kunsthistorisches Museum, Kunstkammer, Inv.-Nr. KK 4073.
5 Siehe dazu Ausst.-Kat. Wien 2000.
6 Fächer, Ceylon, Mitte 16. Jahrhundert, Wien, Kunsthistorisches Museum, Kunstkammer, Inv.-Nr. KK 4571.
7 Haag 2007/1, S. 29–30.
8 Haag 2007/1, S. 29.
9 Maurice 1985, S. 16.
10 Haag 2006, S. 145.
11 Haag 2007/1, S. 174.
12 Wien, Kunsthistorisches Museum, Kunstkammer, Inv.-Nr. KK 4503; Kuechelbecker 1730, S. 831, Schrank Nr. 2.
13 Syndram 2005, S. 40.
14 Wagner 1990, S. 58.
15 Wien, Kunsthistorisches Museum, Kunstkammer, Inv.-Nr. KK 3788 und KK 3727. Haag 2007/1, S. 35.
16 Wien, Kunsthistorisches Museum, Kunstkammer, Inv.-Nr. KK 4534 und KK 4536.
17 Trnek 2007, S. 12.
18 Swoboda 2010, S. 21; Prodromus 1735, Einleitung.
19 Berger 1883, S. LXXXVI–CLXXVII, Reg. 495.
20 Prodromus 1888, Teil II, Reg. Nr. 4584, Einleitung, S. VI–XIV.
21 Zimerman 1889.
22 Kuechelbecker 1730, S. 827–858.
23 Raspe 1771.
24 Bauer/Haupt 1976, S. 94–95.
25 Wien, Kunsthistorisches Museum, Kunstkammer, Inv.-Nr. KK 4621 und KK 4658.
26 Lhotsky 1941–45, Bd. II: Die Geschichte der Sammlungen, S. 304.
27 Wien, Kunsthistorisches Museum, Kunstkammer, Inv.-Nr. KK 4660 und KK 4657.
28 Wien, Kunsthistorisches Museum, Geistliche Schatzkammer, Inv.-Nr. Kap. 267; Krenn 1988, S. XXVIII, Nr. 174.
29 Bauer/Haupt 1976, Nr. 965. Hans Wecker war im ersten Viertel des 17. Jahrhunderts in Prag, Wien und Dresden tätig.
30 Wien, Kunsthistorisches Museum, Kunstkammer, Inv.-Nr. KK 4897 und KK 4741.
31 Lhotsky 1941–45, S. 304.
32 Haupt 1998, S. 36, 323.
33 Haupt 1998, S. 486–489, Nr. 805–806, 836–837, 850–851, 855–858.
34 Haupt 1998, S. 488, Nr. 859.
35 Haupt 1998, S. 486, Nr. 809–811.
36 Haupt 1998, S. 486, Nr. 807.
37 Wien, Kunsthistorisches Museum, Kunstkammer, Inv.-Nr. KK 4564; Schatzkammerinventar 1750, VIII, fol. 368, Nr. 20.
38 Haupt 1998, S. 488, Nr. 859.
39 Wien, Kunsthistorisches Museum, Kunstkammer, Inv.-Nr. KK 4576, KK 4629 und KK 4637.
40 Haupt 1998, S. 27, Nr. 202.
41 Haupt 1998, S. 486, Nr. 809–811.
42 Linz, Oberösterreichisches Museum, Inv.-Nr. S 49.
43 Wien, Kunsthistorisches Museum, Kunstkammer, Inv.-Nr. KK 1195.
44 Polleroß 2004.
45 Seifert 1998.
46 Rinck 1708.
47 Rinck 1708, I, S. 228–229.
48 Schatzkammer 1991, S. 11.
49 Pons 2001.
50 Polleroß 2003, S. 253–254.
51 Polleroß 2010.
52 Gräf 2005, S. 189.
53 Siehe dazu Theuerkauff 1964, S. 33–39; Schikola 1970; Schemper-Sparholz 1998.
54 Pühringer-Zwanowetz 1975, S. 190; Wien, Haus-, Hof- und Staatsarchiv (HHStA), Ältere Zeremonialakten Karton 17, 1. Juni 1692 (fol. 1).
55 Zöllner 1990, S. 291.
56 Haag 2002/03.
57 Birke 1981, S. 10, 23.
58 Haupt 2007/2, Nr. 3220. HALW, HZB 1684/85, Nr. 325 und HALW, 1685/86, Nr. 369.
59 Hauk 1994, S. 633.
60 Wien, Kunsthistorisches Museum, Kunstkammer, Inv.-Nr. KK 3644–3645, 3650–3651, 3655–3656, 3662–3663, 3728–3729, 3781–3782.
61 Wien, Kunsthistorisches Museum, Kunstkammer, Inv.-Nr. KK 4367, 4369, 4373, 4377, 4379, 4381, 4395, 4400, 4403, 4407, 4412, 4415.
62 Siehe dazu die Serie von Marmormedaillons, die nach Abschluss der Arbeiten an der Pestsäule im kaiserlichen Auftrag in der Strudel-Werkstatt ausgeführt wurden; Koller 1993, S. 191.
63 Wien, Hofkammerarchiv (HKA), HZB 1667/1668, fol. 225v; HZB 1669, fol. 146v; HZB 1670, fol. 176v und fol. 326; HZB 1673, fol. 167; HZB 1674, fol. 180. Ein von Schenck 1667 signiertes Stück, das sich heute in Klosterneuburg befindet, nennt als Autor »Joanes Casparus Senckh/dero R:K:M: Feyerwercher/Khunststäbler und Cammerbildt/hauer …« Die beiden ersten Bezeichnungen sind Synonyme für den Kanonier. Durch diese militärische Benennung bot sich auch für Handwerker, die außerhalb einer Zunft standen, die Möglichkeit zur Ausübung ihres Gewerbes. Dies galt besonders für jene, die direkt für einen höfischen Auftraggeber arbeiteten. Aus demselben Grund nennt sich auch der in Coburg und Weimar für die sächsischen Herzöge tätige Kunstdrechsler Marcus Heiden »Feuerwerker«. Siehe dazu Wagner 1994, S. 378.
64 Wien, HKA, HZB 1665/1666, fol. 299v, Nr. 394: »Johann Caspar Schenckh sein besoldung vor diß ganze 666iste jahr 500 fl.«; Haupt 1983, S. LXX, Reg. 2235.
65 Wien, HHStA, Protocolle in Hofsachen De annis 1637 et 1638 ferners De ao. 1665 usque 1676 incl. No. 2, fol. 30a.
66 Haupt 2007/2, S. 15.
67 Reiffenstuell 1702, S. 50; Bormastino 1719, S. 193.
68 Haupt 2007/2, S. 397, Nr. 1542.
69 Wien, Kunsthistorisches Museum, Kunstkammer, Inv.-Nr. KK 4481, KK 4483, KK 4666, KK 4670, KK 4749.
70 Haupt 2007/2, S. 15–16.
71 Theuerkauff 1963, S. 38.
72 Wien, Kunsthistorisches Museum, Geistliche Schatzkammer, Inv.-Nr. E 45.
73 Theuerkauff 1983.
74 Wien, Kunsthistorisches Museum, Kunstkammer, Inv.-Nr. KK 4537.
75 Laine/Magnusson 2002, S. 408.
76 Koller 1970; Koller 1993, S. 217.
77 Coreth 1959.
78 Rinck 1708, I, S. 101.
79 Wien, Kunsthistorisches Museum, Kunstkammer, Inv.-Nr. KK 4662 und KK 4663; Pühringer-Zwanowetz 1966, S. 49–50.
80 Bormastino 1719, S. 244.
81 Siehe die Serie der fünf Reiterstatuetten von Caspar Gras aus Bronze (Wien, Kunsthistorisches Museum, Kunstkammer, Inv.-Nr. KK 6025, 6020, 5989, 6000, 5995).
82 Die kniende Figur Leopolds I. an der Pestsäule zeigt den Kaiser nicht in repräsentativer Herrscherpose, sondern als Bittsteller.
83 Vocelka 1997, S. 78.
84 Pühringer-Zwanowetz 1965, passim; Pons 2001, S. 242.
85 Pons 2001, S. 39.
86 Wien, Kunsthistorisches Museum, Kunstkammer, Inv.-Nr. KK 4560.
87 Haag 2005, S. 86.
88 Theuerkauff 1973.
89 Ebengreuth 1899, S. CXCV.
90 Inventarium über verschiedene Seltenheiten aus Steinarten, Erde, Bronze, Elfenbein und dergleichen vom Jahre 1806, Wien, Kunsthistorisches Museum, Antikensammlung, Archiv.

Abb. 24 Christoph Maucher, Kaiser Leopold I. als Sieger über die Türken, 1700, Elfenbein, Holz, Wien, Kunsthistorisches Museum, Kunstkammer

Katalog

EVA MARIA BREISIG (EMB)
MARAIKE BÜCKLING (MB)
SABINE HAAG (SH)
CHRISTINE KITZLINGER (CK)
THOMAS KUSTER (TK)

Adam Lenckhardt (1610–1661)

»GEWESTER CAMMER BILDTHAUER«

MARAIKE BÜCKLING

Adam Lenckhardt stammte aus Würzburg, wo er am 2. September 1610 getauft wurde.[1] Er wird das Handwerk zunächst bei seinem Vater Nikolaus Lenckhardt († 1632) erlernt haben, der als Bildhauer belegt ist.[2] Weitere Einflüsse kann er von den Werken von Johann (um 1582–um 1623) und Zacharias Juncker (um 1578–1657) bezogen haben, mit denen der Vater zeitweise zusammen gearbeitet hatte.[3] Seine Wanderzeit verbrachte er vermutlich in den Jahren 1626 bis 1630 und noch einmal zwischen 1635 und 1637 in Norditalien, da er in seinem Werk des Öfteren Bezug auf venezianische Werke von Jacopo Sansovino (1486–1570), Alessandro Vittoria (1525–1608) oder auch auf paduanische Bronzeplastik nahm.[4] Spätestens im Jahr 1638 ließ er sich in Wien nieder, denn er heiratete dort am 21. Juni des Jahres. Insgesamt haben sich ca. 30 Werke Lenckhardts, der nur in Elfenbein und Rhinozeroshorn arbeitete, erhalten.[5]

Im Jahr 1642 wurde Lenckhardt zum Kammerbildhauer des Fürsten Karl Eusebius von Liechtenstein (reg. 1627–1684) ernannt. Zwar ist die Anstellungsurkunde nicht erhalten, doch benannte er selbst seine Tätigkeit und ihren Beginn in einer Urkunde vom 7. Februar 1660: »ihrer fürst. gnaden gewester cammer bildthauer wegen deß mihr nach inhalt der anno 1642, den 28. Septembris aufgerichten bestallung«.[6] Hofkünstler waren per Vertrag an den Fürsten oder Kaiser gebunden. Unter diesen Hofkünstlern hatten einige unmittelbaren Zutritt zu den Privaträumen, den »Kammern«, der Herrscher. Als Kammerkünstler stand Lenckhardt an der Spitze der Karriereleiter.[7] Eine derartige Vertrauensstellung konnte nur durch enge vorhergehende Beziehungen entstehen. Und tatsächlich gab es schon vor Lenckhardts Anstellung Kontakte zum Fürsten, die durch die Hofzahlamtsrechnungen belegt sind. So wurde er am 1. Februar 1642, also knapp acht Monate vor seiner Anstellung, für »sechs stuck mallerey, nemblich die fünff sinn und ein crönung« und fünf Monate später für ein Bildnis des Fürsten bezahlt.[8] Auch für die folgenden Jahre lassen sich durch Quellen weitere Werke Lenckhardts in fürstlichem Besitz belegen,[9] von denen einige in späterer Zeit veräußert wurden.[10]

Durch einen Vertrag sicherte sich der Fürst Exklusivität auf die Werke seines Kammerbildhauers und damit auf Werke hohen Anspruchs.[11] In einer Abhandlung für den Sohn formulierte Fürst Karl Eusebius, man solle nur kaufen und sammeln, was von auserlesener Qualität und Seltenheit sei. Dazu gehörten sowohl Originale der alten Meister als auch Werke von noch lebenden Künstlern.[12] Karl Eusebius nahm auf die Gestaltung der Werke Lenckhardts Einfluss. In Verträgen konnte festgelegt

Abb. 25 Adam Lenckhardt, Die Beweinung Christi unter dem Kreuz, 1632, Elfenbein, New York, The Metropolitan Museum of Art

Abb. 26 Adam Lenckhardt, Die Himmelfahrt Mariens, wohl 1632, Elfenbein, New York, The Metropolitan Museum of Art

werden, dass ein Wachsmodell Grundlage der Auftragsvergabe sei und der Fürst für das notwendige Material sorgen würde.[13]

Ein Hof- oder Kammerkünstler konnte nur mit Zustimmung des Fürsten auch für andere Auftraggeber tätig werden. Im Fall Lenckhardts hatte möglicherweise Kaiser Ferdinand III. (reg. 1637–1657) den Fürsten um eine derartige Genehmigung gebeten, denn ein Werk Lenckhardts befand sich in der Kaiserlichen Kunstkammer in Wien: die 1651 geschaffene »Bacchantengruppe« (Kat.-Nr. 5), für die angenommen wird, dass sie auf einen kaiserlichen Auftrag zurückgeht.[14] Bereits vor seiner Anstellung könnte der Kaiser die Gruppe »Satyr und Nymphe Corisca« von 1639 (Kat.-Nr. 2) bei dem Künstler erworben haben.

In seinen frühen Reliefs bevorzugte Lenckhardt zierliche Gestalten: Die »Verkündigung an Maria« (Kat.-Nr. 1), die Gestalten der Beweinung Christi (Abb. 25),[15] der Himmelfahrt Mariens (Abb. 26)[16] oder auch »Maria mit dem Christusknaben und dem Johannesknaben« (vor 1638)[17] zeigen schmale Körper, mit denen sich der Künstler vermutlich auf manieristische Vorbilder bezog.[18] Möglicherweise änderte sich Lenckhardts Auffassung von Körperproportionen noch in Italien.

Abb. 27 Adam Lenckhardt, Kleopatra gibt sich durch Schlangenbiss den Tod, vor 1638 (?), Elfenbein, Baltimore, The Walters Art Gallery

Die Tugendheldin Kleopatra (Abb. 27),[19] entstanden vielleicht um 1638, weist einen fülligen, schweren Körper auf, dessen weiche Modellierung sinnlich schimmernd aufscheint.[20] Frauengestalten mit ausgeprägter Gesäßpartie, dicken Oberschenkeln, einem oft fast plumpen, breitbeinigen Stand finden sich auch weiterhin im Werk Lenckhardts. Nur bei der »Bacchantengruppe« aus Rhinozeroshorn (Kat.-Nr. 5) fallen die schlanken Figuren von Bacchant und Mänade auf. Dies lässt sich vermutlich darauf zurückführen, dass das ganze Horn genutzt werden sollte und das kostbare Material fülligere Formen nicht zuließ.[21]

Die stilistischen Merkmale, die Lenckhardts Skulpturen prägen, finden sich schon in frühen Werken:[22] Die Figuren und ihre Emotionen werden so wiedergegeben, dass der Betrachter den genauen Moment einer Geschichte, die Charaktere der beteiligten Figuren sowie den Ort der Handlung erleben kann. Auch ihre Körperlichkeit wird einfühlsam und natürlich modelliert. Muskulös wird beispielsweise der »Heilige Sebastian« (nach 1642)[23] geschildert, gealterte Körper wie der des »Neptun mit einem Delfin« (nach 1638 ?)[24] oder auch des Satyrs aus der Gruppe »Satyr und Nymphe Corisca« (1639, Kat.-Nr. 2) zeigen den auf Naturtreue bedachten Stil des Schnitzers.[25] Diese ungeschönte Darstellung von Körpern, die sich weder an einem antiken noch einem barocken Schönheitsideal eines Peter Paul Rubens (1577–1640) orientieren, wie dies zeitgleich bei Georg Petel (1601/02–1634) oder Lucas Faydherbe (1616–1697) der Fall war, ist verbunden mit Präzision auch im Detail:[26] Überzeugend gibt der Bildhauer die Stofflichkeit von Felsen, Wasser, Gräsern, Baumrinde oder Kordeln wieder.[27]

Dies charakterisiert auch die drei Gruppen »Das Urteil des Paris« (Abb. 28a–c),[28] »Perseus rettet Andromeda« (Kat.-Nr. 3) und »Apoll schindet Marsyas« (Kat.-Nr. 4). Die virtuosen mythologischen Gruppen stellen den Höhepunkt in Lenckhardts Schaffen dar. Sie entstanden 1642, 1643 und 1644 in Wien für Fürst Karl Eusebius von Liechtenstein[29] und zeigen beliebte Motive aus den ovidischen Metamorphosen.[30]

Das Ende des Satyrs in »Apoll schindet Marsyas« wird in seiner Grausamkeit glaubwürdig wiedergegeben, jede Gestalt reagiert individuell auf das Geschehen. Ähnlich unterschiedlich zeigen sich die Göttinnen Juno, Athena und Venus als Paris sein Urteil fällt. In ihrer Irritation über Paris' Urteil steckt beispielsweise die breitbeinig stehende Athena (Abb. 28c) den Finger in den Mund. In der Gruppe »Perseus rettet Andromeda« konzentriert sich Perseus ernst auf die Erlegung des Meerungeheuers; Andromeda wendet sich erwartungsvoll ihrem späteren Gemahl zu und würdigt den Drachen keines Blickes mehr.

Die Sockel der drei Gruppen sind gleichermaßen rund und mit Gräsern und Pflanzen bewachsen beziehungsweise als Felsvorsprung im Meer gestaltet. Die Rundung der Sockel weist darauf hin, dass alle drei Gruppen mehransichtig gedacht sind. Die Figuren auf der jeweiligen Rückansicht wirken beim Urteil des Paris und bei der Schindung des Marsyas allerdings merkwürdig isoliert.[31]

Die Reliefs und Statuetten Lenckhardts führen seine virtuose Technik vor Augen. Er nutzte die schimmernde Erscheinung des polierten Werkstoffs, um Hautoberflächen seidigen Glanz zu verleihen und konnte zugleich auch die aufgeplatzte Baumrinde in ihrer charakteristischen Oberflächenstruktur wiedergeben. In den mythologischen Gruppen »Perseus rettet Andromeda« und »Apoll schindet Marsyas« wird der obere Zahnteil eines Elefantenzahns geschickt genutzt, indem der Teil, in dem sich ursprünglich das Zahnmark, die Pulpa, befand, die Mitte der Komposition einnimmt. In der früheren Gruppe ordnet der Künstler die Gestalten so an, dass Leerstellen der Komposition dort erscheinen, wo sich ursprünglich die Pulpa befand. In der Schindung des Marsyas nimmt der hohle Teil des Zahns das Innere des zentralen Baumes ein. Die Bacchantengruppe, die der Bildhauer aus Rhinozeroshorn schnitzte, führt ebenfalls die technische Beherrschung des Werkstoffs vor Augen: Die Serpentinata-Gruppe nutzt das Horn so weit wie irgend möglich aus, selbst wenn dadurch einige Körperteile abgeflacht gestaltet werden müssen.

Der Elfenbeinschnitzer Lenckhardt markiert mit seinen Werken den fulminanten Beginn der Blütezeit der Wiener Elfenbeinkunst. Sein Ziel ist es nicht, eine Geschichte in Idealität und Pathos zu überführen, sondern eher eine gelegentlich drastische Naturtreue abzubilden.

Abb. 28a–c Adam Lenckhardt, Das Urteil des Paris, 1642, Elfenbein, ehemals Gotha, Schlossmuseum, verschollen

1 Zum Lebenslauf Adam Lenckhardts siehe auch im Folgenden Theuerkauff 1965, S. 28–32. An dieser Stelle möchte ich Norbert Eschbach, Gießen, für seine Durchsicht der Texte, Bildbearbeitung und Diskussion der von mir behandelten Themen ganz besonders danken.

2 Zu Nikolaus Lenckhardt siehe Bruhns 1923, S. 360–383.

3 Zu Johannes Juncker siehe Bruhns 1923, S. 235–304; zu Zacharias Juncker ebd., S. 305–359.

4 Dazu siehe Theuerkauff 1965, S. 39–44, 58; Theuerkauff 1995, S. 96–98. Die Sammlungen der Fürsten von Liechtenstein mit Werken von Giovanni Francesco Susini (1585–1653), François Duquesnoy (1597–1643) oder Giambologna (1529–1608), die von nachfolgenden Künstlergenerationen häufig als Vorbilder studiert wurden, standen Lenckhardt noch nicht alle zur Verfügung, wurden zahlreiche Werke doch erst um 1658, das heißt drei Jahre vor dem Tod des Elfenbeinschnitzers, oder gar erst im 18. und 19. Jahrhundert erworben. Zur Erwerbung von ca. 30 Kleinbronzen, die 1658 in einem Inventar beschrieben werden, siehe Raggio 1985, S. 63.

5 Erstmals ausführlich und grundlegend zu Lenckhardt und zur Identifizierung der meist ligierten Signatur »AL« siehe Theuerkauff; zuletzt Ausst.-Kat. München 1995.

6 Zitiert nach Haupt 1998, S. 181, Nr. 1533.

7 Dazu siehe ausführlich Haupt 1989/90, S. 90.

8 Beide Zitate nach Haupt 1998, S. 36, Nr. 323, 329. Weder die Darstellung der fünf Sinne, eine Krönung noch das Bildnis des Fürsten haben sich in den Sammlungen des Fürsten von und zu Liechtenstein, Vaduz–Wien, erhalten.

9 Dazu siehe Haupt 1998, S. 37, Nr. 339; S. 44, Nr. 430; S. 50, Nr. 505; S. 56, Nr. 598; S. 58, Nr. 629; S. 164, Nr. 1495; S. 486, Nr. 805–806; S. 487, Nr. 836–837; S. 488, Nr. 850–851, Nr. 855–858; S. 489, Nr. 862.

10 Dazu siehe Theuerkauff 2003, S. 15–16, 19. Dazu gehört auch Johann Caspar Schencks »Der Sommer« (Kat.-Nr. 18).

11 So Haag 1995, S. 22.

12 Zitiert nach Fleischer 1910, S. 195: »Dan man sol nur erkaufen und Einkaufen und dergleichen samblen und verlangen, was auserlehsener Giete, Raritet und Kunst ist und Originalia sein der uhr- und alten vortreflichsten Meistern, auch der modern, der jetzt lebenden, so aber in grosser Perfection und Ruef geschatzet werden.« Zu Fürst Karl Eusebius von Liechtenstein siehe insbesondere Haupt 2007/1.

13 Haupt 1998, S. 164, zitiert unter Nr. 1495 ein Dokument vom 8. Oktober 1646: »Nehmblich er [Lenckhardt] soll erstlichen machen ein crucefix von einem stuck, item die Abnehmung von creütz, alß cranz, lattern [=Leiter] und andern zugehörungen mit acht figuren, alles nach einem stuck nach lauth deß models von wachs, welches ohne gefehr anderthalb schuch hoch ist. Hiervor sollen höchstgedacht ihr fürst. gn. ihme bieldhawern an pahrem geldt 1.650 gulden reinisch bezahlen lassen. Daß zu dieser arbeith gehörig und benöttigte helffenbein wollen höchst gedacht ihr fürst. gn. geben [...].«

14 So Theuerkauff 2003, S. 18.

15 New York, The Metropolitan Museum of Art, Inv.-Nr. 24.80.87.

16 New York, The Metropolitan Museum of Art, Inv.-Nr. 24.80.88.

17 Wien, Kunsthistorisches Museum, Geistliche Schatzkammer, Inv.-Nr. D. 211.

18 Dazu siehe Haag 1995, S. 191.

19 Baltimore, The Walters Art Gallery, Inv.-Nr. 71.416.

20 So auch Theuerkauff 1995, S. 116.

21 Dazu siehe Herzog/Reß 1958, Sp. 1312; siehe Kat.-Nr. 5.

22 Dazu siehe Kat.-Nr. 1.

23 Sammlungen des Fürsten von und zu Liechtenstein, Vaduz–Wien, Inv.-Nr. S 306.

24 New York, The Metropolitan Museum of Art, Inv.-Nr. 24.80.91.

25 Zu »Neptun mit dem Delfin« siehe Theuerkauff 1995, S. 118–119; zu nennen wären auch der »Büßende heilige Hieronymus« (nach 1638?), der »Heilige Hieronymus mit dem Löwen« (nach 1638?), die Gestalt des Meeresgottes Neptun in der Gruppe »Neptun und Amphitrite« (nach 1642; Abb. 33) oder »Neptun mit einem Delfin auf puttengeschmücktem Sockel« (nach 1642), dazu siehe Theuerkauff 1995, S. 120–123, 130–131.

26 So auch Volk 1995/1, S. 198–199; Theuerkauff 1995, S. 99; Haag 1995, S. 186.

27 Zum Stil siehe ähnlich Volk 1995/1, S. 198–199; Theuerkauff 1995, S. 99.

28 Ehemals Gotha, Schlossmuseum, verschollen.

29 Zwei der Gruppen werden im Nachlassinventar von Karl Eusebius erwähnt, zu »Perseus rettet Andromeda« siehe Kat.-Nr. 3; zu »Apoll schindet Marsyas« siehe Kat.-Nr. 4; zur Gruppe »Das Urteil des Paris« heißt es: »Ein stuck von helffenbein, representiret daß judicium Paradis, von fünff figuren, alleß auß einem stuck, vom Lenkhart, 1 stuck«, zitiert nach Haupt 1998, S. 488, Nr. 856.

30 Zur Beliebtheit von Ovids Metamorphosen siehe Volk in Ausst.-Kat. München 1995, S. 229.

31 Dazu siehe Kat.-Nr. 4. Ähnliches ist bei einer Kreuzabnahme (entstanden zwischen 1646 und 1653, Cleveland, The Cleveland Museum of Art, Inv.-Nr. 67.134) zu beobachten: Auf der Rückseite steht der in ein Schriftstück versunkene Joseph von Arimathia und scheint uninteressiert an dem Geschehnis der Vorderseite zu sein.

1

Adam Lenckhardt (1610–1661)

VERKÜNDIGUNG AN MARIA

1633
Elfenbein
H. 9,9–10 cm, B. 10,1 cm, T. 0,9 cm
Bezeichnet: »AL« (ligiert) und »1633«
Sammlung Reiner Winkler
Inv. Nr. W. 54

Eines der frühesten von Adam Lenckhardt erhaltenen Werke ist die »Verkündigung an Maria« (Abb. Kat.-Nr. 1a), eine kleine Tafel, die überaus fein und detailreich gearbeitet ist. Maria kniet mit betend aneinander gelegten Händen an ihrem Betpult, auf dem ein aufgeschlagenes Stundenbuch und eine Vase mit Blumen zu sehen sind. Hinter einem gerafften, mit fein geriffelten Fransen und Lambrequins geschmückten Vorhang ist im Hintergrund ihr Bett zu erkennen. Kostbar erscheint auch das Betpult mit eingeritztem Ornamentschmuck. Zur häuslichen Umgebung gehören des Weiteren ein niedriger Schemel sowie ein Korb, in dem ein Wollknäuel, eine Schere und ein Stück Tuch liegen. Fliesen bilden den Boden des Zimmers und verleihen ihm durch ihre perspektivische Anlage Räumlichkeit. In dieses fast intime Ambiente bricht himmlisches Geschehen ein: Auf einer Wolke kniend rauscht der Verkündigungsengel Gabriel ins Zimmer. Mit der rechten Hand weist er gen Himmel. Seinen linken Arm hält der Engel gesenkt; in der heute abgebrochenen Hand trug er wahrscheinlich eine Lilie.[1] Mit ihm erscheint in einer Strahlengloriole die Taube des Heiligen Geistes und fliegt auf Maria zu. Zahlreiche Putten begleiten den Erzengel. Sie legen betend die Hände aneinander, weisen auf Maria, führen Blumen mit oder betrachten mit lebendiger Gestik das Geschehen. Maria wendet den Kopf, hat sich aber nicht weiter bewegt, denn die Falten ihrer Gewänder liegen noch so, wie sie durch die Körperhaltung bedingt sind.

Adam Lenckhardt orientierte sich mit seiner Darstellung an dem themengleichen Stich von Crispijn de Passe (1564–1637; Abb. 29);[2] Maria sitzt ebenfalls links an ihrem, hier mit Reliefs geschmückten Betpult vor einem aufgeschlagenen Buch und ist im Begriff, eine Seite umzublättern. Die Bettstatt mit Himmel und fast ganz zugezogenen Vorhängen, die dennoch den Blick auf Kissen erlauben, ist der des Reliefs sehr ähnlich. Ein Tischchen mit Tischtuch, auf dem ein Krug und eine Schale stehen, ein Korb mit Schere und einem herausfallenden Tuch, ein Garnknäuel sowie eine ruhig liegende Katze unterstreichen den häuslichen Charakter der Szene. Das Zimmer erhält durch die Bodenfliesen und das im Hintergrund stehende Tischchen Räumlichkeit. Eine diagonal verlaufende Wolkenfront verdeckt den Rest des Raums. Auch hier erscheint Gabriel, von einigen wenigen Engelsköpfchen begleitet, halb kniend auf Wolken. Anders als auf dem Relief hat sich Maria aber hier bereits umgedreht und blickt, die Hand ehrfürchtig auf die Brust gelegt, zum Engel. Dieser hält mit der einen Hand eine Lilie und weist mit der anderen zur Taube des Heiligen Geistes, die sich in einer Strahlengloriole auf die Jungfrau herabsenkt.

Die Szene in Lenckhardts kleinem Relief ist intimer gestaltet als auf dem eher pompösen Stich.[3] Zwar wird auch hier fast die Hälfte der Fläche von Wolken und der Strahlengloriole eingenommen. Auffallend ist jedoch die größere Verständlichkeit und Nachvollziehbarkeit des Geschehens auf dem Elfenbeinrelief. Lenckhardts Gottesmutter kniet am Betschemel und dreht nur, in erster Ahnung des Geschehens, den Kopf zum Engel. Seine flatternden und an den Körper gepressten Gewänder deuten ebenso wie seine nach hinten wehenden Haare die Bewegung und zugleich die Bedeutung seiner Botschaft an. Dagegen wendet sich die Maria des Stichs bereits nach rechts, hält aber mit einer Hand noch eine Buchseite und drückt mit der anderen schon ihre Verehrung für die himmlische Erscheinung aus. Auf der Elfenbeintafel begegnen sich zwei noch in ihren unterschiedlichen – himmlischen und irdischen – Sphären befangene Personen. Der Stich dagegen verbindet mehrere Momente des Geschehens und lädt es durch üppige Gewänder und deutliche Licht-Schatten-Differenzierungen mit dramatischen Effekten auf.

Das Relief ist mit der Jahreszahl 1633 versehen; es entstand somit wahrscheinlich noch in der italienischen Zeit des Künstlers. In der überaus feinen, detailreichen Schnitzerei ist es insbesondere mit zwei Reliefs Lenckhardts, der »Beweinung Christi unter dem Kreuz« (Abb. 25) und der dazu als Pendant geschaffenen »Himmelfahrt Mariens« (Abb. 26), verwandt.[4] So finden sich die Physiognomie und die wehenden Haare des Verkündigungsengels bei dem trauernden Johannes, die Gesichtszüge der Maria in der gen Himmel fahrenden Gottesmutter wieder. Auch die Gestaltung der Gewänder der Verkündigungsmaria ist mit den weich fließenden Falten der Gewandfiguren beider Reliefs zu vergleichen. Derselben »Familie« entstammen die sich in den Wolken tummelnden Putten der drei Werke.

Lenckhardt nutzte bei dem kleinen Relief ein grafisches Vorbild, formulierte es aber so um, dass der Gehalt intimer wird. Merkmale, die auch später entstandene Skulpturen prägen, finden sich bereits in diesem frühen Werk: Die Figuren und ihre Emotionen werden so wiedergegeben, dass der Betrachter den genauen Moment einer Szene, die Charaktere des dargestellten Personals und eine nachvollziehbar natürliche Umgebung miterleben kann. MB

1a

Abb. 29 Crispijn de Passe, Verkündigung, Radierung

1 Am rechten Rand der Platte haben sich kleine Reste der Lilie erhalten.

2 Dazu zuerst Theuerkauff 1984, S. 68–69; ihm folgend Kappel 2001, S. 30.

3 Zu den Unterschieden zwischen Relief und Stich siehe auch Theuerkauff 1995, S. 110.

4 Beide Reliefs befinden sich in New York, The Metropolitan Museum of Art, »Die Beweinung unter dem Kreuz«: Inv.-Nr. 24.80.87, »Die Himmelfahrt Mariens«: Inv.-Nr. 24.80.88. Dazu bereits Theuerkauff 1984, S. 68; Theuerkauff 1995, S. 110. Ihm folgend Kappel 2001, S. 30.

2

Adam Lenckhardt (1610–1661)

SATYR UND NYMPHE CORISCA

1639
Elfenbein
H. 22,6 cm
Bezeichnet: »AL« (ligiert); »1639«
Wien, Kunsthistorisches Museum, Kunstkammer
Inv.-Nr. KK 4564

Lenckhardt gibt mit seiner Gruppe »Satyr und Nymphe Corisca« (Abb. Kat.-Nr. 2a–b),[1] die aus zwei Teilen zusammengesetzt ist, ein Thema wieder, das einer Tragikomödie von Giovanni Battista Guarini »Der treue Schäfer« (1585) entnommen ist:[2] In einem Verwirrspiel um wahre und unerwiderte Liebe zwischen zwei Paaren tritt auch die intrigante Nymphe Corisca auf. Sie wird seit Längerem von einem alten Satyr verfolgt und konnte bisher immer vor ihm fliehen. Einmal jedoch erreicht er sie und packt ihren Haarschopf. Sie entkommt indes ein weiteres Mal, denn er hat nur ihre Perücke ergriffen. Entsetzt glaubt er im ersten Moment, sie laufe kopflos davon. Diesen Moment hat Lenckhardt ins Bild gesetzt.

Der Verfolger ist der Nymphe so nahe gekommen, dass sich ihre beiden linken Unterschenkel berühren, denn Corisca hat das linke, nach hinten gestreckte Bein im Lauf angehoben, während der Satyr zum Schritt nach vorne ansetzt. Durch einen kräftigen Ruck löst sich die Perücke von ihrem Kopf, und der Satyr taumelt nach hinten. Ein Knüppel, den er neben sich aufstützt, vermag ihm auch keinen Halt mehr zu geben, zumal er obendrein über ihr linkes Bein stolpert. Corisca dagegen beugt den Oberkörper vor, so dass die Figuren im oberen Teil auseinander streben. Die Nähe der gerade erreichten Frau und ihre dennoch gelingende Flucht sind überzeugend wiedergegeben. Zwischen ihnen hält der Satyr die Perücke, die ihr Entkommen ermöglicht und ihm den Blick auf die Nymphe versperrt.[3]

In seinem Schrecken reißt der Satyr den Mund weit auf und erlaubt den Blick auf die Zunge und schadhafte Zähne (Abb. Kat.-Nr. 2d). Diese Mimik, zusammen mit den wulstigen Lippen, dem Ziegenbart am spitzen Kinn, Hörnern, Augenbrauen, die übergangslos in die breite Nase übergehen, des Weiteren die zerfurchte Stirn, weit aufgerissene Augen mit starrem Blick, Ziegenohren, zotteliges Fell an seinen Beinen und das erigierte Glied unterstreichen die Hässlichkeit und Lüsternheit des Mischwesens. Seinem gealterten, schmalen Rumpf setzt die Nymphe ihren leicht untersetzten Körper mit gewölbtem Bauch und kurzen Beinen mit breiten Oberschenkeln entgegen. Sie verhöhnt den gefoppten Satyr mit obszönen Gesten, wendet den Kopf und streckt ihm die Zunge heraus (Abb. Kat.-Nr. 2c).

Die Nymphe hat ihn übertölpelt und dies ausgerechnet mit ihrem Haar. Der Satyr nennt den Gegensatz zwischen der Perücke einerseits und dem Haar als einem Attribut von sinnlicher Schönheit andererseits einen empörenden Betrug.[4] Seit der europäischen Antike waren es oft die lang herabfallenden Locken, die bei der Beschreibung einer verführerischen Frau oder Nymphe genannt werden.[5] Corisca wirkt dagegen kahlköpfig; erst beim genauen Blick sind verhältnismäßig dünne Haare zu sehen, die eng am Kopf liegen. »Man beneh-me doch einem Frauenzimmer die Haare, und beschaue sie hernach, wenn es auch gleich die Venus selbsten waere, so wuerde dennoch keine Grace bey ihr zu finden seyn.«[6]

Grazie, Anmut und Schönheit, die gemeinhin mit Nymphen verbunden werden, sind bei Corisca aufgrund der vermeintlichen Kahlheit, aber auch aufgrund ihrer untersetzten Proportionen in ihr Gegenteil verkehrt. Ihr Gesicht ist durch die herausgestreckte Zunge entstellt, ihre Gesten sind anstößig. Zudem hat sie ihre Beine im Lauf so weit auseinander gestellt, dass ihr Geschlecht sichtbar wird. Einzig ihre glatte Haut hebt sie gegen die Hässlichkeit des Satyrs ab. Auffällig ist in diesem Zusammenhang, dass die Elfenbeinmaserung vor allem bei ihm zu sehen ist: an seinem linken Arm, der linken Schulter, auf den Schulterblättern, dem Rücken, am Gesäß und am rechten Arm. Bei ihr ist eine feine Maserung nur am Ellenbogen, dem linken Unterarm und der Außenseite des linken Fußes zu erkennen. Möglicherweise nutzte Lenckhardt die Teilung der Gruppe in zwei Elfenbeinstücke dazu, bei ihr feinere Partien des Elefantenzahns zu verwenden.

Mit der Darstellung von Satyr und Nymphe bezog sich Lenckhardt auf ein Thema, das insbesondere in der paduanischen Bronzeplastik des 16. Jahrhunderts häufig und gelegentlich auch drastisch behandelt worden war;[7] zahlreich sind Darstellungen der Flucht einer schönen Nymphe vor Apoll, Pan oder vor einem Satyr.

Auch der tierische Charakter vieler bronzenen Satyrn ist durch spitze Ziegenohren oder bis auf die Schultern fallende Schlappohren, üppiges Fell auf den Beinen, Hörner, hässliche Gesichtszüge und ein erigiertes Glied herausgestrichen.[8] Lenckhardts Satyr übernimmt solche überzeichneten Züge und steigert sie noch durch das von den Oberschenkeln herab hängende, zottelige Fell und den rückwärtig angebrachten kurzen Schwanz.

Mit seiner Formulierung der Szene blieb Lenckhardt nah an der literarischen Vorlage. Der Autor hatte betont, dass Corisca und der Satyr komisch zu behandeln seien.[9] Daher kennzeichnet der Künstler sie als Parodie der liebenden Paare. Keine der beiden Gestalten wird positiv geschildert. Der obszöne Charakter der Nymphe zog auch die Gestaltung ihres Körpers nach sich, der sich von Darstellungen von Nymphen im Allgemeinen, aber auch von Lenckhardts Darstellungen von Göttinnen im 1642 entstandenen »Urteil des Paris« (Abb. 28a–c) und der 1643 geschaffenen Gestalt der Andromeda (Kat.-Nr. 3) im Besonderen unterscheidet. MB

2a

2b

2c

2d

1 Zur Provenienz: Die Gruppe wurde 1750 erstmals im Kaiserlichen Schatzkammerinventar erwähnt, 1875 befand sie sich in der kaiserlichen Sammlung auf Schloss Ambras. Zur Gruppe siehe auch Volk 1995/1, S. 208–209.

2 Das Werk wurde 1585 erstmals aufgeführt, 1590 gedruckt und erstmals vor deutschem Publikum am 20. November 1598 aufgeführt, als Erzherzogin Margarethe und Erzherzog Albrecht von Österreich mit einem Gefolge von 7000 Personen nach Spanien reisten; erste deutsche Übersetzungen 1619 und 1636; dazu siehe Olschki 1908, S. 4, 27, 35. Dazu siehe den Beitrag von Sabine Haag, Elfenbein, in diesem Katalog, S. 20–21.

3 Die Haare sind in weichen Wellen, zusammen mit geflochtenen Zöpfen, zurückgestrichen, mit einem Diadem festgesteckt und auf dem Hinterkopf zu einem losen Knoten verschlungen. Daraus lösen sich einige lange Locken und fallen herab. Damit erinnert die Perücke an Frisuren, die Lenckhardt auch für die vor 1638 entstandene Kleopatra (Abb. 27) sowie für die Nymphe seitlich des zu häutenden Marsyas von 1644 (Kat.-Nr. 4) wählte.

4 Dazu siehe Garrard 1993, S. 37–38.

5 Dazu siehe Mayr 2003, S. 111–112. Dazu beispielsweise Marino 1964, S. 33, Sonett: »Irrfahrten schönen Haares: O Haare, wehende Haare,/ Die golden in Ringeln sich kräuseln,/ O schöne, gar wunderbare,/ Die fliegen und scherzen im Säuseln,/ Süß seid ihr im Wehen und Irren:/ Ihr dürft nicht verstrickend die Herzen verwirren!« Insbesondere gilt dies für eine andere Nymphe, Daphne: Ihre besondere Attraktivität kam in ihrem wallenden Haar zum Ausdruck. Dazu siehe Mayr 2003, S. 112.

6 Valentinus Fridericus in »Curiöser Tractat Vom Parucken«, 1702, zitiert nach Wietig 2006, S. 30.

7 Dazu siehe Ausst.-Kat. Frankfurt 1985/86, beispielsweise Kat.-Nr. 169, 199, Abb. 219. Corisca kann sich mit ihrem angedeuteten Geschlecht und dem angedeuteten Schamhaar gleichfalls auf italienische Vorbilder des 16. Jahrhunderts beziehen, siehe Ausst.-Kat. Wien 1987, Kat.-Nr. III. 9, Kat.-Nr. V. 44, 60, 72.

8 Dazu siehe Ausst.-Kat. Frankfurt 1985/86, beispielsweise Kat.-Nr. 212, 216–217, 223, 225.

9 Nach Garrard 1993, S. 35. Garrard geht im Zusammenhang mit einem Gemälde von Artemisia Gentileschi näher auf die Dichtung »Il pastor fide« ein, siehe Garrard 1993, S. 34–38.

3

Adam Lenckhardt (1610–1661)

PERSEUS RETTET ANDROMEDA

1643
Elfenbein
H. 34,6 cm; B. 15,7 cm; T. 13,0 cm
Bezeichnet zweimal: »AL« (ligiert); »1643«
Karlsruhe, Badisches Landesmuseum
Inv.-Nr. 61/23

Die Gruppe »Perseus rettet Andromeda« ist aus einem Stück Elfenbein von feiner, zarter Maserung geschnitten (Abb. Kat.-Nr. 3a). Sie wird in einem am 5. Februar 1684 aufgestellten Nachlassinventar des Fürsten Karl Eusebius von Liechtenstein im Schloss Feldsberg – mit falscher Identifizierung der dargestellten Personen – genannt: »Ein grosses stuck von helffenbein, auf welchem Dalida, welche durch einen ritter lieberirt undt von dem trachen errettet wiert, hat drey figuren, vom Lenkhart, 1 stuck«.[1] Auf der linken Schulter des Perseus findet sich eine kleine, mit einem Elfenbeinstift geschlossene Aushöhlung an jener Stelle, wo sich im Zahn die Nerven befanden. Die linke Körperseite des Helden zeigt den weiteren Verlauf des Nervs, der sich bis zur Sockelunterseite zieht.[2] Von vorne betrachtet, wird die Biegung des Zahns nach rechts deutlich.

Nach Ovid erblickt Perseus, Sohn von Jupiter und Danae, im Flug am Ufer Äthiopiens die an einen Felsen gekettete Königstochter Andromeda. Sie soll zur Strafe dafür, dass ihre Mutter die eigene Schönheit vor der der Nereiden hervorgehoben hatte, einem Meeresuntier zum Opfer gebracht werden.[3] Der Göttersohn, der sich beim Anblick der jungen Frau in sie verliebt hatte, sichert den verzweifelten Eltern die Rettung ihrer Tochter zu und bittet um ihre Hand. Er fliegt dem Ungeheuer entgegen und verwundet es mehrfach mit dem Schwert. Als seine Flügel vom Wasser schwerer werden, lässt er sich auf einem nahen Felsen nieder, hält sich dort am äußersten Zacken fest und kann das Tier schließlich töten.

Lenckhardt zeigt die nackte Andromeda mit beiden Armen an den Felsen gefesselt. Ein Arm ist nach oben gedreht, während der andere herabhängt. Sie steht auf einer kleinen abschüssigen Landzunge. Im Wasser ist ein fischschwänziger, geflügelter Drachen zu sehen, der eine breite Tatze an den Felsen legt und sich der wehrlosen Frau nähert. Zur selben Zeit ist Perseus auf einem kleinen Felsvorsprung gelandet. Seine rasche Bewegung ist am wehenden Helmbusch, an den nach hinten flatternden Locken und Gewandteilen sowie an dem noch im Lauf nach hinten gestreckten Bein zu erkennen. Er hält sich, wie von Ovid beschrieben, mit der linken Hand am Felsen fest und blickt zu dem die Zähne bleckenden Untier herab. Mit dem rechten Arm hat er den – heute verlorenen – Speer in den Rachen des Ungeheuers gestoßen und seine Zunge durchbohrt. Andromeda blickt hoffnungsvoll zu ihrem Retter empor. Ihr Mund ist leicht geöffnet, so dass Zähne sichtbar werden. Ihre Haare wehen in üppigen langen Locken und verrieten Perseus, dass es sich bei der angeketteten Frau nicht um eine Marmorstatue handelte (Abb. Kat.-Nr. 3b).

Die sehr unterschiedlichen Materialitäten der Gruppe stellten eine besondere Herausforderung dar. Lenckhardt differenziert sehr genau in der stofflichen Wiedergabe von Felsen, Wasser, dem Körper des Ungeheuers, den Körpern seiner beiden Protagonisten, seiner Kleidung und ihrer Haare. So besteht der Felsen aus kleinen kantigen, splittrigen Steinschichten sowie aus größeren Flächen, die scheibenartige Vorsprünge oder eingeritzte Linien aufweisen, von denen sich die beiden auf der Rückseite des Felsens eingetragenen Signaturen kaum unterscheiden (Abb. Kat.-Nr. 3c). Aus Ritzen sprießen kleine, detailliert gearbeitete Pflanzen. Die »muschelschalenbesäte«[4] Drachenhaut ist gebuckelt. Diese Buckel stauen sich am Rücken und dehnen

Abb. 30 Virgil Solis, Perseus errettet Andromeda, Ovid, Metamorphosen, 1569, Wien, Albertina

sich am hochgereckten Hals und dem nach oben peitschenden Schwanz. In kleinen, sich am Strand überschlagenden oder dort auslaufenden Wellen ist das Wasser wiedergegeben, das Muscheln und Schneckenhäuser ans Ufer gespült hat und eine unruhig geriffelte Oberfläche aufweist.

Seinen Helden zeigt Lenckhardt als antikische Figur mit Muskelpanzer, kurzem Waffenrock, geschnürten Sandalen und mit Federbusch bestücktem Helm (Abb. Kat.-Nr. 3d). Kinn-, Backen- und Schnurrbart gestalten das ernste Gesicht männlicher und unantikischer, als es vergleichbare Darstellungen des heiligen Georg[5] oder des Erzengels Michael tun. Fein gezeichnete Locken, die an die des Engels in der »Verkündigung an Maria« (Kat.-Nr. 1) erinnern, wehen nach hinten. Andromedas Körper ist füllig und schwer. Auffällig ist im Vergleich zu themengleichen Bildwerken die Veränderung ihres Standmotivs. Während meist gezeigt wird, wie sie die Beine eng aneinander schmiegt, steht sie in Lenckhardts Gruppe in einer offenen Schrittstellung, so dass ihr Geschlecht zu erkennen ist.

3a

3b

3c

3d

Die Errettung der Andromeda durch Perseus gehörte im 16. und 17. Jahrhundert zu den bei Malern und Grafikern beliebten Themen; Skulpturen gibt es dagegen kaum.[6]

Lenckhardt setzte die ovidische Vorlage verändert um:[7] So landet Perseus auf demselben Felsen, an den Andromeda gekettet ist, und tötet mit einem Speer von hier aus das Ungeheuer, das, anders als vom antiken Autor geschildert, die Jungfrau fast schon erreicht hat. Der Darstellung der Königstochter vergleichbar sind Illustrationen in Ovid-Ausgaben des 16. und frühen 17. Jahrhunderts von Bernard Salomon (1508–1561) und Virgil Solis (1514–1562; Abb. 30).[8] Sie zeigen gleichfalls einen im Meer aufragenden Felsen mit nach oben abgerundeter, unregelmäßiger Form und schmaler Landzunge, auf der Andromeda steht. Auch in diesen Ovid-Illustrationen ist einer ihrer Arme so angekettet, dass er angehoben ist, die zweite Fessel zwingt sie, den anderen Arm zu senken. Mit den langen, am Fels entlang wehenden Locken könnte sich der Bildhauer an Stichen von Hendrick Goltzius (1558–1617) und seinem Umkreis orientiert haben.[9] Das Heranschwappen der Wellen, die einige Muscheln mit sich führen, und auch die lang wallenden, wehenden Locken finden sich auf einem Stich (1610) von Johannes Janssonius (1588–1664). Mit dem fischschwänzigen und geflügelten Meerungeheuer konnte sich der Bildhauer auf themengleiche Darstellungen von Giuseppe Cesari (1568–1640) oder von Crijspin de Passe (1564–1637) beziehen.[10]

Lenkhardt behielt von der antiken Vorlage einige besondere Details bei: so ihre wehenden Haare oder seinen Haltegriff mit der linken Hand. Wie die Mehrzahl der bildnerischen Vergleiche, insbesondere bei Ovid-Illustrationen, isoliert Lenckhardt die Gruppe jedoch aus der eigentlich geschilderten Szene mit ihren Eltern. Er kann sich daher auf die genaue Schilderung des Ortes sowie auf die Charaktere der Protagonisten konzentrieren: auf ihre aufkeimende Hoffnung und Liebe, auf den männlichen Ernst des Helden und seine Konzentration auf das zu tötende Untier. MB

1 Zitiert nach Haupt 1998, S. 488, Nr. 857. Die Gruppe wurde 1961 vom Badischen Landesmuseum Karlsruhe erworben, dazu siehe Petrasch 1966, S. 131. Ebenso wie das »Urteil des Paris« (Abb. 28a–c) und »Apoll schindet Marsyas« (Kat.-Nr. 4) wurde sie zu einem unbekannten Zeitpunkt aus den Fürstlichen Sammlungen veräußert und befand sich anschließend in der Sammlung Joseph Angelo de France (1691–1761), dazu siehe Ausst.-Kat. München 1995, S. 204.

2 Für diese Information danke ich Andrea Wähning, Karlsruhe.

3 Ovid, IV, Vers 668–734.

4 Holzberg, Ovid 1997, IV, Vers 725.

5 So auch Volk 1995/1, S. 205.

6 Als Anlass, die Errettung der Andromeda darzustellen, nennt Evers die Identifikation eines Fürsten mit Perseus und der Befreiung beispielsweise eines Landes, dazu siehe Evers 1941/42, S. 201; siehe auch Mandel 1996, S. 168–187. Pigler 1974, Bd. II, S. 21–26, nennt nur einige wenige Reliefs, die das Thema wiedergeben, so siehe S. 22: ein Bronzerelief am Denkmal »Perseus mit dem Haupt der Medusa«, Florenz, von Benvenuto Cellini (1500–1574).

7 Volk nennt Lenckhardt in Bezug auf diese Gruppe völlig zu Recht einen »eigenständigen Interpreten«, siehe Volk 1995/1, S. 205. Zu malerischen und grafischen Darstellungen siehe Ausst.-Kat. Hamburg 1993, S. 160–175; Schleier/Röttgen 1993.

8 Bernard Salomons Darstellungen werden in mehreren Ovid-Ausgaben der Jahre 1557/1583², 1559/1584² wiederholt; die Darstellung von Virgil Solis ist beispielsweise in den Ausgaben von 1563 und 1612 zu finden, Abb. siehe The Illustrated Bartsch, Bd. 19.1, S. 486, 591.

9 Schleier/Röttgen 1993, Abb. 7.

10 Dazu siehe Veldman 2001, Abb. 158.

4

Adam Lenckhardt (1610–1661)

APOLL SCHINDET MARSYAS

1644
Elfenbein
H. 27,2 cm, Standfläche: 15,2 x 12,5 cm
Bezeichnet: »AL 1644« (AL ligiert)
München, Bayerisches Nationalmuseum
Inv.-Nr. 92/145

Im Jahr 1644 entstand die aus einem Stück geschnitzte Figurengruppe »Apoll schindet Marsyas« (Abb. Kat.-Nr. 4a) im Auftrag des Fürsten Karl Eusebius von Liechtenstein.[1] Die Geschichte des Satyrs Marsyas wird von Platon, Herodot, Ovid und anderen antiken Autoren geschildert:[2] Auf einer Flöte, deren Erfindung ihm selbst oder der Göttin Athena zugeschrieben wird, erringt er große Fertigkeit und fordert den Gott der Musik, Apoll, zum Wettkampf heraus. Nachdem das Mischwesen dem Gott unterlegen ist, zieht dieser ihm zur Strafe die Haut ab.

Der Boden des gerundeten Sockels, auf dem sich die Szene abspielt, ist mit Gräsern, Pflanzen und den Wurzeln des mächtigen Baumstamms, dessen Äste zu kleinen Stümpfen zurückgeschnitten sind, bedeckt. Am Baum lehnt die Flöte – hier eine Panflöte –, die zum Verderben des Satyrs führte. Marsyas ist mit den Armen und dem linken Bein, mit dem er auf einem niedrigen Baumstumpf steht, an den Stamm gefesselt und hebt das rechte Bein im Schmerz an; seine rechte Hand ballt der Gequälte zur Faust. Er schreit mit schmerzverzerrtem und offenem Mund. Die Zunge hängt heraus, das Gesicht ist von tiefen Falten zerfurcht. Im Todeskampf verdrehen sich die Augen so, dass er mit dem linken zu einer Nymphe herab schielt und das rechte nach oben richtet (Abb. Kat.-Nr. 4b). Sein Peiniger Apoll steht links in weiter Schrittstellung neben dem Baum. Anders als es die nach hinten wehenden Haare vermuten lassen, geht der Gott sein Werk mit großer Ruhe an. Die bereits abgetrennte, innen glatte Hautpartie hält er in der Hand. Er schneidet sie direkt über den Muskeln vom Fleisch, so dass dort, wo sie bereits abgelöst wurde, der Körper seziert ist (Abb. Kat.-Nr. 4d).

4b

Ovid hatte berichtet, dass Faune, Satyrn und Nymphen das Schicksal des Flötenspielers beweinten.[3] Dem folgend fügte Lenckhardt der Gruppe weitere Figuren hinzu: Zu Füßen des Geschundenen kauert ein Satyrknabe, rechts von Marsyas nähert sich ihm eine Nymphe. Eine zweite Nymphe liegt hinter dem Baum (Abb. Kat.-Nr. 4c). Vor ihr entspringt am Rand des Sockels eine Quelle dem Boden: Ovid zufolge entwickelte sich aus Marsyas' Blut ein Fluss, der seinen Namen trug.[4]

Lenckhardt charakterisierte die Figuren sehr verschieden. Im Todeskampf dreht Marsyas den Kopf zur Seite. Das Satyrhafte ist bei ihm nachdrücklich betont. Er hat spitze Ohren, kleine Hörner, einen dichten Bart, kurze lockige Haare und eine ausgeprägte Stupsnase; die Beine sind mit Fell überzogen. Auch der Knabe mit einem übergroßen Kopf und hässlichen Gesichtszügen, spitzen Ohren und Bocksfüßen kann sein Wesen als Satyr nicht verbergen. Seine Gesten und der Blick zu Marsyas drücken zugleich Fassungslosigkeit und Gram aus. Demgegenüber erfasst die stehende Nymphe mitfühlend und vorsichtig Marsyas' Arm, nimmt seine kraftlose Hand in die ihre und blickt kummervoll zu seinem verzerrten Gesicht. Ihre Proportionen sind gedrungen und erinnern ebenso wie ihre Frisur an die Gestalt der Corisca (Kat.-Nr. 2). Schlafend und vom Geschehen unberührt liegt auf der Rückseite eine Nymphe, die zur Quellnymphe des Blutflusses »Marsyas« werden wird. Apoll, deutlich größer als die stehende Nymphe, vollzieht die Schindung mit emotionsloser Mimik. Seine Pupillen sind kaum wahrnehmbar eingeritzt, wodurch seine unbarmherzige Mitleidlosigkeit unterstrichen wird. Die Gesichtszüge der Gestalten – sein ruhiges Gesicht, das bekümmerte der Nymphe, das ratlose des Knaben und das ruhig schlafende der Quellnymphe – stehen im krassen Gegensatz zu dem schmerzverzerrten des Satyrs.

Ebenso differenziert wie die Charakterisierung der Personen ist die stoffliche Wiedergabe der Materialien. Der mächtige Baum ist von knorriger, aufgeplatzter Rinde überzogen. Da in seinem Inneren das Zahnmark (die sogenannte Pulpa) verlief, ist der Stamm hohl und wirkt abgestorben. Auch die schlafende Quellnymphe weist auf das Sterben des Marsyas hin; der Schlaf ist ein Synonym für den Tod. Minutiös ziseliert der Bildhauer zahlreiche Details: die gedrehten Hanfschnüre, die auf der Rückseite zu losen Knoten verschlungen sind, die gefälligen Falten eines über den Ast geworfenen und kostbar mit Borte verzierten Gewands, Gräser, Pflanzen, Wasser und die Panflöte mit Mundschlitzen und Luftlöchern. Die Lyra Apolls, auf deren Unterseite die Signatur angebracht ist, hängt an einem kleinen Ast, der ihre Saiten zur Seite schiebt.

4a

4c

Die Gestaltung der Körper von Apoll, des kleinen Satyrs, der Nymphen und selbst das struppige Fell des Satyrs, die Innenseite seiner Haut und sein offen gelegtes Fleisch zeichnet sich durch subtile Modellierung und samtene Oberflächen aus.

Anders als das Thema »Perseus rettet Andromeda« (Kat.-Nr. 3) wurde die Schindung des Marsyas nicht nur von Malern und Grafikern, sondern häufig auch von Bildhauern gestaltet.[5] Selten aber wurde die grausige Szene derart drastisch und zugleich unpathetisch wie bei Lenckhardt vor Augen geführt. Nicht immer legt Apoll in den Darstellungen selbst Hand an; häufig befiehlt er die Schindung und sitzt beobachtend daneben. Lenckhardts Gruppe vergleichbar ist eine Grafik von Rosso Fiorentino (1495–1540), in der Apoll mit wehenden Haaren links vom Satyr steht und die Schindung beginnt (Abb. 31). Die wichtigste Anregung für Lenckhardt gab die berühmte, antike Gruppe des Laokoon (Abb. 32).[6] Die Windung des Körpers, die Schrägneigung des Kopfes und der Blick zur Linken, der ausgestreckte rechte Arm und das angezogene beziehungsweise höher aufgestellte rechte Bein von Satyr und Laokoon sind deutlich aufeinander bezogen. Lenckhardts Nymphe ist mit dem erhobenen rechten Arm und dem Blick nach oben mit dem rechts von Laokoon stehenden Sohn verwandt. Allerdings bricht der Schnitzer das hohe Pathos, das sich in der antiken Skulptur ausdrückt, auf die menschliche Ebene herab. MB

1 Zu einem unbekannten Zeitpunkt veräußert, gehörte die Gruppe im 19. Jahrhundert zur Sammlung von Anselm Salomon von Rothschild. Zur Provenienz siehe zuletzt Theuerkauff 2003, S. 19, Abb. 6. Volk 1995/1, S. 200, verbindet einen Eintrag im Inventar der Garderobe des Fürsten Karl Eusebius in Schloss Feldsberg (HS 232) mit der Gruppe: »Ein großes stuck von helffenbein, representieret Orpheus Satirum schin, sambt noch anderen zweyen figuren, alleß ein stuck vom Lenkhart, 1 stuck«. Für das korrekte Zitat danke ich Arthur Stögmann, Liechtenstein Museum, Wien.

2 Zur antiken Literatur siehe Volk 1995, mit Zitaten der Textstellen von Platon, Herodot, Ovid (aus den Metamorphosen und den Fasti) und Hyginus.

3 Dazu siehe Ovid, VI, Vers 383–400.

4 Zitiert nach Ovid, VI, Vers 400; siehe als Vergleich die Wasserfläche bei »Perseus rettet Andromeda« (Kat.-Nr. 3).

5 Dazu siehe Fehl 1995, S. 67–91; außerdem Katalogbeiträge im Ausst.-Kat. München 1995 von Reinhold Baumstark, Jørgen Hein, Peter Volk, Raimund Wünsche, S. 143–196.

6 So bereits Volk 1995/1, S. 199.

4d

Abb. 31 Nach Rosso Fiorentino, Apoll schindet Marsyas, um 1520–40, Radierung, Göttweig, Benediktinerstift

Abb. 32 Laokoon, mit Ergänzungen Montorsolis, 3. Viertel des 1. Jarhunders v. Chr., Rom, Vatikanische Museen

5

Adam Lenckhardt (1610–1661)

BACCHANTENGRUPPE

1651
Rhinozeroshorn
H. 72,5 cm
Bezeichnet: »AL« (ligiert), »A: 1651«
Wien, Kunsthistorisches Museum, Kunstkammer
Inv.-Nr. KK 3719

Die Bacchantengruppe besteht aus fünf Figuren auf einem hohen, dreieckigen Sockel, der an den Außenseiten sechs grimmige Grimassenköpfe im »Ohrmuschelstil« zeigt (Abb. Kat.-Nr. 5a–b).[1] Gräser und Pflanzen kennzeichnen den Boden als natürliches Gelände. An seinen »Eckpunkten« wird der Sockel von drei am Boden hockenden beziehungsweise stehenden Putten besetzt, die sich um einen muskulösen, jungen Mann scharen. Ein sitzender Putto patscht mit einer Hand in eine mit Trauben gefüllte Schale und wendet sich zu einem größeren um. Dieser steht hinter dem rechten Bein des Mannes, stützt sich daran ab und streckt dem kleineren eine Handvoll Trauben entgegen. Auch der dritte Knabe hält eine Schale mit Trauben und eine Rebe in der herabhängenden Hand.

Abb. 33 Adam Lenckhardt, Neptun und Amphitrite (oder: Okeanos und Thetis), um 1642, Elfenbein, ehemals Wien, Sammlung Baron Nathaniel von Rothschild

Der Mann, der durch einen Haarkranz aus Weinblättern und Trauben als Bacchant ausgewiesen ist, trägt eine schlanke Frau. Er hat ihren rechten Oberschenkel mit einem Arm umklammert und hält sie mit dem linken an ihrer rechten Hüfte fest. Um die Last sicher zu tragen, steht er in weiter Schrittstellung und der linke Fuß ist etwas ausgestellt. Durch seinen Griff um ihren Körper sitzt die junge Frau auf seinem Oberarm und stützt sich auf seiner rechten Schulter ab. So von ihm gehalten, schwingt sie sich in einer Vierteldrehung hoch (Abb. Kat.-Nr. 5c) und streckt mit ihrem rechten Arm einen Thyrsusstab, Attribut des Weingottes Dionysos und der ihn begleitenden Mänaden, nach oben. Mit einer Schlaufe sind an den Stab mehrere Weinranken gebunden. Ein vorne mit einer Agraffe verziertes Band in ihrem Haar, das mit den langen Locken auf dem Hinterkopf zusammengebunden ist, flattert gleichfalls hoch und unterstreicht ihre aufwärts strebende Bewegung.

Der engste Vergleich findet sich in Lenckhardts eigenem Werk, und zwar in der um 1642 entstandenen elfenbeinernen Raubgruppe, die entweder Okeanos und Thetis oder Neptun und Amphitrite (Abb. 33) darstellt.[2] Auch hier steht der Gott in weitem Schritt und hebt eine Frau hoch. Er umklammert ihren rechten Oberschenkel, während ihr linkes Bein über seinen Oberarm gelegt ist, und stützt sie unter ihrem rechten Arm ab. Auf dem Boden befinden sich zwei Putten, deren Haltungen an die Knaben der Bacchantengruppe erinnern.

Die Bacchantengruppe aus Rhinozeroshorn ist dagegen steiler aufgebaut. Die Mänade ist schlanker als die eher matronenhafte Frau der Elfenbeingruppe. Diese nimmt zudem durch ihren gebeugt nach oben geführten Arm, das über seinen Oberarm gelegte Bein und das nach hinten gestreckte rechte deutlich mehr Raum ein.[3] Der Gott beugt sich mit dem Oberkörper leicht zurück, während der

Abb. 34 Giambologna, Raub der Sabinerin, 1581–83, Marmor, Florenz, Loggia die Lanzi

5a

5b

5c

Bacchant aufrecht steht. Diese schmalere Konzeption hängt mit den materialtechnischen Vorgaben zusammen. Der Bildhauer versuchte, mit der steilen, in der Spitze des Thyrsusstabs endenden Komposition das kostbare und seltene Horn so weit wie möglich auszunutzen.[4] Beim frontalen Blick auf den sitzenden Knaben lässt sich der Verlauf des nach rechts biegenden Horns gut verfolgen, und auch andere Ansichten lassen die Verjüngung nach oben erkennen. An einer Stelle ist besonders deutlich zu sehen, dass hier das Material begrenzt war: Seine linke Hand liegt reliefartig auf ihrer rechten Hüfte, und der rechte Arm, mit dem er sie umfasst, ist flach (Abb. Kat.-Nr. 5d). Auch wölbt sich das Gesäß der Bacchantin kaum vor. Im Vergleich dazu ist ihre Hand, mit der sie sich auf seine Schulter stützt, ebenso wie die des Puttos, der sich am rechten Oberschenkel des Bacchanten festhält, deutlich plastischer. Das Material fällt aber nicht nur durch die Biegung des Horns auf, sondern auch durch seine Färbung, die von einem bernsteinfarbenen Ton zu einem Schwarzbraun wechselt (Abb. S. 34). Seine streifige Struktur, die die Streckung der Gruppe betont, zieht sich durch alle Figuren.

Mit seiner Bacchantengruppe greift Lenckhardt auf die seit den Formfindungen Giambolognas beliebten Serpentinata-Gruppen zurück, dessen berühmteste der »Raub der Sabinerin« (1581–83; Abb. 34) ist.[5] Der Elfenbeinschnitzer verzichtet allerdings auf eine so komplizierte Drehbewegung wie sie das erwähnte Beispiel Giambolognas vor Augen führt. MB

1 Zum Ohrmuschelstil siehe Hernmarck 1978, S. 52–55.

2 Verschollen, ehemals Sammlung Nathaniel von Rothschild. Zur Vorbildhaftigkeit der Elfenbeingruppe bereits Theuerkauff 1995, S. 130; Volk 1995/1, S. 224. Der schmale Körper des Bacchanten findet sich im Œuvre des Bildhauers beispielsweise in einer Statuette des Merkur wieder, dazu siehe Ausst.-Kat. München 1995, S. 217.

3 Damit bezieht sich Lenckhardt auf das Vorbild Giambolognas, der in einer bronzenen Darstellung »Raub der Sabinerin« (Neapel, Museo di Capodimonte) zeigt, wie das Bein der geraubten Frau über dem Arm des Mannes liegt. Er hält sie an ihrer rechten Hüfte und fasst sie von hinten zudem an ihrem rechten Arm fest, dazu siehe auch Theuerkauff 1995, S. 130.

4 Zum Material siehe Herzog/Reß 1958, S. 1312; Becker 1991/2, S. 50–51; Syndram 1991; Haag 1995, S. 20, 193–194.

5 Florenz, Piazza della Signoria, Loggia dei Lanzi.

5d

Der Meister der Sebastiansmartyrien

»EINE DER ERSTEN ZIERDEN UNSERES CABINETS«

MARAIKE BÜCKLING

Ein Künstler, der mit dem »Martyrium des heiligen Sebastian« (Kat.-Nr. 6) eines der berühmtesten Werke des Wiener Barock schuf, erhielt nach diesem Werk und der themengleichen zweiten Fassung den Notnamen »Meister der Sebastiansmartyrien«. Während die Provenienz der beiden großen Relieftafeln gut bekannt ist, liefern die Quellen keine Informationen über den Bildhauer: Im Jahr 1655 schuf der Elfenbeinschnitzer die erste Fassung, die 1776 im Inventar der Großen Galerie der Salzburger Erzbischöflichen Residenz genannt wird; 1806 gelangte sie nach Wien, 1891 in das dortige Kunsthistorische Museum.[1] Die zweite Version der Bilderfindung, 1657 datiert, entstammt kaiserlichem Besitz und ist in mehreren Inventaren genannt beziehungsweise abgebildet (Abb. 35–36).[2] 1845 wurde sie als »eine der ersten Zierden unseres Cabinets« vom Oberösterreichischen Landesmuseum Linz erworben.[3]

Das 1655 entstandene Relief könnte im Auftrag des Salzburger Erzbischofs Guidobald von Thun (reg. 1654–1668) oder als Geschenk von Kaiser Ferdinand III. (reg. 1637–1657) für den Kirchenfürsten entstanden sein, zeigt es doch auf der Standarte des reitenden Offiziers den kaiserlichen Doppeladler. Auch andere Werke, die dem Meister und seiner Werkstatt zugeschrieben wurden, befanden sich in kaiserlichem Besitz, so dass es eine Verbindung zwischen dem Bildhauer und dem Hof gegeben haben wird. In dem Jahr, in dem die zweite Fassung der Sebastiansmarter entstand, starb Kaiser Ferdinand III. am 2. April 1657. Dies bedeutete automatisch die Auflösung der Verträge mit Hofbediensteten. Sollte der Meister der Sebastiansmartyrien vertraglich mit dem Hof verbunden gewesen sein, so musste er sich nach dem Tod des Herrschers nach einer anderen Verdienstmöglichkeit umsehen, wenn nicht der neue Kaiser das Dienstverhältnis bestätigte.[4]

Bei den Figuren der Linzer Version ist trotz ihrer nur fragmentarischen Erhaltung eine weichere Formgebung als beim Wiener Relief festzustellen. Auch in anderer Hinsicht unterscheiden sich die Sebastianstafeln voneinander. Die Figuren des Wiener Reliefs sind unvermittelt vor die Fläche gesetzt; dagegen lösen sich die Gestalten der späteren Tafel stärker vom Reliefgrund und wirken dadurch plastischer.[5] Zudem steigert der größere motivische Reichtum, den die Abbildungen von 1730 und 1735 (Abb. 35–36) überliefern, »in Verbindung mit einer organischeren Tiefengestaltung […] [bei der Linzer Fassung] die malerische Gesamtwirkung und bezeichnet gegenüber der Wiener Variante eine fortgeschrittene Stilstufe«.[6]

Ausgehend von den beiden Reliefs der Sebastiansmarter lassen sich weitere Werke dem Œuvre des unbekannten Künstlers zufügen. So sind insbesondere mit der Linzer Tafel einige Statuetten im Besitz des Fürsten

Abb. 35 Ferdinand Storffer, Gemaltes Inventarium der Aufstellung der Gemäldegalerie in der Stallburg, Bd. II, 1730, Tafel 53, Detail

Abb. 36 Prodromus zum Theatrum Artis pictoriae, 1735, Tafel 29, Detail

von Liechtenstein zu verbinden, zu denen ein »Gefesselter« gehört, der dem vorderen der Bogenschützen nah verwandt ist, denn Haargestaltung, Muskelmodellierung und Gewandbehandlung entstammen deutlich derselben Hand.[7] Auch der mit einer Schlange ringende Mann (Abb. 37) steht mit dem ehemals kaiserlichen Relief in enger Verbindung, ist doch auf einer Nachzeichnung im Prodromus von 1735 (Abb. 36) seitenverkehrt eine Figur wiedergegeben, die dieselbe Haltung, notdürftige Bekleidung bis hin zu den ebenfalls wehenden Haaren aufweist.[8]

Abb. 37 Meister der Sebastiansmartyrien, Mann mit einer Schlange kämpfend, um 1657, Elfenbein, Vaduz–Wien, Sammlungen des Fürsten von und zu Liechtenstein

Abb. 38 Meister der Sebastiansmartyrien, Adam und Eva, um 1657, Elfenbein, Hartford, Wadsworth Atheneum

Von den beiden in Besitz des Fürsten von Liechtenstein befindlichen Werken ausgehend, wurden zwei Elfenbeinstatuetten toter, im einen Fall enthaupteter, Männer zwar nicht derselben Hand, aber demselben Umkreis zugeordnet, denn wiederum finden sich überaus ähnliche Gestalten auf der Prodromus-Zeichnung abgebildet. Der auf dem Rücken liegende Mann weist außerdem eine den toten Glaubensbrüdern Sebastians vergleichbare gequälte Mimik und ähnlich quirlig gelegte Haare auf. Beide Statuetten sind durch eine etwas weichere Modellierung und fülligere Körper charakterisiert.[9]

Ebenfalls an der späteren Fassung der Sebastiansmarter orientieren sich der dem Meister und seinem engsten Umkreis zugeschriebene Deckelpokal mit der Geschichte von Albuin und Rosamunde (Kat.-Nr. 7) und »Salomons Urteil« (Kat.-Nr. 8), dessen Henkersknecht wiederum enge Verbindung zu dem Mann, der mit der Schlange kämpft, besitzt. Auch die fülligeren Körper des Antäus aus der Gruppe »Herkules und Antäus«,[10] von »Adam und Eva«[11] (Abb. 38) oder von Frauenfiguren des Herkuleshumpens mit Amazonenkampf (Abb. 39)[12] sind weniger mit den muskulös-athletischen Gestalten des Wiener Reliefs, sondern vielmehr mit der Linzer Variante zu vergleichen.

Gelegentlich wurde versucht, den Meister mit dem Bildhauer Johann Caspar Schenck (um 1620–1674) zu identifizieren.[13] Schenck entstammte einer Bildhauerfamilie, die sich in Konstanz niedergelassen hatte. Der Künstler arbeitete 1664 bis 1665 in Innsbruck als »erzfürstlicher Bainstecher«[14] und zog, nach einem ca. halbjährigen Aufenthalt in Konstanz, spätestens im November des Jahres 1665 nach Wien, wo er bis zu seinem Tod Anfang Mai 1674 als kaiserlicher Kammerbeinstecher angestellt war. Tatsächlich gibt es Vergleichsmöglichkeiten zwischen Werken von Mitgliedern der Familie Schenck und dem Meister, die sich in den in einzelne Locken aufgelösten Haaren, übertrieben formulierten Muskeln, großen Füßen, eingeritzten Falten über den Knien, der scharfgratigen Linienführung der Gewandfalten und gelegentlich in hart aufeinander treffenden Faltenstößen zusammen geschobener Gewandteile ausdrücken.[15] Ähnlichkeiten finden sich sowohl in Werken von Hans Christoph, Johann Caspar oder Christoph Daniel Schenck. Derartige Übereinstimmungen lassen vermuten, dass der Meister mit der Werkstatt der Familie Schenck Verbindung hatte, vielleicht sogar zeitweise hier arbeitete und seinerseits Einfluss auf Johann Caspar und Christoph Daniel nahm. Die Nähe zwischen dem Meister der Sebastiansmartyrien und den Bildhauern Schenck ist jedoch nicht so eng, dass sich zwingend ein Bildhauername herauskristallisieren ließe.[16]

Dennoch ist davon auszugehen, dass der noch namenlose Bildhauer süddeutschen, vielleicht seeschwäbischen Ursprungs ist und wie viele Bildhauer vor und nach ihm nach Wien oder Salzburg zog. In beiden Städten waren wichtige Elfenbeinschnitzer tätig gewesen. So hatte möglicherweise der ebenfalls nur unter seinem Notnamen »Furienmeister« bekannte Bildhauer in Salzburg seine großartigen Statuetten geschaffen.[17] Im Auftrag von Kaiser Rudolf II. oder des Fürsten von Liechtenstein arbeiteten Elfenbeinschnitzer wie Nikolaus Pfaff (1556?–1612) und Adam Lenckhardt (1610–1661; Kat.-Nr. 1–5).

Typenprägend für den Meister der Sebastiansmartyrien waren aber nicht nur die in der Werkstatt der Schenck erfahrenen Bilderfindungen, sondern zudem die Kenntnis antiker Werke sowie die Werke von Peter Paul Rubens (1577–1640) und Pietro da Cortona (1596–1669). Es erscheint durchaus plausibel, dass der Meister der Sebastiansmartyrien – nach seiner Ausbildung im Süddeutschen – in Rom geschult sowie von Rubens beeinflusst wurde.[18] Sein dramatisch-expressiver Stil bildete die Voraussetzung für »die gemilderte, weichere, höfisch geprägte Elfenbeinschnitzerei« von Balthasar Grießmann (Kat.-Nr. 9–15), Johann Caspar Schenck (Kat.-Nr. 16–20) und Matthias Rauchmiller (1645–1686).[19]

Abb. 39 Meister der Sebastiansmartyrien, Herkuleshumpen mit Amazonenkampf, 3. Viertel des 17. Jahrhunderts, Elfenbein, Silber vergoldet, Karlsruhe, Badisches Landesmuseum

1 Nach Haag 1991, S. 125. Zur Auflösung der Salzburger Großen Galerie und der Verbringung zahlreicher Werke nach Wien siehe Haag 1995, S. 47.
2 Es handelt sich dabei um: Storffer 1730; Prodromus 1735.
3 Zitiert nach Haag 1991, S. 129. Linz, Oberösterreichisches Museum, Inv.-Nr. S 49, H. 52 cm, B. 80,5 cm, bezeichnet: »1657«.
4 Dazu siehe Haupt 1989/90, S. 90; Haupt 2007/2, S. 15, 18.
5 So Haag 1991, S. 126, 129.
6 Zitiert nach Haag 1991, S. 132.
7 Sammlungen des Fürsten von und zu Liechtenstein, Vaduz–Wien, Inv.-Nr. 308.
8 Sammlungen des Fürsten von und zu Liechtenstein, Vaduz–Wien, Inv.-Nr. 325.
9 So auch Hecht 1987, S. 185.
10 New York, The Metropolitan Museum of Art (The Jack and Belle Linsky Collection), Inv.-Nr. 1982.60.129. Dazu siehe Draper 1984, S. 175–176.
11 Hartford, Wadsworth Atheneum, Inv.-Nr. 1917.303.
12 Karlsruhe, Badisches Landesmuseum, Inv.-Nr. 95/910. Dazu siehe Herrbach-Schmidt 1996, S. 104.
13 Siehe dazu den Beitrag von Maraike Bückling, Schenck, in diesem Katalog, S. 113–114.
14 Zitiert nach Fischer 1996, S. 13. In einem Wiener Schatzkammerinventar von 1750 wird er »Cammerdrechsler in Ynsprug« genannt, siehe Haag 1996, S. 94.
15 Verbindung zu Zürn siehe Haag 1991, S. 136.
16 Dazu siehe Theuerkauff 1973, S. 251–253; Theuerkauff 1983, S. 195–196; Theuerkauff 1984, S. 122; Draper 1984, S. 175–176; Hecht 1985/86, S. 99–100; Hecht 1987, S. 184–185; Fischer 1991, S. 88; Haag 1996, S. 95, 98, 103; Theuerkauff 1996, S. 145; Fischer 1999, S. 39. Die Identifizierung des Meisters mit Schenck würde bedeuten, dass Schenck mit dem Hof bereits 1655/57 verbunden gewesen wäre, dass er nach dem Tod Ferdinands III. nach Konstanz zurückgegangen wäre, von dort nach Innsbruck und wieder zurück nach Konstanz, um acht Jahre nach seinem Dienstende wieder von Leopold I. am Hof angestellt zu werden.
17 Dazu zuletzt Schmitt 2006, S. 16.
18 Dazu siehe auch Haag 1991, S. 137–138.
19 Zitiert nach Haag 1991, S. 138.

6

Meister der Sebastiansmartyrien

DAS MARTYRIUM DES HEILIGEN SEBASTIAN

Wien
1655
Elfenbein
H. 54,3 cm, B. 80 cm
Bezeichnet: »1655«
Wien, Kunsthistorisches Museum, Kunstkammer
Inv.-Nr. KK 3654

Eines der berühmtesten Elfenbeinwerke des Wiener Barock ist das mit 80 cm Breite und 54 cm Höhe ungewöhnlich große, aus zehn Elfenbeinstreifen zusammengesetzte Relief des »Martyriums des heiligen Sebastian« (Abb. Kat.-Nr. 6a). Sebastian, ein zum Christentum bekehrter römischer Offizier, erlitt zwei Martyrien. Der Legenda aurea folgend wurde er auf Befehl des Kaisers Diokletian zum Tod durch Pfeilschüsse verurteilt, jedoch nur schwer verletzt und von der Witwe Irene wieder gesund gepflegt. Nachdem er erneut den Kaiser wegen seiner Christenverfolgungen angriff, ließ ihn der Kaiser erschlagen.

Der Heilige ist an einen Baum gefesselt und ragt über der Horizontlinie hoch auf (Abb. Kat.-Nr. 6c).[1] Er hat die Beine weit auseinander gestellt; seine Haare wehen wild bewegt, und er blickt zu zwei kleinen Engeln, die mit einer Märtyrerpalme und einem Lorbeerkranz auf ihn zu fliegen. Vor ihm liegen zwei tote Glaubensbrüder in verrenkten Haltungen. Seine Rüstung, auf deren Bruststück ein Ritterorden abgebildet ist, liegt Sebastian zu Füßen; er ist nur noch mit einem Tuch um die Lenden bekleidet.

Der Ort, an dem die Märtyrer hingerichtet werden, wirkt karg. Der wellige, unebene Boden mit Gestein und wenigen hervorsprießenden Pflanzen steigt nach hinten leicht an. Einzelne Bäume begrenzen die Bildtafel an den Seiten und lenken das Hauptaugenmerk immer wieder auf den Heiligen. Ein Offizier mit wehender Standarte, die als Hoheitszeichen den kaiserlichen Doppeladler trägt, reitet heran, lehnt sich auf den Pferdehals und neigt sich zu einem Soldaten, der einen Pfeil aus einem Köcher zieht (Abb. Kat.-Nr. 6d). An den Bildrändern stehen gepanzerte Offiziere

6b

neben Soldaten und weisen zwei Schergen an, mit dem Schießen zu beginnen.

Die Schergen sind als leicht untersetzte, sehr muskulöse Männer mit tumb-derben Gesichtern gezeigt, die sich auf ihre bevorstehende Aufgabe konzentrieren: Sie spannen ihre Bögen und kneifen jeweils das linke Auge fest zu, um besser zielen zu können (Abb. Kat.-Nr. 6e–f). Der Linke steht im Ausfallschritt, um einen sicheren Stand für den Schuss zu haben. Neben ihm beobachtet eine Gruppe von Soldaten in verschiedenen Rüstungen die Szene. Einer von ihnen schickt sich an, ebenso wie der nur mit Lendentuch bekleidete Scherge, einen Pfeil in seinen Bogen zu spannen (Abb. Kat.-Nr. 6e). Der am rechten Bildrand stehende Schütze stellt ein Bein auf einen etwas erhöhten Stein, zieht den Körper gespannt zusammen und zielt. Ein Offizier in Rüstung hinter ihm weist mit seiner gepanzerten Hand auf den Heiligen. Die expressive Mimik, übertrieben muskulöse Körper, verkrampfte Bewegungen und Haltungen, verrenkte Glieder, unterschiedliche Proportionen – der am unteren Bildrand hockende, halbnackte Mann wäre aufgerichtet um einiges größer als der ihm benachbarte Bogenschütze – charakterisieren sowohl die Soldaten, die Toten als auch Sebastian. Dabei scheinen sie eher über dem Boden zu schweben, statt auf ihm zu stehen oder zu liegen.[2]

6a

Hinter Sebastian entwickelt sich eine gebirgige Landschaft, die mit Details wie verschiedenen Gesteinslagen, durch Ritzungen strukturierten Hügeln, Baumgruppen oder Wäldern, einzelnen Gehöften, Burgen oder Stadtsilhouetten überreich gefüllt ist. Zusätzlich ist der Hintergrund durch Jagdszenen und die Fortsetzung des Martyriums des Heiligen belebt: Links von Sebastian findet ein Löwenkampf statt, bei dem mehrere Reiter, die Turbane tragen, auf einen Löwen zusprengen (Abb. Kat.-Nr. 6g);[3] rechts von Sebastian jagen im Gebüsch einige Reiter in zeitgenössischer Jagdkleidung und von Jagdhunden unterstützt einen Hirsch (Abb. Kat.-Nr. 6b); unter dem angehobenen Vorderbein des Pferdes – und damit geradezu gerahmt – wird gezeigt, wie drei halbnackte Schergen den bereits zu Boden gegangenen Sebastian erschlagen, und eine Szene weiter seine Leiche, begleitet von einem berittenen Offizier, wegtragen.

Die Überfülle der geschilderten Details in Vorder- und Hintergrund, die Beziehungslosigkeit der Gestalten, die, auch wenn Blickkontakt besteht, unvermittelt nebeneinander stehen oder völlig in sich gekehrt und scheinbar unbeeindruckt vom Geschehen auf dem Boden hocken, sowie die Größe der Tafel lassen sie nahezu zu einem »Suchbild« werden, das nur nach und nach entschlüsselt werden kann.[4] Auch die hart geschnittenen Falten, die expressive Mimik, das akribische Modellieren der kräftigen, prall vortretenden Muskeln, Adern und Sehnen, die die Körper buckelig wölben, die sorgfältige Behandlung der Hautoberfläche, die in einzelne »schnurartige«[5] Strähnen aufgeteilten, fein und zugleich hart ziselierten Locken, die präzise wiedergegebenen, der Zeit entstammenden Rüstungen und Waffen lassen den Blick immer wieder stocken. Den hohen Reiz der Sebastiansmarter machen aber nicht nur diese stilistischen Eigenheiten und die äußerste Konzentration, mit der die Personen agieren oder in sich versinken, aus. Das Spektrum der plastischräumlichen Wiedergabe reicht vom zartesten Relief im Hintergrund über sich aus dem Elfenbeingrund erhebende Figuren bis zu vollplastischen Teilen. Die übertrieben herausgearbeiteten Muskeln und die scharfgratige Linienführung insbesondere der Haar- und Gewandgestaltung kontrastieren zugleich mit der Oberfläche von Haut, die sinnlich schimmernd aufglänzt. Auch verschiedene Materia-

6d

< 6c

6e

lien kommen nebeneinander wirkungsvoll zur Geltung. Der berittene Offizier mit langem, sich kräuselndem Bart trägt einen Helm mit Federbusch (Abb. Kat.-Nr. 6d). Dieser kontrastiert in seiner weichen Textur wirkungsvoll mit der sehr flach gehaltenen Standarte. Unter einem Löwenkopf als Schulterbesatz ragt ein Kettenhemd hervor, das auf Höhe des Ellenbogens von einem Faltenstoß des Ärmels teilweise verdeckt wird. Der bloße Arm trennt den Kopf des Offiziers von der sorgfältig in einzelne Haarsträhnen aufgelösten Pferdemähne.

Der Bildschnitzer zeichnet sich durch eine stupende Qualität der Elfenbeinbearbeitung aus. Noch immer ist nicht bekannt, wer sich hinter dem Notnamen »Meister der Sebastiansmartyrien« verbirgt. Auch wurden bisher keine konkreten Vorbilder für einzelne Bildmotive gefunden. Sicher scheint, dass sich der Bildhauer von antiken Statuen wie der berühmten Laokoon-Gruppe (Abb. 32) hat anregen lassen, möglicherweise vermittelt durch Grafik oder Formfindungen von Peter Paul Rubens (1577–1640).[6] Er verbindet diese modernen Tendenzen mit dem wahrscheinlich schwäbischen Erbe, das sich in »extremer Scharfgratigkeit der Linienführung und der Tendenz zu ausgeprägter Mimik« ausdrückt.[7]

Die Tafel ist die erste, 1655 entstandene Version, die 1776 im Inventar der Großen Galerie der Salzburger Erzbischöflichen Residenz bezeugt ist und erst 1806 nach Wien gelangte.[8] Die wahrscheinlich für Ferdinand III. 1657 geschaffene, zweite Fassung der Sebastiansmarter befindet sich heute, stark beschädigt, im Oberösterreichischen Landesmuseum Linz (Abb. 9).[9] Ihr ursprüngliches Aussehen lässt sich anhand zweier Abbildungen – im Storfferschen Inventarium von 1730 (Abb. 35) und im Prodromus von 1735 (Abb. 36) – rekonstruieren. Auch hier ist der Heilige, hoch aufragend, an einen Baum gebunden. Er wird von den seitlich aufgestellten Bogenschützen, unterstützt von berittenen Soldaten, beschossen. Im Vordergrund liegen bereits getötete Christen; Puttenengel bevölkern die Wolken und führen Märtyrerpalmen mit sich. Als originale Figuren haben sich Sebastian sowie zwei Bogenschützen erhalten. Anders als in der Wiener Tafel sind die Figuren in Linz beinahe vollplastisch geschnitzt; auffallend ist die überaus naturalistische Gestaltung der Körper.[10] Dazu passt ein weiterer Unterschied zwischen den beiden Fassungen: Obwohl in der

6f

6g

grundsätzlichen Körperkonzeption gleich, erscheinen die Linzer Figuren doch weniger hart gezeichnet. Die Haare sind zu Strähnen zusammengefasst und leicht gewellt an den Enden zu Locken eingerollt, die mit ebenso auffallenden Muskeln ausgestatteten Körper scheinen etwas weicher modelliert zu sein. So könnte der Weg des Meisters von den »beinahe Furcht erregend übersteigerten Gestalten« der Wiener Tafel über das in seiner Drastik leicht zurückgenommene Werk bis zum Pokal (Kat.-Nr. 7) und dem Salomon-Relief (Kat.-Nr. 8) führen, die in ihrer Formensprache auf die Sebastianstafeln zurückgreifen, die Figuren aus der Beziehungslosigkeit in eine die Komposition mit Dramatik und Emotionalität aufgeladenen Geschichte zusammenbinden. MB

1 Die Abbildung 6a zeigt den Zustand vor der im Jahr 2010 erfolgten Restaurierung
2 Der rechte Hinterhuf des Pferdes kann so, wie dargestellt, nicht auf dem durch Bodenwellen charakterisierten Untergrund stehen und scheint gleichfalls zu schweben.
3 Das Vorbild für diesen Löwenkampf könnten eine Bronze von Antonio Susini (nachweisbar 1580, † 1624) oder erhaltene antike Tierkampfgruppen sein, so Haag 1991, S. 126.
4 Zitiert nach Haag 1991, S. 126.
5 Zitiert nach Haag 1991, S. 126.
6 Dazu siehe Haag 1991, S. 126; Hecht 1987, S. 179–188, führte einige der dem Meister der Sebastiansmarytrien zugeschriebenen Elfenbeinstatuetten direkt auf Formfindungen Rubens' zurück.
7 Zitiert nach Haag 1991, S. 136.
8 Zur Provenienz siehe Haag 1991, S. 125. Zu beiden Reliefs siehe auch Philippovich 1973, S. 47–48.
9 Dazu ausführlich Haag 1991, S. 129–132.
10 So auch Haag 1991, S. 129.

7

Meister der Sebastiansmartyrien

DECKELPOKAL – »GESCHICHTE VON ALBUIN UND ROSAMUNDE«

Wien
um 1657
Elfenbein
H. 56 cm
Wien, Kunsthistorisches Museum, Kunstkammer
Inv.-Nr. KK 4530

Der Deckelpokal (Abb. Kat.-Nr. 7a–b) gibt die zunächst selten gestaltete, ab 1650 zunehmend beliebte Erzählung über ein Gastmahl des Königs Albuin wieder:[1] Nach einem Krieg gegen die Langobarden, bei dem die Gepiden den Langobarden unterlagen und der gepidische König Kunimund fiel, muss dessen Tochter Rosamunde den siegreichen König Albuin heiraten. Bei einem festlichen Trinkgelage drängt er sie, aus dem zu einem Pokal gearbeiteten Schädel ihres Vaters auf seinen Sieg zu trinken. Genau diesen Moment hat der Elfenbeinschnitzer festgehalten: Albuin reicht seiner Frau den Wein, und sie schreit in tiefem Schmerz auf. In der Folge wird Rosamunde den Waffenträger Albuins, Helmechis, der in Liebe zu ihr entflammt ist, zum Mord an ihrem Mann überreden. Bald nach ihrer gemeinsamen Flucht vor den langobardischen Häuptlingen erlischt ihre Leidenschaft. Rosamunde versucht daraufhin, Helmechis durch Gift zu töten. Doch als dieser den Anschlag bemerkt, zwingt er sie, gleichfalls aus dem Giftbecher zu trinken.

Der mit 56 cm sehr hohe Pokal besteht aus mehreren Teilen: Der zweizonige Sockel ist aus einem Stück geschnitten. Auf ihm sind Tieropfer und Musikanten abgebildet. Auf einer kleinen runden Platte, die die Öffnung des Sockels verschließt, ist ein miteinander ringendes Paar zu sehen, das den Schaft des Pokals bildet. Über einem durchbrochenen floralen Zwischenstück folgt ein Fries aus männlichen und weiblichen Putten, die die Sockelplatte des eigentlichen Gefäßes stützen. Der Fries neigt sich schräg nach außen, so dass die Grundfläche für die Kuppa vergrößert wird. Auf der Pokalwandung ist die Geschichte von Albuin und Rosamunde abgebildet. Der Deckel führt das Thema von berühmten Frauen, die aus Liebe Selbstmord begehen, in vier oval abgerundeten Bildfenstern aus: Cleopatra bringt sich nach ihrer militärischen Niederlage und dem Tod von Antonius mit Giftschlangen um; Lukretia erdolcht sich nach ihrer Vergewaltigung; Porcia, die Gattin des Brutus, nimmt nach dem Tod ihres Mannes glühende Kohlen in den Mund; Dido wird, auf Geheiß von Venus, durch ihre Liebe zu Aeneas vergiftet. Den Deckelknauf bildet eine junge Frau, neben der sich ein Hund aufrichtet. Die Attribute, die sie in Händen hielt, haben sich bis auf ein Kettenglied nicht erhalten.

Ein Vorhang schließt die Festszene nach hinten ab (Abb. Kat.-Nr. 7d). Über einen Tisch ist ein mit Fransen verziertes Tuch gebreitet, das tief herab hängt und damit zusätzlich zum Vorhang den Blick auf den Hintergrund verdeckt. Auf dem Tisch, an dem eine gemischte Gesellschaft Platz genommen hat, sind Bestecke, Teller, Essensreste, hohe Humpen und kleine Schalen verteilt. Die Gäste warten auf weitere Speisen oder lassen sich Wein nachschenken. Einer von ihnen sticht aus der Schar der Gäste heraus: Er sitzt im Vordergrund, sein Gesicht im Profil ist vollplastisch ausgeführt, und er trägt eine Ordenskette und einen mit Federbusch geschmückten Hut. Möglicherweise ist mit ihm Helmechis dargestellt. Eine fünfköpfige Gruppe aus einem Sänger und vier Musikern untermalt das Fest mit Musik und Gesang (Abb. Kat.-Nr. 7b). Die Szene, in der Albuin seiner Frau den Schädelpokal reicht (Abb. Kat.-Nr. 7a), befindet sich zwischen dem Orchester und der Tischgesellschaft. Rosamunde wendet sich schreiend und mit ausgebreiteten Armen ab.

Der Bildhauer charakterisiert die einzelnen Akteure, indem sie jeweils unterschiedliche

7c

Emotionen spiegeln. Böse grinst der Hofnarr hinter dem König, die betrunkenen Musiker singen und spielen hingebungsvoll; konzentriert gießt der junge Mundschenk Wein in einen hohen Pokal. Helmechis blickt mit gerunzelten Brauen und in Falten gelegter Stirn nach links. Er neigt den Kopf schräg, als wolle er am Mundschenk vorbei zur Hauptgruppe blicken. Albuin greift nach der Schulter seiner sich entsetzt von ihm abwendenden Frau. Seine Rohheit spiegelt sich in den ihn umgebenden Figuren, dem Hofnarren oder auch in dem unter ihm hockenden Zwerg, der sich um einen großen Hund kümmert (Abb. Kat.-Nr. 7c). Mehrere klagende Köpfe im Hintergrund unterstreichen die düstere, unheilvolle Atmosphäre, die auch die Szenen der Tieropfer, der sich umbringenden Frauen und auch

7a

7b

7d

7e

der Putten erfüllt. Mühevoll stemmen sie die Kuppa; ihre feisten Körper liegen im Gewühl über- und untereinander (Abb. Kat.-Nr. 7f).

In splittrigen Falten, die in sich nochmals kleinteilig geknickt sind, legen sich die Gewänder um die Figuren, scharfgratig sind sie bei den vier Frauen der Deckelreliefs oder auch bei den Knechten, die Tieropfer bringen, sowie bei den Musikanten auf dem Sockel. Hierin stehen die Falten denen des Sebastians-Reliefs (Kat.-Nr. 6) nahe. Auch die kräftigen Körper und die Betonung der Muskeln finden sich sowohl in der Sebastiansmarter als auch in den Darstellungen des Pokals. Die Haare zeigen fein und zugleich hart geriffelte, geringelte Strähnen, die sich in den Spitzen gelegentlich einrollen. Allerdings erreichen weder die Falten noch die Haarlocken die Härte und Prägnanz der in dem Wiener Relief nahezu erstarrten Formen. Enge Verbindungen lassen sich auch zu dem 1657 entstandenen Linzer Relief herstellen: So ist der dortige vordere Bogenschütze einem Trommler vom Pokalsockel (Abb. Kat.-Nr. 7g) verwandt: Sowohl die buckelig gewölbte Armmuskulatur, die Gestaltung des Schulterblatts und die durch die Neigung nach vorne entstehenden Bauchfalten sind sich sehr nah. Die Verbindungen zu den beiden Versionen der Sebastiansmarter, insbesondere zu den um eine Nuance weicheren Formen der Linzer Tafel lassen es zu, diesen Pokal der Wiener Kunstkammer in die Zeit um 1657 zu datieren und dem Meister der Sebastiansmartyrien zuzuschreiben. Er kann als ein Prototyp gänzlich aus Elfenbein gearbeiteter Prunkgefäße gelten und damit Johann Caspar Schenck (Kat.-Nr. 20) und auch Matthias Rauchmiller beeinflusst haben.[2]
MB

1 Dazu siehe Haag 2007/1, S. 114. Ein Pokal in der Kunstkammer des Kunsthistorischen Museums Wien (Inv.-Nr. KK 4531) wiederholt dieses Exemplar fast wortgetreu. Nur die Hauptszene ist anders gestaltet. Außerdem ist zwischen dem Frauenraub und dem Puttenfries ein Kentaurenkampf eingefügt. Die den Pokal KK 4531 bekrönende Frau trägt in einer Hand einen Schlüssel.

2 Dazu siehe Haag 2007/1, S. 112.

7f

7g

8

Meister der Sebastiansmartyrien

SALOMONS URTEIL

um 1657
Elfenbein
H. 14,6 cm, B. 20,9 cm, T. 2,7 cm
Darmstadt, Hessisches Landesmuseum
Inv.-Nr. Pl 23:14

Als das sprichwörtliche »salomonische Urteil« gilt das im Buch der Könige 3, 16–28, geschilderte Urteil von König Salomon im Fall zweier Mütter, die darüber streiten, wessen Kind in der Nacht starb und welches noch lebt. Salomon entscheidet, dass das lebende Kind in zwei Hälften zerteilt werden und jede Mutter eine erhalten soll. Eine Mutter bittet um das Leben des Kindes, selbst wenn es der anderen Frau gegeben werden sollte, die andere begrüßt das Urteil. Salomon spricht das Kind daraufhin der liebenden, wahren Mutter zu.

Auf der Tafel »Salomons Urteil« deuten perspektivisch in den Hintergrund fluchtende Architekturversatzstücke wie Gesimse, Fenster und Kapitelle vage einen Raum an, lassen es jedoch nicht zu, ihn nachvollziehbar zu rekonstruieren (Abb. Kat.-Nr. 8a). Die Unvereinbarkeit der Raumangaben wird von einem knittrig gerafften Vorhang hinter dem im Mittelgrund thronenden König verdeckt. Vor Salomon kniet die wahre Mutter und wendet sich abrupt zu dem Henkersknecht, der ihr das Kind aus den Armen gerissen hat und sein Schwert zückt. Hinter ihm steht die falsche Mutter, nähert sich dem Geschehen neugierig und hält einen Sack bereit, um ihre Kinderhälfte darin zu verstauen. Hinter ihr sind einige Personen, die auf die dramatische Szene indes nicht reagieren, sondern vielleicht ebenfalls ihre Anliegen dem König vortragen wollen. Von links drängt sich ein junger Bursche mit einer Kanne heran. Ein bärtiger Soldat in antikischer Rüstung mit wehendem Helmbusch verwehrt ihm den Zugang, indem er mit seiner schräg gehaltenen Lanze den Zutritt versperrt (Abb. Kat.-Nr. 8c).

Die Schräge der Lanze wird aufgegriffen vom rechten Arm Salomons und einer langen Falte des Vorhangs. Entlang der Lanze sind auch drei übereinander gestaffelte Löwenköpfe zu sehen, die die Wangen des Throns Salomons schmücken.[1] Die Schräge wird von der vorgeneigten Körperhaltung des Henkers gespiegelt. Dies findet seine Fortsetzung zum einen in den Gewandfalten der falschen Mutter, zum anderen in einer Falte, die mit den von links nach oben verlaufenden Vorhangfalten zusammentrifft. Die Hauptszene wird so von einem Dreieck eingefasst, deren Spitze König Salomon bildet; die seitlichen Personengruppen werden vom Zentrum getrennt. Innerhalb des Dreiecks befinden sich die bewegte Mutter, die sich von Salomon und dem tot neben ihr liegenden Kind ab- und dem Henkersknecht und dem in seinem Griff strampelnden Kind zuwendet. Die zugleich plumpe und kraftvolle Gestalt des nackten Henkerknechts, dessen Bewegung sich in seinen wehenden Haaren abzeichnet, findet ihren Widerpart in der liebenden Mutter.[2] Bei ihr spannt sich das Gewand in einer raschen Abfolge lang gezogener Falten über den Körper und folgt ihrer abrupten Bewegung (Abb. Kat.-Nr. 8b). Mutter und Scherge blicken sich in dem Moment an, der über das Leben des Kindes entscheidet, denn das erlösende Urteil Salomons wird erst in diesem Moment gesprochen, wie es der Redegestus des Königs andeutet.

Den besonderen Reiz dieses kleinen, jedoch monumental aufgefassten Reliefs macht nicht allein die innerhalb einer unklaren räumlichen Situation in eine klare Struktur eingebundene, dramatisch aufgeladene Hauptgruppe aus. Die die Bewegungen nachvollziehenden Gewänder mit präzis formulierten, lang gezogenen Falten, die minutiöse und weiche Modellierung des muskulös-massiven, nackten Körpers des Schergen sowie die fein gezeichneten Haare der Mutter, des Henkersknechts sowie der mit Lanze bewaffneten Soldaten zeigen die vollendete Beherrschung des Werkstoffs Elfenbein.

Das Relief wird heute übereinstimmend dem Œuvre des Meisters der Sebastianmartyrien zugeordnet,[3] nachdem zunächst auch Johann Caspar Schenck als ausführender Bildhauer in Erwägung gezogen wurde.[4] Die Gesichtstypen, die Körperformen, die Gewand- und Faltenbehandlung oder auch die Haargestaltung sind jedoch mit keinem seiner bisher bekannten Werke in Verbindung zu bringen. Größere Verwandtschaften gibt es, insbesondere was die Typenbildung, die Haargestaltung und die Faltengebung betrifft, mit Werken des Meisters der Sebastiansmartyrien und seines Umkreises. So weist auch das Sebastians-Relief (Kat.-Nr. 6) lang gezogene Falten auf; die muskulösen Gestalten des Henkers und des Soldaten mit der Lanze finden ihre Gegenstücke in den muskelbepackten Figuren der Wiener sowie, deutlicher noch, der Linzer Fassung der Sebastiansmarter.

Insbesondere fallen die Vergleichsmöglichkeiten mit dem Pokal »Geschichte von Albuin und Rosamunde« (Kat.-Nr. 7) auf: So sind die Kinderkörper des Sohnes einerseits und die die Kuppa des Pokals stützenden Putten (Abb. Kat.-Nr. 7f) andererseits in der Körpergestaltung deutlich verwandt; dasselbe ist in Bezug auf die Frisuren sowohl des jungen Burschen als auch des Henkers sowie für die Putten des Pokals zu beobachten. Das Profil des Henkers und das eines Trommlers auf dem Pokalsockel (Abb. Kat.-Nr. 7g) zeigen dieselbe Physiognomie mit kurzer Nase und angestrengter Mimik. Auch die nicht ganz so scharfgratigen Gewandfalten des Pokals und des Salomonreliefs entsprechen einander. Beide greifen die übertrieben muskulösen, untersetzten Körper des Wiener Sebastians-Reliefs auf, nähern sich aber insgesamt eher der Fassung des Themas in Linz.

8a

8b

Bei der Wiener Version (Kat.-Nr. 6) war die Beziehungslosigkeit der Gestalten untereinander zu bemerken. Das Gegenteil findet sich im Salomonrelief und im Rosamunde-Albuin-Pokal: Mutter und Henker blicken sich in dem Moment vor der Tötung des zappelnden Kindes und der weisen Entscheidung des Königs direkt an. Auf dem Pokal ist die heftige, emotionsgeladene Reaktion der Königin Rosamunde auf das Ansinnen ihres Mannes, sie aus dem Schädel ihres Vaters trinken zu lassen, geschildert; Helmechis versucht gar, am Diener vorbei zum Königspaar zu blicken.

Das Relief mit der Entscheidung Salomons wurde, ebenso wie der Pokal mit der Geschichte des Königspaars Rosamunde und Albuin, wahrscheinlich von einem Elfenbeinkünstler geschaffen, der zum engsten Umkreis des Meisters der Sebastiansmartyrien gehörte. Es könnte allerdings auch sein, dass sich ein Formenwandel, der sich zwischen dem früheren Wiener und dem späteren Linzer Relief entwickelte, im Pokal und in dem Relief mit »Salomons Urteil« niederschlug. In diesem Fall wären beide Werke dem Meister selbst zuzuordnen. Angesichts der starken Beschädigungen des ursprünglich kaiserlichen Reliefs in Linz ist dazu gegenwärtig keine abschließende Entscheidung zu treffen. MB

1 Unter dem linken Knie Salomons sind Haare einer Löwenmähne zu erkennen; sie würden zur anderen Seite des Throns gehören.

2 Vorlage für den Henkersknecht ist einer der waffenschmiedenden Zyklopen aus dem Deckenfresko des Salone im Palazzo Barberini in Rom, während die kniende Mutter seitenverkehrt eine Gestalt der Amtsgewalt desselben Gemäldes paraphrasiert, so Fischer 1991, S. 88; zu dem Deckenfresko siehe Merz 1991, S. 245–246, Abb. 396.

3 Wie andere Werke des Meisters der Sebastiansmartyrien wurde auch dieses Relief wiederholt, siehe Karlsruhe, Badisches Landesmuseum, Inv.-Nr. 95/1987; dazu siehe Herrbach-Schmidt 1996, S. 94.

4 Dazu siehe Philippovich 1973, S. 49.

8c

Balthasar Grießmann (um 1620–1706)

»KUNSTTRÄXLER UND HELFFENPAIN ARBEITHER, AUCH GEWESTER HOF CAMER PORTIR«

EVA MARIA BREISIG

Der hauptsächlich in Salzburg, aber auch in Wien tätige Balthasar Grießmann war lange Zeit nur durch die auf seinen Arbeiten hinterlassenen Initialen als sogenannter Monogrammist B.G. fassbar (Abb. S. 76).[1] In den Quellen wird er als Bildschnitzer in Elfenbein und Steinbockhorn, als Kunstdrechsler sowie als Bildhauer in Stein genannt.[2]

Grießmanns ebenso umfangreiches wie vielfältiges kleinplastisches Œuvre entstand während einer vermutlich fast 40-jährigen Schaffenszeit.[3] Es umfasst zahlreiche monogrammierte und zwischen 1662 und 1680 zum Teil auch datierte Werke. Gegenüber den wenigen bekannten beziehungsweise noch erhaltenen vollplastischen Elfenbeingruppen und -statuetten überwiegen die Elfenbeinarbeiten im Relief. Diese sind zumeist an seinen zahlreichen, prachtvoll gearbeiteten Schaugefäßen wie Kannen, Humpen, Deckeldosen, Henkelschalen und Prunkschüsseln, aber auch an Jagdgerät wie zum Beispiel Messergriffen und Zündpulverflaschen angebracht. Unter den vielfältigen Sujets überwiegen religiöse Themen wie Heiligendarstellungen und biblische, vorwiegend alttestamentliche Geschichten gegenüber mythologischen Darstellungen sowie Jagd-, Landschafts- und Genreszenen.

Über die Lehr- und Wanderjahre des um 1620 in Wasserburg am Inn geborenen Künstlers sowie über seine frühen Meisterjahre können nur Vermutungen angestellt werden.[4] Möglicherweise verbrachte er einige Zeit zu Studienzwecken in Flandern oder in Italien.[5] Erstmals wird Grießmann im Jahre 1660 durch den Taufeintrag eines seiner Kinder aus erster Ehe quellenkundlich in Salzburg belegt.[6] Wie aus einem eigenhändigen Schreiben hervorgeht, hielt sich der Künstler dann bis zum Jahre 1664 in Wien auf, der Residenzstadt Kaiser Leopolds I. (reg. 1658–1705), die als eines der Zentren der Elfenbeinkunst galt.[7] Zu welchem Zweck oder in welcher Stellung Grießmann dort tätig war, bleibt im Dunkeln. Es liegt jedoch nahe, einen »unmittelbaren Kontakt mit dem kaiserlichen Hof in Wien, wo sich ein Teil der Werke schon im 18. Jahrhundert in dessen Inventar nachweisen läßt«, anzunehmen.[8]

Vermutlich während seines Aufenthalts in Wien entstanden die beiden frühesten bekannten, monogrammierten und auf 1662 datierten Werke des Künstlers: Es handelt sich dabei zum einen um das Relieftäfelchen mit der Darstellung des »Durchzugs der Juden durch das rote Meer« (Abb. 40),[9] zum anderen um einen Deckelhumpen mit der Darstellung bacchantischer Szenen und des trunkenen Silen (Abb. 41).[10]

Nicht zuletzt in seiner Wiener Zeit muss Grießmann eine so gute Reputation erworben haben, dass ihn der Salzburger Erzbischof Guidobald Kardinal Graf Thun (1616–1668) im Jahre 1664 an seine Residenz berief. Grießmann diente ihm bis zu dessen Tod im Jahre 1668 mit »raren Sachen von Helfenbain – dergleichen noch nie worden gesechen – wie auch mit Bilthauen in Stain und anderer Bainträxler Arbeith«.[11] Aus der Antwort auf ein 1667 gestelltes Bittgesuch des Künstlers um Gehaltsverbesserung, dem von seinem Dienstherrn mit einer Anhebung der monatlichen Besoldung von 16 auf 22 Gulden entsprochen wurde, gehen die Anstellungsbedingungen am erzbischöflichen Hof hervor. Grießmann wird darin »beinebens seiner Pflicht erinnert, daß er niemandt, er seye wer da wolle, ohne gdste. Erlaubnis das geringste machen solle«.[12] Das regelmäßige Einkommen und das exklusive Arbeitsverhältnis zeichnen seine Stellung als Hofkünstler, als »Cammer Portir und Helffenpain Arbeither«, aus.[13]

Abb. 40 Balthasar Grießmann, Durchzug der Juden durch das rote Meer, 1662, Elfenbein, Klosterneuburg, Museum des Augustiner-Chorherrenstifts, © Foto: Verlag Janos Stekovics

Schließlich beschäftigte auch der Nachfolger im Amt des Salzburger Erzbischofs, Maximilian Gandolph Graf von Kuenburg (1622–1687), Grießmann für weitere acht Jahre. Aus dieser Zeit sind ebenfalls signierte und datierte Werke bekannt, darunter das Relieftäfelchen der »Heiligen Maria Magdalena als Büßerin« aus dem Jahr 1673 (Abb. 42).[14] Auch nach seiner Entlassung als Kammerportier im Jahre 1676 stand Grießmann weiterhin in Diensten des erzbischöflichen Hofs. Seine quellenkundlich überlieferte, militärische Berufsbezeichnung eines »Musketiers« zeigt weiter seine Zugehörigkeit zum Hof an und grenzt ihn von den zünftigen Handwerkern ab.[15] Diese neue Stellung bestätigt auch noch ein weiterer Taufeintrag aus dem Jahre 1695, in dem Grießmann als Soldat bezeichnet wird. Noch 1692 wird Grießmann als »Helffenpain arbeither«, wohnhaft im Bereich der Vorstadt Mülln, erwähnt, wo ihm vermutlich in einem der landesfürstlichen Gebäude Wohnung und Arbeitsraum zugewiesen worden waren.[16]

Abb. 41 Balthasar Grießmann, Deckelhumpen, 1662, Elfenbein, Wien, Kunsthistorisches Museum, Kunstkammer

Abb. 42 Balthasar Grießmann, Maria Magdalena als Büßerin, 1673, Elfenbein, Wien, Kunsthistorisches Museum, Kunstkammer

Während ein Großteil der für die Salzburger Erzbischöfe gefertigten Elfenbeinarbeiten Grießmanns in der Großen Galerie bei Hof in der Erzbischöflichen Residenz in Salzburg verblieb,[17] gelangten schon zu Lebzeiten des Künstlers viele seiner Werke als Geschenke seiner Dienstherren an den kaiserlichen Hof nach Wien: Grießmann schreibt selbst, dass er den Erzbischöfen gedient habe »mit Machung underschidlich rarrer Kunststükh, so hernach Ihro Römisch Kayserlichen Majestät und anderen hohen Potentaten von Deroselben verehrt worden«.[18] Dies zeugt von der großen Wertschätzung seiner Elfenbeinarbeiten nicht nur seitens seiner Dienstherren. Beispielhaft für weitere Auftraggeber und das große Spektrum seiner Arbeit sei das Grießmann zugeschriebene elfenbeinerne Ziffernblatt genannt, das seiner komplexen Ikonographie nach zu urteilen für einen klerikalen Auftraggeber bestimmt war und schon 1682 in Salzburg für 103 Gulden für die Kunstkammer des Benediktinerstifts von Kremsmünster (heute Stiftssammlungen) erworben wurde.[19]

Eines der letzten sicher datierten Werke Grießmanns ist das Relief »Abraham bringt Isaak als Opfer dar« aus dem Jahre 1679 (Abb. 48).[20] Doch belegen Quellen seine künstlerische Aktivität noch bis in die Jahre um 1700, in denen er neben Werken aus Elfenbein auch Trinkgeschirre aus Steinbockhorn geschaffen hat.[21] Im Juli 1703 ersucht der inzwischen fast erblindete Künstler den Salzburger Erzbischof um Aufstockung des Gnadengeldes, da ihn in seinem »83 jährigen Alter [...] das Licht der Augen verlasset« und er »yber diß alles an den Hendten mit einem schmerzhaften Ausschlag behafft ist«.[22] Drei Jahre später stirbt Balthasar Grießmann im Alter von 86 Jahren und wird am 16. Dezember 1706 auf dem Friedhof in Salzburg-Mülln begraben.[23]

Der weitaus größte Bestand an Elfenbeinarbeiten Grießmanns befindet sich heute in der Kunstkammer des Kunsthistorischen Museums in Wien. Die Werke gelangten vornehmlich im Zuge der Säkularisation zu Beginn des 19. Jahrhunderts in die Donaumetropole.[24]

Grießmanns Œuvre zeichnet sich durch eine selbst bei den signierten und datierten Werken zu beobachtende stilistische wie qualitative Heterogenität aus. Diese ist zum Teil durch die zahlreichen und (nicht nur thematisch) sehr unterschiedlichen Vorbilder aus Skulptur und Grafik bedingt, die der Künstler zumeist getreu ins Relief umsetzte.[25] Darüber hinaus sind Variationen in der Ausführung sicherlich auch durch die Beteiligung eines größeren Werkstattbetriebs zu erklären. Die mehrmalige Verwendung beliebter beziehungsweise bewährter Motive, Kompositionen und Gefäßtypen deutet dabei auf eine fast schon serienmäßige Produktion.[26]

Zum typischen Formenrepertoire Grießmanns und seiner Werkstatt gehören knorrig gewachsene Laubbäume und Baumstümpfe, deren Rinde aus waagerechten Riefelungen gebildet ist und deren fein gearbeitete Kronen sich aus einer Vielzahl kleiner Blättchen von teigig-schwerer Konsistenz zusammensetzen. Ferner finden bei der Darstellung von Putten, Frauen, Männern und Alten immer wieder die gleichen Figurentypen Verwendung und auch die Haargestaltung mit dicken, gewellten Strähnen und zum Teil gebohrten Ringellocken sowie der eher schwerfällige Faltenstil folgen einem stets gleichbleibenden Konzept.

Vor allem bei der Herstellung von Gefäßen, Kannen und Schalen zeigt sich die technische Versiertheit Grießmanns, etwa wenn er geometrische Formen mit der gleichen Perfektion drechselt oder passig dreht, wie er komplizierte Figurenmotive schnitzt. Seine feinteiligen Reliefs

Abb. 43 Balthasar Grießmann, Der Sündenfall, um 1670/1690, Elfenbein, Ontario, The Thomson Collection, Art Gallery of Ontario

spielen mit den plastischen Möglichkeiten der Reliefgestaltung und zeigen kontrastreich hochreliefierte oder gar freiplastische Partien neben ganz feinen, wenig erhabenen Reliefzeichnungen. Die wenigen bekannten vollplastischen Werke (so etwa Abb. 43 oder Kat.-Nr. 11), die in Haltungsmotiv und Proportionen oft an manieristische Skulptur erinnern, scheinen gegenüber den offenbar enger an konkreten Vorlagen orientierten Reliefs deutlicher die künstlerische Individualität Grießmanns erkennen zu lassen.[27]

Im Vergleich zu den komplizierten Kompositionen und Bewegungsmotiven der um die Jahrhundertmitte in Wien oder für den Wiener Hof tätigen Elfenbeinkünstler, wie etwa der Meister der Sebastiansmartyrien oder Johann Caspar Schenck (um 1620–1674), wirken die Werke Grießmanns mit ihren übersichtlicheren Szenerien mit stilllebenhaften Detaildarstellungen harmonischer und ruhiger.[28] Darüber hinaus sind Bezüge hinsichtlich der Figurentypologie und zum Teil des Faltenstils zu Werken von Johann Caspar Schenck, sowie hinsichtlich der Verwendung gleicher Vorlagen und Kompositionsmuster auch zu solchen von Johann Michael Maucher (1645–1701) erkennbar.[29]

1 Wagner 1994, S. 334–340, gelang es, den Künstler quellenkundlich zu identifizieren. Zu Grießmann siehe hier und im Folgenden vor allem Simon 2009, S. 77–78; Haag 2007/1, S. 118, 120, 122; Kappel 2001, S. 126–127; Haag 1995, S. 260; Wagner 1994; Theuerkauff 1966, 1973; Philippovich 1982, S. 185–186. – Das Zitat der Überschrift stammt aus einem Gesuch Grießmanns an den Salzburger Erzbischof vom 12. Juli 1703. Zitiert nach Wagner 1994, S. 338.
2 Siehe dazu Wagner 1994, S. 340.
3 Siehe vor allem Theuerkauff 1966 und 1973 mit Werkverzeichnis.
4 Zur Frage nach dem Herkunftsort Grießmanns siehe vor allem Wagner 1994, S. 334, 340.
5 Wagner 1994, S. 334, 340; Kappel 2001, S. 126; Theuerkauff 1966, S. 9; Theuerkauff 1994, S. 160.
6 Wagner 1994, S. 335; Kappel 2001, S. 126.
7 Siehe vor allem Wagner 1994, S. 338, 340.
8 Theuerkauff 1973, S. 246.
9 Klosterneuburg, Stiftssammlungen, Inv.-Nr. KG 121; siehe dazu Theuerkauff 1973, S. 245, 247–248, 280, Nr. 1.
10 Wien, Kunsthistorisches Museum, Kunstkammer, Inv.-Nr. KK 4499.
11 Zitiert nach Wagner 1994, S. 338 und Anm. 27.
12 Wagner 1994, S. 338 und Anm. 27.
13 Aus dem Bittgesuch Grießmanns an den Erzbischof von 1705, zitiert nach Wagner 1994, S. 338 und Anm. 28. – Der Titel »Kammerportir« bezeichnet lediglich den formalen Rang mit einer zugehörigen Besoldungsstufe innerhalb der höfischen Verwaltung. Bestimmte Aufgaben und Pflichten sind damit nicht verbunden. Für die zuvorkommenden Auskünfte sei herzlich Franz Wagner, Salzburg, gedankt.
14 Wien, Kunsthistorisches Museum, Kunstkammer, Inv.-Nr. KK 3659; siehe dazu Theuerkauff 1966, S. 6; Theuerkauff 1973, S. 245.
15 Siehe Simon 2009, S. 77; Wagner 1994, S. 340.
16 Wagner 1994, S. 334 mit Anm. 1, S. 340.
17 Wagner 1994, S. 338–340.
18 Bittgesuch Grießmanns von 1705. Zitiert nach Wagner 1994, S. 340. So wird zum Beispiel der Deckelhumpen mit der bacchischen Szene (Abb. 41) bereits im Inventar der Kaiserlichen Kunstkammer vom 16. Juli 1750 genannt; siehe Zimerman 1889, S. CCXCII, Nr. 47; Wagner 1994, S. 337. Siehe auch Polleroß 2004, S. 246–247.
19 Irmscher 1994, S. 320–333, hier vor allem S. 320; Kunstdenkmäler Kremsmünster 1977, S. 26–27; siehe auch Theuerkauff 1973, S. 259, 283, Kat.-Nr. 33.
20 London, Victoria & Albert Museum, Inv.-Nr. A 50 1949; siehe dazu Theuerkauff 1966, S. 6; Theuerkauff 1973, S. 245.
21 Wagner 1994, S. 340 mit Anm. 31; Theuerkauff 1973, S. 246.
22 Gesuch Grießmanns von 1703. Zitiert nach Wagner 1994, S. 340.
23 Wagner 1994, S. 334.
24 Haag 2007/1, S. 118, 122; Haag 1995, S. 260; Wagner 1994, S. 337; Theuerkauff 1973, S. 245; Theuerkauff 1966, S. 6.
25 Theuerkauff 1973, S. 245–246, 253–254, 257; Haag 1995, S. 264; siehe schon Tietze-Conrat 1920, Nr. 50.
26 Theuerkauff 1973, S. 269.
27 Haag 1995, S. 260, 263–264; Theuerkauff 1966, S. 7–9; Theuerkauff 1973. Siehe auch Philippovich 1982, S. 186, Abb. 157.
28 Haag 2007/1, S. 120; Haag 1995, S. 260; Theuerkauff 1984, S. 93; Theuerkauff 1973, S. 247, 250, 253, 257.
29 Theuerkauff 1966, S. 9, und Theuerkauff 1973, S. 253–254, stellt stilistische Ähnlichkeiten und Verwandtschaft vieler Figuren vor allem zu Schenck fest. Siehe auch den Beitrag von Maraike Bückling, Schenck, in diesem Katalog, S. 114 und Kat-Nr. 19. Zu Bezügen zu Maucher siehe auch Kat.-Nr. 13, 15. – Eine genauere sowie umfassende vergleichende Analyse zur stilistischen Einordnung der Werke Grießmanns vor dem Hintergrund der süddeutschen und österreichischen Elfenbeinkünstler der Zeit steht immer noch aus.

9

Balthasar Grießmann (um 1620–1706)

DECKELKANNE MIT JAGD- UND FISCHEREISZENEN

drittes Viertel 17. Jahrhundert
Elfenbein
H. 29,8 cm
Wien, Kunsthistorisches Museum, Kunstkammer
Inv.-Nr. KK 4472

Die vollständig mit äußerst feinteiliger und filigraner Schnitzerei überzogene Deckelkanne stellt ein Meisterwerk der barocken Elfenbeinkunst dar. Das gänzlich aus dem kostbaren Material gearbeitete Prunkstück ist aus mehreren geschnittenen und gedrechselten Teilen zusammengesetzt und kommt ohne stabilisierende Edelmetalleinfassungen aus. Dies und die passig gedrehten Teile der Kanne verweisen auf das hohe technische Können Grießmanns (Abb. Kat-Nr. 9a–c).

Alle Darstellungen widmen sich den Themen der Jagd und der Fischerei.[1] Der Kannenfuß wird von Reliefs geziert, die Szenen aus dem täglichen Leben von Fischern zeigen. Ein Angler sitzt am Wasser; zwei Männer tragen ihre über einen geschulterten Stab geworfenen Netze davon; in einem Kahn stehende Fischer legen Reusen aus; zwei weitere spannen ihr Netz.

Die Wandung des gedrechselten, sich nach unten leicht verjüngenden Gefäßkörpers ist in drei Register gegliedert. Zwischen die breiten oberen und unteren Streifen schiebt sich wie ein umlaufendes Ornamentband eine schmale, durch zwei plastische Profile abgetrennte Mittelzone. In tiefer Kehlung finden sich darin zum Teil vollplastisch gearbeitete Tierdarstellungen in tollem Durcheinander: Jagdhunde verfolgen verschiedene Waldtiere wie Hirsch, Wildschwein, Bär und Hase, springen sie an, beißen ihnen ins Ohr usw. Die Reihung der Tierkörper in einem ihnen eigenen Bereich mit starker Schattenbildung erinnert an das Titelblatt einer Serie von Jagd- und Tierdarstellungen von Johannes Stradanus (1523–1605), wenngleich die Tiere auf der Kanne demgegenüber in Bewegung verlebendigt sind.[2] Die Reliefszenen der beiden anderen Register werden in regelmäßigen Abständen von den für Grießmann typischen Laubbäumen mit blattreichen und stark verzweigten Kronen in zwei Bildkompartimente auf jeder Kannenseite gegliedert. Der untere Fries widmet sich der Jagd auf Wassertiere und dem Fischfang. In landschaftlicher Kulisse sieht man einen Fischer mit einer Reuse, in der benachbarten Szene hantiert ein weiterer an einem Bachlauf mit einem Korbnetz und eine Frau bückt sich nach zwei Fischen. Auf der anderen Kannenseite ist eine Entenjagd dargestellt (Abb. Kat.-Nr. 9d): Während sich im Bildfeld rechts ein Jäger mit angelegtem Gewehr im Schutz des verzweigten Baumes in der Mitte positioniert hat, sieht man im linken Kompartiment hinter Schilf, Baumstümpfen und Geäst verborgen einen kleinen Teich mit Enten. Die für viele Dekorsysteme an Gefäßen und Prunkgeräten typische systematische Reihung von Bildräumen mit inhaltlich geschlossenen Szenerien wird hier ad absurdum geführt. Das zunächst bedeutungsleere Strukturelement des Baumes mit rein gliedernder Funktion wird nun in die Erzählung mit einbezogen. Der gleiche Kunstgriff ist auch bei den Szenen im oberen Fries zu finden. Auf der einen Kannenseite wird eine Wildschweinhatz gezeigt, auf der anderen Seite ist eine Parforcejagd auf einen Hirsch zu sehen, wobei jeweils der mittlere Baum als Gliederungselement negiert wird.

9b

Der Relieffries entlang der Deckelwölbung zeigt noch weitere Jagdarten, so zwei Szenen einer Beizjagd zu Fuß und zu Pferde sowie – wieder über zwei Bildfelder hinweg – eine Straußenjagd, wobei die Jäger mit Gabelstöcken versuchen, die großen Vögel am Hals zu fassen. Darstellungen von Straußenjagden wiederholen sich in Grießmanns Werk mehrfach, vor allem auf Zündpulverflaschen mit Jagdszenen wie derjenigen in Wien (Abb. 44).[3] Dies zeugt nicht nur von der Beliebtheit des Motivs, sondern verweist auch auf eine ökonomische Arbeitsweise einer Werkstatt, in der dieselben oder ähnliche Vorlagen mehrfach verwendet wurden.[4] Es ist davon auszugehen,

9a

9c

9d

dass die bildhaften Fischerei- und Jagdszenen der Kannenwandung letztlich auf Vorbilder wohl aus der niederländischen Malerei oder Druckgrafik des 16. und 17. Jahrhunderts zurückzuführen sind.[5]

Auf dem Kannendeckel ist schließlich als Bekrönung eine vollplastische Figurengruppe von auf Delfinen reitenden Putten angebracht (Abb. Kat.-Nr. 9e). Der aus einem fantastischen Maskeron gebildete Schnabelausguss und der aus drei stilisierten C-Schwüngen überbordend mit Muschelformen und genrehaft-figürlichem Besatz komponierte Henkel zeigen virtuose Motivfindungen. Vorbilder für diesen ornamentalen Formenschatz sind vermutlich ebenfalls in der Grafik zu finden, etwa in den weit verbreiteten Groteskenbüchern des 16. und 17. Jahrhunderts.[6]

Zu allem Überfluss zaubert die filigrane Gestaltung der mit tiefen Hinter- sowie Unterschneidungen minutiös ausgearbeiteten Reliefs ein kontrastreiches Licht- und Schattenspiel auf das Gefäß. Die Übergänge zwischen den vollplastischen Partien im Vordergrund und dem feinen, flach reliefierten Hintergrund, die sich selbst innerhalb einzelner Figuren effektvoll vollziehen, sind fließend und führen zu einer starken Verräumlichung der Ansicht (Abb. Kat.-Nr. 9f).

Die Jagd galt als Privileg des Adels und der Fürsten. Sie war als Herrschaftssymbol untrennbar verbunden mit dem aristokratischen Selbstverständnis und prägte die höfische Kultur des Barock. Prunkjagden hatten keinen praktischen Nutzen mehr, sondern dienten einerseits dem Zeitvertreib, andererseits der Selbstdarstellung des Herrschers. Mit Jagddarstellungen verzierte Kunstwerke erfreuten sich dementsprechend als Prestige- und Repräsentationsobjekte einer besonders großen Beliebtheit.[7] Im Barock kam es auch zu einer Blüte der Jagdliteratur, in der verschiedene Jagdtechniken nicht nur vorgestellt und beschrieben, sondern gleichermaßen durch moraltheologische und geschichtliche Argumente legitimiert wurden.[8]

Es ist anzunehmen, dass die Elfenbeinkanne, die aufgrund der Jagdthematik in diesem höfischen Kontext anzusiedeln ist, zusammen mit einer heute nicht mehr bekannten oder erhaltenen, ähnlich verzierten Schale eine sogenannte Jagdgarnitur bildete. Diese Prunkgegenstände waren nicht für die praktische Verwendung geeignet und dienten als reine Schaustücke lediglich Repräsentationszwecken. Über die Provenienz der Jagdkanne ist bekannt, dass sie schon im Inventar der Kaiserlichen Kunstkammer vom 16. Juli 1750 aufgeführt wird.[9] Möglicherweise könnte die Kanne als Geschenk des Salzburger Erzbischofs, in dessen Diensten Grießmann stand, an den Kaiser verehrt worden sein. EMB

9e

Abb. 44 Balthasar Grießmann, Zündpulverfalsche, Elfenbein, Wien, Kunsthistorisches Museum, Hofjagd- und Rüstkammer

1 Siehe zur Kanne und zur Identifizierung der einzelnen Jadszenen (auch im Folgenden) Theuerkauff 1967, S. 22; Theuerkauff 1973, S. 269, Anm. 52. Siehe auch Haag 2007/1, S. 118.
2 Siehe Hollstein 2008, S. 133 und S. 148, Abb. 421/I.
3 Wien, Kunsthistorisches Museum, Hofjagd- und Rüstkammer, Inv.-Nr. D 149.
4 Siehe Theuerkauff 1973, S. 269; Theuerkauff 1967, S. 9. Zu den Zündpulverflaschen mit Straußenjagd siehe Theuerkauff 1973, S. 281, Nr. 21–23, 57–58.
5 Siehe dazu Theuerkauff 1973, S. 254; Fillitz 1988, S. 219; Haag 2007/1, S. 118.
6 Siehe Theuerkauff 1973, S. 254. Haag 2007/1, S. 120. Vergleiche auch die Henkel anderer Kannen von Grießmann, so etwa Kat.-Nr. 10, 14.
7 Siehe allgemein zu Jagddarstellungen in der Elfenbeinkunst des Barock Theuerkauff 1967.
8 Siehe dazu etwa Theuerkauff 1967, S. 8, 10; Kopp 2008, S. 34; Hülsbergen 2008, S. 23, 25, 29. Zur Geschichte der Jagd siehe allgemein Rösener 2004.
9 Wagner 1994, S. 337; Theuerkauff 1967, S. 12; Zimerman, 1889, S. CCXCII, Nr. 56. Siehe auch Polleroß 2004, S. 246–247, Abb. 30.

9f >

10

Balthasar Grießmann (um 1620–1706)

PRUNKKANNE MIT MYTHOLOGISCH-ALLEGORISCHEN DARSTELLUNGEN

um 1660/70
Elfenbein
H. 41,5 cm (mit Deckelgruppe), B. 29,1 cm (von Henkel zu Tülle)
Sammlung Reiner Winkler
Inv.-Nr. W. 58

Die große, prachtvolle Deckelkanne, die Balthasar Grießmann zugeschrieben wird, besitzt einen ovalen Durchmesser und ist kunstvoll mit verschiedenen, fein geschnitzten figürlich-ornamentalen Friesen verziert (Abb. Kat.-Nr. 10a, c).[1] Sie gehört zu den im 17. Jahrhundert allein ihrer Schönheit und Kunstfertigkeit wegen gesammelten Schauobjekten, die nicht für die praktische Anwendung bestimmt waren und nur zu repräsentativen Zwecken – etwa anlässlich eines Festbanketts – gezeigt wurden. Aus mehreren Einzelteilen zusammengefügt, steht die Kanne stellvertretend für die für Grießmann und seine Werkstatt typischen, handwerklich-technisch hoch anspruchsvollen und nur aus Elfenbein gefertigten Prunkgefäße, die ohne stabilisierende Edelmetallmontierungen auskommen. Mit zahlreichen aufwendig gedrechselten und teilweise passig gedrehten Profilierungen und Ornamentbändern, mit unterschiedlich plastisch durchmodellierten Relieffriesen und mit vollplastisch ausgearbeiteten Einzelfiguren verweist die Kanne zugleich auf die hohe Kunstfertigkeit Grießmanns nicht nur als Schnitzer von Reliefs und Kleinplastik aus Elfenbein, sondern auch als Kunstdrechsler.

Den breiten Gefäßkörper umspannt ein Relieffries mit dichter, vielfiguriger Szenerie, die auf keine literarische Quelle zurückzuführen ist und sich bislang einer eindeutigen Entschlüsselung entzieht.[2] Sicher zu identifizieren ist in der Mitte unterhalb des Henkels Diana (Abb. Kat.-Nr. 10d), die keusche Göttin der Jagd in faltenreichem Gewand mit Mondsichel im Haar sowie Pfeil und Bogen in ihren Händen.[3] Sie sitzt auf einem mit Voluten verzierten Thron und teilt die dramatisch bewegte Gesamtdarstellung in zwei Hälften, deren jeweilige Handlungsrichtung von ihr auszugehen scheint. Völlig unbeachtet steht neben Diana mit zu ihr emporgereckten Händen ein geflügelter Amorknabe. Er ist ohne seine üblichen Attribute dargestellt, die nun Diana zu halten scheint. Dadurch entsteht ein Wechselspiel in der Zuordnung und Bedeutung der Waffen.[4] Die thematisch unterschiedlichen Darstellungen auf den beiden Kannenseiten sind kompositorisch zu einem Relieffries verwoben.

Auf der rechten Seite (Abb. Kat.-Nr. 10a) spielt sich vor einem Landschaftshintergrund eine Szene ab, die sich unmittelbar auf Diana bezieht. Eine Frauengestalt in Rückenansicht fängt zusammen mit einer Gefährtin unter

10b

10a

10c

10d

Auf der linken Kannenseite (Abb. Kat.-Nr. 10c) stürmt eine Jägerin, die sich mit Jagdhorn und Fackel als Gefährtin der Diana auszeichnet, in Begleitung von drei Jagdhunden nach links auf eine Frauengestalt mit großen Flügeln zu. Diese hält ein schlafendes Kind in ihren Armen und scheint gerade fliehen zu wollen.[8] Ihr in einer Wendebewegung begriffener Körper sowie die aufgebauschte Draperie ihres Gewands und die kleinen pustenden Puttenköpfe im Gewölk im Hintergrund darüber unterstreichen die Dramatik und Hektik der Flucht. Sie lässt sich womöglich als Maia deuten, die Arkas, das Kind der Nymphe Callisto, an sich genommen hat. Diese hatte Keuschheit geschworen, wurde jedoch von Zeus verführt und anschließend als Strafe für ihren Fehltritt in eine Bärin verwandelt. Das gerettete Kind wurde zu Maia gebracht, die es aufzog.[9] Zwischen der Jägerin und der geflügelten Gestalt erscheint im Hintergrund eine entsetzt aufschreiende alte Frau. Ganz links kauert eine Figur mit verbundenen Augen, die aus einem Füllhorn eine Krone, eine Maske und eine Kette schüttet. Dabei könnte es sich um eine Allegorie des Glücks und des Zufalls handeln, der blind das Schicksal der Menschen regiert.[10] Ein anderer Interpretationsansatz deutet die Szene links von Diana als Lebensallegorie. Das Kind, die Jägerin und die Alte, die zudem an die Gestalt einer Parze erinnert, symbolisieren die drei Lebensalter, während die geflügelte Gestalt als Schicksalsgottheit gemeinsam mit den Winden die flüchtige Vergänglichkeit des Lebens verkörpern. Als Nemesis steht sie für die Zuteilung von Gutem und Schlechtem an die Menschen, was in der Allegorie des Zufalls am linken Rand eine Entsprechung findet.[11]

einem großen Netz Pan, der zu Boden gefallen zu sein scheint und in einer Hand die Syrinx hält. Alle Protagonisten wenden sich dabei zur Göttin um, als ginge von ihr ein Befehl für dieses Geschehen aus. Vielleicht handelt es sich bei einer dieser Frauen um Britomartis, eine ebenfalls der Keuschheit verpflichtete Gefährtin Dianas. Das Attribut der Nymphe, das Jagdnetz, verweist darauf, dass sie sich auf der Flucht vor dem um sie werbenden Minos, dem König von Kreta, schließlich von einem Felsen ins Meer stürzte, aus dem sie von Fischern mit ihren Netzen gerettet wurde.[5] Im Hintergrund dieser Darstellung hält eine weibliche Figur mit Libellenflügeln einen Obstkorb empor.[6]

Unter dem Regiment der triumphierenden Diana wird somit der lüsterne Naturgott Pan als Verkörperung ungezügelter Triebhaftigkeit von keuschen Nymphen gebändigt. Die jungfräuliche Diana erscheint als Antithese zur lasziven Zügellosigkeit des Pan. Die Gestalt mit den Libellenflügeln als Symbol der Flatterhaftigkeit und Unkontrolliertheit gehört dabei möglicherweise als Pendant zu dem Naturgott, in dessen Bereich sie auch durch das Attribut des Obstkorbs gerückt wird.[7]

An das Thema der Jagd erinnern die am oberen Rand des Gefäßkörpers mit zwei sich überkreuzenden Bändern wie zu einer Girlande eng zusammengebundenen Tierdarstellungen. Als Deckelbekrönung ist vollplastisch eine nackte weibliche Figur mit einem Kleinkind im Arm dargestellt. In Ergänzung an eine der Interpretationen des Kuppareliefs wurde diese Figur schon als Callisto mit ihrem Sohn Arkas gedeutet.[12] Der allegorische Deckelfries besteht aus vier durch kleine Baumstämme voneinander getrennten Szenen mit Putten, die die vier Elemente versinnbildlichen.[13] Auf dem im Hochrelief gearbeiteten Fries des Fußringes ist schließlich ein fröhlicher Reigen von

10e

10f

kleinen, teils geflügelten Puttenfiguren beim lebendig-quirligen Spiel im Wasser gezeigt (Abb. Kat.-Nr. 10b). Der als Muschelmotiv gebildete Ausguss wird von einer weiblichen Herme gestützt, während die Handhabe und Daumenruhe aus C-förmig geschwungenen Ornamenten bestehen, in die ein gebeugter männlicher Torso hineinkomponiert ist.

Die Darstellung des Hauptfrieses der Kanne, die zunächst sicherlich ein Unikat für einen Auftraggeber darstellte, findet sich – in Details verändert und in der Ausführung vereinfacht – auch auf einem vielleicht im Umkreis Grießmanns und seiner Werkstatt anzusiedelnden kleinen elfenbeinernen Deckelbecher mit Bogen spannendem Amor als Deckelbekrönung wieder (Abb. 45).[14] Dies zeigt einerseits die für die Werkstattarbeit Grießmanns typische mehrmalige Verwendung gleicher oder ähnlicher Vorlagen,[15] deutet andererseits aber auch auf einen gewissen Bekanntheitsgrad der uns heute unzugänglichen Ikonographie hin.

Als mögliche Inspirationsquelle für den Kupafries lassen sich eventuell auch Schauspiele denken. Dramatische Bearbeitungen des Diana-Stoffes in Theaterstücken und Opern waren damals sehr beliebt, so ließ zum Beispiel im Jahre 1678 Leopold I. für seine dritte Gemahlin die Oper »Il Tempio di Diana in Taurica« aufführen.[16] Der in solchen Werken gebräuchliche freie Umgang mit den antiken Sagenstoffen könnte zu einer neuartigen Kombination und einem Pasticcio von mythologischen und allegorischen Figuren geführt haben.[17] EMB

Abb. 45 Balthasar Grießmann, Umkreis?, Deckelhumpen mit mythologisch-allegorischen Darstellungen, nach 1660/70, Elfenbein, Wien, Kunsthistorisches Museum, Kunstkammer

1 Theuerkauff 1984, Kat.-Nr. 50, S. 96–97; Theuerkauff 1973, S. 267.

2 Siehe zur Kanne und ihrer Ikonographie vor allem Kappel 2001, S. 78; Theuerkauff 1984, S. 96–97, Kat.-Nr. 50; Theuerkauff 1973, S. 253, 257 und S. 277, Anm. 22, S. 267, 269 und S. 278, Anm. 52, S. 283, Kat.-Nr. 36. Daumenruhe und angesetzte Tülle wohl spätere Erneuerungen.

3 Die Art der Faltengebung mit wirbelartig geschwungenen Gewandpartien in zumTeil dünnen Parallelfältelungen erinnert an manche Draperie im Werk von Johann Caspar Schenck.

4 Diesen Hinweis verdanke ich Werner Telesko, Wien.

5 Von Britomartis erzählt Kallimachos im Hymnus 3, 189–206. Theuerkauff 1984, S. 96–97, Kat.-Nr. 50 und Kappel 2001, S. 78.

6 Theuerkauff 1984, S. 96, Kat.-Nr. 50 und Kappel 2001, S. 78, Kat.-Nr. 28 sehen in dieser Gestalt Psyche.

7 Die Zuordnung der Gestalt mit Libellenflügeln verdanke ich Udo Reinhardt, Bad Kreuznach.

8 Theuerkauff 1984, S. 96–97, Kat.-Nr. 50 und Kappel 2001, S. 78, möchten ein weinendes Kind erkennen.

9 Theuerkauff 1984, S. 96–97, Kat.-Nr. 50; Kappel 2001, S. 78. Von Callisto berichtet Ovid, Metamorphosen II, Vers 402–504. Die Erzählung von Maia als Nährerin von Arkas bei Apollodor 3, 8, 2.

10 Ähnlich auch Kappel 2001, S. 78.

11 Für diesen Interpretationsansatz danke ich Udo Reinhardt, Bad Kreuznach.

12 Theuerkauff 1984, S. 96, Callisto mit Arkas; Kappel 2001, S. 78, Maia mit Arkas.

13 So schon Theuerkauff 1984, S. 96.

14 Wien, Kunsthistorisches Museum, Kunstkammer, Inv.-Nr. KK 4466. Zum Deckelbecher siehe Theuerkauff 1984, S. 96–97, Anm. 3, Kat.-Nr. 50; Theuerkauff 1986, S. 229 und S. 230, Anm. 10; Theuerkauff 1973, S. 269, S. 278, Anm. 52, S. 283, Nr. 37.

15 Theuerkauff 1973, S. 269.

16 Siehe Föcking 2008, S. 160, und Polleroß 1997, S. 804. Siehe auch Hadamowsky 1951/52, S. 81, 24. Juli 1678.

17 Siehe Föcking 2008, S. 160, zur Ausgestaltung des Diana-Stoffes in Emblematik, Musik und Ballett des 16./17. Jahrhunderts. Zur freien Behandlung der mythischen Stoffe in Theater und Oper im Barock siehe auch Tauschhuber 1947, S. 66–67. Zu Diana als Identifikationsfigur an den Höfen des 16./17. Jahrhunderts siehe Polleroß 1997, S. 820. Kappel 2001, S. 78, sieht zum Teil den Ursprung der Darstellung in der Emblematik des 15./16. Jahrhunderts.

11

Balthasar Grießmann (um 1620–1706)

HERKULES UND DER NEMEISCHE LÖWE

um 1670/75
Elfenbein
H. 26,5 cm (mit Sockel)
Wien, Kunsthistorisches Museum, Kunstkammer
Inv.-Nr. KK 4552

Das Zentrum der Mythen um Herkules bilden die zwölf übermenschlichen Aufgaben, die der Held für den mykenischen König Eurystheus vollbringen muss. Bei der ersten dieser heroischen Taten kämpft er mit dem Nemeischen Löwen. Da die Bestie wegen ihres undurchdringlichen Fells nicht verwundet werden kann, bezwingt Herkules das gefährliche Tier, indem er es erwürgt. Fortan dienen ihm Kopf und Fell des besiegten Löwen als Helm und Panzer.

Über einem halbrunden, knapp bemessenen Bodenstück eröffnet die Elfenbeingruppe dem Betrachter in einer formal ausgeklügelten Komposition aus verschiedenen Perspektiven immer wieder neue Eindrücke vom Kampf zwischen Herkules und dem Löwen (Abb. Kat.-Nr. 11a–d).[1] Im Hintergrund links hängt über einem Baumstumpf bereits das Löwenfell, das sich Herkules eigentlich erst mit dieser Heldentat erwerben wird.

Die Körper von Mensch und Tier sind bei geschlossener Kontur auf engstem Raum miteinander verschränkt. Der nackte Herkules, eine massige, spannungsgeladene Gestalt, zwingt den zwischen seinen Beinen kauernden Löwen zu Boden, indem er, mit dem rechten Bein kniend, das linke angewinkelt nach vorne über das Tier stemmt. Der niedergedrückte Löwe scheint kaum noch Kraft entwickeln zu können und wendet seinen Kopf jäh nach hinten. Seine gerunzelte Schnauze, die über weit aufgerissenen Augen hochgezogenen Brauen und das aufgesperrte, zähnefletschende Maul des Tieres spiegeln sich in der vor Anstrengung verzerrten Mimik des Herkules mit seiner in tiefe Falten gelegten Stirn und dem geöffneten Mund, in dem die Zähne zu erkennen sind (Abb. Kat.-Nr. 11b, d). Die effektvollen Parallelen in der Gesichtsbildung der Kontrahenten verstärken sich in der dramatischen Handlung gegenseitig. Obwohl es bei der Oberflächenbehandlung durchaus zur Differenzierung von Stofflichkeit kommt, werden Haut und Fell der beiden Kämpfenden nicht unterschiedlich charakterisiert, sondern glänzend poliert wiedergegeben. Darüber hinaus scheinen Parallelstellungen von Körperteilen und überzogene Richtungswechsel in der Figurenbewegung beliebte Kunstgriffe Grießmanns zu sein. Die dichte, komplexe Darstellung wird so zu einem optischen Verwirrspiel, bei dem der Betrachter nicht mehr auf den ersten Blick erkennt, welches Bein zu welchem der kämpfenden Körper gehört: In Frontalansicht steht das linke, über den Löwenkörper gesetzte, angewinkelte Bein des Herkules fast spiegelsymmetrisch zum gebeugten rechten Hinterlauf des Löwen, während das andere Bein des Helden hinter dem Tier versteckt und nur in der Rückansicht zu sehen ist.

Als Vorbild für die Herkules-Gruppe Grießmanns wird der um 1624 datierte Löwenkampf des frühbarocken Bildhauers und Elfenbeinschnitzers Georg Petel (1601/02–1634) angesehen (Abb. 47).[2] Dieser scheint wiederum auf ein spätmanieristisches Kompositionsschema zurückzugreifen, wie es beispielsweise eine Kleinbronze in den Stiftsammlungen Klosterneuburg vertritt.[3]

Der Kampf mit dem Löwen ist die in der Antike am häufigsten abgebildete Tat des Dodekathlons und auch im Barock erfreute sich diese Darstellung großer Beliebtheit.[4] Es fällt bei Grießmanns Elfenbeinskulptur auf, dass der Held den Löwen entgegen dem antiken Mythos nicht mit bloßen Armen erwürgt, sondern dem Tier mit brutalem Griff das Maul aufreißt.[5] Dieses Motiv erinnert an die alttestamentliche Darstellung des Simson, der – ebenfalls mit übermenschlicher Kraft ausgestattet –

Abb. 46 Balthasar Grießmann, Judith und Holofernes, um 1665–75, Elfenbein, Lawrence, Kansas, The University of Kansas, Museum of Art

mit bloßen Händen einen Löwen besiegt (Richter 14, 6). Nach mittelalterlicher Typologie stehen die Taten Simsons für die Passion Christi und seinen Sieg über den Tod. Im Barock galt Simson ebenso wie der antike Herkules als Sinnbild für Kraft und Stärke.[6] Offensichtlich wurde auch im Zuge einer gewissen Christianisierung der Figur des Herkules im 17. Jahrhundert oft eine solche Gleichsetzung des antiken Helden mit Simson beabsichtigt.[7]

In der Ikonographie des Barock ist Herkules ferner als attraktive Identifikationsfigur in herrschaftspolitischem Kontext zu werten.[8] Die Taten des Tugendhelden standen in mehr-

11a

11b

Abb. 47 Georg Petel, Herkules und der Nemeische Löwe, um 1624, Elfenbein, München, Bayerisches Nationalmuseum

11c

facher Hinsicht sinnbildhaft für moralische Qualitäten, die zu dieser Zeit in sogenannten Fürstenspiegeln von einem Herrscher gefordert wurden. Der Löwenkampf im Besonderen versinnbildlicht Mut und Selbstbeherrschung und diente als Allegorie von Sieg, Stärke und Tugendhaftigkeit der Selbstinszenierung frühneuzeitlicher Herrscher. Die Assoziation mit biblischen Gestalten ermöglichte zudem die Stilisierung des Herrschers zum »miles christianus«.

Die weder signierte noch datierte Elfenbeingruppe des Herkules mit dem Löwen kann Grießmann im Vergleich mit für ihn gesicherten Werken überzeugend zugeschrieben werden.[9] Vor allem seine vollrunden figürlichen Arbeiten weisen offensichtliche Übereinstimmungen auf, wenngleich nur noch wenige erhalten oder bekannt sind.[10] Zu nennen ist insbesondere das monogrammierte Werk »Judith und Holofernes« (Abb. 46).[11] Hier wie dort sind beispielsweise die Figurenauffassung mit kräftigen Körpern und klobigen Füßen, die Orientierung an spätmanieristischen, verschränkten Haltungsmotiven bei eher geschlossenem Bildraum sowie die geradezu einheitliche Bildung der Physiognomie als markante Charakteristika zu erkennen.

Die Datierung der Herkules-Darstellung um 1670/75 wird abhängig gemacht von Ähnlichkeiten mit dem 1673 datierten und monogrammierten Relief der heiligen Maria Magdalena als Büßerin (Abb. 42) und seinem Gegenstück, dem heiligen Hieronymus in der Wüste.[12] Im Inventar der Großen Galerie bei Hof vom 7. Februar 1772 wird neben mehreren Werken, die eindeutig Grießmann zugeordnet werden können, »Ein aus Helffenbein geschnittener Hercules mit einem Löwen« erwähnt.[13] Diese Quelle stützt einerseits eine Zuschreibung der Herkules-Darstellung an Grießmann, andererseits macht sie die Anfertigung des Werks für den Salzburger Fürsterzbischof Maximilian Gandolph Graf von Kuenburg (1622–1687) wahrscheinlich. In

11d

diesem Fall entspräche die Ambivalenz der zugleich religiösen wie machtpolitischen Herkulesikonographie der doppelten Rolle des Salzburger Bischofs als Geistlicher und Landesfürst. EMB

1 Siehe zu diesem Stück vor allem Haag 1995, S. 260–265 (dort auch Verweis auf ältere Literatur); Wagner 1994, S. 338; Theuerkauff 1973, S. 267, Anm. 49, S. 281, Nr. 24.

2 München, Bayerisches Nationalmuseum, Inv.-Nr. R 4721. Siehe Haag 1995, S. 262. Zur Gruppe Petels siehe jüngst Ausst.-Kat. München 2007, S. 151–152, Kat.-Nr. 10.

3 Zur Bronzegruppe desselben Themas in den Stiftssammlungen von Klosterneuburg siehe Haag 1995, S. 262, Anm. 8; Weihrauch 1967, S. 331, Abb. 405.

4 Zur Darstellung des Themas im Barock siehe Pigler 1974, Bd. 2, S. 117–118.

5 Zur Darstellung des Themas in der Antike siehe Kaeser 2003, S. 69–90, vor allem S. 70.

6 Zur Ikonographie des Simson siehe Bulst 1994, Sp. 32, 36; Pigler 1974, Bd. 1, S. 124–125.

7 Siehe Bezner 2008, S. 335. Siehe auch Tissot 1932.

8 Siehe Bezner 2008, S. 335. Siehe auch Polleroß 1998, S. 37–62; Haag 1995, S. 264–265; Theuerkauff 1986, S. 218, auch im Zusammenhang mit der Christoph Maucher zugeschriebenen Gruppe »Herkules als Bezwinger der Lernäischen Hydra und des Nemeischen Löwen«, Kat.-Nr. 59.

9 Theuerkauff 1973, S. 281, Nr. 24, listet die Figurengruppe erstmals unter »zugeschriebene Werke« auf.

10 Theuerkauff 1973, S. 280, Nr. 7, 8, 9; Kappel 2001, S. 126; so auch Haag 2007/1, S. 120.

11 Lawrence, Kansas, The University of Kansas, Museum of Art, Inv.-Nr. 57.45; siehe dazu Theuerkauff 1966, S. 2–10, S. 16, Nr. 7; Theuerkauff 1973, S. 280, Nr. 8; Haag 1995, S. 262.

12 Wien, Kunsthistorisches Museum, Kunstkammer, Inv.-Nr. KK 3659 und KK 3647; so Haag 1995, S. 264.

13 Zitiert nach Wagner 1994, S. 338. Ausführlich zur Provenienz des Stückes siehe zuletzt Haag 1995, S. 261.

12

Balthasar Grießmann (um 1620–1706)

HEILIGER ROCHUS MIT ENGEL

um 1670/80
Elfenbein
H. 18,1 cm, B. 13,6 cm
Sammlung Reiner Winkler
Inv.-Nr. W. 132

Das im März 1977 im Londoner Kunsthandel erworbene, hochrechteckige Elfenbeintäfelchen zeigt eine beschauliche Szenerie in einem Wald (Abb. Kat.-Nr. 12a).[1] Wie bei einer Nahaufnahme wird die Aufmerksamkeit des Betrachters unmittelbar auf die Figurengruppe im Vordergrund gelenkt: Der heilige Rochus mit dem Engel sowie ein Hund nehmen die gesamte untere Reliefhälfte ein. Sie werden seitlich von großen, nur ausschnitthaft wiedergegebenen Laubbäumen teils flankiert, teils hinterfangen. Das schützende Blätterdach, das aus den schräg von rechts ins Bildfeld ragenden blattreichen Ästen komponiert ist, lässt die Darstellung noch intimer wirken.

Der heilige Rochus, der vermutlich im 14. Jahrhundert gelebt hat, wird als Schutzpatron der Pestkranken verehrt und gehört zur Gruppe der Vierzehn Nothelfer. Die Legende berichtet, dass der aus einer wohlhabenden Familie aus Montpellier stammende Jüngling sein Vermögen unter den Armen verteilte und sich auf eine Pilgerfahrt nach Rom begab. Während seiner Wanderschaft widmete er sich der Pflege von Pestkranken. Als er sich auf dem Rückweg selbst mit der Seuche infizierte, zog er sich in einen Wald zurück. Dort erschien ihm ein Engel, der ihn gesund pflegte. Ein Hund versorgte ihn bis zu seiner Genesung regelmäßig mit Brot.[2]

Das Elfenbeintäfelchen veranschaulicht die wundersame Heilung durch den Engel. Der bärtige Rochus mit schulterlangen, in dicken, lockigen Strähnen fallenden Haaren, dessen Kopf genau in der Reliefmitte positioniert ist, sitzt auf einem großen Gesteinsbrocken auf pflanzenbewachsenem Waldboden. Er ist entsprechend der schon seit dem 15. Jahrhundert gängigen Typologie als Pilger dargestellt:[3] Die über einem gegürteten Gewand getragene Pelerine, die wadenhohen Wanderstiefel, die umgehängte Pilgertasche und der breitkrempige Hut gehören ebenso zu seiner Pilgertracht wie der große Pilgerstab, den er mit beiden Händen festhält. Der Hut, der ihm in den Nacken gerutscht ist und sein Haupt dadurch wie ein Nimbus umrahmt, ist rechts und links je mit zwei gekreuzten Pilgerstäben verziert sowie am oberen Rand mit einer Jakobsmuschel. Muscheln sind auch auf dem Schulterumhang appliziert. Der von links – halb schwebend, halb kniend – herannahende Engel beugt sich zu der Pestbeule am entblößten Oberschenkel des Heiligen herab, die ihm dieser mit andächtigem Blick präsentiert. Rechts vorne sitzt der treue Hund mit einem Brotlaib im Maul und scheint die Handlung zu verfolgen.

Paradigmatisch wird an diesem weder signierten noch datierten Täfelchen der Reliefstil Grießmanns deutlich, der vornehmlich auf seinen eigenständigen, nicht an Prunkgeräten angebrachten Schnitzereien anzutreffen ist. Der Reliefaufbau ist durch deutlich voneinander abgesetzte Ebenen klar strukturiert. Die Szenerie ist hauptsächlich aus Elementen im Bildvordergrund komponiert. Dem Mittelgrund kann einzig der auf der linken Seite das Bildfeld schneidende Baumstamm zugeordnet werden. Der Hintergrund mit dem als ebenmäßige Fläche gebildeten Himmel und einigen kleinen, flachreliefierten Bäumen ist nur durch einen schmalen Durchblick zu sehen. Die komplizierten Überschneidungen und tiefe Hinterarbeitungen des zum Teil freiplastisch ausgeführten Hochreliefs des Vordergrunds evozieren ein kontrastreiches Licht- und Schattenspiel, das nur in den glatt polierten Elfenbeinoberflächen etwa des Hintergrunds, der entblößten Beine oder des flächigen Schulterumhangs des Heiligen einen ruhigen Gegenpol findet.

12b

Die leicht gedrehte Körperhaltung des Rochus – Oberkörper und Arme sind aus seiner Sicht etwas nach links, die Beine nach rechts gerichtet – und seine überlangen, angewinkelten Beine verweisen auf eine bei Grießmann öfter anzutreffende eher manieristische Gestaltung der Figuren. Ebenso charakteristisch sind die Kopftypen mit breiten, plastischen Augenlidern und kleinem, geöffnetem Mund sowie die lockig-strähnige Haargestaltung der tendenziell breitschultrigen Körper. Die insgesamt sehr summarische Behandlung von Einzelheiten, etwa bei den vielen lappig gebildeten Blättern, den knorrigen Bäumen mit in gleichförmigen, groben Riefen angelegter Rinde und der Gewanddrapierung, ist ein weiteres typisches Merkmal für seinen Stil.

Zu vergleichen ist bezüglich Reliefauffassung, Figurentypen, Körperhaltungsmotiven und auch motivischer Details vor allem das von Grießmann monogrammierte und auf 1679 datierte Relief »Abraham bringt Isaak als Opfer dar« in London (Abb. 48) aber auch das Täfelchen »Adam und Eva unter dem

12a

Abb. 48 Balthasar Grießmann, Abraham bringt Isaak als Opfer dar, 1679, Elfenbein, London, Victoria & Albert Museum

Abb. 49 Balthasar Grießmann, Adam und Eva unter dem Baum der Erkenntnis, Elfenbein, Wien, Kunsthistorisches Museum, Kunstkammer

Baum der Erkenntnis« in Wien (Abb. 49).[4] Diese scheinen der Rochus-Darstellung noch näher zu stehen als das signierte Wiener Täfelchen »Heilige Maria Magdalena als Büßerin« von 1673 oder »Orpheus spielt vor den Tieren« in London.[5] Allen genannten Reliefs gemeinsam ist vor allem der kompositorische Aufbau des Bildfeldes mit einer landschaftlich gerahmten, prominenten Szene im nahen Vordergrund.[6] Eine Datierung des Rochus-Reliefs in die Nähe der Vergleichsbeispiele erscheint gerechtfertigt.[7] Seine Entstehung ist sicherlich auch vor dem Hintergrund der im 17. Jahrhundert mehrfach aufflammenden Pestepidemien in Deutschland und in Österreich zu sehen – in Wien brach die sogenannte »Große Pest« im Jahre 1678/1679 aus –, die einen sprunghaften Anstieg der Rochusverehrung zur Folge hatten. EMB

1 Siehe zu diesem Objekt vor allem Theuerkauff 1984, S. 94, Kat.-Nr. 49; Theuerkauff 1994, S. 160–161; Kappel 2001, S. 50.

2 Zum heiligen Rochus siehe etwa Welker 1994, Sp. 275–278; Schmitz-Eichhoff 1977.

3 Welker 1994, Sp. 275–278.

4 London, Victoria & Albert Museum, Inv.-Nr. A.50.1949, und Wien, Kunsthistorisches Museum, Kunstkammer, Inv.-Nr. KK 3693.

5 Wien, Kunsthistorisches Museum, Kunstkammer, Inv.-Nr. KK 3659 und London, British Museum, Inv.-Nr. 1959-2-6-1. Zur Einordnung und den Vergleichsbeispielen siehe auch Kappel 2001, S. 50; Theuerkauff 1984, S. 94, Kat.-Nr. 49; Theuerkauff 1994, S. 160–161; Theuerkauff 1973, S. 280, Kat.-Nr. 3, 4, 10, S. 281, Kat.-Nr. 16. Zum Magdalenen-Relief zuletzt Haag 2007/1, S. 122, und Wagner 1994, S. 340.

6 Die Figur des Engels erinnert vor allem im Typus, in der Körperlichkeit und der glatten Plastizität an den Engel auf dem Gemälde »Die Heiligen Sebastian und Rochus« im Salzburger Dom, das als Auftrag von Erzbischof Guidobald Graf Thun von Johann Heinrich Schönfeld vor 1669 geschaffen wurde (und somit Grießmann bekannt gewesen sein musste). In dem Engel des Gemäldes, das bald nach Schönfelds langjährigem Italienaufenthalt entstanden ist, wurden etwa von Pée 1971, S. 138, Nr. 70, italienische Nachklänge gesehen. Siehe auch Paula 2009, S. 64–65 und Abb. 1. Auch Theuerkauff 1984, S. 94, Kat.-Nr. 49, vermutet, dass die Szene des kleinen Reliefs auf eine grafische Vorlage, möglicherweise aus dem Italien des frühen 17. Jahrhunderts, zurückgreift.

7 Zur zeitlichen Einordnung siehe auch Theuerkauff 1984, S. 94, Kat.-Nr. 49.

13 / 14

Balthasar Grießmann (um 1620–1706)

GROSSE PRUNKSCHALE MIT »ADAM UND EVA« UND LANDSCHAFTSDARSTELLUNGEN

um 1660/80
Elfenbein und Hirschhorn
B. 62,2 cm, H. 46,2 cm
Bezeichnet: »B.G.«
Wien, Kunsthistorisches Museum, Kunstkammer
Inv.-Nr. KK 4470

PRUNKKANNE MIT EINER DARSTELLUNG AUS DEM GLEICHNIS DES »VERLORENEN SOHNES«

um 1660/80
Elfenbein
H. 31,3 cm
Bezeichnet: »BG«
Wien, Kunsthistorisches Museum, Kunstkammer
Inv.-Nr. KK 4477

Die große, querovale Prunkschale, die erstmals in einer Ausstellung zu sehen ist, stellt in künstlerischer wie technischer Hinsicht ein Meisterwerk dar.[1] Obwohl sie auf den ersten Blick wie aus einem Stück gefertigt wirkt, ist ihre Schauseite so präzise aus einer Vielzahl von kleinen Reliefstäfelchen aus Elfenbein zu einem komplexen Ganzen zusammengesetzt, dass die Fugen zwischen den einzelnen Teilen dem Blick des Betrachters verborgen bleiben. Die kleinteiligen Schnitzereien der Schale sind auf einer Platte aus Hirschhornlamellen befestigt. Dieses dunklere Material setzt sich am Rand kontrastreich vom hellen Schimmer des Elfenbeins ab (Abb. Kat.-Nr. 13b).

In der Mitte befindet sich ein Medaillon mit der Darstellung Adams und Evas unter dem Baum der Erkenntnis (Abb. Kat.-Nr. 13a). Wie Blütenblätter sind um dieses herum auf dem eingetieften Spiegel acht jeweils durch einen Profilbogen gerahmte Bildfelder angeordnet. Sie zeigen verschiedene Arten von Wasserlandschaften, darunter idyllische Wasserläufe, die mit Pflanzen bewachsenen Felsformationen entspringen, Wassergrotten oder Figuren an Brunnen. Immer wieder tauchen die für Grießmann typischen, die Ansichten flankierenden blattreichen Bäume oder Baumstümpfe auf, die den Landschaftsausschnitten eine beschauliche Atmosphäre verleihen (Abb. Kat.-Nr. 13a).[2] Passend zum Thema »Wasser« findet sich in den beiden größeren Zwickeln zwischen den Landschaften links und rechts des Medaillons Muschelzier. Ein Rahmen aus Blattwerk umschließt den Spiegel und trennt ihn von den umlaufenden Bildfeldern der Fahne ab. Auf diesen sind acht ländliche Genreszenen zu sehen, die in regelmäßiger Abfolge durch knorrig gewachsene Laubbäume voneinander getrennt werden.

Die im 17. Jahrhundert gängige Vorgehensweise, nach grafischen Vorlageblättern und Stichen zu arbeiten, lässt sich auch bei der Prunkschale Grießmanns für die einzelnen Landschaftsdarstellungen der Fahne belegen. Die ländlichen Szenen mit bäuerlicher Staffage und Genreelementen sind auf niederländische Druckgrafik des Claes Jansz. Visscher (1587–1652) zurückzuführen. Sie folgen sehr getreu acht Blättern seiner 1620 datierten Serie »Verscheyden aerdige Landhuysen nae t'leven gekonterfeyt deur A. Bloemart t'Amsterdam by Visscher«, die sich wiederum in reduzierter Komposition auf großformatigere Arbeiten von Abraham Bloemaert (1566–1651) beziehen (Abb. Kat.-Nr. 13c–d, Abb. 52–53).[3]

Bei der Umsetzung der zweidimensionalen Vorlage ins Relief übernimmt Grießmann nicht nur die malerische Komposition der detailreich angelegten Landschaftsszenerien, sondern auch die Figurenauffassung und den Gewandstil. Vor kulissenartigem, in sehr feinem Flachrelief geschnittenem Hintergrund, der vornehmlich Bauern- oder Landhäuser zeigt, stehen die Gegenstände, Figuren und Bäume im Vordergrund in starkem Hochrelief. Dieser die Tiefe des feinen Elfenbeinmaterials für die perspektivische Illusion ausreizende Reliefaufbau, der für Grießmann charakteristisch ist, steht im Kontrast zu den Bildfeldern des Spiegels, die eine andere räumliche Auffassung ohne deutliche Unterscheidung von Vorder-, Mittel- oder Hintergrund erkennen lassen. Bei den Wasserlandschaften werden alle Bereiche des Reliefs gleichberechtigt plastisch ausgearbeitet und wirken so eher versatzstückhaft zusammenkomponiert. Im Mittelmedaillon stehen die massig-schweren Körper von Adam und Eva in manierierter Pose im Hochrelief.[4]

Tatsächlich ist in der Gesamtanlage ein Schalentypus wiederzuerkennen, den Grieß-

13a >

13b

Abb. 50 Balthasar Grießmann, Prunkschale mit mythologischen und chrsitlichen Darstellungen, um 1660–80, Elfenbein, München, Bayerisches Nationalmuseum

Abb. 51 Balthasar Grießmann, Prunkschale, um 1660/80, Elfenbein, Wien, Kunsthistorisches Museum, Kunstkammer

mann mehrfach in verschiedenen Spielarten zur Ausführung gebracht hat. Zu verweisen wäre etwa auf die auch stilistisch vergleichbare Prunkschale in München (Abb. 50), aber auch auf diejenige in Wien (Abb. 51).[5] Ist in München vor allem die Anordnung der Reliefs im Spiegel vergleichbar, zeigt die Schale in Wien die für Grießmann charakteristischen Bäume als Strukturelemente zwischen den Szenen auf der Fahne. Variabel einsetzbare Standardkomponenten für Fahne, Fond oder Medaillon, die alle Schalen gemeinsam haben, lassen Rückschlüsse auf das Repertoire einer anzunehmenden Werkstattproduktion zu, die bestimmte Motive und Kompositionsmuster

13c

Abb. 52 Claes Jansz. Visscher, Stich Nr. 2 der Folge »Verscheyden aerdige Lanthuysen…«: zerfallene Scheune mit Herde und Vieh, 1620, Wien, Albertina

Abb. 53 Claes Jansz. Visscher, Stich Nr. 3 der Folge »Verscheyden aerdige Lanthuysen…«: Tobias und der Engel, 1620, Wien, Albertina

13d

14a

14b

14c

14d

Abb. 54 Claes Jansz. Visscher, Stich Nr. 21 der Folge »Verscheyden aerdige Lanthuysen…«: Bauernhof mit Szene aus dem Gleichnis des »Verlorenen Sohns«, 1620, Amsterdam, Rijksmuseum

Abb. 55 Claes Jansz. Visscher, Stich Nr. 10 der Folge »Verscheyden aerdige Lanthuysen…«: Eine hölzerne Brücke, 1620, Wien, Albertina

quasi serienmäßig und in individueller Kombination miteinander herstellen konnte.[6]

Zu der Prunkschale gehört eine in ihrem Querschnitt ovale Deckelkanne (Abb. Kat.-Nr. 14a–b), die auf dem glatten Profilring um das erhaben gearbeitete Mittelmedaillon der Schale aufgestellt werden konnte.[7] Sie setzt sich aus mehreren Teilen zusammen und ist ohne Metallmontierungen gänzlich aus Elfenbein gearbeitet.

Der Kannenfuß ist in ornamentaler Reihung mit gedeckten Schalen, gefüllten Körben sowie Kredenzen mit Obst und Konfekt dekoriert und verweist so auf den Kontext eines Festbanketts.[8] Der kunstvoll gedrechselte Schaft zeigt reiche geometrische Profilformen, die zum Teil passig gedreht wurden. Die Kuppa ist auf beiden Seiten vollständig mit je einem die ganze Fläche einnehmenden Relief überzogen. Genrehafte Szenerien rund um das Thema »Wasser« zieren den aufklappbaren Deckel, dessen bekrönende Türkenfigur auf die Zeitgeschichte Bezug zu nehmen scheint.[9] Der Henkel gehört zu den für Grießmann typischen, fantasievoll-virtuosen Motivfindungen, wie sie auch an Handhaben anderer Kannen zu beobachten sind. Reich mit Laub und Trauben behängte Weinreben umranken – zum Teil tief hinterschnitten und freiplastisch ausgearbeitet – spiralartig einen henkelförmig gebogenen Stamm. Dieses filigrane Gebilde, das das Gefäß nicht zuletzt auch in seine funktionalen Schranken als reines Zier- und Schaustück verweist, ist unmittelbar zu vergleichen mit dem Schaft des Grießmann zugeschriebenen Elfenbeinbechers in Los Angeles[10] oder mit demjenigen eines wohl ebenfalls von Grießmann geschaffenen Deckelpokals in München (Abb. S. 222).[11] Der Ausguss der Kanne in Form eines hervorkragenden Baumstamms erinnert darüber hinaus an den vollplastisch gearbeiteten Baumstumpf der Grießmann'schen Herkules-Gruppe (Kat.-Nr. 11).

Wie schon bei der Prunkschale gehen die Szenen auf den beiden Seiten des Kannenkörpers auf grafische Vorlagen aus der bereits genannten Serie mit Bauernhäusern und Landschaften von Claes Jansz. Visscher zurück.[12] Die eine Gefäßseite zeigt einen von großen Bäumen dominierten Landschaftsausschnitt, in dem im Hintergrund zwei Figuren über eine aus langen Brettern gebaute Brücke gehen (Abb. Kat.-Nr. 14d, Abb. 55). Im

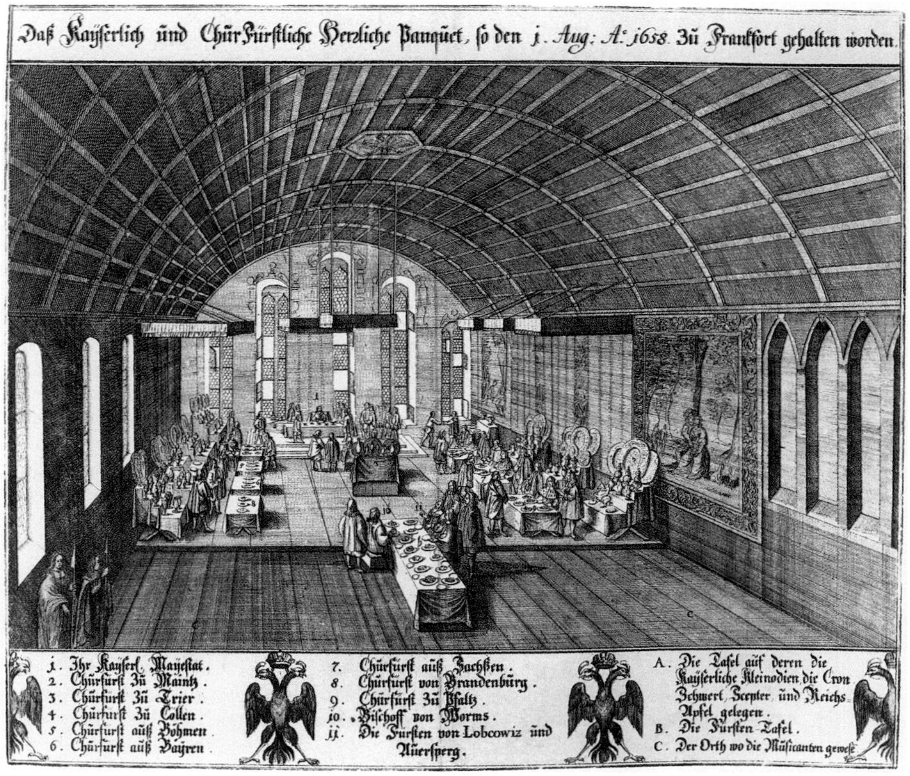

Abb. 56 Bankett im Frankfurter Römer anläßlich der Krönung Kaiser Leopolds I., 1658, Kupferstich, Frankfurt am Main, Historisches Museum

Vordergrund ist auf einem Stein das Künstlermonogramm »BG« eingraviert.

Auf der anderen Seite der Kuppa wird eine Szene aus dem Gleichnis des »Verlorenen Sohns« geschildert, in der dieser völlig verarmt zu einem Bauern kommt und von ihm zum Schweinehüten geschickt wird (Lukas 15,15; Abb. Kat.-Nr. 14c, Abb. 54).[13]

Grießmanns klarer Reliefstil, bei dem der sehr flach reliefierte Hintergrund kontrastreich neben hochreliefierten und teils stark hinterarbeiteten Partien steht, zeigt sich auch hier wieder in Figurenauffassung und Komposition abhängig von den Vorlagen und entspricht demjenigen der Fahnenreliefs der Schale.

Zusammen sind Schale und Kanne, die durch den gleichen Vorlagenschatz auch ein gemeinsames, teilweise religiös konnotiertes Thema verfolgen, als sogenannte Lavabogarnitur zu deuten.[14] Diese Ensembles dienten ursprünglich zeremoniellen Handwaschungen bei Hofe, während eines Festbanketts oder auch beim liturgischen Ritus. Vor diesem Hintergrund erklärt sich die Wasser-Thematik im Fond der Schale, die mithin auf die ursprünglich intendierte Verwendung der Geräte rekurriert. Durch die enge Bindung an das Hofzeremoniell besaßen solche Kanne-Becken-Garnituren einen besonders repräsentativen Charakter und wurden zunehmend auch als reine Schaustücke und Objekte fürstlicher Sammelleidenschaft ohne jeglichen Verwendungszweck hergestellt.[15] Vornehmlich in Kunstkammern oder Kunstschränken verwahrt, wurden sie vermutlich – ebenso wie auch Prunkgeschirr und Lavabogarnituren aus Silber – bei Festbanketten auf großen, zumeist mehrfach gestuften Prunkbuffets zur Schau gestellt (Abb. 56).[16] Zudem waren Lavabogarnituren im höfischen Milieu des 16. bis 18. Jahrhunderts besonders als Huldigungs- oder Ehrengeschenke beliebt.[17]

Das Auftreten religiöser Themen – der »verlorene Sohn« auf einer Kannenseite, »Adam und Eva« im Medaillon der Schale sowie »Tobias und der Engel« auf einem Fahnenrelief – weist möglicherweise auf einen Auftraggeber aus dem Klerus hin. Vielleicht ist die Schale von Grießmann für einen der Salzburger Erzbischöfe ausgeführt worden und schließlich als Verehrung an den Kaiser nach Wien gelangt.[18] EMB

1 Siehe zur Schale vor allem Tietze-Conrat 1920, S. 143–144, 175, Nr. 50; Theuerkauff 1966, S. 18, Nr. 15; Theuerkauff 1973, S. 249–250, 252, 254, 256, 262, 269, 281, Kat.-Nr. 19.

2 Vergleiche dazu auch Kat.-Nr. 12.

3 Tietze-Conrat 1920, S. 143–144, 175, Nr. 52, konnte diese Vorbilder erstmals nachweisen. So auch Theuerkauff 1973, S. 250; Theuerkauff 1966, S. 18, Nr. 15; siehe zu den Stichen 2, 3, 4, 5, 6, 7, 11 und 19 der Serie von Visscher, die für die Fahne verwendet wurden, Hollstein 1991, Bd. XXXVIII, S. 141–144, Bd. XXXIX, S. 126–127.

4 Theuerkauff 1973, S. 249–250.

5 München, Bayerisches Nationalmuseum, Inv.-Nr. R 4908 und Wien, Kunsthistorisches Museum, Kunstkammer, Inv.-Nr. KK 4475. Siehe dazu Theuerkauff 1973, S. 257, 262, 269, 282, Nr. 29, 30. Insgesamt scheinen sich die Besatzstücke der gesamten Schale auf eine Kompilation verschiedener Vorlagen zu berufen. Zur Arbeitspraxis von Reliefschnitzern im 17. Jahrhundert mit Vorlagen siehe auch Theuerkauff 1964, S. 68–69.

6 Zur mehrmaligen Verwendung einzelner Kompositionsschemata siehe Theuerkauff 1973, S. 269.

7 Zur Kanne siehe vor allem Tietze-Conrat 1920, S. 144–145, 175, Nr. 51; Theuerkauff 1966, S. 4, 18, Nr. 16; Theuerkauff 1973, S. 153–154, 264, 281, Nr. 18; Haag 2007/1, S. 120, Nr. 41.

8 Zu Servierformen von Platten und Kredenzen, über die z. T. Servietten gelegt wurden, siehe Seelig 1994/1, S. 45.

9 Theuerkauff 1973, S. 254. Zu recht zusammenhangslos an einem Gefäß kombinierten Darstellungen, so etwa die Türkenfigur, siehe Theuerkauff 1973, S. 262–263, 278, Anm. 46.

10 Los Angeles, J. Paul Getty Museum, Inv.-Nr. 2006.26, datiert um 1680; siehe dazu Schmidt 2009, S. 41–50.

11 München, Bayerisches Nationalmuseum, Inv.-Nr. R 4759. Siehe dazu Theuerkauff 1966, S. 20, Nr. 24; Theuerkauff 1973, S. 283, Nr. 34.

12 So schon Tietze-Conrat 1920, S. 144–145, 175, Nr. 51.

13 Bei Tietze-Conrat 1920, S. 144–145, 175, Nr. 51, und Theuerkauff 1973, S. 254, fälschlicherweise als »Heimkehr des verlorenen Sohnes« bezeichnet. – Siehe zum Bloemaert'schen Vorbild auch Roethlisberger 1993, Bd. 1, Nr. 71, S. 118–120, hier vor allem S. 119 und Bd. 2, Abb. 125, 126. Gegenüber Bloemaert ist die Darstellung auf der Kanne – entsprechend der Vorlage von Visscher – spiegelverkehrt und vereinfacht wiedergegeben, ohne den seitlich rahmenden Baum und die Berge im Hintergrund.

14 Zu Lavabogarnituren und Kredenzen siehe Seelig 1994/1, S. 46–49.

15 Zum Typus der Kanne-und-Becken-Garnituren in der Silber- und Goldschmiedekunst siehe Seling 1994, S. 29–30.

16 Zu Schaubuffets und Hoftafeln im 16. und 17. Jahrhundert siehe Seelig 1994/2, S. 174; Seling 1994, S. 55, Anm. 228.

17 Seelig 1994/1, S. 39–40. Zu Lavabogarnituren als Geschenk siehe Seelig 1994/2, S. 174.

18 Die Prunkkanne wird bereits im Inventar der Kaiserlichen Kunstkammer vom 16. Juli 1750 angeführt. Siehe Wagner 1994, S. 337, 338, Anm. 22; Tietze-Conrat 1920, S. 175, Nr. 50–51; Zimerman 1889, S. CCXCII, Nr. 56.

15

Balthasar Grießmann (um 1620–1706)

BESATZSTÜCK EINER PRUNKSCHALE MIT DER DARSTELLUNG EINER EBERJAGD

vor 1680
Elfenbein
H. 8,6–8,9 cm, B. 18 cm
Sammlung Reiner Winkler
Inv.-Nr. W. 168

Abb. 57 Pieter Soutman, Landschaft mit Eberjagd, 1642, Radierung, Antwerpen, Museum Plantin-Moretus/Kupferstichkabinett

Das querovale, unten leicht nierenförmig eingezogene Relieftäfelchen aus Elfenbein, das 1983 im Londoner Kunsthandel erworben wurde, zeigt in einem vertieften, von einer einfachen Profilleiste gerahmten Bildfeld die figurenreiche Szenerie einer Eberjagd (Abb. Kat.-Nr. 15a). Im Vordergrund ist in der Mitte der Eber zu erkennen, der von allen Seiten von Jägern umzingelt ist. Eine angriffslustige, sechsköpfige Hundemeute stellt den Keiler von vorne links. Hinter einem knorrig gewachsenen Laubbaum im Hochrelief, der das rechte Drittel des Täfelchens abtrennt, haben sich drei einfach gekleidete Jagdgehilfen mit Saufedern positioniert, um dem Tier den Weg abzuschneiden. Aus dem Hintergrund reiten schließlich stürmisch zwei vornehm gekleidete Jäger mit gezogenem Jagdschwert heran. Das Pferd des vorderen Reiters, der aus vollem Galopp vor dem Eber stoppt, um diesem den Todesstoß zu versetzen, steigt mit windverwehter Mähne auf.[1]

Wie viele der Reliefarbeiten Grießmanns ist auch das Täfelchen der Eberjagd auf eine grafische Vorlage zurückzuführen: die Radierung »Landschaft mit Eberjagd« von Pieter Soutman (um 1580–1657) aus dem Jahr 1642 (Abb. 57) nach dem gleichnamigen, um 1616 datierten Gemälde von Peter Paul Rubens (1577–1640) in der Dresdener Gemäldegalerie.[2] Für die Reliefdarstellung wurde die getreu übernommene Grundkomposition jedoch schematisch reduziert. Gravierende Abweichungen von der Vorlage sind die Darstellung eines der für Grießmann typischen Laubbäume statt des umgeworfenen mächtigen Baumstumpfes in der Grafik Soutmans sowie die reduzierte Zahl der dargestellten Knechte und Hunde. Im Detail wurden zudem etwa Kopfbedeckungen hinzukomponiert oder Bewegungsmotive von Hunden oder Figuren verändert. Der auf dem Stich vorne rechts über den Baumstamm kletternde Knecht wird von Grießmann beispielsweise zu einer sitzenden Rückenfigur umgedeutet. Insgesamt kann die ausgeprägte Dramatik des Vorbildes nur zum Teil in das enge Relief übertragen werden.

Das Täfelchen der Eberjagd wird einer Gruppe von weiteren vier etwa gleich großen, nierenförmig-querovalen Elfenbeinreliefs mit Jagdszenen zugeordnet, die auch nach Stil und Technik zusammenzugehören scheinen. Es handelt sich dabei um drei ebenfalls in Privatbesitz befindliche Reliefs, die eine Bärenjagd, eine Heimkehr von der Gemsenjagd und eine Fuchsjagd darstellen (Abb. 58–60) sowie um ein Relief mit einer Wolfsjagd in London (Abb. 61).[3] Alle fünf Arbeiten werden Balthasar Grießmann und seiner Werkstatt zugeschrieben und sind wohl vor 1680 zu datieren.[4]

Es liegt nahe, in den genannten Elfenbeintäfelchen Besatzstücke möglicherweise ein und derselben großen Prunkschale zu sehen.[5] Darauf deuten auch die auf den Rückseiten der einzelnen Reliefs noch erkennbaren Reste einer alten Montierung hin.[6] Ein mehrfach bei Grießmann zu findender Schalentypus zeigt eine mit nierenförmigen Reliefs besetzte Fahne, während der Spiegel mit konzentrisch um ein ovales Mittelmedaillon angeordneten szenischen Bildfeldern oder mit fächerartig gelegten Elfenbeinstreifen verziert ist (siehe Kat.-Nr. 13, Abb. Kat.-Nr. 13b).[7] Prunkschalen mit Jagddarstellungen, die oft zusammen mit einer ähnlich ausgestalteten Kanne eine sogenannte Jagdgarnitur bildeten, waren nicht für den Gebrauch bestimmt und als rein dekorative und repräsentative Schaustücke gedacht (siehe Kat.-Nr. 9).

Die große, Johann Michael Maucher (1645–1701) zugeschriebene und 1670 datierte Prunkschüssel in Wien zeigt auf ihrem Rand in seitlich abgerundeten Bildkompartimenten ebenfalls Jagdszenen (Abb. 62).[8] Diese

15a

Abb. 58 Balthasar Grießmann, Gemsenjagd, vor 1680, Elfenbein, Sammlung Reiner Winkler

Abb. 59 Balthasar Grießmann, Fuchsjagd, vor 1680, Elfenbein, Sammlung Reiner Winkler

Abb. 60 Balthasar Grießmann, Bärenjagd, vor 1680, Elfenbein, Sammlung Reiner Winkler

scheinen trotz deutlich anderer künstlerischer Handschrift und Umsetzung auf die gleichen Vorlagen zurückzugehen wie die thematisch und motivisch vergleichbaren Darstellungen auf den Relieftäfelchen von Grießmann: Die Eberjagd ist auch bei Maucher nach dem erwähnten Soutman-Stich angelegt,[9] und die weiteren Reliefs einer Bären-, Fuchs- und Wolfsjagd scheinen sich an grafischen Vorbildern zu orientieren, die vermutlich im Umkreis von Johann Stradanus (1523–1605) oder Jost Amman (1539–1591) zu suchen sind.[10]
EMB

1 Siehe zu diesem Relief hier und im Folgenden vor allem Theuerkauff 1984, S. 103, Kat.-Nr. 52; Kappel 2001, S. 92–95, Kat.-Nr. 35–37.

2 Zur Radierung und zum Gemälde siehe Adler 1982, S. 72–76; Balis 1986, S. 47. Fälschlicherweise spricht Theuerkauff 1984, S. 103, Kat.-Nr. 52, von dem themengleichen Rubensgemälde im Musée des Beaux Arts in Marseille; so auch Kappel 2001, S. 95.

3 London, British Museum, Inv.-Nr. 503. Einzig die Fuchsjagd fällt durch geringere Maße und schnitztechnische Unterschiede etwas aus dieser Gruppe heraus. Siehe Theuerkauff 1994, S. 60, Kat.-Nr. 21.

4 Zu den einzelnen Relieftäfelchen siehe vor allem Kappel 2001, S. 92–95, Kat.-Nr. 35–37; Theuerkauff 1984, S. 101–104, Kat.-Nr. 51–53; Theuerkauff 1994, S. 60, Kat.-Nr. 21. Siehe auch Hegemann 1988, S. 145, Abb. 105.

5 So etwa auch Theuerkauff 1984, S. 104, Kat.-Nr. 53.

6 Dabei dürften wohl insgesamt mindestens sechs ovale Täfelchen nötig gewesen sein, um die Fahne einer Schale auszufüllen. Theuerkauff 1984, S. 101–104, Kat.-Nr. 51–53, vermutet, dass die Form der Schale wohl eher rund gewesen sein müsste.

7 Diese Komposition ist zum Beispiel auch am Rand der Grießmann zugeschriebenen Telleruhr aus Elfenbein in Kremsmünster (Stiftssammlung) und der Prunkschalen in Stockholm (Nationalmuseum, Inv.-Nr. N.M. 29/1924) und München (Bayerisches Nationalmuseum, Inv.-Nr. R 4908) zu finden. Siehe Theuerkauff 1973, S. 282–283, Nr. 30, 33, S. 286, Nr. 60; Irmscher 1994.

8 Wien, Kunsthistorisches Museum, Inv.-Nr. 4479.

9 Siehe Theuerkauff 1984, S. 103, Kat.-Nr. 52; Ehmer 1992, S. 194–199.

10 Siehe Theuerkauff 1984, S. 101–104, Kat.-Nr. 51–53; Theuerkauff 1994, S. 60–61, Kat.-Nr. 21; Ehmer 1992, S. 194–203, Kat.-Nr. C II 5–7. Mit den hier behandelten Stücken themen- und kompositionsgleiche Reliefs, die ebenfalls wohl die gleichen Vorlagen benutzten, finden sich auch bei den Johann Michael Maucher zugeschriebenen Schalen in St. Petersburg (Staatliche Eremitage, Inv.-Nr. 7267) und in Braunschweig (Herzog Anton Ulrich-Museum, Inv.-Nr. Elf 406).

Abb. 61 Balthasar Grießmann, Wolfsjagd, drittes Viertel 17. Jahrhundert, Elfenbein, London, British Museum

Abb. 62 Johann Michael Maucher, Prunkschüssel, 1670, Elfenbein, Wien, Kunsthistorisches Museum, Kunstkammer

Johann Caspar Schenck (um 1620–1674)

»KAY. PAINSTECHERN ALHIER«

MARAIKE BÜCKLING

Johann Caspar Schenck entstammte einer Bildhauerfamilie aus Konstanz. Die ursprünglich reformierte Stadt war durch den Dreißigjährigen Krieg stark in Mitleidenschaft gezogen; bereits vorher hatte sie, 1548 in das habsburgische Vorderösterreich eingegliedert, ihren Status als freie Reichsstadt und dadurch an Bedeutung verloren. Wichtigster Auftraggeber für die Künstler war im Bodenseegebiet – auch im Zuge der von den Habsburgern mit Nachdruck betriebenen Rekatholisierung – die katholische Kirche. Die weltlichen Herrscher der österreichischen Vorlanden, die habsburgischen Erzherzöge, residierten in Innsbruck[1] und zogen insbesondere bayerische und seeschwäbische Künstler an.

Sicherlich in der Familienwerkstatt ausgebildet, leitete Johann Caspar Schenck nach dem Tod eines Verwandten, Hans Schenck (um 1580/90–1648), die Werkstatt.[2] Ebenso wie später ein jüngerer Verwandter, Christoph Daniel Schenck (1633–1691), arbeitete Johann Caspar wahrscheinlich vor allem für den Fürstbischof von Konstanz. Um 1664 ging er nach Innsbruck und folgte damit einem Weg, den vor ihm bereits andere Künstler gegangen waren: Hans Krumper (1570–1634), Hans Degler (1564/65–vor 1634) und Hans Spindler (1585–1650) sowie Mitglieder der Familien Schwanthaler und Zürn.[3]

Johann Caspar Schenck arbeitete in Innsbruck im Auftrag des habsburgischen Erzherzogs Sigmund Franz (reg. 1662–1665) als »erzfürstlicher Bainstecher«.[4] Bereits vor dessen unerwartetem Tod am 15. Juni 1665 kehrte Schenck nach Konstanz zurück.[5] Vielleicht kann seine Rückkehr damit erklärt werden, dass der Vater von Christoph Daniel Schenck, Hans Christoph Schenck (1612–1664/65), der während Johann Caspars Innsbrucker Aufenthalt die Werkstatt leitete, in der Zeit um 1664/65 starb.[6]

Sofort nach dem Tod des Erzherzogs Sigmund Franz, mit dem die Tiroler Nebenlinie der Habsburger ausgestorben war, reiste Kaiser Leopold I. (reg. 1658–1705) nach Innsbruck und nahm Teile der Ambraser Sammlung, insbesondere die Bibliothek, an sich.[7] Ob er Werke von Schenck in der dortigen Sammlung sah und den Bildhauer daraufhin aus Konstanz nach Wien berief, ob Schenck von sich aus nach Wien ging, um dem Kaiser seine Dienste anzubieten, war doch Wien als Zentrum der Elfenbeinkunst bekannt, oder ob – wie am wahrscheinlichsten – Verbindungen zu hohen Würdenträgern des ehemaligen erzherzoglichen Hofs in Tirol ihm den Weg geebnet hatten,[8] lässt sich derzeit nicht klären.

Am 18. November 1665 bat Schenck in Wien um ein geeignetes Hofquartier »weiln er sich im wirtshaus aufhalten mus«.[9] Hofquartiere standen sowohl Hofhandwerkern als auch hofbefreiten Handwerkern zu.[10] Es kann also davon ausgegangen werden, dass Schenck bereits zur Zeit dieser Bitte als Hofkünstler am kaiserlichen Hof angestellt war.[11] Sein Aufenthalt in Konstanz, wo er erst am 11. April 1665 das Bürgerrecht erhalten hatte, war demnach auf nur wenige Monate begrenzt.[12] Hofzahlamtsunterlagen berichten später davon, dass Schenck um Bezahlung einer Pulverflasche bat.[13] Dies wurde am 28. April 1666 abschlägig beschieden mit der Begründung, er erhalte als Kammerbeinstecher[14] 500 Gulden Jahresbesoldung und außerdem das für die Werke notwendige Material.[15] Die Bezahlung ist bis 1674 belegt, bis in das Jahr also, in dem Schenck Anfang Mai starb.[16] Die Wertschätzung des Kaisers für den Künstler lässt sich an einer goldenen Gnadenkette ablesen, die er Schenck am 17. Juni 1670 schenkte: »die viertte [Kette] Casparn Schenkh kay. Painstechern alhier, zuegestelt worden«.[17]

Von Johann Caspar Schenck, der seine Arbeiten gelegentlich mit seinen Initialen »ICS« signierte, aber nur selten datierte, haben sich ca. 20 Werke erhalten.[18] Ihm werden einige Werke in Konstanz und Umgebung zugeschrieben, die er wahrscheinlich zusammen mit Christoph Daniel Schenck ausführte.[19] Aus seiner Wiener Zeit sind kleinformatige Reliefs, Pulverflaschen sowie ein Deckelpokal – insgesamt ca. 12 Werke – bekannt.

Ein Umstand erschwert weitere Zuschreibungen: Es scheint, als ob er mit seinem neuen Wirkungsbereich als Kammerbeinstecher des Kaisers auch seinen Stil veränderte. So widmete er sich seit 1666 zunehmend kleinen Formaten.[20] Zudem fällt die Spannbreite seiner künstlerischen Ausdrucksmöglichkeiten ins Auge.[21] Zeigt etwa »Der Sommer« (Kat.-Nr. 16) knochige Gestalten in gelegentlich ungelenken Bewegungen, so fallen bei anderen Werken (Kat.-Nr. 20) die sinnliche Oberflächengestaltung von langgliedrigen Körpern, weich fließenden Gewänder und quirlig flatternden Haaren auf.

Häufiger als mit anderen Elfenbeinschnitzern wird Schenck mit dem Meister der Sebastiansmartyrien verglichen[22] oder sogar identifiziert.[23] Grimassenhafte, derbe Köpfe wie der Mann mit Schellenkappe oder ein Flötenspieler auf dem Bacchus-Pentheus-Pokal (Kat.-Nr. 20) könnten auf den Hofnarren oder den speienden Musiker des Albuin-Pokals (Kat.-Nr. 7) sowie auf die Schergen des Sebastians-Reliefs (Kat.-Nr. 6), beide vom Meister der Sebastiansmartyrien geschaffen, zurückgehen. Desgleichen finden sich bei beiden Bildhauern, möglicherweise aufgrund ihrer beider Ausbildung in Schwaben, die abrupte Aufeinanderfolge parallel verlaufender Falten, die einen Körper nicht abbilden, sondern ihn abstrakt, in »prospektartig aufgetürmten Faltenstegen« umwehen,[24] sowie eine Körperbehandlung, die bei hageren Körpern übergenau Angaben

Abb. 63 Johann Caspar Schenck, Christenverfolgung, 1666–70, Wien, Kunsthistorisches Museum, Geistliche Schatzkammer

von Muskeln und kugeligen Bäuchen betont. Die Verwandtschaft zwischen Werken Schencks und denen des Meisters der Sebastiansmartyrien betrifft vor allem diejenigen Werke, die der Konstanzer Periode Schencks zeitlich näher sind. Die Figuren insbesondere der Humpenwandung des Pokals mit der Darstellung von Bacchus und Pentheus zeigen lang gezogene, weich fließende Falten und gleichfalls weich formulierte, überaus üppige bei den Frauen des Deckels. Sie weisen keinerlei Verwandtschaft mit den beiden Sebastians-Reliefs, im Zusammenhang mit lang gezogenen Falten jedoch mit dem Salomons-Relief (Kat.-Nr. 8) auf. Das Problem, wie Schenck und der Meister der Sebastiansmartyrien zueinander standen, harrt noch immer der Lösung.

In Bezug auf die Frage, welche Kunst Schenck zu einer anderen als der seeschwäbischen Stilstufe verholfen haben mag, könnten auch Werke von Adam Lenckhardt (1610–1661) Vermittler neuer Formen gewesen sein.[25] Er prägte, zusammen mit dem Meister der Sebastiansmartyrien, die Wiener Elfenbeinkunst um die Jahrhundertmitte. Drastische, naturalistische Ausdrucksformen könnten sich in Schencks Werk von Lenckhardts gelegentlich dramatischen Gruppen herleiten.[26] Außerdem war es Schenck sicherlich möglich, Werke von Balthasar Grießmann (um 1620–1706), der wahrscheinlich von 1660 bis 1664 in Wien lebte, in der Kaiserlichen Kunstkammer zu studieren. Die »Kreuztragung« (Kat.-Nr. 19) beispielsweise wurde von einer Formfindung Grießmanns in Bezug auf die Landschaftsdarstellung beeinflusst. Ein Bacchantenbecher, den Grießmann mit »B.G. 1662« (Abb. 41) signierte, zeigt vergleichbare Formen in den wehenden, sich am Ende einrollenden, weichen Locken.[27] Miteinander verwandt sind überdies die festen, wenig differenzierten Puttenkörper, die sich am Deckel des Grießmann-Bechers beziehungsweise am Sockel des Schenck-Pokals befinden.

Bislang ist die Entwicklung von Schencks Stil angesichts der nur wenigen erhaltenen Werke und der meist fehlenden Datierung nicht aufzuzeigen. Bei der »Christenverfolgung« (Abb. 63)[28] und auch bei dem Münchener Hausaltar (Abb. 64)[29] fällt eine den frühen Konstanzer Werken vergleichbare Faltengebung auf. Bereits mehrfach wurde in der Literatur festgestellt, dass der Kopf des Chronos vom Epitaph des Dr. Valentin Heyder in der Lindauer Stephanskirche (1665) dem Korn gabelnden Mann auf dem Elfenbeinrelief »Der Sommer« (Kat.-Nr. 18) brüderlich verwandt ist.[30] Bei eben diesen Jahreszeiten zeigt sich aber auch, dass der Bildhauer die Gestaltung von Falten verändert. Die Verbindung von Formen, die er bei den in Konstanz entstandenen Statuen verwendet, und ihre gleichzeitige Veränderung machen deutlich, dass die Jahreszeiten, ebenso wie die für 1665/66 urkundlich bezeugten Pulverflaschen (Kat.-Nr. 16–17), zu Beginn seiner Wiener Tätigkeit entstanden. Auf diesem Weg schritt er mit der »Kreuztragung« weiter und führte ihn zu einem elegant-höfischen Stil, wie er sich im Deckelpokal mit der Erzählung von Bacchus und Pentheus ausdrückt.

1 Dazu siehe Haag 1996, S. 93.
2 Dazu siehe Fischer 1996, S. 14.
3 Dazu siehe Heilingsetzer 1979, S. 11.
4 Zitiert nach Fischer 1996, S. 13. In einem Wiener Schatzkammerinventar von 1750 wird er »Cammerdrechsler in Ynsprug« genannt, siehe Haag 1996, S. 94.
5 Für die korrekten Lebensdaten (30. November 1630–15. Juni 1665) danke ich Thomas Kuster, Wien.
6 Zu den Lebensdaten von Hans Christoph Schenck siehe Fischer 1996, S. 12–13.
7 So Haag 1996, S. 93.
8 So überzeugend Fischer 1999, S. 39.
9 Zitiert nach Haupt 2007/2, S. 711. Laut freundlicher Mitteilung von Herbert Haupt, Wien, vom 2. November 2010, wohnte Schenck im Juli 1666 in »Beim weißen Lämmel« in der Roßau; ob es sich dabei um das Wirtshaus oder um ein Hofquartier handelt, ist nicht bekannt. Seit August 1667 wohnte er im »Dr. Fockhy-Haus« am Kienmarkt.
10 Dazu siehe Haupt 2007/2, S. 74.
11 Erstmals wird sein Gehalt in einer Archivalie genannt: »Johann Caspar Schenckh sein besoldung vor diß ganze 666iste jahr … fl. 500«, zitiert nach Haupt 1983, S. LXX, Nr. 2235. Zur Position von Hof-, Kammerbildhauern und hofbefreiten Bildhauern siehe Haupt 1989/90; Haupt 2007/2, S. 13–59.
12 Zur Taufe des Sohns am 7. Mai 1665 noch in Innsbruck und Schencks Erlangung des Bürgerrechts in Konstanz siehe Fischer 1999, S. 39–40.
13 Zitat der Quelle bei Boeheim 1887, S. 101; Haag 1996, S. 105 (Anm. 18). Eine genaue Datierung dieser Quelle ist nicht möglich, für die Information danke ich Herbert Haupt, Wien.
14 Auf der Unterseite des Sockel eines – heute verlorenen – heiligen Georg fand sich ein aufgeklebter Zettel: »Dißes Kunststuckh verehrth,/ Herr Joanes Casparus Senckh/ dero R:K:M: Feyerwercher/ Khunststäbler und Cammerbildt/hauer Anno 1667 Zu ainer gedecht/nuß Fr: Marcellin Orthner,/ Ehr aber verehrte solches dem/ Heyligen Leopoldo in die/ Schatz Cammer«. Zitiert nach Theuerkauff 1962/1, S. 42.
15 Zitat der Quelle bei Boeheim 1887, S. 101; Haag 1996, S. 105 (Anm. 18). Zitat wiedergegeben Kat.-Nr. 16/17. Sein Jahressalär von 500 Gulden findet in den Hofzahlamtsunterlagen mehrfach Erwähnung, dazu siehe Haupt 1983, S. LXX (Nr. 2235), LXXXVIII (Nr. 2502), CXI (Nr. 2840).

Abb. 64 Johann Caspar Schenck, Altärchen mit der Madonna, Verkündigung an die Hirten und Flucht nach Ägypten, um 1665, München, Bayerisches Nationalmuseum

16 Dazu siehe Haag 1996, S. 94, die ein neu aufgefundenes Nachlassinventar vom 12. Mai 1674 zitiert.

17 Zitiert nach Haupt 1983, S. CXIV (Nr. 2880). Boeheim 1887, S. 101, zufolge besaß die Kette einen Wert von 60 Kronen.

18 Es fällt auf, dass das »S« häufig leicht schräg gekippt ist.

19 Dazu siehe Ausst.-Kat. Konstanz/Freiburg/Stuttgart 1999, S. 243–256.

20 So Haag 1996, S. 95–96.

21 So auch Haag 1996, S. 103.

22 Dazu siehe Theuerkauff 1973, S. 251–253; Theuerkauff 1983, S. 195–196; Theuerkauff 1984, S. 122; Draper 1984, S. 175–176; Hecht 1985, S. 99–100; Hecht 1987, S. 184–185; Haag 1991, S. 138; Fischer 1991, S. 88; Haag 1996, S. 95, 98, 102–103; Fischer 1999, S. 39; Haag 2007/1, S. 112.

23 Dazu siehe Philippovich 1962; Philippovich 1973; Birke 1981, S. 24–27; Fischer 1996, S. 19–20.

24 Zitiert nach Fischer 1996, S. 13.

25 Dazu Theuerkauff 1984, S. 122. Er verweist auf einen Aufsatz von Born (1936, S. 41–45), der ein Werk Schencks fälschlich Lenckhardt zuschrieb.

26 Siehe in der Ausstellung die Gruppen »Satyr und Nymphe Corsica« (Kat.-Nr. 2) und »Apoll schindet Marsyas« (Kat.-Nr. 4).

27 Wien, Kunsthistorisches Museum, Kunstkammer, Inv.-Nr. KK 4499. Dazu siehe bereits Theuerkauff 1973, S. 250–253. Vergleiche mit Grießmann stellten auch Haag 1996, S. 97–98, und Eva Maria Breisig, Grießmann, in diesem Katalog, S. 79, an.

28 Wien, Kunsthistorisches Museum, Geistliche Schatzkammer, Inv.-Nr. D 199.

29 München, Bayerisches Nationalmuseum, Inv.-Nr. 275, H. 36,6 cm; dazu siehe Berliner 1926, S. 60, Nr. 218 .

30 So bereits Fischer 1996, S. 13–14; Haag 1996, S. 95.

16/17

Johann Caspar Schenck (um 1620–1674)

PULVERFLASCHE

Wien
1665/66
Elfenbein und vergoldetes Messing
L. 16 cm, B. 13,6 cm, T. 4,5 cm
Bezeichnet: »·ics·«
Wien, Kunsthistorisches Museum, Hofjagd- und Rüstkammer
Inv.-Nr. D 147

PULVERFLASCHE

Wien
1665/66
Elfenbein und vergoldetes Messing
L. 18,5 cm, B. 15.5 cm, T. 6 cm
Wien, Kunsthistorisches Museum, Hofjagd- und Rüstkammer
Inv.-Nr. D 148

Johann Caspar Schenck erbat vom Kaiser die zusätzliche Bezahlung einer Pulverflasche,[1] was ihm am 28. April 1666 unter Hinweis auf sein Jahresgehalt verwehrt wurde:[2] Wahrscheinlich war in diesen Ausführungen über ein »Gelieffertes pulverfläschl« die Rede von einer der beiden in der Hofjagd- und Rüstkammer des Kunsthistorischen Museums Wien erhaltenen Pulverflaschen Schencks (Abb. Kat.-Nr. 16a und 17a). Es könnte sein, dass die etwas aufwendigere, signierte Flasche, die auf der gedrechselten Rückseite ein ornamentales Blütenmotiv in einer geschwungenen Rahmung (Abb. Kat.-Nr. 16b) besitzt, die in dem »Protocolle« genannte Elfenbeinarbeit ist.[3] Beide Werke dürften zu den frühesten gehören, die Schenck im Auftrag von Kaiser Leopold I. schuf, und können in die Zeit zwischen dem 18. November 1665 und dem 28. April 1666 datiert werden.[4]

Die Darstellungen auf den Vorderseiten beider Pulverflaschen sind nach demselben Schema aufgebaut. Ein Medaillon in der Mitte des Bildfelds (Abb. Kat.-Nr. 16d) hat bei der größeren Pulverflasche einen Durchmesser von 4,5 cm.[5] Auf diesem Bild sind die Jagdgöttin Diana und ihre Nymphen beim Bad gezeigt, wie sie von dem Jäger Aktäon zufällig überrascht werden.[6] Einige Nymphen versuchen noch, Diana oder sich selbst zu

16b

16a

16c

versteckem, doch ist Aktäon zur Strafe dafür, dass er unerlaubt die Göttin nackt sah, bereits der Sprache beraubt und in einen Hirsch verwandelt worden, der von den eigenen Jagdhunden zerrissen werden wird. Schenck zeigt ihn in Menschengestalt mit Tierkopf.

Auf dem Außenfries der Flaschen, vom Mittelbild durch einen Kranz aus Blättern, Früchten und Bändern getrennt, sind bei der größeren vier, bei der kleineren drei Jagdszenen abgebildet, die sich auf Grafiken von Antonio Tempesta (1555–1630) und Johannes Stradanus (1523–1605) beziehen.[7] Die Jäger der signierten, kleineren Flasche sind antikisch gekleidet, die der größeren tragen sowohl Umhänge und Gewänder, die an zeitgenössische Jagdkleidung erinnern,[8] als auch Turbane. Die größere zeigt eine Löwen-, Bären- und Hirschjagd sowie eine Wildschweinhatz (Abb. Kat.-Nr. 17b–c); die signierte schildert in jeweils größeren Ausschnitten einen Löwen-, Leoparden- und Bärenkampf (Abb. Kat.-Nr. 16c). Die einzelnen Szenen sind durch Laubbäume voneinander abgegrenzt, wie es vor allem von Werken Grießmanns bekannt ist.[9] Berittene Jäger und zu Fuß kämpfende Knechte gehen mit Lanzen und Schwertern gegen die Tiere vor, die zugleich von Jagdhunden angefallen werden. Im Hintergrund gestaltet der Bildhauer eine sich weit ausdehnende Wald- und Wiesenlandschaft, in die Städte oder einzelne Gehöfte eingebettet sind.

Es fallen einige gestalterische Merkmale auf, die die Pulverflaschen mit den Jahreszeiten-Reliefs (Kat.-Nr. 18) sowie den beiden bekannten Kreuzwegstationen (Kat.-Nr. 19) verbinden: Die Jäger zeigen ähnliche Köpfe wie beispielsweise jene der Bauernknechte oder der Soldaten der genannten Reliefs,[10] die Pferde zeigen ebenso wie auf den anderen Reliefs zu schmale Schnauzen. Die parallelen, schräg verlaufenden Riffelungen der Bäume lassen sich bei den Jahreszeiten und den Kreuzstämmen der Schächer auf der Kreuzigungstafel wieder finden. Dies gilt ebenso für die Hintergrundgestaltung, in der die Landschaft mit unregelmäßigen, schlierenförmigen Ritzungen strukturiert ist. Auch die zusammengeschobenen, rasch aufeinander folgenden Falten sowie gelegentlich zu üppige Gewandbäusche finden sich hier wie auf anderen Werken des Kammerbeinstechers.[11]

Pulverflaschen werden auf der Jagd mitgeführt, um Gewehre mit Zündpulver zu füllen. Auch Aktäon auf dem Mittelmedaillon des signierten Werks hat dieses Zubehör zur Jagdausrüstung umhängen. Je zwei Trageringe sind bei den beiden Schenck'schen Pulverflaschen für die Riemen vorgesehen; oben ist das aus Messing bestehende, vergoldete Ausgussrohr für das Pulver angebracht. In kleine Pulverflaschen wurde Zündkraut, das heißt gemahlenes Schwarzpulver, gefüllt, große nahmen das grobere Schwarzpulver selbst auf. Die empfindlichen, elfenbeinernen Werke Schencks waren sicher nicht als Jagdutensilien gedacht, sondern gehörten als Ziergegenstände entweder in die Kaiserliche Kunstkammer oder zählten zur Ausstattung beispielsweise eines Jagdschlosses.[12]

Darstellungen der Diana, die mit Nymphen und Hunden zur Jagd aufbricht, waren als Dekoration für Jagdutensilien ebenso beliebt wie die Wiedergabe von Erzählungen, die sich um die Jagdgöttin rankten. Zu den häufigsten zählen die Geschichten von Diana und Aktäon oder von Diana und Callisto.[13] Oft beziehen sich die Künstler auf grafische Darstellungen, bei denen Jagdmotive ebenfalls überaus beliebt waren.[14] Stichfolgen beispielsweise von Virgil Solis (1514–1562), Abraham Bloemaert (1566–1651), Pieter Soutman (um 1580–1657), Stradanus oder Tempesta, um nur diese zu nennen, wurden von zahlreichen Bildhauern als Vorlage verwendet. Ob und wenn welche Grafik Schenck für seine Pulverflaschen genutzt haben könnte, ist gegenwärtig noch nicht bekannt. MB

16d >

17b

17c

1 Nach dem »Protocolle in Hofsachen de Anno 1665 usque 1676, Fol. 30, K. und k. Haus-, Hof- und Staatsarchiv«, zitiert nach Boeheim 1887, S. 101: »Johann Caspar Schenc bildhauer vmb ordinanz der besoldung, vnd bezahlung eines für 100 Rthlr. Gelieferten pulverfläschls, auch ergözlichkeit wegen der bisherigen entrattung.«

2 »Resolution. Ihr Kayl. May. Haben sich gnädigst - resolvirt dem supllicanten eingerathener massen fürderthin fünfhundert gulden zur besoldung mit disen beding raichen zu lassen, dass sie gegen sein arbeit darunder verstanden, vnd ihme für den werth weiter nichts bezahlt, die materialia aber darzue geben werden sollen, welches dergestalt ad notam zu nemben vnd wegen der 500 gulden besoldung das weitere zu verordtnen. Wien 28. April 1666.«, ebd.

3 Die Pulverflasche Kat.-Nr. 17 weist auf der Rückseite konzentrisch gedrechselte Kreise auf.

4 Dazu siehe den Beitrag von Maraike Bückling, Schenck, in diesem Katalog, S. 113.

5 Nach Boeheim 1887, S. 101.

6 Das Bad findet in einem Becken statt, dessen Begrenzung bei der kleineren Pulverflasche mit der für Schenck typischen Signatur »ICS« beschriftet ist.

7 Dazu siehe Balis 1986, S. 57.

8 Dazu siehe Egg 1975, S. 14.

9 Siehe beispielsweise eine große Elfenbeinschale (Kat.-Nr. 13) oder die Kanne mit Jagd- und Fischereimotiven (Kat.-Nr. 9); dazu auch Haag 1996, S. 97–98.

10 So auch Haag 1996, S. 98.

11 Die sehr üppigen, in rascher Abfolge nebeneinander liegenden Gewandbäusche finden sich bei den Reitern der Leopardenjagd ebenso wie bei den trunkenen Frauen auf dem Deckel des Bacchus-Pentheus-Humpens (Kat.-Nr. 20).

12 Dazu siehe den Beitrag von Eva Maria Breisig, Grießmann, in diesem Katalog, S. 107. Theuerkauff 1967, S. 8, 12–13. Zu Schencks Pulverflasche, Kat.-Nr. 17, siehe Theuerkauff 1967, S. 11, 20–21, Tafel 3.

13 Dazu siehe Theuerkauff 1967, S. 8; zum Thema der Jagd und grafischen Vorlageblättern siehe auch den Beitrag von Eva Maria Breisig, Grießmann, in diesem Katalog, S. 106–107.

14 Dazu auch Haag 1996, S. 98.

17a

18

Johann Caspar Schenck (um 1620–1674)

DER SOMMER

Wien
um 1666
Elfenbein
H. 9,6–9,7 cm, B. 23,5–23,6 cm
Sammlung Reiner Winkler
Inv.-Nr. W. 165

Das Relief »Der Sommer« aus Privatbesitz (Abb. Kat.-Nr. 18a) gehörte womöglich, zusammen mit drei weiteren Werken der Sammlungen des Fürsten von und zu Liechtenstein, zu einer Jahreszeitenserie, wurde aber 1945 veräußert.[1] Das übereinstimmend als das qualitätvollste der Serie bezeichnete Relief zeigt unter dem Sternzeichen des Löwen (Juli/August) fünf Männer bei der Kornernte.[2] Zwei unruhige Pferde, nur mühsam von einem Pferdeknecht gebändigt, stehen vor einem Leiterwagen, der mit Korngarben beladen wird. Von links und rechts nähern sich drei nur mit Lendentuch bekleidete Männer, um zusammengebundene Garben abzuladen, die ein fünfter, ebenso sparsam bekleideter Mann auf dem Wagen zusammenlegt. Drei von der sommerlichen Hitze erschöpfte Jäger lagern am linken Bildrand unter einem Baum. Einer schläft unbequem auf dem von Baumwurzeln durchzogenen Boden; sein Schwert, hochhakige Schuhe und ein Hut liegen vor ihm. Ein zweiter wischt sich den Schweiß von der Stirn, während der dritte aus seinem Hut Wasser trinkt.

Auch die Darstellung des Frühlings (Abb. 65) zeigt in hügeliger, teilweise baumbestandener Landschaft Feldarbeiten:[3] Ein wiederum nur mit Lendentuch bekleideter Mann geht in ungelenkem, gebeugtem Schritt hinter einem Pflug, der von zwei Rindern gezogen wird.[4] Hinter dem Pflug stehen zwei Männer, die – ihre leichte Bekleidung deutet es an – zu dem Pflüger gehören. Die beiden Reliefs weisen einige gemeinsame Merkmale auf, die sie gleichfalls mit »Der Herbst« (Abb. 66)[5] und »Der Winter«,[6] der als einzige Jahreszeit die – heute verlorene – Signatur »ICS« trug, verbinden: »Der Herbst« zeigt unter dem Sternzeichen des Skorpion (Oktober/November) den Zug

18b

18a

des von Satyrn begleiteten, jugendlichen und überdimensional großen, fetten Bacchus zu einem Bottich, in den aus Kiepen Weintrauben gekippt werden. »Der Winter« ist zwar nur noch fragmentarisch erhalten, eine alte Aufnahme (Abb. 67) jedoch zeigt das Relief unversehrt:[7] Von rechts fährt ein prächtig geschmückter Pferdeschlitten heran, gelenkt von einem jungen Mann, der eine junge, kostbar gekleidete Frau kutschiert. Die zweite Szene der Winterdarstellung zeigt eine Tierschlachtung. Im Himmel sind zwei Putten zu erkennen, von denen der rechte das Sternzeichen des Schützen (November/Dezember) verkörpern könnte. Das Relief ist durch die Darstellung des kaiserlichen Doppeladlers und die Signatur auf der hinteren, heute abgebrochenen Schlittenkufe besonders ausgezeichnet.

Die Szenen der Jahreszeiten entwickeln sich bildparallel, die Figuren stehen oft als Dreiviertelfiguren vor dem Grund. Nicht immer passen die Proportionen der Figuren zueinander:[8] Der auf dem Leiterwagen hockende, Korngarben stapelnde Arbeiter ist zu klein, Bacchus in »Der Herbst« zu groß.[9] In sehr flachem Relief wird landschaftlicher Hintergrund angegeben, der gelegentlich durch schematisch gezeichnete Bäume, Bauernhäuser oder eine ferne Stadt belebt wird.[10] Eine tiefenräumliche Entwicklung oder inhaltliche Zusammenbindung von Vorder- und Hintergrund findet nicht statt. Im Gegenteil: Im Hintergrund der Frühlingsdarstellung ist – ohne jeden Bezug zu der jahreszeitlichen Feldarbeit der Bauernknechte – der Kampf einer Reitergruppe gegen einen Löwen gezeigt.[11] Analog dazu entwickelt sich auch zwischen den Figuren kein Handlungsbezug. Nur Blickrichtungen und zu- oder abgewandte Haltungen binden das Personal zu einer Gruppe zusammen, können aber über die innere Beziehungslosigkeit nicht hinwegtäuschen.

Es fällt die für Schenck charakteristische Wiedergabe der Bergzüge auf: Ihre Felsstrukturen werden durch über die Gebirgsflächen unregelmäßig verlaufende Schlieren gestaltet, die teils geritzt, teils leicht vertieft geschnitzt sind. Das unebene Gelände des Vordergrunds ist von Zickzacklinien, die Baumrinde von horizontal-schräg verlaufenden und parallelen Riffelungen überzogen.[12] Die Figuren zeigen hagere Körper mit oft übertrieben sich wölbenden Muskeln oder eingeritzten Muskelsträngen. Nicht zur Hagerkeit passen ihre kugeligen Bäuche. Lange Haare wehen in zu Strähnen zusammengefassten Locken, die sich gelegentlich zu einzelnen Löckchen einrollen. Fein gefältelte, langgezogene, rasch aufeinander folgende Kerben und Wülste, die an Schencks Konstanzer Werke erinnern, strukturieren die schmal gehaltenen Lendentücher.

Ihre konkrete Ausformung fällt jedoch weicher als bei seinen früheren Werken und weicher auch als bei der Sebastiansmarter (Abb. Kat.-Nr. 6a) des Meisters der Sebastiansmartyrien aus. Bereits mehrfach wurde die Herleitung der stilistischen Charakteristika der Reliefs von Werken Schencks in Konstanz und Umgebung nachgewiesen.[13] Insbesondere fiel die Nähe zwischen dem Kopf eines ein Getreidebündel auf eine Forke spießenden Knechts (Abb. S. 112) und dem Chronos des Lindauer Epitaphs des Dr. Heyder auf. Aber auch Vergleiche der »staccatoähnlichen«, an keiner Wiedergabe der stofflichen Qualität interessierten Faltengebung, die gelegentlich die Körper der Figuren nur vage umspielen, lassen eine zeitliche Nähe zwischen den Konstanzer Werken und den in Wien geschaffenen Reliefs annehmen. Wahrscheinlich hatte Schenck den Auftrag zu den Jahreszeitenreliefs von Kaiser Leopold I. erhalten, zeigte doch »Der Winter« auf dem Schlitten ursprünglich den kaiserlichen Doppeladler. MB

1 Wegen der unterschiedlichen Größe der Darstellung »Der Pflüger« – dieses Relief hat zwar ungefähr dieselbe Höhe wie die anderen drei Jahreszeiten, ist aber ca. 9 cm breiter – ist seine Zusammengehörigkeit zu der Serie zwar nicht sicher, doch ist die stilistische Nähe überzeugend, dazu siehe auch Theuerkauff 1984, S. 122.

2 So siehe Philippovich 1982, S. 172; Haag 1996, S. 102; Kappel 2001, S. 86.

3 Sammlungen des Fürsten von und zu Liechtenstein, Vaduz–Wien, Inv.-Nr. SK 521, 9,8 x 32,5 cm. Das Relief wird meist als Darstellung des Sommers bezeichnet, doch spricht die Tätigkeit des Pflügens eher für die Wiedergabe des Frühlings.

4 Der Pflüger kopiert fast gänzlich den eine Korngarbe aufgabelnden Mann der sommerlichen Darstellung.

5 Sammlungen des Fürsten von und zu Liechtenstein, Vaduz–Wien, Inv.-Nr. SK 576, 9,8 x 23,5 cm. Im Zusammenhang mit der Herbstdarstellung siehe zur Autorschaft von Schenck anstelle von Adam Lenckhardt Theuerkauff 1965, S. 45.

6 Sammlungen des Fürsten von und zu Liechtenstein, Vaduz–Wien, Inv.-Nr. SK 552, 10 x 23,5 cm.

7 Dazu siehe Philippovich 1982, Abb. 143.

8 So auch Haag 1996, S. 102.

9 Auch die Gestalt des kindlichen Bacchus auf dem Deckelpokal ist überdimensioniert, dazu siehe Kat.-Nr. 20.

10 Einige der Bäume erinnern mit den halbkreisförmig über die Stämme gestülpten, kappenartigen Baumkronen an eine Pulverflasche von Grießmann, siehe Abb. 44 in diesem Katalog.

11 Ähnlich zeigt auch das »Martyrium des heiligen Sebastian« (Kat.-Nr. 6) links von dem Gemarterten in weiter Entfernung einen Löwenkampf.

12 Diese finden sich auch auf den Bäumen der Pulverflasche (Kat.-Nr. 17).

13 Hierzu vergleiche Fischer 1996, S. 13–14; Haag 1996, S. 95.

Abb. 65 Johann Caspar Schenck, Der Frühling, um 1666, Elfenbein, Vaduz–Wien, Sammlungen des Fürsten von und zu Liechtenstein

Abb. 66 Johann Caspar Schenck, Der Herbst, um 1666, Elfenbein, Vaduz–Wien, Sammlungen des Fürsten von und zu Liechtenstein

Abb. 67 Johann Caspar Schenck, Der Winter, um 1666, Elfenbein, Vaduz–Wien, Sammlungen des Fürsten von und zu Liechtenstein, alte Aufnahme

19

Johann Caspar Schenck (um 1620–1674)

KREUZTRAGUNG

Wien
zwischen 1666 und 1670
Elfenbein
H. 13,7 cm, B. 9 cm
Bezeichnet: »ICS«
Wien, Kunsthistorisches Museum, Geistliche Schatzkammer
Inv.-Nr. D 200

Die Darstellung der »Kreuztragung« (Abb. Kat.-Nr. 19a) gehörte vermutlich zu einer Serie von mehreren Darstellungen des Kreuzwegs, denn es fand sich in Privatbesitz das zugehörige Relief der »Kreuzigung« (Abb. 69), das sich ebenso wie die Kreuztragung auf eine Radierung von Jacques Callot (um 1592/93–1635; Abb. 68, 70) bezieht. Beide Radierungen gehören zu Callots zwölfteiliger »Kleinen Passion«.[1] Da sich ein zweites Elfenbeintäfelchen gefunden hat, kann davon ausgegangen werden, dass Schenck die gesamte Serie oder zumindest die wichtigsten Kreuzwegstationen in Elfenbein wiederholte. Der Bildhauer signierte die Kreuztragung an prominenter Stelle: Unter der Inschrift »SPQR«[2] auf dem Stadttor sind größer und deutlich lesbarer seine Initialen »ICS« eingetragen.

Die Kreuztragung findet in einer bergigen Landschaft statt, denn Jerusalems Stadtsilhouette erscheint auf einer steilen Anhöhe. Ein langer Strom von Fußsoldaten, berittenen Offizieren und Zuschauern ergießt sich aus dem Stadttor und erreicht schließlich die Stelle, an der Christus unter der Last des Kreuzes zusammengebrochen ist. Auf einem Hügel haben sich Zuschauer niedergelassen, die das Geschehen beobachten.

Ein Offizier hoch zu Ross weist mit seinem Kommandostab auf die Soldaten, die hinter Christus stehen. Einer von ihnen, der ein Seil in der Hand hält, das um den Leib Christi gebunden ist, hebt einen Streitkolben und scheint auf ihn einschlagen zu wollen. Ein anderer sticht ihn mit einer Lanze. Hoch aufragend steht am linken Bildrand ein reitender Offizier mit der Standarte, auf der nochmals die Inschrift »SPQR« eingetragen ist, und beobachtet die Szene. Zugleich wendet sich ein Fußsoldat fragend an ihn und weist auf Simon von Kyrene, der Christus beim Tragen des Kreuzes helfen wird. Vorn rechts kniet Veronika und reicht Christus das Schweißtuch; ein Soldat ergreift ihren Umhang und versucht, sie daran zu hindern. Andere Soldaten drängen sich im Hintergrund an der zentralen Gruppe vorbei, ziehen zur Kreuzigungsstätte weiter und führen eine hohe Leiter mit sich. Mit seinem Relief hielt sich Schenck eng an die Vorlage Callots, verwandte sie seitenverkehrt und schnitt den in der Grafik frei gebliebenen Vordergrund weg, so dass die Figuren näher an den unteren Bildrand rücken.[3]

Veränderungen im Vergleich zu der Radierung betreffen den Wohnturm am Bildrand, der im Stich als Ruine erscheint, und auf dem Relief in die Stadt einbezogen wurde. Auch ist die Landschaft deutlich steiler angelegt. Diese Veränderung ermöglichte es dem Schnitzer, die Figürchen des Hintergrunds auf dem nur 13,7 cm hohen Täfelchen etwas größer und damit erkennbar wiederzugeben und zugleich mit dem Kleinerwerden der Figuren Räumlichkeit zu erzeugen. Es stellte sich aber auch eine Schwierigkeit ein, nämlich die großen Bergflächen zu strukturieren. Diese gestaltete er mit den für ihn charakteristischen, weich verfließenden Schlieren und den hoch aufragenden Lanzen der Soldaten, die die wenig gestalteten Flächen zusätzlich beleben.

Auch die Gewänder entsprechen denen, die von Schenck bekannt sind. In der »Kreuzigung« fallen, bei Christus ebenso wie bei den Schächern, die schmalen Lendentücher auf, die eng um den Unterleib gezogen sind. Dies zusammen mit den hageren Körper mit – beim guten Schächer und beim Soldaten, der

Abb. 68 Jacques Callot, Kreuztragung, aus: Die kleine Passion, Wien, Albertina

ihn an einen Baum fesselt – kugeligem Bauch und – beim bösen Schächer – übertrieben formulierten Muskeln verbinden die Reliefs mit den Darstellungen der Jahreszeiten (Kat.-Nr. 18). Auch die weiche Formulierung der klaren, abrupt aufeinander folgenden Faltenstege der Gewänder der Veronika, der Muttergottes und des Longinus lassen sich mit der Modellierung der Gewänder der Figuren auf den Jahreszeiten-Reliefs verbinden. Selbst die Gestaltung der zu schmalen Pferdeschnauzen, die der Hinterläufe oder der Sättel finden sich sowohl in »Der Sommer« als auch in der »Kreuzigung«.

Zum im Vergleich zu Callots Grafik steilen Aufbau und den daraus resultierenden großen Felsflächen könnte Schenck von Balthasar Grießmanns »Durchzug der Juden durch das

19a

Abb. 69 Johann Caspar Schenck, Kreuzigung, Wien um 1670, Elfenbein, Höhe 13,5 cm, Breite 9 cm, Tiefe 1,7 cm, Privatbesitz

Abb. 70 Jacques Callot, Kreuzigung, aus: Die kleine Passion, Frankfurt am Main, Städel Museum, Graphische Sammlung

Rote Meer« (Abb. 40) angeregt worden sein, das dieser 1662 ausführte. Dort ist eine Gebirgslandschaft am Meer gezeigt. Das Volk Israel ist durch das Meer geschritten und zieht nun bergauf. Sie sind als kleine oder winzige Figürchen geschnitzt und machen damit die Entfernungen deutlich. Die großen Berg- und Felsflächen werden, wie im Fall der »Kreuztragung«, nur von wenigen Strichen strukturiert. MB

1 Zur »Kleinen Passion« siehe Lieure 1927, S. 50–53, Kat.-Nr. 537–548.

2 »SPQR« meint: Senatus Populusque Romanus (Senat und Volk von Rom) und war das Hoheitszeichen des antiken Roms, das die Legionen des römischen Reichs auf Standarten führten.

3 Zu dem Relief siehe Haag 1996, S. 96–97.

20

Johann Caspar Schenck (um 1620–1674)

DECKELPOKAL – »BEGEGNUNG DES KAISERS PENTHEUS MIT BACCHUS«

Wien
um 1670
Elfenbein
H. 35,8 cm, Durchmesser 13,8 cm, B. 20,5 cm (inklusive Griff)
Bezeichnet: »ICS«
Wien, Kunsthistorisches Museum, Kunstkammer
Inv.-Nr. KK 4467

Der zur Gänze aus Elfenbein gearbeitete Deckelpokal (Abb. Kat.-Nr. 20a) mit der Signatur »ICS« hat die von griechischen und römischen Dichtern der Antike geschilderte Geschichte von Pentheus, König von Theben, und dem Weingott Bacchus zum Thema. Zu Ehren des anwesenden Gottes feierten die Frauen Thebens ein bacchantisches Fest, das Pentheus zu verhindern versuchte. Er begab sich zu den feiernden Frauen, zu denen auch seine Mutter und Tanten gehörten. Sie hielten ihn in ihrer Trunkenheit für einen wilden Eber und rissen ihn in Stücke.[1]

Der Pokal ist in drei Zonen aufgeteilt. Über einem von Blüten und Blättern ornamental überzogenen Fuß folgt ein Puttenfries; darüber zeigt die reliefierte Wandung die zentrale Erzählung. Der Deckel ist verziert mit orgiastisch tanzenden, nackten oder nur teilweise bekleideten Frauen, von denen einige zu dem Amorknaben emporblicken, der den Deckel krönt.

Der Zug des Bacchus bewegt sich vom Henkel aus nach rechts. Zum Gefolge des Weingottes gehören Frauen, Männer, ein Satyr, der eine der Frauen huckepack trägt (Abb. Kat.-Nr. 20b), und Kinder. Bacchus reitet auf einem Esel (Abb. Kat.-Nr. 20c), vor ihm sitzt ein Knabe auf einer Ziege und bläst, wie um den Gott anzukündigen, ein Horn. Am Boden hocken ein Wildschwein, ein kleiner Affe und ein Hund. Mehrere Männer und Frauen schwenken Weinranken oder musizieren mit einem Tamburin, einer Laute, einer Tröte und einer Flöte. Ihnen tritt König Pentheus, zusammen mit einem Gefolgsmann, entgegen.

Auffallend ist der Gegensatz zwischen dem Gott und dem König. Bacchus sitzt zusammengesunken auf dem Esel, dessen Zügel er locker in der Hand hält. Er zieht die Beine leicht an, damit sie nicht am Boden schleifen. Von hinten stützt ihn ein Mann, von der Seite eine Frau. Bacchus' zusammengezogene Brauen und Stirnfalten drücken Anstrengung aus, die Augen sind halb geschlossen, der Mund steht halboffen, so dass der Weingott einen betrunkenen und tumben Eindruck macht. Durch seine Haltung entstehen auf seinem fetten Leib Falten über dem Bauch, unter den hängenden Brüsten und unter den Achseln. Auch Arme und Beine zeigen dieselben Speckfalten, wie sie die dicklichen Knaben und der bekrönende Amor charakterisieren. Der Kopf des Gottes ist mächtig und seine Körpergröße überragt die der anderen Figuren. Schenck stellt ihn, wie die Proportionen verdeutlichen, als großes Kind, aber mit dem Gesicht eines Erwachsenen, dar.[2] Anders als der Weingott ist sein Gefolge wiedergegeben: Satyrn, Bacchanten und Mänaden sind große, schlanke Wesen (Abb. Kat.-Nr. 20e), manchmal mit geradezu karikaturhaften Zügen wie beispielsweise der Satyr, der eine der Frauen trägt, der Flötenspieler oder auch, hinter Bacchus erscheinend, ein Mann mit Schellenkappe.

Dagegen schreitet der König, kostbar gekleidet, elegant voran (Abb. Kat.-Nr. 20d). Pentheus ist mit Insignien der Macht ausgestattet: mit einer Krone auf einem Turban, einem Szepter und der Collane des Goldenen Vlies. Sein Rock schwingt aus, sein Oberteil ist sorgfältig geschnürt, ein tief reichender Kragen liegt unter der Ordenskette. Der König zeigt ein ernstes und konzentriertes Mienenspiel, was ebenso wie seine Haltung und Kleidung deutlich mit Bacchus kontrastiert. Sein Gefolgsmann ist ein älterer Mann, der durch das schüttere Haar, einen Vollbart und das um den Körper gewickelte Gewand den Anschein eines Philosophen erweckt. Abgestoßen von dem Treiben, das auch im Rücken der beiden tobt, erhebt er ablehnend eine Hand und blickt irritiert um sich herum.

Gegenüber dem Relief der Kuppa sind die einfassenden Darstellungen von Sockel und Deckel mit Figuren nahezu überfüllt. Tanzend und musizierend sind die Frauen auf dem Deckel gezeigt (Abb. Kat.-Nr. 20f). Die Zweier- und Dreiergruppen sind voneinander durch Grimassenköpfe aus Blättern und Früchten getrennt, von denen zwei lachen, so dass Zahnreihen zu sehen sind. In ihrer Bewegtheit, die gelegentlich Verrenkungen ähnelt, führen die Tanzenden die orgiastische Feier der Frauen, wie Ovid sie kurz vor der Ermordung des Pentheus beschreibt, vor Augen. Hier sind es keine feingliedrigen Frauengestalten wie auf der Wandung, sondern füllige, schwere Körper, die von großen Mengen dicken Stoffs umgeben sind,[3] jedoch meist die Oberkörper unbedeckt lassend. Die Falten zeigen keine Schärfe, sondern Weichheit und ein unmittelbares Aufeinanderfolgen von Faltenstegen und -tälern.

Auf dem Puttenfries tanzen, musizieren und spielen jeweils drei Putten, deren rundliche, weiche Körper auffallen (Abb. Kat.-Nr. 20g). Früchtekörbe, an denen tote Vögel, Kaninchen, sogar ein Schweinskopf hängen, trennen die Puttengruppen voneinander. Sie stehen scheinbar tiefer, denn ihre Füße sind häufig nicht zu sehen. Vielleicht ist mit dem Sockel ein Weinbottich gemeint, in dem Trauben, die auch im Hintergrund der Putten hängen, zu Saft zertreten werden. Die

20a

20b

20c

20d

20e

Haupterzählung würde damit von bacchantischen Motiven gerahmt. Mit der Gestaltung der kindlichen Figuren bezog sich der Künstler möglicherweise auf Puttenfiguren Grießmanns wie dieser sie an seinem Bacchantenpokal von 1662 (Abb. 41) als Deckelfries abgebildet hatte. Ihre rundlich-weichen, glatten Körper stehen Schencks Figuren sehr nahe.[4]

Der Bildhauer zeigt auf der Hauptszene des Pokals eine andere Körpergestaltung als sie beispielsweise auf den Reliefs der Jahreszeiten (Kat.-Nr. 18) zu beobachten ist. Er modelliert hier feingliedrige Gestalten mit glatter Körperoberfläche, bei denen nur selten Muskeln vortreten. Es fällt auf, dass einige dieser Figuren zu schweben scheinen, weil der Grund unter ihren Füßen nur die glatte Humpenwandung ist. Gelegentlich ist das Relief überaus flach, wenn beispielsweise die Beine einer Mänade, die den Griff des Pokals zu halten oder zu lockern versucht, kaum aus dem Hintergrund heraustretend, wie ausgeschnitten wirken, während ihr Oberkörper, Kopf und Arme dagegen fast vollplastisch erscheinen (Abb. Kat.-Nr. 20e). Die Gewänder zeigen fein gefältelte, lang gezogene Faltenbahnen, die weicher als die Lendenschürze der Bauernknechte auf den Jahreszeitendarstellungen oder auch als der Gestalten der Kreuzigung (Abb. 69) fallen. Die Haare sind fein gesträhnt und fallen in sanften Locken oder ringeln sich am Ende ein.

Die deutlichen Veränderungen insbesondere der Körperproportionen, der Gebrauch verschiedener Faltenstile zeigen einen Bildhauer auf der Höhe seines Könnens. Es liegt daher nahe, dass Schenck für dieses Werk die goldene Kette erhielt, die im »Protocolle in Hofsachen« erwähnt wurde.[5] Trifft dies zu, wäre der Pokal in das Jahr 1670 zu datieren.
MB

20f

20g

1 So Ovid, III, Vers 513–732; andere Autoren – Pausanias, Hyginus, Apollodor und Nonnos – erzählen dieselbe Begebenheit mit kleinen Änderungen.

2 Zu vergleichen ist der Bacchus in »Der Herbst« (Abb. 66), der ähnlich fett und überdimensioniert dargestellt ist, dabei aber ein kindliches Gesicht zeigt.

3 Vergleichbar erscheint die Gestaltung der Königstochter auf dem Postament des heiligen Georg (Klosterneuburg, Stiftsmuseum, Inv.-Nr. KG 122), 1668 datiert; dazu siehe Theuerkauff 1962/1, S. 41–42; Philippovich 1962, Abb. 35.

4 So auch Theuerkauff 1973, S. 250–251.

5 So bereits Haag 1996, S. 104.

Matthias Steinl (1643/44–1727)

»KAY. CAMER PAINSTECHER« UND »KAYSERL. INGENIEURN UND BILDHAUERN«

MARAIKE BÜCKLING

Matthias Steinl wuchs als Sohn eines Kunsttischlers in der Nähe von Salzburg auf.[1] Seine früheste Ausbildung zum Bildhauer übernahm wahrscheinlich sein Vater, der mit jenem Matthias oder Matthäus Steindl oder Steinle identisch sein könnte, der mit Thomas Schwanthaler (1634– 1707) oder Meinrad Guggenbichler (1649–1723) zusammenarbeitete und vor allem mit Altaraufbauten und Kirchenmobiliar in Verbindung gebracht werden kann. Der später hochberühmte Sohn wurde 1643/44 geboren, da er in seinem Todesjahr 1727 als 83-jährig bezeichnet wird. Über seine weitere Ausbildung ist nichts bekannt. Vergleiche mit Werken italienischer Künstler wie Leonardo da Vinci (1452–1519), Michelangelo (1475–1564), Francesco Mocchi (1580–1654), Adrian de Vries (1556–1626) sowie mit antiken Werken lassen jedoch annehmen, dass er seine Wander- und Studienjahre in Italien verbrachte; auch die Niederlande, Deutschland, Frankreich und Prag werden als weitere Stationen vermutet.[2]

Am 10. Oktober 1676 ist Steinl erstmals urkundlich zu fassen: »Matthes Steinle, Bildthauer vorm Kloster Leubus«.[3] Für das schlesische Zisterzienserstift arbeitete er an der Kirchenausstattung; zudem erwarb er am 21. Mai 1677 Grundbesitz vom Abt des Klosters. Bis 1680 ist er, zusammen mit seiner von dort gebürtigen ersten Frau, in Leubus nachzuweisen. Von Dezember 1682 bis 1684 ist der Aufenthalt der Familie in Breslau belegt, wo sie sich vermutlich sogar bis 1688 aufhielten.

In Breslauer Quellen wird Steinl gelegentlich »Bildhauer auf dem Dom« genannt;[4] über sein Werk dort ist indes nichts bekannt. Möglicherweise errang die Elfenbeinschnitzerei in seinem Œuvre bereits während der 1680er-Jahre zunehmend an Bedeutung. Dass er früh in Elfenbein arbeitete, belegen eine in die Zeit um 1670–1675 datierte Statuette, die einen Triton zeigt (Abb. 71),[5] sowie eine aus Walrosszahn gefertigte, nur noch fragmentarisch erhaltene Kreuzigungsgruppe, die um 1685/ 87 entstand (Abb. 20).[6] Als Auftraggeber für derartige Kunstkammerwerke kommen schlesische adlige Familien in Betracht, mit denen Steinl noch in späteren Jahren in Verbindung stand. Möglicherweise stammen diese Kontakte noch aus den 1670er- und 1680er-Jahren, so zu dem 1682 von Kaiser Leopold I. (reg. 1658–1705) eingesetzten Fürstbischof von Breslau, Franz Ludwig von Pfalz-Neuburg (1664–1732; Abb. 72),[7] dem Bruder von Leopolds dritter Frau, Eleonora Magdalena von Pfalz-Neuburg (1655–1720). Als »Bildhauer auf dem Dom« stand Steinl sicherlich in regem Austausch mit dem Bischof, der ihm vermutlich auch die Stelle eines Kammerbeinstechers am Hof des Kaisers in Wien vermittelte.

Der Beginn von Steinls Tätigkeit als kaiserlicher Kammerbeinstecher, jährlich dotiert mit 500 Gulden, lässt sich nur indirekt ermitteln.[8] Zwei Jahre nach seinem Tod am 18. April 1727 baten Steinls Nachkommen den letzten Dienstherren ihres Vaters, Kaiser Karl VI. (reg. 1711–1740), um finanzielle Unterstützung. In der Antwort heißt es über Steinl, er habe »dreyen Röm.n Kayßern durch 39 Jahre lang« gedient.[9] Demzufolge liegt der Beginn der Anstellung im Jahr 1688. Aus weiteren Hinweisen, die die Zahlung des Gehalts betreffen, könnte sich als Dienstanfang der 1. März des Jahres ergeben.[10] 14 Jahre nach dem Tod seines Vorgängers Johann Caspar Schenck (um 1620–1674) wird damit erstmals wieder ein Kammerbeinstecher in Hof- beziehungsweise Kammerdienste übernommen.

Abb. 71 Matthias Steinl, Triton, 1670–75, Elfenbein, London, Victoria & Albert Museum

Abb. 72 Matthias Steinl, Porträt des Erzbischofs von Breslau, Franz-Ludwig von Pfalz-Neuburg als Hoch- und Deutschmeister, um 1712, Elfenbein, München, Bayerisches Nationalmuseum

Abb. 73 Matthias Steinl, Maria Immaculata, 1693/1700, Lindenholz, Frankfurt am Main, Liebieghaus Skulpturensammlung

Mit dem Tod des jeweiligen Dienstherrn erloschen Verträge mit Hof- und Kammerbediensteten. Die nachfolgenden Regenten konnten ihre eigenen Vertrauten und bevorzugten Künstler anstelle der alten einstellen. Die hohe Wertschätzung Steinls, die ihm von drei Kaisern – Leopold I., Joseph I. (reg. 1705–1711) und Karl VI. – entgegengebracht wurde, drückt sich in der jeweils neu erfolgten Bestätigung seines Vertrags aus, selbst wenn seine Dienstbezeichnungen wechselten: 1691 hieß es »Kay. Camer Painstecher«,[11] im Jahr 1696 wohl fälschlich »Hoff befreyter Peinschneider«,[12] im Jahr 1699 »Kayserl. Ingenieurn und Bildhauern«[13] sowie, beispielsweise im März 1710, »Kay. Cammer Künstler«.[14] Bei den verschiedenen Dienstbezeichnungen ging es wohl nicht darum, dass Steinl andere Aufgaben erhielt, denn auch als Ingenieur wurde er – wie zuvor – für Altarentwürfe und Skulpturen herangezogen. Wahrscheinlich wurde er nur von anderen Instanzen bezahlt, die eine neue Benennung notwendig machten, jedoch nichts an seiner Tätigkeit änderten. So waren etwa unter den sogenannten Soldatenhandwerkern, die außerzünftig und im Dienst des Kaisers arbeiten konnten, »spätestens seit den Siebzigerjahren des 17. Jahrhunderts […] fast alle Gewerbe vertreten,«[15] darunter auch Goldschmiede, Stuckateure, Maler oder Buchbinder.[16]

Als kaiserlicher Angestellter musste Steinl seinen Dienstherren um Erlaubnis bitten, wenn er für andere Auftraggeber tätig werden wollte; zugleich war er von den städtischen Zunftbestimmungen befreit und konnte somit eine große Werkstatt führen, in der Vergolder, Fassmaler, Stuckateure, Kunsttischler- und Bildhauergesellen arbeiteten.

Steinl erhielt, anders als Schenck, von dem aus seiner Zeit als kaiserlicher Kammerbeinstecher nur kleinformatige Elfenbeinwerke bekannt sind, Aufträge sowohl von den Kaisern, vor allem von Leopold I., später auch von dessen Witwe, als auch von Augustiner-Chorherren, Benediktinern und Zisterziensern. Darunter waren großformatige Statuen, Altäre, Kanzeln und Kulissenarchitektur sowie Entwürfe für Altäre und Denkmäler. Wohl im Auftrag von Leopold I. schuf er beispielsweise den Frankfurter Entwurf für eine ursprünglich vergoldete »Maria Immaculata« (Abb. 73), die als Bekrönung einer nur geplanten, jedoch nicht ausgeführten Säule zur Feier des Sieges über die Türken gedacht gewesen sein könnte.[17]

Seine höchste Meisterschaft erlangte Steinl in der Elfenbeinschnitzerei. Nur wenige, aber umso eindrucksvollere Werke haben sich erhalten. Bereits die virtuos geschnitzten Werke »Triton« (Abb. 71) und das »Fragment einer Kreuzigungsgruppe« (Abb. 20) kündigen den Höhepunkt

Abb. 74 Matthias Steinl, Kaiser Leopold I. als Sieger über die Türken, um 1693, Elfenbein, Wien, Kunsthistorisches Museum, Kunstkammer

dessen, was in Elfenbein gearbeitet werden kann, an. Mit der aus einem Walrosszahn geschnittenen »Allegorie der Elemente Wasser und Luft« (Kat.-Nr. 21), die um 1688 entweder noch in Breslau oder schon in Wien entstand, wollte er sich möglicherweise mit einer eindrucksvollen Demonstration seines Könnens beim Kaiser einführen.[18] Der Allegorie schließt sich die Gruppe »Pluto und Proserpina« (Kat.-Nr. 22) an. Um 1711/12 entstand die Reiterstatuette »Kaiser Karl VI. zu Pferd, vor ihm die huldigende Personifikation des Heiligen Römischen Reiches«[19] und kurz darauf die Monumentalität ausstrahlende Statuette des »Chronos auf der Weltkugel« (Kat.-Nr. 23).

Den fulminanten, nie wieder erreichten Höhepunkt der Elfenbeinschnitzerei hatte er mit den beiden bereits von den Zeitgenossen gerühmten Reiterstatuetten »Kaiser Leopold I. als Sieger über die Türken« (Abb.74)[20] und »König Joseph I. als Sieger über den Furor« (Abb. 75),[21] letztere »1693« datiert, erreicht. Sie führen die »gottgewollte Herrschaft des Hauses Habsburg und [die] Kontinuität und Erneuerung des Imperium Romanum unter dem damaligen und dem zukünftigen Herrscher des Heiligen Römischen Reiches« in höchster Kunstfertigkeit in der Behandlung des kostbaren Materials eindrucksvoll vor Augen.[22]

1 Zum Lebenslauf siehe – auch im Folgenden und wenn nicht anders angegeben – Pühringer-Zwanowetz 1966, S. 9–41.
2 Dazu zuletzt Haag 2007/6.
3 Zitiert nach Pühringer-Zwanowetz 1966, S. 9.
4 Zitiert nach Pühringer-Zwanowetz 1966, S. 16.
5 London, Victoria & Albert Museum, Inv.-Nr. A.44-1953. Dazu siehe Theuerkauff 1972.
6 Wien, Kunsthistorisches Museum, Geistliche Schatzkammer, Inv.-Nr. E 45.
7 München, Bayerisches Nationalmuseum, Inv.-Nr. R 4898, entstanden möglicherweise 1712.
8 Die Geheimen Kammerzahlamtsbücher haben sich für die Zeit Leopolds I. nicht erhalten, siehe Pühringer-Zwanowetz 1966, S. 20.
9 Zitiert nach Pühringer-Zwanowetz 1966, S. 267.
10 Nach Pühringer-Zwanowetz 1966, S. 20; zur Vermittlung der Stelle durch Erzbischof Franz Ludwig Pfalzgraf bei Rhein siehe ebd., S. 18; dieser war kurz zuvor für mehrere Wochen am Wiener Hof war, siehe ebd.
11 Zitiert nach Pühringer-Zwanowetz 1966, S. 257, Nr. 20 (1691). Auch in weiteren Dokumenten findet er als kaiserlicher Kammerbeinstecher Erwähnung. Siehe ebd., S. 257, Nr. 22 (1692), Nr. 23 (1692); S. 258, Nr. 26 (1694); S. 259, Nr. 36 (1699); S. 261, Nr. 57 (1727), Nr. 59 (1727); S. 266, Nr. 70 (1728), Nr. 73 (1729); S. 267, Nr. 75 (1729), Nr. 76 (1729).
12 Zitiert nach Pühringer-Zwanowetz 1966, S. 258, Nr. 30 (1696), noch ein weiteres Mal wird er hofbefreiter Beinschneider genannt: ebd., S. 258, Nr. 32 (1697).
13 Zitiert nach Pühringer-Zwanowetz 1966, S. 290, Nr. 215 (1699). Als (kaiserlicher) Ingenieur bezeichnet weiterhin siehe ebd., S. 259, Nr. 40 (1703), Nr. 42 (1704), Nr. 43 (1705), Nr. 46 (1708); S. 260, Nr. 48 (1710), Nr. 49 (1710); S. 272, Nr. 104 (1709); S. 274, Nr. 110 (1716); S. 279–280, Nr. 170 (1706); S. 280, Nr. 171 (1706), Nr. 172 (1706); S. 281, Nr. 174/175 (1707), Nr. 176 (1707); S. 282, Nr. 179 (1707), Nr. 181 (1707); S. 283, Nr. 183 (1707), Nr. 186 (1709); S. 284, Nr. 188 (1709); S. 285, Nr. 192 (1706), Nr. 193 (1707); S. 286, Nr. 195 (1707), Nr. 196 (1707), Nr. 197 (1707), Nr. 198 (1707), Nr. 199 (1707), Nr. 200 (1709); S. 289, Nr. 41 (1698). Einmal wird er im Zusammenhang mit der Begutachtung eines Altarentwurfs »Achitector in Wienn« genannt, siehe ebd., S. 289, Nr. 212 (o.J.).
14 Zitiert nach Pühringer-Zwanowetz 1966, S. 260, Nr. 47 (1711); ebenfalls als kaiserlicher Kammerkünstler genannt siehe ebd., S. 260, Nr. 51 (1711), Nr. 54 (1720); S. 261, Nr. 56 (1724); S. 262, Nr. 61 (1727); S. 263, Nr. 63 (1727), Nr. 67 (1727); S. 265, Nr. 68 (1728), Nr. 69 (1728); S. 268, Nr. 84 (1711), Nr. 85 (1711), Nr. 86 (1711), Nr., 87 (1706), Nr. 88 (1704); S. 269, Nr. 89 (1705), Nr. 90 (1706), Nr. 91 (1711), Nr. 92 (1710); S. 270, Nr. 93 (1710); S. 271, Nr. 94 (1710), Nr. 95 (1711), Nr. 99 (1711).
15 Zitiert nach Haupt 2007/2, S. 27.
16 Dazu siehe Haupt 2007/2, S. 27–28.
17 Frankfurt am Main, Liebieghaus Skulpturensammlung, Inv.-Nr. 1532. Zur Aufgabe der Skulptur als Entwurf für eine Siegessäule siehe Pühringer-Zwanowetz 1977, S. 439–440. Unklar ist, wann der Entwurf entstand. Pühringer-Zwanowetz (ebd.) vermutet, dass sich Steinl 1688 mit dieser Figur dem Kaiser empfahl. Da er als Elfenbeinschnitzer eingestellt wurde, liegt es jedoch näher, als sein »Bewerbungsstück« die »Allegorie der Elemente Wasser und Luft« (Kat.-Nr. 21) anzunehmen. Sinnvoll und stilistisch überzeugender ist die Entstehung von »Maria Immaculata« in den 1790er-Jahren zu vermuten, beispielsweise aus Anlass des zehnjährigen Jubiläums des Sieges über die Türken im Jahr 1693; zu den Feierlichkeiten anlässlich des zehnten Jahrestages der Befreiung Wiens siehe Pühringer-Zwanowetz 1977, S. 440. Polleroß datiert den Entwurf in die Jahre um 1698–1700, siehe Polleross 1996, S. 610.
18 So auch Haag 2007/1, S. 136.
19 Wien, Kunsthistorisches Museum, Kunstkammer, Inv.-Nr. KK 4664. Dazu siehe Haag, 2007/1, S. 138–142; Haag 2007/4.
20 Wien, Kunsthistorisches Museum, Kunstkammer, Inv.-Nr. KK 4662. Dazu siehe Haag 2007/2.
21 Wien, Kunsthistorisches Museum, Kunstkammer, Inv.-Nr. KK 4663. Dazu siehe Haag 2007/3.
22 Zitiert nach Haag 2007, S. 138.

Abb. 75 Matthias Steinl, König Joseph I. als Sieger über den Furor, 1693, Elfenbein, Wien, Kunsthistorisches Museum, Kunstkammer

21

Matthias Steinl (1643/44–1727)

ALLEGORIE DER ELEMENTE WASSER UND LUFT

um 1688
Walrosszahn
H. 49,4 cm, Durchmesser zwischen 6,6 und 9,7 cm
Wien, Kunsthistorisches Museum, Kunstkammer
Inv.-Nr. KK 4533

Über einem Gewirr aus Muscheln, Delfinen und Wassergetier – darunter kleinere Fische, eine Schildkröte, eine Eidechse, ein Krebs und eine Schlange – balancieren drei übereinander gestellte Figuren ihre kunstvoll ineinander verschlungenen Körper steil nach oben (Abb. Kat.-Nr. 21a–b). Mit seinem Fischleib in einer großen Muschel ruhend, reckt sich zuunterst ein ins Muschelhorn blasender Triton in die Höhe (Abb. Kat.-Nr. 21c). Über ihm, auf sich windenden Fischkörpern und Muscheln stehend, hält ein nackter junger Mann mit einem Arm einen kräftigen Delfin auf der Schulter fest (Abb. Kat.-Nr. 21d–e). Mit der anderen Hand ergreift er den Schwanz des Tieres. Er selbst dient als Stütze und Halt für eine unbekleidete junge Frau, die, einen Fuß auf den Fischschwanz des Tritons gestellt, den anderen an das Gesäß des jungen Mannes gelehnt, eher schwebt als steht. Sie reckt sich hoch, neigt den Oberkörper weit zurück und hebt mit ausgestreckten Armen eine große Muschel empor. Von oben nähert sich ein dralles, mit Libellenflügeln ausgestattetes Puttenknäblein, das in seiner Rechten eine zusammengerollte Fahne hält und mit der Linken nach der Muschel greift. Ein Stoffband umwirbelt den Putto und scheint wie von Wind bewegt (Abb. Kat.-Nr. 21f). Die dynamische Figurengruppe versinnbildlicht das kraftvolle Aufeinandertreffen der Elemente Wasser und Luft,[1] die einander wie im Strahl einer aufspritzenden Welle berühren. Mit dieser Komposition entwarf der Künstler ein völlig neuartiges Motivgefüge der beiden Elemente.[2]

Die Zuschreibung der Allegorie an Steinl, die zunächst dem Werk Matthias Rauchmillers (1645–1686) zugeordnet wurde, ist inzwischen allgemein anerkannt.[3] In der überzeugend aufgebauten, verschraubten und zu

21c

21a

21b

21d

21e

schwindelnder Höhe emporgezogenen Komposition erinnert die allegorische Gruppe an ein lebendiges figurales Akanthusgebilde, wie Steinl sie bereits in den Ornamentstichfolgen von 1684[4] entwarf und die im Dekor des Kirchengestühls (1676) im schlesischen Leubus eine monumentale Umsetzung fanden.[5] Die Gestaltung der Gesichtstypen des jungen Mannes, des Tritons und der Nereide hat Vorläufer in Steinls gleichfalls aus Walrosszahn geschaffenen Kreuzigungsgruppe (Abb. 20). Als Vorstudie zu der Allegorie wurde dem Œuvre des kaiserlichen Beinstechers ein kleinformatiger »Triton« (Abb. 71)[6] zugeschrieben.

Die Virtuosität der komplexen räumlichen Allegorie verliert sich trotz aller Sorgfalt und goldschmiedehafter Präzision nicht in exquisit geschnittener Detailverliebtheit. Überwältigend ist die innere Monumentalität der Figuren. Der kleinteilige Unterbau mit den Elementarwesen des Wassers mitsamt dem geschmeidigen Triton erinnert an monumentale Brunnenanlagen des Manierismus und des Barock. Steinl hatte in Salzburg und ebenfalls auf seinen Reisen nach Nürnberg, Florenz und Rom dazu wesentliche Anregungen erhalten.[7] Die hoch übereinander aufgetürmten, schlanken Figuren gehen auf das Prinzip der »figura serpentinata« zurück, das vor allem durch Giambolognas (1529–1608) Raptusgruppen (Abb. 34) eindrucksvoll veranschaulicht wird. Sie enthüllen dem das Kunstwerk umschreitenden Betrachter stets neue Ansichten, die die Entfaltung der plastischen Formen erfahrbar machen. Zugleich kann auf eine vorbildhafte Deckendekoration von Pietro da Cortona (1596–1669) im Palazzo Pitti in der »Sala di Giove« verwiesen werden, denn es finden sich die Figuren vorgeprägt: der mit Blattranken umgürtete junge Mann, der langschwänzige Triton, die – hier leicht bekleidete – junge Frau, die tanzend die Arme über den Kopf hebt sowie der kleine, schwebende Putto.[8]

Wie schon bei der noch in Breslau entstandenen Kreuzigungsgruppe (Abb. 20)[9] verwendete Steinl auch bei der Allegorie anstelle von Elfenbein ein weniger teures Material, nämlich Walrosszahn, das an seiner gekörnten Struktur und seiner Krümmung zu erkennen ist. Das Zahndentin des Walrosses besteht aus zwei Schichten, wobei die äußere dem Aussehen von Elfenbein nahe kommt und die andere nahezu kristallin erscheint.[10] Diese Schichten sind bei den Figuren gut zu unterscheiden: So verläuft die Trennung zwischen innerer und äußerer Schicht beispielsweise bei dem stehenden Mann auf seiner linken Seite und durch das Gesicht des Tritons; der Rücken des Mannes und der der Nereide weisen die kristalline Beschaffenheit auf, die sich in eine elfenbeinähnliche Struktur ändert, wenn ein Arm oder Bein weiter nach außen vorstößt. Abseits jedoch von finanziellen Erwägungen kann die Wahl dieses Werkstoffs auch deshalb attraktiv gewesen sein, weil kaum ein Material für eine Allegorie des Wassers so passend gewesen wäre wie der Hauer eines Walrosses.

Möglicherweise entstand die allegorische Gruppe, anhand derer der Künstler demonstrativ sein universales Können und den beziehungsreichen Umgang mit Materialien vorführte, in unmittelbarem Zusammenhang mit seiner Bestellung zum kaiserlichen Kammerbeinstecher am 1. März 1688. Zum Beweis der allerhöchsten Meisterschaft, die dem

Künstler Anfang des 18. Jahrhunderts die Bezeichnung »vir in omni arte experto«, das heißt als in allen Künsten beschlagen, einbrachte,[11] komponierte Steinl den reichen, aus einem Stück geschnittenen Aufbau scheinbar mühelos in das beschränkte Volumen des gekrümmten Walrosszahnes. Das scheinbar labile Beiwerk der Sockelzone, selbst von expressiver Ausdruckskraft, und die bewegten, verschraubten Figuren sind zu einer unlösbaren Einheit zusammengefügt.

Das Virtuosenstück gilt als eines der schönsten Werke der Elfenbeinschnitzerei überhaupt. Im ältesten Inventar der Kaiserlichen Schatzkammer von 1750 findet sich eine Beschreibung des Werks: »Drei aufeinander stehende figuren, mit delphinen untermischet, in der höche aber ein kleiner bueb mit einer lanzen, auf ein ovalen postament, so mit bacchanalien basrelief verschniten«.[12]
SH

1 Zur Benennung des Themas der Gruppe als »Allegorie der Elemente Wasser und Luft« siehe erstmals Braun-Troppau 1940, S. 98–100. Ob jemals an die Ausführung der fehlenden Elemente Erde und Feuer gedacht war, ist unbekannt.

2 Meist werden entweder eine einzelne, ein Element verkörpernde Gestalt – gerne ein Gott wie beispielsweise der Meeresgott Neptun – oder Tätigkeiten gezeigt, die mit dem jeweiligen Element zu tun haben, so beispielsweise der Fischfang als Darstellung des Elements Wasser.

3 Zur Zuschreibung siehe vor allem Theuerkauff 1964, S. 46–48, 311–312; Pühringer-Zwanowetz 1966, S. 60–61, 208–209.

4 Pühringer-Zwanowetz 1966, S. 247–248.

5 Abb. siehe Pühringer-Zwanowetz 1966, Abb. 48–68. Auch bei den Stichen von Laubwerkfriesen, Blumengehängen oder Kartuschen fällt der überbordende Detailreichtum in der Gestaltung der verschlungenen, sich einrollenden Blätter, Gräser, Blüten und Früchte auf.

6 London, Victoria & Albert Museum, Inv.-Nr. A 44-1953. Dazu siehe Theuerkauff 1972.

7 Pühringer-Zwanowetz 1966, S. 160, 174–175.

8 Dazu siehe Pühringer-Zwanowetz 1966, S. 175.

9 Wien, Kunsthistorisches Museum, Geistliche Schatzkammer, Inv.-Nr. E 45.

10 Dazu siehe Becker 1991/1, S. 24.

11 Archiv des Stiftes St. Dorothea, Notata des Hofmeisteramts von 1701–1705 inklusive (L. Y. Nr. 53a), S. 279. Nicht original, sondern nachträglich über die geschnitzten Augen aufgetragen, sind die schwarzen Farbreste, die die Pupillen markieren; für die Information danke ich Barbara Goldmann, Wien.

12 Zitiert nach Zimerman 1889, S. CCLXXXIX, fol. 339, Nr. 51. Als Gegenstück war die Gruppe »Apoll und Daphne« von Jacob Auer (Wien, Kunsthistorisches Museum, Kunstkammer, Inv.-Nr. KK 4537; Abb. 79–80) in der Kaiserlichen Schatzkammer in Wien aufgestellt, dazu siehe Haag 2007/1, S. 136.

21f

22

Matthias Steinl (1643/44–1727)

PLUTO UND PROSERPINA

Wien
um 1690
Elfenbein
H. 26 cm, 38,1 cm (mit Sockel), T. 18 cm
Privatsammlung

Die Statuettengruppe zeigt einen nackten Mann, der auf einem mit einem Tuch bedeckten Aufsatz sitzt. Mit beiden Armen umgreift er eine neben ihm stehende, ebenfalls unbekleidete junge Frau. Zu Füßen des Paares liegt ein kleiner Knabe, der eine brennende Fackel hält (Abb. Kat.-Nr. 22a). In den Personen wurden zunächst »Neptun und Amphitrite« erkannt.[1] Der Meeresgott Neptun verliebte sich in die Nereide Amphitrite, die jedoch vor ihm floh. Erst ein Delfin brachte sie auf Befehl des Gottes zurück. Für diese Zuweisung fehlt in der Gruppe allerdings ein Attribut, das auf den Gott des Meeres verweist. Zudem erinnert der in diesem Zusammenhang als Muschel bezeichnete Sitz des Gottes[2] eher an eine mit Pflanzen bewachsene und mit Blattfestons verzierte Volute.

Eine andere Möglichkeit zur Deutung ist die Identifizierung der Figuren als Pluto und Proserpina.[3] Die brennende Fackel des Knaben könnte auf die finstere Unterwelt verweisen, in der der Gott Pluto herrscht.[4] Dieser hatte Proserpina, die gemeinsame Tochter des Götterpaars Jupiter und Ceres, beim Blumenpflücken überrascht und sich in sie verliebt: Er »sieht und begehrt und raubt sie zugleich fast«.[5]

Pluto stellt ein Bein nach vorn und winkelt das andere leicht abgespreizt an. Mit seiner rechten Hand fasst er um das linke Knie der Jungfrau, mit der linken, hoch erhobenen an ihre linke Seite. In der Sitzhaltung eher nach rechts gerichtet, wendet sich sein Oberkörper gegenläufig Proserpina zu. Durch seine ausgreifenden Armhaltungen nimmt er eine schräge, nach vorne gebeugte Haltung ein. Hoch aufgerichtet erscheint dagegen die junge Frau auf der Volute neben dem sitzenden Gott. Sie steht auf dem linken Standbein und setzt das rechte Spielbein nur mit den Zehen auf. Ihre

22 b

linke Hüfte schwingt weit aus; mit dem Oberkörper lehnt sie sich zurück und neigt sich zugleich dem Gott zu. Sie blickt nach oben und hat den Mund wie verhalten klagend geöffnet; auch ihr erhobener linker Arm deutet nur mehr gedämpften Widerstand an. Ihr auf seine Schulter gelegter Arm und die auf seiner Brust ruhende Hand lassen ebenfalls ihre nachlassende Verteidigung erkennen. Ein schmales Stoffband, das beider Arme umschlingt, wirbelt vor ihrem Körper wie vom Wind bewegt hoch. Die junge Frau ist mit einer Perlenkette und Perlenschnüren im Haar geschmückt. Aus ihrem Haarknoten lösen sich einige lange Locken und fallen auf den Rücken und über die Schulter herab.

Ein kleiner Putto, der zum Betrachter hin blickt, ergänzt die Komposition (Abb. Kat.-Nr. 22e). Er stützt sich mit einem Unterarm auf und hält eine brennende Fackel über seiner linken Schulter. Möglicherweise ist hier Amor gemeint, der das Liebesfeuer des Unterweltgottes zu der Jungfrau entfachte. In zahlreichen Darstellungen von Götterliebschaften ist Amor tatsächlich als Liebesverführer zugegen. Auch bei anderen Darstellungen des Raubs der Proserpina ist gelegentlich ein kleiner Knabe wiedergegeben. In diesen Fällen ist er jedoch durch den Caduceus-Stab als Merkur, der Proserpina aus der Unterwelt zu ihrer Mutter begleitete, ausgezeichnet.[6]

Alle drei Figuren sind trotz ihrer ineinander verschränkten und einander zugewandten Bewegungen vor allem auf die Vorderansicht ausgerichtet. Dennoch erlauben auch andere Ansichten neue Erkenntnisse (Abb. Kat.-Nr. 22b, d). Von links aus ist der Blick auf Plutos Gesicht möglich, das in der Hauptblickachse nur im Profil erscheint: Mit gezwirbeltem Schnurrbart und einem Backenbart ausgestattet, blickt er verehrend zu der jungen Frau hoch. Auch ist nur von hier aus das in weitem Bogen hinter Proserpina flatternde Tuch zu sehen. Von der rechten Seite aus sind die Bewegungen der beiden Protagonisten – ihre zurückgelehnte und seine vorgeneigte, die, ebenso wie die Schrägneigung seines Oberkörpers und die gespreizt aufgesetzten Beine, an den Torso vom Belvedere erinnern – zu erkennen (Abb. Kat.-Nr. 22c).[7]

Die Elfenbeinarbeit zeigt eine virtuose Beherrschung des Werkstoffs: Unter äußerster Ausnutzung des Elefantenzahns – der seitliche Blick auf die Gruppe lässt seine Biegung erkennen – wurde eine raumgreifende Dreiergruppe geschaffen.[8] Feinste Details wie Löckchen, die sich aus ihrem Haarknoten lösen, und flatternde Tücher sind freiplastisch gearbeitet. Die Körper sind weich modelliert; der Bildhauer gibt sie mit Falten und Wölbungen natürlich wieder; das polierte Elfenbein verleiht ihnen eine schimmernde Oberfläche.

22 a

22 c

22 d

22e

Das Werk wurde vorsichtig dem Kreis um Matthias Steinl zugeschrieben und in die Zeit um 1700 datiert.[9] Als Vergleich im Œuvre des kaiserlichen Kammerbeinstechers können die »Allegorie der Elemente Wasser und Luft« (Kat.-Nr. 21), datiert in das Jahr 1688, sowie seine berühmten Reitermonumente (Abb. 74–75) herangezogen werden. Nah verwandt sind die nach hinten durchgebogenen Körperhaltungen der Nereide in der Allegorie (Abb. 76) und der ebenfalls nach hinten geneigten Proserpina (Abb. Kat.-Nr. 22f) sowie die in ihrer Streckung und den weich-glatten Oberflächen vergleichbare Modellierung. Einige Falten unter dem Gesäß, die flatternden Bänder sowie die sich ringelnden, feinen Locken finden sich sowohl bei Proserpina als auch bei der weiblichen Gestalt der Allegoriengruppe. Auch die Figur Plutos kann mit Werken Steinls in Verbindung gebracht werden. Plutos Körper erinnert an den unter Leopold I. zu Boden gestürzten Türken: Die Rückansicht verrät in der minutiösen Modellierung der kräftigen Körper dieselbe Hand. Dasselbe lässt sich für Details wie die für Elfenbeinwerke Steinls typische Gestaltung der Augen, der lockigen Haare sowie der Falten des auf der Volute liegenden Tuchs feststellen. Eine solche Verwandtschaft, die sich außerdem im Profil Proserpinas und der Personifikation des Heiligen Römischen Reichs zu Füßen des reitenden Kaisers Karl VI. sowie in ihrem Haarschmuck und einem nach hinten wehenden Tuch ausdrückt, lässt es zu, die Gruppe »Pluto und Proserpina« Matthias Steinl zuzuschreiben. Die besondere Nähe zur Allegorie und zu Gestalten der Reitermonumente von 1693 sprechen für eine zeitliche Einordnung um 1690.

Entführungen der Sabinerinnen sowie der Europa, Helena, Kybele, Orithyia, Thetis oder beispielsweise auch der Amphitrite gehörten zu den seit dem Manierismus und besonders im Barock überaus beliebten sogenannten Raptusgruppen (Raubgruppen).[10] Während häufig in Anlehnung an Giambologna (1529–1608; Abb. 34), Pietro da Cortona (1596–1669), Peter Paul Rubens (1577–1640) oder Nicolas Poussin (1594–1665) die sich in ihrer Abwehr windenden Frauen davongetragen werden, entführt Pluto Proserpina mit einem Pferdegespann. Gerne aber näherten sich Bildhauer bei dieser Entführung den bekannten Raubgruppen an und verzichteten auf das Gefährt. Von Künstlern wie Giambologna oder Adrian de Vries (1556–1626) weiß man, dass ihnen die Überzeugungskraft ihrer ineinander verschraubten Figuren bedeutsamer erschien

22f

als die ikonographisch exakte Identifizierung ihrer Raubgruppen. Möglicherweise stand der künstlerische Aspekt auch für den Bildhauer der Gruppe »Pluto und Proserpina« im Vordergrund.

In der Elfenbein-Gruppe wird keine gewaltsame Entführung geschildert. Eher präsentiert sich Proserpina, sofern es sich um sie handelt, als Königin, verehrt und geliebt von Pluto. Noch sind Schrecken und Abwehr in ihrer Mimik und Körperhaltung zu erkennen, gleichzeitig jedoch ist sie die dominierende Gestalt, zu der Pluto bewundernd aufblickt. Die Szene erinnert an Ovids Erzählung, in der eine Nymphe der Göttin Ceres, der Mutter Proserpinas, berichtet: »Traurig ist sie zwar noch, noch jetzt von erschrockenem Antlitz, Königin aber doch, die größte doch in dem finstren Reiche, gebietend Ehgemahl doch des Fürsten der Tiefe.«[11] Eher als an die bekannten Raubgruppen ist »Pluto und Proserpina« mit der Bronzegruppe »Herkules, Nessus und Deianira« (1602) des Flamen Hubert Gerhard (um 1550–1620) zu vergleichen, in der Herkules, über den besiegten Kentaur Nessus hinwegschreitend, seine Gattin in den Armen trägt – ein Werk, das sich bereits 1619 in der Kaiserlichen Kunstkammer in Wien befand.[12] In der Auffassung verwandt erscheinen ebenso Darstellungen von göttlichen Liebespaaren, in denen oft die Vorrangstellung der Göttinnen betont wird. Dies lässt sich besonders auffällig bei Gemälden des vorwiegend in Prag tätigen Bartholomäus Spranger (1546–1611) beobachten. In seinen Gemälden »Mars, Venus und Amor« (um 1595),[13] »Venus in der Schmiede des Vulkan« (1607)[14] oder auch »Vulkan und Maia« (um 1585)[15] zeigen die Götter eine bewundernde, beinahe um Liebe bittende Haltung. So umgarnt Vulkan Maia mit unbeholfenen Zärtlichkeiten; an Venus schmiegt sich verlangend entweder ihr Ehemann Vulkan oder ihr Geliebter, der Kriegsgott Mars. Werke von Spranger, die sich in der kaiserlichen Sammlung in Wien befanden, kann Steinl gekannt haben.[16] Auch fällt in diesen Gemälden gelegentlich die nach hinten durchgebogene, sich den Blicken auf den Körper darbietende Haltung einiger Göttinnen auf: Sowohl Maia als auch Antiope in dem Bild »Jupiter und Antiope«[17] präsentieren ihre Körper in derart verführerischen Posen.

Die zierliche Gruppe befand sich im 19. Jahrhundert in der ehemaligen Wiener Sammlung von Anselm Salomon von Rotschild, der zwischen 1849 und 1866 zahlreiche Elfenbeinwerke erwarb, darunter auch viele Stücke aus dem Besitz des Fürsten von Liechtenstein.[18] Zu seiner Sammlung gehörten Werke von Adam Lenckhardt (1610–1661), vom Meister der Sebastiansmartyrien sowie weitere beispielsweise von Georg Petel (1601/02–1634), Antonio Leoni (nachweisbar ab 1694/96–1716) oder Jacob Auer (1645–1706), also Elfenbeine von berühmten »Beinstechern« des 17. Jahrhunderts, mit denen sich die hier behandelte Gruppe durchaus messen kann.[19] Die mögliche Provenienz aus dem Hause Liechtenstein sowie die Zuschreibung an Matthias Steinl lassen an einen hochgestellten Wiener Auftraggeber für die Gruppe »Pluto und Proserpina« denken. MB

Abb. 76 Matthias Stein, Allegorie der Elemente Wasser und Luft (Detail: Nereide, Kat.-Nr. 21), um 1688, Elfenbein, Wien, Kunsthistorisches Museum, Kunstkammer

1 So Theuerkauff 2003, S. 18, 23.

2 So Theuerkauff 2003, S. 23.

3 Dazu siehe Sotheby's New York, Old Master Paintings and Sculpture, 28. Januar 2010, Los 291, S. 78.

4 Ovid, V, Vers 341–571.

5 Zitiert nach Holzberg, Ovid 1997, V, Vers 395.

6 So bei Adrian de Vries' themengleicher Darstellung von 1621, Berlin, Staatliche Mussen, Skulpturensammlung (Bodemuseum). Dazu siehe Schmitz 1992, S. 62.

7 Zum Torso vom Belvedere siehe auch Kat.-Nr. 23. Möglicherweise orientierte sich Steinl auch an Pietro Berninis (1562–1629) Marmorstatue »Johannes der Täufer« (Rom, San Andrea della Valle, 1613/14–1615).

8 Der Verlauf des Elefantenzahns wird auch durch eine über und unter ihrer rechten Brust mit Elfenbeinstiften geschlossene Stelle, an der sich ursprünglich die Pulpa befand, erkennbar.

9 So Theuerkauff 2003, S. 18, 23.

10 Zum Thema der Raubgruppen von der Renaissance bis zum Spätbarock siehe Schmitz 1992.

11 Zitiert nach Holzberg, Ovid, V, Vers 506–508.

12 Wien, Kunsthistorisches Museum, Kunstkammer, Inv.-Nr. KK 5979. Dazu siehe Leithe-Jasper 2000.

13 Graz, Alte Galerie am Landesmuseum Joanneum, um 1595, Inv.-Nr. 67; Abb. siehe in Ausst.-Kat. Wien 1987, S. 158.

14 Wien, Kunsthistorisches Museum, Gemäldegalerie, Inv.-Nr. 2001. Dazu siehe Ausst.-Kat. Wien 1995, S. 69.

15 Wien, Kunsthistorisches Museum, Gemäldegalerie, Inv.-Nr. 1128. Dazu siehe Ausst.-Kat. Wien 1995, S. 66.

16 Eine vergleichbare Dominanz der weiblichen Gestalten ist gelegentlich bei Tragegruppen von Adrian de Vries zu beobachten.

17 Wien, Kunsthistorisches Museum, Gemäldegalerie, Inv.-Nr. 5752. Dazu siehe Ausst.-Kat. Wien 1995, S. 69.

18 Zur weiteren Provenienz, insbesondere auch zwischen 1938 und 1947, siehe Theuerkauff 2003, S. 17, 23.

19 Theuerkauff 2003, S. 18, 23, Abb. 10. Siehe Schestag 1866, Bd. I, S. 14, Nr. 92. Zuletzt siehe zu der Gruppe Sotheby's 2010 (wie Anm. 3).

23

Matthias Steinl (1643/44–1727)

CHRONOS AUF DER WELTKUGEL

Wien
um 1715
Elfenbein und Lapislazuli
H. ca. 19 cm, B. (Flügel) ca. 14 cm; größte T. ca. 13 cm; Durchmesser der Kugel ca. 5.5 cm
Sammlung Reiner Winkler
Inv.-Nr. W. 141

Die kleine Statuette mit angesetzten, ebenfalls elfenbeinernen Flügeln ist auf eine Kugel aus marmoriertem Lapislazuli montiert.[1] Sie gehört zu einer Gruppe von neun aus Elfenbein oder Walrosszahn geschnittenen Werken, die gegenwärtig von Matthias Steinl bekannt sind: ein Triton (Abb. 71), das Fragment einer Kreuzigungsgruppe (Abb. 20), die »Allegorie der Elemente Wasser und Luft« (Kat.-Nr. 21), die Gruppe »Pluto und Proserpina« (Kat.-Nr. 22), die drei hoch berühmten Reitermonumente von Kaiser Leopold I., König Joseph I. (Abb. 74–75) und Kaiser Karl VI. sowie das Porträt von Franz Ludwig von Pfalz-Neuburg (1664–1732, Abb. 72).

Dargestellt ist Chronos, der Gott der Zeit, der traditionell als alter, bärtiger Mann wiedergegeben wird und als Attribute Sense und Stundenglas mit sich führt. Chronos wird oft als Herrscher und Zerstörer sowie als Vater und Befreier der Wahrheit verstanden. Er vernichtet Neid und Missgunst, verkörpert die gute Regentschaft und enthebt besondere Persönlichkeiten ihrer zeitlichen Gebundenheit.[2]

Chronos (Abb. Kat.-Nr. 23a) scheint über der Kugel regelrecht zu schweben; das linke Bein ist knapp unterhalb des Knies auf dem Stein befestigt, als weitere Stütze dient ein schmales Stoffband, das die Blöße des nackten Mannes bedeckt. Das andere, ebenfalls angewinkelte Bein hängt frei in der Luft. Die kräftigen, sorgfältig mit Federn geschmückten Flügel sind weit gespannt. Der linke Arm ist bis zum Schulteransatz verloren; er war nach oben gestreckt und hielt vermutlich das Stundenglas; der andere, dessen Oberarm teilweise erhalten ist, führte seitlich nach unten und trug wohl die Sense. Aber selbst ohne die Arme wird – nicht zuletzt durch das um die Gestalt wie von Wind bewegte Stoffband – die weit in den Raum sich ausbreitende Bewegung der Figur deutlich. Chronos wendet den Kopf abrupt nach links, so dass seine Haare und sein Bart zur Seite wehen. Unter der gerunzelten Stirn und den angehobenen Brauen war sein Blick wahrscheinlich auf das erhobene Stundenglas gerichtet.

Auch die Seitenansicht bestätigt die raumgreifende Bewegung der Figur mit den in den Knien gebeugten Beinen und den hoch aufgestellten, großen Flügeln (Abb. Kat.-Nr. 23b). Zudem bläht sich das um Chronos wirbelnde Tuch auf der Rückseite in einem weiten Bogen. Es flattert vom rechten Arm nach hinten und wird über den Rücken hinweg nach vorn und zwischen den Beinen wiederum zur Rückseite geführt. Dieser Eindruck wird von den ursprünglich in den Raum hineinragenden Armen und den Attributen noch nachhaltig verstärkt worden sein. Schließlich vollendet auch der Kopf auf dem lang vorgestreckten Hals die weit ausholende Gestik des Gottes. Die sensibel modellierte Oberfläche des trotz seiner Zierlichkeit muskulösen, fast jugendlich anmutenden Körpers sowie die Feinheit der ziselierten Locken, der Flügel und des weich schwingenden Tuchs zeichnen die meisterliche Behandlung der Statuette aus. Obwohl nur von geringer Größe, strahlt sie Monumentalität aus.

Die Figur wird überzeugend Matthias Steinl zugeschrieben.[3] Seine Engel vom Chorgestühl der Leubuser Stiftskirche können – sowohl im Hinblick auf die raumbildende Kraft als auch die Gestaltung der Flügel – mit Chronos verglichen werden. Die weich fließenden Falten des Tuchbands, das den Gott umweht, erinnern an den Faltenschwung des Gewands der Heiligen Maria Magdalena aus der Kreuzigungsgruppe (vor 1688; Abb. 20), an den links stehenden Engel vom Altar des Heiligen Joseph im Wiener Stephansdom (um 1700), an die Statuen auf dem Altar der kaiserlichen Gruft mit der Darstellung der Beweinung Christi (heute in der Kapuzinerkirche, Wien, um 1715)[4] sowie an die Frankfurter »Maria Immaculata« (Abb. 73), eine möglicherweise in den 1690er-Jahren als Entwurf für eine Siegessäule entstandene Statue.[5]

Vorstellbar wäre eine Anbringung des Chronos auf einer Uhr, vergleichbar dem oberen Figurenaufsatz auf einer der größten und berühmtesten Prunkuhren, die als Abschluss den auf einer Wolke fliegenden Zeus zeigt.[6] Als weitere Vergleichsbeispiele können eine Florentiner Uhr mit einem bekrönenden Chronos[7] oder auch die Bronzefigur eines auf der Weltkugel sitzenden Chronos im Grünen Gewölbe in Dresden genannt werden.[8] Solche kleinen, figürlichen Aufsätze sind sowohl in der Goldschmiedekunst als auch in der Elfenbeinschnitzerei bekannt. Balthasar Permoser (1651–1732) etwa fertigte zwischen 1690 und 1694 eine kleine Jupitersäule, auf der eine 17cm hohe Statuette des Gottes aus Elfenbein angebracht ist.[9] Mit weit ausfahrenden Gesten sitzt der Göttervater dort auf einem Adler, dessen ausgebreitete Schwingen die Bewegtheit der Gruppe betonen.

Möglicherweise war die Statuette des Chronos nicht immer auf der Kugel aus Lapislazuli angebracht. Ein hinter dem die Blöße bedeckenden Tuch und von unten in den Körper gebohrtes, ca. 1 cm tiefes Loch könnte für eine andere ursprüngliche Aufstellung vorgesehen gewesen sein.[10] Die Haltung des schwebenden, im Knie gebeugten rechten Beins erscheint zudem seltsam unmotiviert, außerdem ist die Montage des linken Beins auf der Kugel für einen Meister wie Matthias

23a

Steinl deutlich zu grob. Man könnte sich den elfenbeinernen Chronos statt dessen auf Wolken oder, falls architektonische Versatzstücke gewählt waren, auf Voluten kniend vorstellen.

Nah verwandt ist eine Statuette mit einer Chronos-Darstellung Balthasar Permosers.[11] Zwar ist hier Chronos schreitend wiedergegeben und auch sein männlich muskulöser Körper unterscheidet sich von Steinls Werk. Dagegen aber sind der scharf seitwärts gewandte Kopf, die aufgrund der jähen Kopfbewegung zurückwehenden Kopf- und Barthaare, die mächtigen, entfalteten Flügel, der erhobene linke Arm (ursprünglich mit Sanduhr) und der gesenkte rechte Arm, der Reste der Sense hält, vergleichbar.

Auffällig ist zudem, insbesondere in der Seitenansicht, die Vorbildhaftigkeit des »Torso vom Belvedere« für die Haltung der beiden Schultern ebenso wie für die Neigung und Drehung des Oberkörpers.[12] Auch die »Ignudi« und Skulpturen in der Medici-Kapelle von Michelangelo (1475–1564) beziehen sich wahrscheinlich auf diese berühmte antike Skulptur.[13] Sowohl der Torso als auch Michelangelos Bewunderung für diesen und seine davon beeinflussten Werke wurden von Bildhauern als Vorbilder angesehen. Da Steinl seine Studienzeit wenigstens zum Teil in Italien verbracht haben wird, kann vermutet werden, dass er das antike Original ebenso wie seine Rezeption bewusst studiert hatte.[14] Sowohl beim Unterweltsgott in der Gruppe »Pluto und Proserpina« (Kat.-Nr. 22) als auch bei »Chronos« sind Reflexe des Torsos zu erkennen. Dass ein Werk, das zum Symbol für die Bildhauerei sowie für Größe und Vergänglichkeit wurde,[15] als Vorbild für die Gestalt des Chronos diente, verrät einen Meister, der seine Bildsprache beziehungsreich einzusetzen verstand. MB

1 Möglicherweise ist ein dunkler Einschluss auf der Tuchunterseite ein Rest der Pulpa. Zu der Statuette siehe Theuerkauff 1984, S. 133–136; ergänzend Theuerkauff 1994, S. 164; Kappel 2001, S. 82–83.

2 Dazu siehe Hoberg 2007.

3 Siehe Theuerkauff 1984, S. 133–136, der die Anregung zur Zuschreibung von Alfred Schädler, München, und zustimmende Zuschreibung von Leonore Pühringer-Zwanowetz, Wien, erwähnt und die Statuette in die Zeit um 1720/25 datiert. Es ist zweifelhaft, ob es sich bei der Statuette um ein Selbstbildnis des alternden Steinl handelt, so Theuerkauff 1984, S. 136, der eine Überlegung von Leonore Pühringer-Zwanowetz und Karen Meetz wiedergibt, dazu siehe Theuerkauff 1984, S. 136; Theuerkauff 1994, S. 164. Kappel 2001, S. 82, bezweifelt die Identifikation als Selbstporträt.

4 Diesen Vergleichsbeispielen folgend, wäre zu überlegen, ob die Statuette des Chronos etwas früher, in die Zeit um 1715, zu datieren ist.

5 Frankfurt am Main, Liebieghaus Skulpturensammlung, Inv.-Nr. 1532. Pühringer-Zwanowetz 1977, S. 439–440, datiert die Statue in die Zeit um 1688.

6 München, Bayerisches Nationalmuseum, Inv.-Nr. 3376–3377, Prunkuhr, Augsburg, um 1700, u. a. von Johann I Bartermann, Johann Valentin Gevers und Johann Andreas Thelott (1655–1734) geschaffen, H. 260 cm.

7 Dazu siehe Theuerkauff 1984, S. 136.

8 Dazu siehe Theuerkauff 1984, S. 136; Kappel 2001, S. 82. Abb. siehe Holzhausen 1939, S. 177, Abb. 15.

9 Dresden, Staatliche Kunstsammlungen, Grünes Gewölbe, Inv.-Nr. II 340, dazu siehe Kappel 2001/02, S. 66–67.

10 Auch von Theuerkauff 1984, S. 133, erwähnt.

11 Privatbesitz, ehemals zur Gartenausstattung von Schlosspark Seerhausen gehörend, H. 235 cm, Sandstein; dazu siehe Welich 2001/02, S. 20–21.

12 Dazu siehe Theuerkauff 1984, S. 136; Kappel 2001, S. 82.

13 Dazu siehe Wünsche 1998/1, S. 30.

14 Dem Chronos verwandt erscheint auch eine als Herakles ergänzte vergoldete Kleinbronze (italienisch, Ende des 16. Jahrhunderts, Köln, Museum für Angewandte Kunst, Sammlung Clemens, Inv.-Nr. 811), die sich auf den Torso bezieht; vor allem finden sich hier auch das rechte, angewinkelt zurückgesetzte Bein sowie der abrupt, in diesem Fall zur rechten Seite, gewandte Kopf.

15 Dazu siehe Wünsche 1998/2.

23b

Jacob Auer (um 1645–1706)

»ORNATISSIMUS ET PERARTIFICIOSUS DOMINUS«

EVA MARIA BREISIG

Der Bildhauer Jacob Auer wurde um 1645 in Haimingerberg nahe Silz in Tirol geboren.[1] Das breite Spektrum seines Kunstschaffens umspannt sowohl großplastische Werke in Stein und Holz, etwa für Kirchenportale oder Altäre, als auch kleinplastische Arbeiten in Elfenbein und Rhinozeroshorn, vornehmlich als Andachtsbilder oder Kunstkammerstücke. Gerade die kleinformatigen Bildwerke, die durch eine äußerst hohe Virtuosität in der schnitzerischen Ausführung auffallen und einen hohen dekorativen Eigenwert besitzen, zeigen neben religiösen Themen oft auch mythologische Sujets.[2] Die für Auer gesicherten, da mit einem Monogramm oder einer Signatur versehenen oder urkundlich überlieferten Arbeiten entstanden in einem Zeitraum ab dem Jahre 1677 bis ins beginnende 18. Jahrhundert hinein.[3] Welche Wertschätzung der Künstler schon zu Lebzeiten genoss, lässt sich daran ablesen, dass er im Taufeintrag eines seiner Kinder im Jahre 1682 als »ornatissimus et perartificiosus dominus«, als »höchst ehrenwerter und kunstreicher Herr« bezeichnet wird.[4]

Von 1666 bis 1671 absolvierte Jacob Auer in Grins bei Landeck seine Lehre in der Werkstatt des Holzbildhauers Michael Lechleitner (um 1611–1669) und heiratete schließlich am 26. April 1672 dessen Tochter Rosina. Nach dem Tod des Schwiegervaters übernahm Auer im darauffolgenden Jahr den Werkstattbetrieb. Für das Jahr 1681 ist der Kauf eines eigenen Hauses in Grins belegt, bis 1689 wurden insgesamt vier Kinder des Künstlers dort getauft und seit 1698 wurde Auer selbst mehrfach vor Ort bezeugt. Es kann somit davon ausgegangen werden, dass ihm Grins bis zu seinem Lebensende als Hauptwohnsitz diente.[5]

Jacob Auer war mit seiner großen Werkstatt neben Aufträgen in seiner Tiroler Heimat hauptsächlich für reiche Stifte in Oberösterreich tätig, für die er sowohl klein- als auch großformatige Werke schuf. Nachweislich arbeitete er zwischen 1681 und 1693 in Lambach, wahrscheinlich 1681/82 und 1697 bis 1699 in Kremsmünster sowie 1695 bis 1702/ 03 und 1706 in St. Florian; zwischen 1687 und 1693 war Auer vermutlich auch in Wien tätig.[6] Das Fehlen entsprechender Quellen macht es jedoch unmöglich, eine Zuordnung seines kleinplastischen Œuvres, das hier im Vordergrund stehen soll, zu den Stationen seiner künstlerischen Tätigkeit vorzunehmen und eine exakte Chronologie für seine Arbeiten zu erstellen.[7]

Das früheste sicher nachweisbare Werk des Künstlers ist das mit »IACOB AVER P[ildhauer]. 1677« signierte und datierte Elfenbeinrelief mit der Darstellung von Adam und Eva unter dem Baum der Erkenntnis in Weimar (Abb. 82).[8] Dieses Täfelchen veranschaulicht paradigmatisch Auers Reliefstil. Wie vermutlich die meisten seiner Reliefs bezieht sich auch das Weimarer Stück auf eine grafische Vorlage, hier wohl aus spätmanieristischer Zeit.[9] Auers Elfenbeinreliefs zeichnen sich durch zum Teil fast transparent-dünne Gründe, eine äußerst virtuose Umsetzung und minutiös geschilderte Details aus. Stark bewegte Pflanzen und umrankte Bäume mit Blattwerk werden in besonders kleinteiliger und verspielter Zeichnung dargestellt. Die vor dieser Folie auftretenden Figuren wirken mit ihren gezierten, oft auch undefinierten Haltungsmotiven und anatomisch wenig überzeugenden Proportionen eher manieristisch und sind durch eine sehr weich modellierte Körperlichkeit und meist glänzend-glatt polierte Oberflächen gekennzeichnet. Typisch für Auers kleinplastisches Werk sind zudem die stark lockige Haargestaltung und Physiognomien mit leicht geöffneten Mündern und markanten Augenbrauenpartien.

Aus einem Vertrag vom 1. November 1681 zwischen Auer und Abt Ehrenbert von Kremsmünster geht hervor, dass der Künstler im Jahre 1682 bei voller Verpflegung für drei Monate Arbeit in »Holz, Elfenbein oder Stein« mit 150 Gulden entlohnt wurde.[10] Für das Stift Kremsmünster fertigte Auer nachweislich auch Drechslerarbeiten an.[11] Gleichzeitig ist Auer ab 1681 gut ein Jahrzehnt lang auch für das Stift Lambach tätig. 1693 vollendet er dort schließlich das hochbarocke, viersäulige Eingangsportal aus Marmor am Westtrakt des Stifts, das als sein großplastisches Hauptwerk gilt und mit »J. Auer invenit et fecit« signiert ist.[12] Zum Portal gehört neben monumentalen Sandsteinskulpturen der Heiligen Adalbert und Kilian sowie einer Muttergottes mit Kind auch eine von Engeln getragene Kartusche mit den Wappen des Abts und der Abtei (Abb. 78). Charakteristisch für die Bauplastik Auers sind die schwere Draperie mit schwingenden, bewegten Säumen sowie wiederum eine kleinteilige, ornamentale Modellierung mit vielen Details. Figurentypen und Physiognomien scheinen zudem seinen Elfenbeinarbeiten verwandt.[13] Vorbilder für die großplastischen Arbeiten Auers werden vor allem im italoflämisch geprägten Stil Michael Zürns des Jüngeren (1654–1698), so etwa in dessen marmornen Altarfiguren im Benediktinerstift Kremsmünster von 1682/84, und den Figuren Paul Strudels (um 1648–1708), der ab 1680 in Wien tätig war, gesehen.[14]

Als weiteres Beispiel für die Vielfältigkeit der Arbeiten Auers auch im Kleinplastischen ist der wohl um 1680/90 entstandene Prunkpokal aus Rhinozeroshorn in München zu nennen (Abb. 77).[15] Das prachtvolle, fast 60 cm hohe Prunkgefäß mit kunstvoll emaillierter und mit Edelsteinen besetzter Edelmetallfassung ist auf der Basis mit dem Monogramm »I.A.« versehen. Vor allem die verschränkte Komposition der Sockelfiguren und der Figurengruppe auf dem Kuppadeckel sind

Abb. 77 Jacob Auer, Prunkpokal mit allegorisch-mythologischen Szenen, um 1680–90, Rhinozeroshorn mit emaillierter Goldschmiedefassung, München, Schatzkammer der Residenz

Reminiszenzen an Inventionen aus dem Kreis um Giambologna (1529–1608).[16]

Ein Aufenthalt Auers in Wien ist bislang quellenmäßig nicht gesichert. Ebenfalls unklar ist seine mögliche Mitarbeit an dem von Matthias Rauchmiller (1645–1686) begonnenen und auf Betreiben Johann Bernhard Fischer von Erlachs (1656–1723) etwa von dem Hofbildhauer Paul Strudel weitergeführten Projekt der Wiener Pestsäule am Graben (1685–1693).[17] Es gilt jedoch als sehr wahrscheinlich, dass sich Auer nach 1680/82 und vielleicht zwischen 1687 und 1693 mehrfach in der kaiserlichen Residenzstadt aufgehalten hat, wo er in den Einflussbereich der wesentlich bewegter arbeitenden Künstler Matthias Rauchmiller, seit 1674 in Wien, und vielleicht Matthias Steinl (1643/44–1727), späterer kaiserlicher Kammerbeinstecher, seit 1688 in Wien, geriet. Dabei sind figürliche Prototypen, Stilvorbilder und kompositionelle Anregungen in der Kunst der ersten Hälfte des Jahrhunderts unter anderem im Umkreis von Giambologna oder Gianlorenzo Bernini (1598–1680) zu suchen.[18] Vielleicht kannte Auer sogar den als Inkunabel der barocken Elfenbeinkunst geltenden Prunkhumpen Rauchmillers von 1676, der – seit 1707 in liechtensteinischem Besitz – höchstwahrscheinlich für den kaiserlichen Hof in Wien entstanden war (Abb. 119–128).[19]

Direkte Aufträge des Wiener Hofs an Jacob Auer sind bisher noch nicht nachgewiesen.[20] Doch könnte die Auer zugeschriebene Gruppe »Apoll und Daphne« (Abb. 79–80) um 1688/90 für diesen geschaffen worden sein.[21] Bereits 1750 wird sie im Schatzkammerinventar der kaiserlichen Sammlungen als »Die Daphne, in einen lorberbaum verwandlet, samt Apolo auf einen hoch ovalen postement, welches sehr stark mit bachanalien basrelief verschniten« erwähnt.[22]

Die etwa 44 cm hohe, vollrunde Gruppe, die aufgrund ihrer großen Kunstfertigkeit zu den Virtuosenstücken barocker Elfenbeinplastik zählt, ist zusammen mit ihrer Bodenplatte aus einem Stück gearbeitet. Sie zeigt die Szene aus den Metamorphosen des Ovid, wie Apoll die vor ihm fliehende Nymphe Daphne einzufangen sucht.[23] Im letzten Moment jedoch, als der Gott sie schon umfasst, verwandelt sich diese mit Hilfe ihres Vaters Peneios in einen Lorbeerbaum, um sich ihrem Verfolger zu entziehen. Der im Barock beliebten Darstellung dieses dramatischen Moments, in dem Verfolgung und Verwandlung sich zu einem Kulminationspunkt verbinden, wird hier jedoch zu Recht eine gewisse Spannungslosigkeit und Erstarrung attestiert.[24] Vorbildlich scheinen auch hier Werke Gianlorenzo Berninis gewirkt zu haben, so seine themengleiche monumentale Marmorgruppe von 1622/24 in der Galleria Borghese in Rom, deren barocke Dynamik aber von der Auer'schen Gruppe nicht erreicht wird.[25] Bei dieser steht hingegen die schnitztechnische Virtuosität im Vordergrund, mit der das fein durchbrochene Geäst und Laubwerk, die kunstvolle, perlendurchwirkte Frisur Daphnes (Abb. S. 154) und die kleinteilig-elegant gefältelte Draperie gearbeitet sind. Diese Detailtreue kontrastiert zudem effektvoll mit dem schönlinig geschwungenen, glattglänzend polierten nackten Körper, was dem Werk seinen besonders dekorativen Reiz verleiht.[26]

Dem erwähnten Schatzkammerinventar zufolge war als Gegenstück zu »Apoll und Daphne« die um 1688 datierte Gruppe »Allegorie der Elemente Wasser und Luft« (Kat.-Nr. 21) des kaiserlichen Kammerbeinstechers Matthias Steinl ausgestellt.[27] Bezüge zur allegorischen Gruppe Steinls wurden auch schon bei einem weiteren monogrammierten Hauptwerk Auers, der Elfenbeingruppe »Nessus raubt Dejanira«, erkannt (Abb. 81).[28] Dieses Stück, »Ein Centaurus, so Dianiram entführet von Helfenbein«,[29] wird im Mannheimer Inventar von 1730 aufgeführt und stammt aus der Sammlung des Kurfürsten Johann Wilhelm von der Pfalz in Düsseldorf.[30] Diese fürstliche Auftraggeberschaft für ein Kunstkammerstück kann somit als weiteres Beispiel für den damaligen Bekanntheits- und Beliebtheitsgrad der Auer'schen Werke stehen.

Abb. 78 Jacob Auer, Eingangsportal am Westtrackt des Stifts Lambach, 1681–93

Durch Rechnungen für zahlreiche Arbeiten in Stein und Holz ist als letzte bekannte Station im künstlerischen Leben Jacob Auers von 1695 bis 1702/06 St. Florian bei Linz urkundlich bezeugt.[31] Dort führte er etwa heute noch erhaltene Heiligenfiguren an der Fassade der Stiftskirche oder Figuren der vier Kirchenväter in den Chorgestühlnischen aus; weitere Skulpturen im Giebelbereich und an der Orgel werden Auer zugeschrieben.[32] Nachdem Auer krank aus St. Florian nach Grins zurückgekehrt war, stirbt er dort im Jahre 1706.[33] Das Erbe, das Jacob Auer seinen Kindern hinterließ und das sich nach Abzug aller Schulden auf die beachtliche Summe von 3540 Gulden belief,[34] spricht für den Erfolg des »Sculptor Extallensis«[35].

1 Zu Jacob Auer siehe vor allem Kappel 2001, S. 123; Haag 1995, S. 266; Schulze 1992, S. 613; Theuerkauff 1994, S. 23; Theuerkauff 1983, S. 194–208; Birke 1981, S. 27–30. Zur älteren Literatur siehe Theuerkauff 1983, S. 206, Anm. 1.

2 Überblick über das Werk vor allem bei Schulze 1992, S. 613; Theuerkauff 1983, S. 194–208; Birke 1981, S. 27–30.

3 Kappel 2001, S. 123.

4 Zitiert nach Theuerkauff 1983, S. 194, aus einem Dokument von 1682. Siehe dazu Lorenz 1952, S. 67.

Abb. 79/80 Jacob Auer, Apoll und Daphne, um 1688/90, Elfenbein, Wien, Kunsthistorisches Museum, Kunstkammer

5 Siehe vor allem Theuerkauff 1983, S. 194. Kappel 2001, S. 123; Theuerkauff 1994, S. 23; Gerhardt 1996, S. 711; Haag 1995, S. 266; Schulze 1992, S. 613, fälschlich 1676–81 als Lehrzeit.

6 Zu den Daten siehe vor allem Theuerkauff 1983, S. 194, 198, 204; Theuerkauff 1994, S. 23; Gerhardt 1996, S. 711; Haag 1995, S. 266.

7 So auch Theuerkauff 1983, S. 204.

8 Klassik Stiftung Weimar, Schlossmuseum, Inv.-Nr. N 1088. Zu diesem, erstmalig von Theuerkauff 1962/1, S. 17, 50, Nr. 20, veröffentlichten Täfelchen siehe vor allem Birke 1981, S. 27; Theuerkauff 1983, S. 194–195; Philippovich 1982, S. 260.

9 Siehe dazu beispielsweise auch die beiden Reliefs mythologischen Inhalts in den Staatlichen Kunstsammlungen in Kassel; siehe Theuerkauff 1983, S. 201–203 mit Abb. 23–24; Theuerkauff 1994, S. 23.

10 Siehe Theuerkauff 1983, S. 197; so auch Philippovich 1982, S. 260.

11 Theuerkauff 1983, S. 198.

12 Theuerkauff 1983, S. 196; Gerhardt 1996, S. 711; Kappel 2001, S. 123; Luger 1966, S. 3–4; Hainisch 1959, S. 172–174 und Abb. 160–167.

13 Theuerkauff 1983, S. 196.

14 So vor allem Theuerkauff 1983, S. 197; auch Kappel 2001, S. 123.

15 München, Residenz, Schatzkammer, Inv.-Nr. ResMü Schk 1173 (WL). Siehe dazu Brunner 1970, S. 350, Nr. 1173.

16 Theuerkauff 1983, S. 194; Theuerkauff 2000, S. 1706. – Die lange in der Forschung aufgrund des mit »IA« bezeichneten Münchener Exemplars Jacob Auer zugeschriebenen vielfigurigen sogenannten Engelsturzgruppen werden heute jedoch mehrheitlich als süditalienische Werke erkannt; siehe dazu Kappel 2001, S. 123; Theuerkauff 1983, S. 195; Philippovich 1961, S. 22–29; ausführliche Diskussion auch bei Theuerkauff 1986, S. 351–366.

17 Theuerkauff 1983, S. 199–200; Birke 1981, S. 44. Zur Pestsäule siehe Coudenhove 1958; Sedlmayr 1997, S. 141–142; Schikola 1970, S. 102–106. Mitarbeit Auers an der Pestsäule zusammen mit Strudel und Rauchmiller noch bei Philippovich 1982, S. 208, 260, oder Schikola 1970, S. 158, Anm. 218, proklamiert.

18 Zu einem Aufenthalt Auers in Wien und den dortigen Beeinflussungen siehe Haag 2007/1, S. 144; Haag 1995, S. 266; Theuerkauff 1983, S. 194, 199–200, 206; Theuerkauff 1994, S. 23; Schädler 1972, S. 6, Anm. 28; Schulze 1992, S. 613; Kappel 2001, S. 24, 123.

19 So Haag 1995, S. 268, Anm. 10; Theuerkauff 1983, S. 200–201. Siehe auch den Beitrag von Maraike Bückling, Rauchmiller, in diesem Katalog.

20 Haag 1995, S. 266. Anders Schulze 1992, S. 613, der sicher von Arbeiten im Auftrag des Wiener Hofes spricht.

21 Wien, Kunsthistorisches Museum, Kunstkammer, Inv.-Nr. KK 4537. Haag 1995, S. 266–271 (datiert 1688/90; siehe dort auch ältere Literatur); Theuerkauff 1983, S. 195, 201 (datiert nach 1680–1685). Birke 1981, S. 27–30, schreibt die Gruppe erstmals und überzeugend Jacob Auer und nicht mehr Matthias Rauchmiller zu.

22 Zimerman 1889, S. CCXCIII, Nr. 62. Schon zuvor wird das Werk in verschiedenen Reiseberichten des 18. Jahrhunderts erwähnt, die die kaiserliche Elfenbeinsammlung thematisieren; so Haag 2007/1, S. 144.

23 Ovid, I, Vers 546–556.

24 Haag 2007/1, S. 144; Haag 1995, S. 267; Theuerkauff 1983, S. 196; Birke 1981, S. 28.

25 Haag 2007/1, S. 144; Haag 1995, S. 267; Theuerkauff 1983, S. 196.

26 Siehe auch Haag 2007/1, S. 144; Haag 1995, S. 267–268.

27 Wien, Kunsthistorisches Museum, Kunstkammer, Inv.-Nr. KK 4533. So schon Haag 2007/1, S. 136; Haag 1995, S. 270. Schädler 1972, S. 6, verweist schon auf eine gewisse Abhängigkeit. Siehe auch Sedlmayr 1997, S. 96, zu Auer – Steinl.

28 München, Bayerisches Nationalmuseum, Inv.-Nr. R 4728. Kappel 2001, S. 123; Haag 1995, S. 269–270; Schädler 1972, S. 6. Zur Münchener Gruppe siehe auch Berliner 1926, S. 96, Nr. 441; Volk 1995/2, S. 250, Anm. 4.

29 Inv. Mannheim 1730, Johann Caspar Müller und Johann Philipp von der Schlichten, Inventarium über die, in Ihrer Churfürstl: Dhltg: beyden Cabineten zu Düsseldorf befundene rahre gemähl, wie auch in Helfenbein und Bronso kostbahr ausgeschnittene Statuen welche von Gülich und Bergischen Hof Camer Rathen Karsch anhero und sofort aus Churfürstl: gnädigstem befehl vom 21.ten 8bris 1730 bis auf Höchstgedl: Ihrer Churfürstl: Dhltg: ferner weite gnädigste disposition, ahn Churpfalz Hof Camer Rahten und Cabinets Mahlern von Schlichten ausgeliefert worden. Karlsruhe, Generallandesarchiv, Pfalz Generalia 77, Nr. 254. [Archiv der Bayerischen Staatsgemäldesammlungen, Inv. Dü A 730/2].

30 Ausst.-Kat. Düsseldorf 1958, S. 23, Nr. 62; Berliner 1926, S. 96, Nr. 441, Abb. S. 202; Theuerkauff 2000, S. 1706.

31 Kappel 2001, S. 123; Theuerkauff 1983, S. 198; Philippovich 1982, S. 260; Philippovich 1961, S. 26–27.

32 Theuerkauff 1983, S. 198.

Abb. 81 Jacob Auer, Nessus raubt Dejanira, um 1680–1700, Elfenbein, München, Bayerisches Nationalmuseum

33 Kappel 2001, S. 123; Theuerkauff 1994, S. 23 (nennt Anfang Juni 1706 als Todeszeitpunkt); Lorenz 1952, S. 67; Schulze 1992, S. 613; Gerhardt 1996, S. 711 (nennen den 7. Mai als Todestag).

34 Theuerkauff 1983, S. 205.

35 Zitiert nach Theuerkauff 1983, S. 194, nach einer Taufmatrikel vom 23. November 1671 in Grins.

24

Jacob Auer (um 1645–1706)

ADAM UND EVA IM PARADIES

um 1680
Elfenbein
H. 9,2 cm, B. 12,7 cm
Sammlung Reiner Winkler
Inv.-Nr. W. 191

In idyllischer Kulisse, umgeben von pflanzenumrankten und urtümlich-krumm gewachsenen Bäumen sowie überfangen vom filigranen Laubwerk schützender Blätterkronen haben sich Adam und Eva auf unebenem Waldboden niedergelassen.[1] Beide neigen sich in sinnlicher Eleganz einander zu, wobei sie den Abstand zwischen ihren Körpern mit ihrer Umarmung überwinden. Eva hat unmittelbar neben dem Stamm eines fruchtbehangenen Apfelbaums Platz genommen. Sie streckt ihre verschränkten langen Beine nach rechts hin aus und lehnt sich weit nach hinten, um Adam rückwärtsgewandt über eine Schulter hinweg anzuschauen. Ihre langen, lockigen Haare fallen dabei kokett über ihre Schultern auf den Boden herab. Der bärtige Adam mit ebenfalls dichtem, lockigem Haupthaar beugt sich zu ihr und erwidert ihren Blick. Gleichzeitig und geradezu beiläufig nimmt Eva mit erhobenem linken Arm einen Apfel in Empfang, den ihr eine Schlange vom Baum der Erkenntnis reicht (Abb. Kat.-Nr. 24a).

So schildert das kleine, querrechteckige Elfenbeintäfelchen, dessen obere Hälfte bogenförmig abgerundet ist, die Szene des Sündenfalls im Garten Eden (Genesis, 3, 6–7), in der die Stammeltern entgegen dem Verbot Gottvaters von den Früchten des verbotenen Baumes kosten, daraufhin ihre Nacktheit erkennen und aus dem Paradies vertrieben werden. In der Darstellung verschwimmen jedoch die Abläufe: Während Eva gerade erst nach der Frucht greift und noch völlig unbekleidet gezeigt wird, hat Adam seine Scham schon mit Blättern bedeckt.

Abb. 82 Jacob Auer, Der Sündenfall, 1677, Elfenbein, Weimar, Klassik Stiftung Weimar, Schlossmuseum

Vor flachem, von querlaufenden Rissen durchzogenem Reliefhintergrund sind die Figuren in starkem Hochrelief wiedergegeben. Einzelne Körperpartien – etwa die heute verlorenen jeweiligen rechten Unterarme – und viele Elemente der Vegetation sind hinterarbeitet oder ganz freiplastisch ausgebildet und erzielen auch im kleinen Format des Elfenbeintäfelchens eine große raumgreifende Wirkung. Die weich modellierten und glatt polierten Körper von Adam und Eva stechen aus dem üppig mit kleinteiligen Elementen überzogenen Relief heraus.

24a

24b

Hinsichtlich der beschaulichen, von Blätterwerk und Bäumen umfangenen Szenerie, der bogenförmigen Abrundung des Feldes und der vagen Positionierung der Figuren auf dem Waldboden ähnelt der kompositorische Aufbau des Elfenbeintäfelchens einem um 1615 datierten, Leonhard Kern (1588–1662) zugeschriebenen Alabasterrelief in Klosterneuburg, das Adam und Eva nach dem Sündenfall zeigt.[2] Die gleichzeitige Darstellung der einander anblickenden, sich umarmenden Stammeltern und des Entgegennehmens der Frucht vom Baum der Erkenntnis ist seit dem Holzschnitt in Albrecht Dürers (1471–1528) »Kleiner Passion« von 1511 bekannt und kann als motivisches Allgemeingut der Zeit verstanden werden.[3] Die durch Blicke, Gesten und einander zugeneigte Haltungsmotive aufgebaute Intimität der Szene sowie eine vergleichbare virtuos gestaltete Naturszenerie finden sich zum Beispiel auch bei einem Jacob Auer zugeschriebenen Relieftäfelchen mit der Darstellung der Muttergottes mit Kind und Johannesknabe (Abb. 83).[4]

Der Vergleich des Sündenfall-Reliefs aus der Privatsammlung mit dem von Jacob Auer signierten und 1677 datierten Elfenbeintäfelchen zum gleichen Thema in Weimar (Abb. 82) zeigt große Übereinstimmungen.[5] Hier wie dort entfaltet sich der schnitzerisch virtuose Reliefstil vor fast durchscheinend dünnem, glatt gehaltenen Grund in einer überbordenden Fülle an kleinteiligen, äußerst filigran gearbeiteten Elementen, die sich in technischer Perfektion vom Flachrelief bis zu freiplastisch oder aufwendig à jour gearbeiteten Partien entwickeln. Die eigentümlich bewegte Vegetation mit feingliedrigen, rankenden Ästchen sowie filigran durchbrochenem Blattwerk ist charakteristisch für die idyllischen Szenerien Jacob Auers. Mit deren kleinteiliger Fülle kontrastieren die darin eingebetteten, großflächigen Körper der Stammeltern, die anatomisch nicht ganz korrekte Proportionen aufweisen und an Prototypen des ausgehenden 16. und frühen 17. Jahrhunderts erinnern.[6] Auch die Haargestaltung, die Physiognomie und die etwas manieriert wirkenden Körper, die nicht immer ein klar definiertes Haltungsmotiv zeigen, ähneln sich auf beiden Relieftäfelchen Auers bis in Details. Aufgrund dieser für Jacob Auers Reliefschnitzerei charakteristischen Eigenheiten kann das Täfelchen dem Künstler überzeugend zugeschrieben werden.[7] Die stilistische Nähe zum Weimarer Relief macht zudem eine Datierung um 1680 wahrscheinlich.[8]

Der ursprüngliche Verwendungszweck des 1987 im Londoner Kunsthandel erworbenen Stücks muss offen bleiben. Vermutlich war das Relief jedoch wie dasjenige in Weimar gerahmt gewesen und für die Präsentation an einer Wand gedacht.[9] Vielleicht weist aber auch die für die zweite Hälfte des 17. Jahrhunderts eher ungewöhnliche Abrundung der Tafel auf einen größeren, mehrteiligen Kontext hin.[10] EMB

1 Zu diesem Werk siehe vor allem Kappel 2001, S. 24; Theuerkauff 1994, Nr. 1, S. 23–25; Theuerkauff 1983, S. 196; Philippovich 1982, S. 260. Erstmals bei Theuerkauff 1962/1, S. 17, 50–51, Abb. 26. Zur Darstellung von Adam und Eva unter dem Baum der Erkenntnis siehe allgemein Schade 1994, Sp. 61.

2 Klosterneuburg, Stiftsmuseum, Inv.-Nr. 286/786. Siehe auch Kappel 2001, S. 24; Ausst.-Kat. Schwäbisch Hall 1988, Kat.-Nr. 59, S. 157–158. Siehe dazu auch Theuerkauff 1990/1, S. 47.

3 Zur Darstellung von Adam und Eva bei Dürer siehe Schade 1994, Sp. 61; so zeigen unter anderem das in Weimar befindliche Relieftäfelchen von Auer (siehe Anm. 4) ebenso wie Darstellungen von Grießmann diese Konstellation. Kappel 2001, S. 24, argumentiert, dass die intime Geste der Umarmung den Moment der gegenseitigen Erkenntnis begleitet. Dies scheint jedoch nicht spezifisch zu sein.

4 München, Bayerisches Nationalmuseum, Inv.-Nr. R 4519. So schon Theuerkauff 1994, S. 23–24, S. 25, Anm. 7; Birke 1981, S. 29, Abb. 20. Siehe auch Theuerkauff 1983, S. 203, 207, Anm. 76; Berliner 1926, S. 104–105, Nr. 494, Abb. S. 228.

5 Klassik Stiftung Weimar, Schlossmuseum, Inv.-Nr. N 1088. Siehe Kappel 2001, S. 24; Theuerkauff 1994, S. 23, 25, Anm. 1; Theuerkauff 1983, S. 195–196, Abb. 4, S. 206, Anm. 6.

6 Siehe Theuerkauff 1994, S. 23.

7 So schon Kappel 2001, S. 24; Theuerkauff 1994, S. 23.

8 Siehe Theuerkauff 1994, S. 24. So auch Kappel 2001, S. 24. Theuerkauff 1994, S. 23, gibt jedoch um 1680/90 an.

9 Theuerkauff 1994, S. 24.

10 Theuerkauff 1994, S. 23.

Abb. 83 Jacob Auer, Muttergottes mit Kind und Johannesknaben, um 1726–30, Elfenbein, München, Bayerisches Nationalmuseum

25

Jacob Auer (um 1645–1706)

HEILIGER SEBASTIAN

1680/90
Elfenbein
H. 14,4 cm, B. 8 cm, T. 1,9 cm
Hamburg, Museum für Kunst und Gewerbe
Inv.-Nr. 1973.23
Erworben mit Mitteln der Campe'schen Historischen Kunststiftung

Völlig erschöpft bricht der heilige Sebastian zusammen, nachdem er auf Befehl Kaiser Diokletians von numidischen Bogenschützen an einen Baum gebunden und mit Pfeilen beschossen wurde, weil er sich öffentlich zum christlichen Glauben bekannt hatte. Der römische Offizier wurde in Mailand oder Narbonne geboren und starb um 288 in Rom. Er war Anführer der kaiserlichen Leibwache. Der Legende nach überlebt Sebastian das Martyrium mit den Pfeilen und wird von der Witwe Irene gesund gepflegt.[1] Der vermeintlich Tote kehrt später zu Diokletian zurück, um ihn im Namen Gottes für die Christenverfolgungen zur Rede zu stellen. Der Kaiser lässt ihn daraufhin mit Knüppeln erschlagen und seinen Leichnam in die »cloaca maxima« in der Nähe des Tibers werfen, aus der Sebastian von Christen geborgen und schließlich in den Katakomben beerdigt wird. Über seinem Grab wird die erste Sebastianskirche errichtet, die zu den sieben frühchristlichen Pilgerkirchen Roms gehört.

Das kleinformatige Elfenbeinrelief zeigt den am Fuße des knorrigen Baumes vor körperlicher Ermattung kraftlos in sich zusammen gesunkenen Heiligen (Abb. Kat.-Nr. 25a). Das herabhängende Haupt mit androgynen Gesichtszügen lässt seinen vor Schmerzen der Ohnmacht nahen Zustand erahnen. Das Mitleiden, das beim Betrachter angesprochen werden soll, wird von dem kleinen Engel übertragen, der Sebastians rechten Arm vom Marterbaum gelöst hat und gerade vorsichtig einen abgebrochenen Pfeil aus der Armwunde zieht.[2] Die Komposition des Reliefs lebt aus der Spannung vom Herabhängen des Körpers und dem Emporragen des gefesselten Armes mit zur Faust geballter Hand.[3] Die einstigen Würdezeichen des römischen Hauptmanns, der achtlos am Boden liegende Brustpanzer sowie der Helm, der dem Putto als Fußstütze dient, sind Attribute irdischen Ruhms.

Das Relief, das zeitweise auch mit dem Werk Matthias Rauchmillers (1645–1686) in Verbindung gebracht wurde,[4] kann aus stilistischen Gründen überzeugend Jacob Auer zugeschrieben werden.[5] Ein von Auer signiertes und 1677 datiertes Sündenfall-Relief in Weimar (Abb. 82), ebenso weitere, ihm zuzuschreibende Elfenbeinreliefs wie »Adam und Eva im Paradies« (Kat.-Nr. 24), stimmen mit dem Sebastians-Relief in der virtuosen Wiedergabe des à jour gearbeiteten, zierlich kleinteiligen Laubwerks überein.[6] Charakteristisch sind die weich modellierten Körper und die selbst im kleinen Format raumgreifenden, aber stets intimen Gesten seiner Figuren. Typisch für Auer ist zudem sein ausgeprägtes Gespür für die Bildung von Naturräumen. Sein barockes Formempfinden dürfte durch Michael Zürn dem Jüngeren (1654–1698) wie auch möglicherweise durch Werke Matthias Rauchmillers und Matthias Steinls (1643/44–1727) geprägt sein.[7]

Neben der Intensität der Darstellung zeichnet sich das Relief vor allem durch die technische Meisterschaft der Schnitzerei aus. Sie wird in der sorgsamen Charakterisierung und Differenzierung sichtbar, in der Körper, Lendentuch, Baumstamm und Efeuranken in miniaturhafter Bearbeitung wiedergegeben sind. Der Schnitzer nutzt die Tiefe der Relieftafel bis aufs Äußerste aus. Im oberen Bereich ist der Reliefgrund durchscheinend dünn. Sebastians linker Arm ist freiplastisch ausgearbeitet.

Der Künstler setzt die Natur hier in eine enge Beziehung zum Bildinhalt. Bei der Gegenüberstellung von abgestorbenem knorrigen Baumstumpf und intaktem und vitalen, Blätter treibenden Zweig könnte es sich um eine Interpretation gemäß Hiob 14, 7–9 handeln, der von einem abgehauenen Baum spricht, der wieder aufblühen kann. Der alttestamentliche Vergleich des Baumes mit dem menschlichen Tod (Hiob 14, 10–14) dürfte als typologisches Vorbild für die Auferstehung zu verstehen sein.[8] Die Landschaft wird zum emotionalen Stimmungsträger und Kommentator des Geschehens. Der üppige Efeuwuchs tötet den Baum, den er umrankt, und war im 17. Jahrhundert zugleich ein Symbol für den Opfertod.[9] Insofern könnte der Marterbaum als Anspielung auf das erloschene Leben Sebastians verstanden werden. Der Blätter treibende Zweig könnte hingegen auf das Fortleben Sebastians und seinen Sieg über den Tod verweisen.

Die grazile Hand des Heiligen ist in der vorderen Reliefebene deutlich in Szene und damit direkt ins Blickfeld des Betrachters gerückt. Vergleichbar ist dies mit dem traditionellen Christusbild in der Beweinung, in der seine Hand mit dem Wundmal zur Verehrung dargeboten wird.[10] Der Engel, der die Aufmerksamkeit des Betrachters auf Sebastians Armwunde lenkt, fordert zur identifikatorischen Compassio auf. Er wird in seiner Rolle als Mittler zwischen Gott und den Menschen betont. Denn wer mit dem Engel den Tod Sebastians beweint, kann auf dessen Beistand und Schutz zählen. Diese Funktion eines privaten Andachtsbildes dürfte das kleine Elfenbeinrelief in einer Kunstkammer erfüllt haben.

Sebastian galt als Schutzheiliger und Patron der Sterbenden und wurde als Nothelfer gegen die immer wieder in Europa grassierende Pest verehrt. Sein von Pfeilwunden

25a

bedeckter Körper – der hier jedoch nicht gezeigt wird – glich dem der Pestkranken. Der jugendliche Heilige – hier in vollkommener körperlicher Schönheit gezeigt, seine Blöße einzig durch ein kunstvoll drapiertes Tuch verhüllt – bot Gelegenheit zur Aktdarstellung. Der Körper des Heiligen ist unversehrt. Einzig die Armwunde zeugt von den vorangegangenen Qualen. Seine Unversehrtheit und die Vollkommenheit seines Körpers deuten darauf hin, dass ihm die Marter nichts anhaben kann: Er überlebt dieses Martyrium und gibt damit jedem, der ihn im Gebet um Schutz vor der Pest anruft, Hoffnung auf Bewahrung vor Krankheit und Tod und die Aussicht auf Erlösung.[11] CK

1 Legenda aurea 1925, S. 126–132, bes. S. 131.
2 In einem Gemälde des heiligen Sebastian von Anthonis van Dyck (1599–1641) erfolgt die Rettung ebenfalls durch Engel (Paris, Musée du Louvre, Inv.-Nr. 1233). Das Gemälde zeigt das Motiv des halb sitzenden, halb liegenden Sebastian mit empor gebundenem Arm und kleinem Engel, der aus dem Brustkorb des Heiligen einen Pfeil entfernt. Siehe Theuerkauff 1983, S. 201, Anm. 62.
3 Diese Kombination von Hänge- und Sitzmotiv mit charakteristischem Hüftknick weist 1617 bereits Gianlorenzo Berninis (1598–1680) sitzende Sebastiansfigur auf. Zur Darstellung des Ohnmachtszustandes des sitzenden Heiligen vgl. Gianlorenzo Berninis Sebastian von 1617, ehemals Palazzo Barberini, heute in Madrid, Museo Thyssen-Bornemisza.
4 Rasmussen 1980, S. 118, Kat.-Nr. 239.
5 Rasmussen 1974, S. 192; Rasmussen 1975, S. 111, Kat.-Nr. 42; Theuerkauff 1983, S. 201–203, Abb. 21.
6 Weimar, Klassik Stiftung Weimar, Inv.-Nr. 1088/51. Siehe auch das Elfenbeinrelief des Parisurteils im Victoria & Albert Museum, London, Jacob Auer zugeschrieben von Rasmussen 1975, S. 111, und Theuerkauff 1994, S. 23.
7 Siehe Theuerkauff 1983.
8 Siehe Wilhelm 1990, Sp. 218.
9 Henkel/Schöne 1996, Sp. 276–277.
10 Siehe auch das an eine Beweinungsszene erinnernde Gemälde Georges de la Tours (1593–1653) vom heiligen Sebastian mit der ihn nach dem Martyrium pflegenden Witwe Irene in Paris, Musée du Louvre, Inv.-Nr. RF 1979-53.
11 Eine kleinere, vereinfachte Wiederholung dieses Themas befindet sich im Bayerischen Nationalmuseum in München (Inv.-Nr. R 4651). Abb. in Theuerkauff 1983, S. 203, Abb. 22 sowie bei Berliner 1926, S. 104, Nr. 493, Tafel 228.

25b >

Johann Ignaz Bendl *(um 1650–um 1730)*

»MAHLER UND BILDTHAUER ALHIE«

THOMAS KUSTER

Zu den biografischen Eckdaten des österreichischen Künstlers des Hochbarocks höfischer Prägung sind bislang keine präzisen Quellen bekannt.[1] Johann Ignaz Bendl wurde vermutlich im Prag der 1650er-Jahre als Sohn des für die Entwicklung und Etablierung der barocken böhmischen Plastik und Skulptur wichtigen Bildhauers Johann Georg Bendl (um 1620–1680) geboren.[2] Die Familie Bendl war eine weit verzweigte, bis ins frühe 16. Jahrhundert zurückreichende Künstlerfamilie, die sich in einen süddeutschen (Zentrum Weilheim) und in einen böhmischen Zweig teilte. Für dynastische Verwirrung und falsche Familienzuordnung von Mitgliedern der Familie Bendl in der älteren Literatur sorgte die verwechselbare Vornamensgebung, wodurch Johann Ignaz häufig fälschlich als süddeutscher Abkömmling bezeichnet wurde.[3]

Informationen zu den ersten Lehrjahren, zum weiteren Ausbildungsweg sowie Hinweise auf eine frühe Anstellung liegen bislang im Dunklen. Es liegt aber nahe, dass Johann Ignaz erste Kontakte mit dem Handwerkszeug und anfängliche Erfahrung mit dem Material in der väterlichen Werkstätte erhielt. Betrachtet man den klassischen zeitgenössischen Ausbildungsweg eines barocken Künstlers, war ein Aufenthalt in den italienischen Kunstzentren wie beispielsweise Venedig, Bologna, Florenz oder Rom obligatorisch und unerlässlich. Zeitlich müsste dieser Auslandsaufenthalt, falls er tatsächlich stattgefunden hat, in die späten 70er- und frühen 80er-Jahre des 17. Jahrhunderts fallen. Aus solchen Auslandsaufenthalten könnten die späteren künstlerischen Synergien in Wien resultieren, unterhielt Bendl doch ab den späten 1680er-Jahren engen Kontakt zur ersten Riege der österreichischen Barockkünstler wie Matthias Steinl (1643/44–1727), Paul Strudel (um 1648–1708), Johann Bernhard Fischer von Erlach (1656–1723) oder Johann Michael Rottmayr (1654–1730). Ein erstes Zusammentreffen dieser Meister könnte dabei bereits in Italien erfolgt sein.[4]

Bendl kann als Universalkünstler bezeichnet werden, er war nicht nur Bildhauer, sondern auch als Zeichner und Stecher, Medailleur sowie als Drechsler in Elfenbein tätig. Zu den ersten fassbaren und dem Meister zugewiesenen Objekten zählen zwölf Porträtmedaillons aus Solnhofer Stein mit einer Folge von Sybillen-Darstellungen in Wien (Abb. 84).[5] Bislang gelten diese Stücke als Arbeiten der Periode von 1680 bis 1690. Ihre Form erinnert an typische Spielsteine des 16. Jahrhunderts für Tric-Trac, Mühle oder Dame. Das dabei verwendete Material des Solnhofer Steins mit seinem beschränkten, exklusiven Vorkommen im Raum Nürnberg ließe auf eine frühe künstlerische Tätigkeit Bendls in Süddeutschland, eventuell sogar auf Vermittlung des dort ansässigen Familienverbandes, schließen.[6]

Abb. 84 Johann Ignaz Bendl, Medaille einer cumäischen Sybille, zwischen 1680 und 1690, Solnhofer Stein, Wien, Kunsthistorisches Museum, Kunstkammer

Abb. 85 Johann Ignaz Bendl, Medaille einer cumäischen Sybille, Detail der Inschrift, zwischen 1680 und 1690, Solnhofer Stein, Wien, Kunsthistorisches Museum, Kunstkammer

Fünf von diesen Medaillons sind am Armabschnitt der Porträtierten mit der Signatur »BENDL« dezidiert als Werke des Künstlers ausgewiesen (Abb. 85). Der Auftraggeber und die tatsächliche Verwendung sind bislang ungeklärt. Ihre Gestaltung lässt an eine Entwurfsgrundlage für Schaumedaillen denken. An diesen Arbeiten lässt sich bereits die geschulte

Abb. 86 Johann Ignaz Bendl, König Ludwig XIV. von Frankreich und Sultan Mohamed V., nach 1680, Blei, Klosterneuburg, Stiftsmuseum

Hand eines fähigen Medailleurs erkennen. Elfenbeinerne Porträtmedaillons von Bendl sind anlässlich der siegreichen Schlacht um Wien 1683 mit der Bezwingung und Vertreibung der Osmanen und dem Entsatz der kaiserlichen Residenzstadt mehrmals nachgewiesen, insbesondere in der Glorifizierung Kaiser Leopolds I. als Retter des Abendlandes und der Christenheit (Budapest, Magyar Nemzeti Muzeum) oder der Demonstration militärischer Stärke der »Heiligen Allianz« unter Innozenz XI. Odescalchi, Leopold I., Jan Sobieski III. von Polen sowie dem venezianischen Dogen Marc Antonio Giustiniani (New York, The Metropolitan Museum of Art). Die politische Aussagekraft dieser Kunstgattung demonstrieren zwei Medaillons aus Blei, welche die »Erbfeinde« des Hauses Österreich in der Barockzeit illustrieren sollen. Einmal werden dabei der französische König Ludwig XIV. und Sultan Mohammed IV., zum anderen Kara Mustafa und der Wojwoden von Siebenbürgen, Emmerich Tököly jeweils gemeinsam porträtiert (beide: Stiftsmuseum Klosterneuburg; Abb. 86). In dieser Tradition wirkte der Künstler auch in den 1690er-Jahren bei Schaustücken in Form von Elfenbeinreliefs, welche zur Dokumentation dynastisch wichtiger Anlässe des österreichischen Herrscherhauses in Auftrag gegeben worden sind (vgl. Kat.-Nr. 29–30). Es ist durchaus anzunehmen, dass Bendl eine spezielle künstlerische Unterweisung bei einem Gold- und Silberschmied beziehungsweise einem Medailleur erhalten hat.[7] Mehrere propagandistische und denkwürdige Darstellungen Bendls dienten aufgrund ihrer ideologischen Aussagekraft und der künstlerischen Qualität als Vorlage der barocken Schaumünzprägung.[8] Dezidiert von der Hand Bendls ist die im Kunsthistorischen Museum Wien verwahrte zwölfteilige Reliefserie aus Elfenbein mit der szenischen Darstellung von Historien aus der antiken Mythologie (vgl. Kat.-Nr. 26–28). Diese Serie ist mit der Jahreszahl 1684 datiert und folgt dem Zeitgeist entsprechend der Tradition elfenbeinerner Reliefs in kastenförmiger Ausführung und einem bühnenartigen figürlichen und szenischen Aufbau, wie sie vorzugsweise an den Höfen von Wien und Düsseldorf produziert und geschätzt wurden. Die charakteristische Gestaltung der längseckigen Reliefs prägten die Brüder Domenicus (1655–1721) und Franz Stainhart (1651–1695) während ihrer Tätigkeit in Rom. Dass sich auch Bendl dieser Formensprache bediente, stellt ein weiteres Indiz für einen möglichen Aufenthalt des Künstlers in der Ewigen Stadt dar.[9] Im letzten Jahrzehnt des 17. Jahrhunderts war Bendl primär als Bildhauer und als Zeichner tätig. Zu den monumentalsten Werken und Beispielen repräsentativer österreichischer Barockskulptur zählt die als »Wiener Pestsäule« bekannte Dreifaltigkeitssäule am Graben (Abb. 87).[10] Kaiser Leopold I. gelobte 1679, während in Wien die Pest wütete, bei glimpflichem Ausgang der Seuche als Dank eine Gnadensäule zu stiften. Zunächst in Holz aufgeführt, wurde dieses kaiserliche Gelöbnis 1683 erst durch Matthias Rauchmiller (1645–1686), später als Gemeinschaftswerk des Johann Bernhard Fischer von Erlach, Paul Strudel und Ludovico Burnacini (1636–1707) in Marmor umgesetzt.[11] Johann Ignaz Bendl war 1687 und 1688 mit der Fertigung von sechs Marmorreliefs für die Pestsäule beauftragt, deren Vorentwurf von Fischer von Erlach stammte.[12] Der Bildhauer scheint unter Fischers Regie gearbeitet zu haben, da im Jahre 1690 in der Rechnung an die kaiserliche Kammer 3000 Gulden »Fischer wegen verfertigung der Historien und kai. Maj. Contrafait« veranschlagt wurden, die auch Bendls Salär inkludierten.[13] 1693 konnte die Dreifaltigkeitssäule in Anwesenheit des kaiserlichen Hofes geweiht werden. Bendl ist damit als Künstler erneut an einem für die Habsburger eminent wichtigen, hochbarocken und theatralisch inszenierten Kunstprojekt beteiligt, wobei anhand einer komplexen Ikonographie die tiefe Frömmigkeit des Herrscherhauses (Pietas Austriaca) sowie der übermenschliche Wille am Bezwingen des Bösen, einmal im Überwinden der Pestseuche, zum anderen in der Vertreibung der Osmanen vor Wien, demonstriert wird.

In ähnlich monumentaler Weise fertigte Bendl im Auftrag der Brünner Kaufmannsgilde und des Franz Karl Kolowrat-Liebsteinsky für die Stadt zwischen 1693 und 1699 den sogenannten Vier-Elementen-Brunnen

Abb. 87 Johann Bernhard Fischer von Erlach, Johann Ignaz Bendl, Paul Strudel, Die Pestsäule am Graben, zwischen 1687 und 1692, Marmor, Wien

Abb. 88 Johann Ignaz Bendl, Achilles und Kyknos, nach 1700, Bleistift auf Papier, Wien, Albertina

Abb. 89 Johann Ignaz Bendl, Entwurf einer Teekanne, nach 1700, Bleistift auf Papier, Wien, MAK – Österreiches Museum für angewandte Kunst/Gegenwartskunst

(auch »Merkurbrunnen«).[14] Erhalten hierzu blieb eine Rötelzeichnung des Künstlers, welche die Planungs- und Entstehungsschritte des Werkes dokumentieren. Der Brunnen repräsentierte anhand der Flussallegorien Svitava und Svatka sowie einer füllhorntragenden Nymphe die Reichtümer und den Wohlstand der Region.[15] Deutlich sichtbar bei der künstlerischen Umsetzung ist der Einfluss des römischen Barock, vor allem das skulpturale Werk des Gianlorenzo Bernini (1598–1680) in seiner monumentalen Dramatik.[16] Prägend war aber auch Bendls Arbeit an der Wiener Pestsäule und die Zusammenarbeit mit Fischer von Erlach.[17]

Um und nach 1700 beschäftigte sich Bendl verstärkt mit Grafik in Form von Stichen. Eine Reihe von signierten und teilweise datierten Blättern verwahren heute die Grafiksammlung der Albertina (Abb. 88) sowie das Museum für angewandte Kunst in Wien. Die zumeist recht kleinformatigen Grafiken weisen ebenfalls einen künstlerischen Einfluss des römischen Barock auf mit Bezügen zu Werken eines Guido Reni (1575–1642), Pietro da Cortona (1596–1669) und dessen Schule. Die Themen reichen von biblischen Darstellungen bis zu Historien der klassischen Literatur und Mythologie.[18] Besonders reizvoll ist eine Folge von Drucken mit Ideen oder Entwürfen zu illusionistischen Wand- und Deckendekorationen mit einer Vorliebe für Ecksequenzen, die sich durchaus unter dem Einfluss des ab 1702 in Wien tätigen Andrea Pozzo (1642–1709) und dessen Trompe-l'œil-Malerei entwickelt haben mögen. Kurios muten Entwürfe für Krüge, Teller, Kannen und Vasen mit chinesisch-exotischen, bisweilen sogar manieristischen und grotesken Formen an. Diese mit »Bendl« signierten Darstellungen können als frühe Form des »Designs« verstanden werden, dazu zählen wohl auch Entwürfe für Mobiliar, Sitzmöbelbezüge, Wandleuchten, Springbrunnen, Schlitten und Sänften. Die Gefäßentwürfe bestechen durch humorvolle Details wie Griffe ausgeformt als Schlangen, Gefäßöffnungen in Form von Drachenmäulern oder Deckelknäufe in Gestalt von Chinesen. Theuerkauff vermutet, dass dieses »Design« durchaus als Vorlage gedacht war, um von süddeutschen Gold- und Silberschmieden oder in Porzellan, beispielsweise in den Manufakturen von Meissen oder Wien, realisiert zu werden (Abb. 89).[19]

Über das Spätwerk von Bendl ist ebenso wenig bekannt wie auch gesicherte Informationen zu seinem weiteren Leben oder auch seinem Todesjahr fehlen. Zusammenfassend ist festzustellen, dass der vielseitig tätige Bendl im Umkreis des Hofes Kaiser Leopolds I. zu finden war und er intensiven Kontakt zu den bedeutenden barocken Künstlern seiner Zeit hatte. Ob Bendl als ein für das Herrscherhaus exklusiv tätiger Hofkünstler wie Paul Strudel oder Matthias Steinl zu bezeichnen ist, bleibt fraglich, obwohl er dezidiert in den Akten des kaiserlichen Oberstkämmereramtes sowie in den Rechenjournalen der kaiserlichen Kammer aufscheint.[20] Stilistisch ist Bendl als Repräsentant der hochbarocken Kunst römischer Prägung einzuordnen, dessen Arbeit auch vom Stil Johann Bernhard Fischer von Erlachs beeinflusst worden ist.

1 Das Zitat aus der Überschrift nach Koller/Prandstetten 1982, S. 18.
2 Feuchtmayr 1957, S. 329. Siehe auch Hauk 1994, S. 633. Zum Werk Johann Georg Bendls siehe Ausst.-Kat. Prag 1982, S. 5–29.
3 Wichtige grundlegende, wissenschaftliche Vorarbeiten zur Biografie Bendls siehe Theuerkauff 1991, S. 265–266; Feuchtmayr 1957, S. 329 und 335; Dworschak 1934, S. 237.
4 Theuerkauff 1991, S. 251.
5 Wien, Kunsthistorisches Museum, Kunstkammer.
6 Wie auch Theuerkauff ausführte, war die Verwendung von Solnhofer Stein in dieser Zeit auf Süddeutschland beschränkt; siehe Theuerkauff 1991, S. 254.
7 Einige der Reliefarbeiten Bendls in Medaillonform dürften als Modelle und Vorarbeiten verstanden werden, die einer später erfolgten oder beabsichtigten Umsetzung im Metallguss zur Medaille vorausgingen. Zur Rolle Bendls als Medailleur siehe Winter 2009, S. 23.
8 Dworschak 1934, S. 238.
9 Theuerkauff 1991, S. 241. Siehe auch Scherer 1903, S. 78–79.
10 Neueste Darstellung Witzmann 2005, Allgemeines zum Thema Grünberg 1960.
11 Coudenhove 1958, S. 8–9; siehe auch Schikola 1972.
12 Die hochrechteckigen, wie Bilder gerahmten Reliefs »Ende der Pest«, »Osterfest«, »Letztes Abendmahl«, »Pfingstwunder«, »Ende der Sintflut« und »Erschaffung der Eva« weisen einen flachen, fast zeichnerisch wirkenden Hintergrund auf, der durch Tiefenwirkung und angedeutete Perspektive besticht, wovon sich teilplastisch die figurierten Szenerien abheben.
13 Koller/Prandstetten 1982, S. 23; siehe auch Theuerkauff 1991, S. 245.
14 Hauk 1994, S. 633.
15 Der Brunnen wurde 1858 von seinem ursprünglichen Aufstellungsort, dem Großen Platz, entfernt, das Brunnenbecken anderweitig verwendet, der figurale Teil wurde im Innenhof des Bischofssitzes, dem heutigen Landesmuseum, aufgestellt.
16 Pollak 1909, S. 303.
17 Theuerkauff 1991, S. 249.
18 Theuerkauff 1991, S. 261–263.
19 Theuerkauff 1991, S. 265.
20 Theuerkauff 1991, S. 266.

26

Johann Ignaz Bendl (um 1650–um 1730)

BACCHANAL

1684
Elfenbein
H. 13,9 cm, B. 23,6 cm
Bezeichnet: »Ignati bendel f 1684«
Wien, Kunsthistorisches Museum, Kunstkammer
Inv.-Nr. KK 3655

Das Relief in seiner kastenförmigen Rahmung gehört zu einer zwölfteiligen Serie vergleichbarer Elfenbeindarstellungen, die sich diverser antiker Götter- und Heldengeschichten widmen und alle in der Kunstkammer des Kunsthistorischen Museums verwahrt werden. Es ist das einzige der Folge, das vom Künstler signiert wurde. Sein Schriftzug »Ignati bendel f 1684« ist auf der linken Seite an der Front des Weinfasses angebracht. Die Reliefserie könnte aufgrund der zeitlichen Einordnung in den frühen 80er-Jahren des 17. Jahrhunderts für den kaiserlichen Hof, dezidiert im Auftrag Kaiser Leopolds I. entstanden sein, da Johann Ignaz Bendl zur gleichen Zeit auch in die Arbeiten rund um die »Wiener Pestsäule« involviert war.

Die Gestaltung der Szenerie (Abb. Kat.-Nr. 26a), eingebettet in eine querrechteckige, langgestreckte Fassung, entspricht dem Zeitgeschmack des letzten Viertels des 17. Jahrhunderts bei der Fertigung von elfenbeinernen Reliefs. Prägend für diese charakteristische Ausformung waren die in Rom tätigen Bildhauer und Elfenbeindrechsler Gebrüder Stainhart,[1] zu denen Bendl möglicherweise während seiner zu vermutenden künstlerischen Wanderschaft Kontakt hatte oder zumindest deren Werke studierte.[2]

Bendl verarbeitet im Relief, das bühnenartig aufgebaut ist und Bewegung sowie Räumlichkeit mittels Staffelung von vollplastischen bis flachreliefierten Figuren erreicht, eines der beliebten Sujets der hochbarocken Kleinplastik, eine Geschichte rund um den Weingott.[3] Der ältliche, feiste und vollbärtige Bacchus wird auf einer Ziege reitend dargestellt, dem eine Nymphe und ein Silen stützend zur Seite stehen. Der rechte Bildrand zeigt zwei musizierende, weinlaubbekrönte Jünglinge, einer spielt die Flöte, der andere bläst eine Sackpfeife; ihr Spiel wird von zwei jungen, andächtig lauschenden Nymphen verfolgt. Das Bacchanal ist in vollem, ausgelassenen Gange, es wird heftig gestikulierend getanzt, ein Putto probiert neckisch aus dem Fass Wein zu bekommen, davor sitzt erschöpft ein Knabe neben einem bereits umgefallenen, leeren Weinkrug sowie ein volltrunkener, schlafender Putto. Als dezidierter Blickfang und akzentuierendes Element setzt Bendl einen nackten Akrobaten in Szene, der meisterhaft einen Handstand vollführt, was dem Bacchanal eine durchaus erotische Note verleiht (Abb. S. 168). Die Körper, vor allem des Akrobaten, des Bacchus und einer tanzenden weiblichen Rückenfigur sind fein und präzise durchmodelliert, und man erkennt dabei ein Fachwissen menschlicher Anatomie sowie ein Studium an antiken sowie neuzeitlichen plastischen und skulpturalen Objekten. Wie Theuerkauff anführt, ist die Körperausführung fast wie »in Wachs modelliert oder wie Marmor behandelt«.[4]

Bendl, könnte man annehmen, liefert für Ignaz Elhafen eine gewisse gestalterische Grundlage, da sich auch Elhafen in den 1690er-Jahren in Wien und später während dessen Düsseldorfer Schaffensperiode ähnlich gestalteter Kleinkunstwerke annimmt. Bendl arrangiert jedoch ausgewogener, verteilt seine Akteure besser im Raum. Im Unterschied zu Elhafen verzichtet Bendl in der Zwölfer-Serie großteils auf die Ausführung begleitender Staffage oder Himmelsgestaltung.[5] Man kann davon ausgehen, dass sich Bendl durchaus partiell an einer grafischen Vorlage orientierte. Besonders sei die Aktfigur im Handstand erwähnt, die sich in vergleichbarer Ausführung als singuläre Bronzefigur des französischen Bildhauers Barthélemy Prieur (1536–1611) heute in der Berliner Preußischen Skulpturengalerie befindet und formal auf die Stichfolge »La masquerade de Persepolis« des Francesco Primaticcio (1504–1570) zurückgeht.[6] Eventuell kannte Bendl grafische Wiedergaben dieses Stichs.

Inventarisch lässt sich das Objekt unter der Nr. 91 mit dem Titel »Bacchanal« im Bestand der Kaiserlichen Schatzkammer in Wien lokalisieren, wo es als Teil der »Mythologischen Reliefs in Goldrahmen von Bendel« an der Wand präsentiert wurde.[7] TK

1 Domenicus Stainhart 1655–1721, Franz Stainhart 1651–1695.
2 Haag 2007/1, Kat.-Nr. 43, S. 124–125.
3 Ausst.-Kat. Salzburg 2008, Kat-Nr. 3, S. 164–165.
4 Zitiert nach Theuerkauff 1964, S. 156.
5 Theuerkauff 1964, S. 155.
6 Für den Hinweis danke ich Maraike Bückling, Frankfurt am Main. Siehe auch Bückling 1991, S. 27.
7 Theil-Inventar uber die zum beweglichen Fideikommiss-Vermögen des a.h. Erzhauses gehörende K.K. Ambraser Sammlung, 1875, unpubliziert; Wien, Kunsthistorisches Museum, Kunstkammer, o. Nr., S. 221.

26a

27

Johann Ignaz Bendl (um 1650–um 1730)

TOD DES LAOKOON

wohl 1684
Elfenbein
H. 14,1 cm, B. 23,7 cm
Wien, Kunsthistorisches Museum, Kunstkammer
Inv.-Nr. KK 3645

Das Elfenbeinrelief (Abb. Kat.-Nr. 27a), das zur selben Serie gehört wie das »Bacchanal« (Kat.-Nr. 26), widmet sich einer Episode aus dem Trojanischen Krieg. Laokoon, Priester des Apollo in Troja, warnt die Obrigkeit im Zuge des Krieges vor der griechischen List. Seine Vorsehung ungehört, bereitet der Priester ein Opfer zu Ehren des Poseidon, wo er und seine anwesenden Söhne aus Rache, weil sich der Priester zum einen trotz göttlichem Verbot vermählte und Kinder zeugte, von Seeschlangen getötet wird. Zum anderen zürnte Pallas Athene, da Laokoon vor ihrem Weihegeschenk, dem sogenannten Trojanischen Pferd, warnte. Der Tod des Laokoon wurde von den Trojanern als göttliches Zeichen gedeutet und sie zogen daraufhin das hölzerne Pferd und damit die feindlichen Griechen in ihre Stadt.

Die Erwähnung des Laokoon-Schicksals geht auf ein verlorenes Epos des Arktinos von Milet zurück, der Dichter Sophokles bearbeitete es und machte es populär.[1] Auch der römische Schriftsteller Vergil baute die Szene in seiner »Aeneis« ein, wo eben die von Johann Ignaz Bendl wiedergegebene Szene sich im II. Buch wie folgt ereignet: »[...] ein Paar von Schlangen [...] sie strebten in sichrem Zug auf Laocoon zu: sofort um die Leiber, die jungen, beider Söhne schlingen nun beide Schlangen die grause Windung [...] ergreifen den Vater sie auch, [...] schnüren ihn ein in Riesenwindung [...] furchtbar zugleich tönt klagend sein Schrei hinauf zu den Sternen [...].«[2]

Der Elfenbeinschnitzer verzichtet jedoch in seiner Ausführung auf eine zweite Schlange und zeigt auch nur einen Sohn. Im vorderen Mittelpunkt des Reliefs ist Laokoon zu sehen, der vor dem Opferaltar, dessen Feuer noch lodert, am Boden niedergesunken ist. Vor ihm liegt der Länge nach der bereits getötete Sohn. Ein Putto weist auf den Giftbiss der Schlange an der Brust des Priesters hin. Der Moment des Zubeißens ist besonders expressiv, ausdrucksstark und mit künstlerischer Finesse ausgeführt, erkennt man doch beim Maul hochgezogene Hautfalten. Aus dem linken Hintergrund eilen bestürzte Trojaner herbei. Rechts ist die Statue der Göttin Pallas Athene, die den Untergang Trojas beschloss und die feindlichen Griechen mit dem hölzernen Pferd in die Stadt einschleuste, auf einer Standfläche zu sehen. Athenes ausgestreckte Lanze wirkt dabei wie ein Marschbefehl. Der Hintergrund des Reliefs zeigt ein Heiligtum in Form eines Rundtempels, möglicherweise jenes des Apollo, dessen Priester Laokoon war. Von rechts nähern sich bewaffnete Krieger.

Bendl erzielt im Relief geschickt Räumlichkeit durch die Verwendung des halbplastischen stehenden Jünglings am linken Rand sowie durch die Rückenansicht des berittenen Soldaten rechts. Die nackten Körper von Laokoon und von dessen Sohn sind schön durchmodelliert und anatomisch korrekt wiedergegeben. Ausdrucksstark sind die Gesichtszüge, die Draperien sowie die Haare ausgeführt. Fast könnte man meinen, Bendl habe bei der Gestaltung des Vollbartes von Laokoon und des dahinter stehenden Kriegers unter anderem Anleihe an antiken Porträtköpfen des 2. und 3. Jahrhunderts n. Chr. genommen, vermitteln Bart und Locken doch den Eindruck, als ob diese, wie in der Antike, gebohrt worden wären.

Die Thematik rund um das Schicksal des Priesters erfuhr durch die 1506 in Rom erfolgte Ausgrabung der kolossalen Marmorgruppe des Laokoon mit seinen Söhnen, einer römischen Kopie des 1. Jahrhunderts n. Chr. nach einem hellenistischen Original (heute Vatikanische Museen, Abb. 32), eine Neubewertung und fand vermehrt Eingang in der bildenden Kunst. So widmeten sich unter anderem Adrian de Vries (1556–1626) und Giovanni Francesco Susini (1585–1653) jeweils in einer Bronzeskulptur (Sammlungen des Fürsten von und zu Liechtenstein, Vaduz–Wien) oder der Maler El Greco (1541–1614) diesem Sujet.[3] Auch in der deutschen Literatur der Klassik fand die Geschichte um Laokoon seine Interpreten und ebnete damit einen Neuzugang zur antiken Kultur und Kunst. Es waren allen voran Gotthold Ephraim Lessing in seinem Werk »Laokoon oder über die Grenzen der Mahlerey und Poesie« (1766) sowie Johann Wolfgang von Goethe in »Über Laokoon« (1796).[4]

Das Elfenbeinrelief war unter dem Titel »Laokoon« mit der Nr. 90 als Teil der »Zwölf Basrelief's mit mythologischen Geschichten in hölzernen und vergoldeten Rahm« in der Wiener Schatzkammer an der Wand präsentiert. Interessant ist der vom Inventarschreiber verzeichnete Vermerk »beschädigt«, woraus allerdings nicht präzise ersichtlich ist, welches Relief schadhaft war oder ob es sich bei dieser Bemerkung lediglich um die Erwähnung von Mängel an der Rahmung der Objekte handelte. Jedenfalls wurden die zwölf Reliefs von Bendl aus dem Schatzkammerbestand am 3. November 1871 ausgeschieden und »für die Ambraser Sammlung übernommen«, wo sie im Unteren Belvedere zusammen mit anderen Elfenbeinobjekten im Kasten IX ausgestellt wurden.[5] TK

1 Hunger 1969, S. 230–231.
2 Zitiert nach Götte, Vergil 1988, S. 61.
3 Simon 1992, S. 196–201.
4 Hunger 1969, S. 231.
5 Theil-Inventar uber die zum beweglichen Fideikommiss-Vermögen des a.h. Erzhauses gehörende K.K. Ambraser Sammlung, 1875, unpubliziert; Wien, Kunsthistorisches Museum, Kunstkammer, o. Nr., S. 221. Siehe auch Inventarium der kai. kön. Schatzkammer 1842–1871, unpubliziert; Wien, Kunsthistorisches Museum, Kunstkammer, o. Inv.-Nr., S. 408.

27a

28

Johann Ignaz Bendl (um 1650–um 1730)

AENEAS FLIEHT MIT ANCHISES AUS TROJA

wohl 1684
Elfenbein
H. 14 cm, B. 23,4 cm
Wien, Kunsthistorisches Museum, Kunstkammer
Inv.-Nr. KK 3781

Das Elfenbeinrelief gehört zu jener zwölfteiligen Serie mit Darstellungen der antiken Götter- und Sagenwelt von Johann Ignaz Bendl (vgl. Kat.-Nr. 26–27). Der Künstler thematisiert dabei eine Szene mitten aus dem Trojanischen Krieg. Die literarische Grundlage liefert Homers antikes Epos der »Ilias«. Jene hier dargestellte Episode greift sowohl Vergil in seinem Werk der »Aeneis« (Buch II, Vers 699–701) als auch Ovid in den »Metamorphosen« (Buch XIII, Vers 623–633) nochmals auf.[1]

Der Krieger Aeneas, Sohn des Anchises und der Göttin Aphrodite, erkennt die Übermacht der Griechen im Kampf um Troja und flieht. Um seinen greisen Vater nicht einem unsicheren Schicksal zu überlassen, trägt Aeneas diesen auf seinen Schultern aus der Stadt hinaus. Vater und Sohn fliehen nach Thrakien und Karthago. Sie lassen sich in Italien nieder, Anchises stirbt auf Sizilien. Aeneas zieht nach Latium weiter, heiratet dort Lavinia, Tochter des König Latinus, und wird gemäss der antiken Überlieferung als dessen Nachfolger zum Stammvater der Römer.[2]

Das Relief zeigt in dramatischer Form im Zentrum Aeneas, in antikisierender Rüstung, wie er mit beiden Armen den alten Vater schultert (Abb. Kat.-Nr. 28a). Anchises hält in seiner Linken zwei männliche Statuen, die Haus- und Stadtgötter Trojas, wohl Zeus oder Poseidon und Apollo. Rechts eilt Ascanius, Aeneas Sohn, der seine Mutter Kreusa, Gattin des Aeneas, trägt. Bendl zeigt im Hintergrund links einen Ausschnitt der brennenden und verwüsteten Stadtsilhouette von Troja. Gut zu erkennen, ist das hölzerne Pferd der Griechen, im Relief einem Kamel ähnlich dargestellt. Direkt hinter den beinahe vollplastisch ausgeführten Hauptakteuren wird im Flachrelief die Soldateska in Rüstung, teilweise zu Pferd, mit Stangenwaffen und neuzeitlich anmutenden Helmen sowie einem antiken Feldzeichen der Armee, dem sogenannten signum, positioniert.

Das Relief ist bühnenartig aufgebaut und wie ein Theaterprospekt gestaltet. Zeittypisch ist die kastenförmige Ausformung und Rahmung des Reliefs. Als seitliche Begrenzung wurde ein plastisch wirkender Strauch links sowie das Profil eines staunenden Knabenkopfs rechts platziert. Geschickt löst Bendl die erwartete Aktivität der Flucht der Figuren durch wehende Draperien und Kleidung, besonders gut ersichtlich an den ausgestellten Fransen des Waffenrockes von Aeneas. Die Verfolgung der Akteure wird präzise durch eine gegenläufige Bewegung erreicht. Die Soldaten marschieren von links nach rechts, während sich Aeneas und die Seinen gezielt nach links wenden. Bendl versteht es, die Priorität der Figuren durch unterschiedliche Höhenbearbeitung im Relief zu definieren. Aeneas und Anchises sind vollplastisch ausgeführt, während Sohn und Mutter flacher gearbeitet sind.

Die Szene der Flucht von Aeneas und Anchises aus Troja zählt zu einem äußerst populären Thema der neuzeitlichen Kunst im Zuge der Antikenrezeption. Besonders eindringlich wurde die Vater-Sohn-Beziehung von Gianlorenzo Bernini (1598–1680) in einer Marmorskulptur aus dem Jahr 1613 umgesetzt (Rom, Galleria Borghese). Auch die italienische und niederländische Malerei verarbeitetet dieses Sujet häufig, wie dies Werke von Alessandro Allori (1535–1607), Annibale Carracci (1560–1609), Guercino (1591–1666), Lucas van Valckenborch (1535–1597) und Pieter Breughel der Jüngere (1564–1638) bezeugen.[3] Bendl könnte sich bei seiner Darstellung des Aeneas und seines Vaters durchaus auch an der Druckgrafik Anleihen genommen haben. Ausdruck und Körperhaltung der beiden entsprechen einem Stich von Agostino Caracci (1557–1602), der sich an einem Werk des Federico Barocci (1535?–1612) von 1595 orientierte.

Das Relief wurde mit dem Titel »Aenas, seinen Vater Anchises rettend« unter Nr. 92 zusammen mit den anderen elf Tafeln der mythologischen Darstellungen »in der k.k. Schatzkammer und auf den Wänden« präsentiert. Laut Inventarverzeichnis waren die Reliefs mit vergoldeten Holzrahmen gefasst und doppelreihig, jeweils sechs Stück nebeneinander platziert.[4] TK

1 Götte, Vergil 1988; Holzberg, Ovid 1997.
2 Hunger 1969, S. 10–11.
3 Hunger 1969, S. 11–12.
4 Inventarium der kai. kön. Schatzkammer 1842–1871, unpubliziert; Wien, Kunsthistorisches Museum, Kunstkammer, o. Inv.-Nr., S. 408.

28a

29

Johann Ignaz Bendl (um 1650–um 1730)

MEDAILLON MIT TRIUMPHBOGEN FÜR KÖNIG JOSEPH I.

1690
Elfenbein
Durchmesser 6,3 cm
Bezeichnet: »MDCXC.BENDL.F«
Wien, Kunsthistorisches Museum, Kunstkammer
Inv.-Nr. KK 10132

Am 4. März 1690 kehrte der neu gewählte und in Frankfurt gekrönte römisch-deutsche König, Erzherzog Joseph I. (1678–1711), in Begleitung seines Vaters, Kaiser Leopolds I., in die kaiserliche Haupt- und Residenzstadt Wien zurück und zog feierlich durch drei eigens aus diesem Anlass errichtete Triumphbögen ein. Der Wiener Magistrat finanzierte den Bogen am Stock-im-Eisen-Platz, die Zunft der hofbefreiten Künstler und Handwerker jenen am Kohlmarkt und die »fremden Niederleger«, die ausländischen Händler und Kaufleute, gaben die Pforte in der Wollzeile in Auftrag.[1] Die Entwürfe zu dieser zumeist aus Leinwand, Gips, Holz, Pappmaché, Stuck und Wachs gefertigten, nur temporär speziell für einen bestimmten feierlichen Anlass errichtete Kulisse lieferten der kaiserliche Architekt und Ingenieur Johann Bernhard Fischer von Erlach (1656–1723) sowie der kaiserliche Hofbildhauer und Kammermaler Paul Strudel (1651/52–1708).[2] Die Vorbilder der Festarchitektur bildeten antike Triumphbögen, allen voran der Konstantins- und Titusbogen in Rom.

Eine erste gezielte Darstellung dieser Manier des Hauses Österreich mit propagandistisch-triumphalem Gehalt entstand erstmals unter Kaiser Maximilian I. (1459–1519) in der sogenannten Ehrenpforte, einem ikonographisch ausgefeilten druckgrafischen Unternehmen.[3] Seit der Renaissance wurde dieser Typus des Triumphbogens als Symbol fürstlicher Herrschaft und Souveränität Teil der höfischen Festkultur und Festgestaltung.
Die politische Situation des Habsburgerreiches Ende des 17. Jahrhunderts mit dem Sieg der Kaiserlichen über die Osmanen, der Verteidigung des Abendlandes und der Eindämmung der Expansion Frankreichs forderte eine Macht- und Prestigedemonstration der Dynastie. Eine würdige und passende Gelegenheit bot nun die Rückkehr Josephs I. von dessen Wahl zum römisch-deutschen König.

Das hier vorliegende Elfenbeinrelief zeigt auf der Vorderseite jenen Triumphbogen, der am Kohlmarkt nach Plänen von Paul Strudel errichtet wurde (Abb. Kat.-Nr. 29a).[4] Die konvex-konkav verlaufende Architektur mit kolossaler Säulengliederung besteht aus drei Rundbögen, deren mittlerer höher angesetzt ist. Der Mittelbau wird von zwei Kolossalfiguren flankiert, links wird Herkules, rechts wohl Merkur dargestellt. Durch das Mittelportal tritt Erzherzog Joseph I., begleitet von berittenem Gefolge, unter einen Baldachin. Oberhalb der zwei seitlichen Durchgänge sind Hochreliefs angebracht. Die Bekrönung setzt sich aus Balustraden und aus einer Schauwand mit Seitenvoluten zusammen, worauf die militärische Bezwingung der Osmanen anhand von gefesselten Türken, Siegestrophäen und Fahnen thematisiert wird. Undeutlich und nicht zu identifizieren ist die Ansammlung an Personen in der Wolkentribüne, wobei es sich im Hinblick auf die Thematik mit einer Allegorie und Verherrlichung des Hauses Habsburg durchaus um eine Götterversammlung handeln kann.[5] Unterhalb des Triumphbogens ist die Datierung und Signatur des Elfenbeinschnitzers angebracht: »MDCXC.BENDL.F«.

Die Rückseite des Medaillons (Abb. Kat.-Nr. 29b) zeigt eine schräg gestellte, steinerne Inschriftentafel, zu deren Füssen ein sitzender Putto, in Rückenansicht ausgeführt, jenen Text meißelt, der sich nochmals auf den historischen Moment der Vorderansicht bezieht: »LEOPOLDO MAG: INV: ELEONORAE AUG: IOSEPHIO GLORIOSO IN TRIUMP: TES: ARC:H:POS:AB: AVL:PRIVI.«

Ein weiteres Elfenbeinmedaillon von Bendl mit dieser triumphalen Thematik, einem Stich des Johann Bernhard Fischer von Erlach folgend, besitzt das Victoria & Albert Museum in London.[6] Das Londoner und das vorliegende Wiener Medaillon bezeugen einmal mehr, dass Bendl in seiner gestalterischen Ausführung durchaus die Fähigkeiten eines Medailleurs meisterhaft beherrschte. So verwahrt beispielsweise das Münzkabinett des Kunsthistorischen Museums in Wien mehrere Bronzemedaillen mit propagandistischen-dynastischen-politischen Bezügen zum Haus Österreich dem Elfenbeinstück hier ähnlich, die anhand der angebrachten Signatur Bendl sicher zugeordnet werden können.[7] TK

1 Haselberger-Blaha 1956, S. 81.
2 Koller 1993, S. 68–69.
3 Allgemeines siehe Schauerte 2001.
4 Haag 2007/1, Kat.-Nr. 46, S. 130–131.
5 Koller 1993, S. 179.
6 Inv.-Nr. A 19-19482321.
7 Winter 2009, S. 23; beispielsweise eine Bronzemedaille im Gedenken an den feierlichen Einzug Josephs I. in Wien 1690 (Inv.-Nr. Mk 1024bß).

MDCXC

29a

LEOPOLDO MAGNO:
ELEONORAE AUG:
IOSEPHO GLORIOSO
IN TRIUMP: TES:
ARC: H: POS: AB:
AVI: PRIV

29b

30

Johann Ignaz Bendl (um 1650–um 1730)

GEDENKMEDAILLON AUF DIE ERRICHTUNG DER PESTSÄULE

um 1692
Elfenbein
H. 9 cm, Durchmesser 4,2 cm
Bezeichnet: »IBENDL.F.«
Wien, Kunsthistorisches Museum, Kunstkammer
Inv.-Nr. KK 10184

Das hochovale Elfenbeinmedaillon ist am Scheitelspitz mittels angebrachter Öse und Hängering als Anhänger funktionalisiert (Abb. Kat.-Nr. 30a).[1] Durchaus vorstellbar wäre eine zugehörige, heute nicht mehr existente, elfenbeinerne Gliederkette, wie dies beispielsweise einige Medaillonanhänger im Bestand der Kunstkammer des Kunsthistorischen Museums aufweisen.[2]

Das Medaillon ist in der Art einer Schaumedaille gearbeitet. So zeigt die Frontseite drei Profilporträts, rechts Erzherzog Joseph I. (1678–1711) mit Lorbeerzweig und Vliesorden, in der Mitte Kaiser Leopold I. (1640–1705) mit mächtiger Allongeperücke, Brustharnisch, Vliesorden und zur Untermauerung seines hohen Ranges und Ausdruck seiner Herrscherwürde in der Tradition der antiken Imperatoren einen Lorbeerkranz auf dem Kopf sowie links die dritte Ehefrau Leopolds und Mutter Josephs, Eleonore Magdalena von Pfalz-Neuburg (1655–1720). Eine Umschrift erläutert nochmals die Dreiergruppe: »LEOPOLD:I:R:MAGDALENA:R:I:IOSEPH:I:R:«.

Die Reversseite des Objekts gibt die sogenannte Wiener Pestsäule am Graben wieder, welche in Folge eines feierlichen Gelöbnisses Kaiser Leopolds I. 1679 aus Dank für das Ende der Pestilenz nach mehrjähriger Planung am 1. Juni 1692 im Beisein des kaiserlichen Hofes geweiht wurde (Abb. Kat.-Nr. 30b).[3] Das hoch aufragende Monument wird von einer konvex-konkav verlaufenden Balustrade umgeben dargestellt. Die Säule erhebt sich über mehrere Geschosse, ist mit zahlreichen hochrechteckigen Reliefs verziert, die am marmornen Monument unter anderem von Johann Ignaz Bendl stammen, und zeigt im unteren Bereich die kniende Stifterfigur Leopolds I. Darüber erhebt sich eine Wolkensäule mit einer Reihe von Putti, Heiligen und dem Neun-Engelchor. Bekrönt wird die Säule von der Darstellung der Heiligen Dreifaltigkeit, worauf sich auch das umlaufende Schriftband bezieht: »GLORIA PATRI ET FILIO ET SPIRITVI SANCTI«. Der Elfenbeindrechsler hat das Objekt am Abschnitt mit »IBENDL.F:« signiert. Das Medaillon ziert in der Kehlung die Aufschrift »SANCTA TRIAS TRIADEM NOSTRAM SALVARE MEMENTO«.

Das ideologische Konzept der Pestsäule mit dem Leitmotiv der Zahl Drei wird umfassend in die künstlerische Gestaltung des Elfenbeinobjekts eingeflochten und anhand der Porträtreihe auf der Vorderseite, der Trinität an der Spitze der Rückseite sowie den drei Inschriften bewusst wiederholt.[4] Das Schnitzwerk demonstriert die für die österreichische Barockkultur immanent wichtige und auch charakteristische »Pietas Austriaca«, jene tief praktizierte und gelebte Frömmigkeit und Religiosität, die das Haus Österreich in seiner Herrschaftsauffassung verankert sah.[5] Als bezeichnend für Leopolds Verständnis sowie Positionierung eines Regenten mag dessen demütige Stifterfigur an der Säule gelten. Hier tritt kein absolutistischer, expressiv-fordernder und sich selbstinszenierender Monarch in Erscheinung, wie dies Leopolds Hauptkonkurrent, der französische König Ludwig XIV. für dessen Standbilder zum obersten Kriterium machte. Vielleicht um sich auch bewusst vom Sonnenkönig abzuheben, stilisierte der Habsburger hingegen seine theokratische Position gepaart mit sakralen Elementen.[6]

Das exquisit geschnitzte Schaustück gilt bislang als einziges dreidimensionales Kunstwerk, welches die für das Haus Habsburg hochpolitische und auch dynastisch wichtige Pestsäule würdigt. Anlässlich der Weihe dieses Demutsmonuments in Wien erschien zwar ein gedruckter erläuternder Programmkatalog, auf die zu erwartenden, üblichen Gedenkmünzen oder -medaillen als Medium der Propaganda wurde jedoch verzichtet.[7] Erst eine 1703 in vergoldeter Bronze gefertigte ovale Gussmedaille bezieht sich auf die Pestsäule, steht stilistisch sowie von ihrer künstlerischen Qualität weit hinter dem Medaillon.[8]

Das Elfenbeinobjekt konnte von Seiten des Kunsthistorischen Museums Wien im Jahr 2002 für den Bestand der Kunstkammer aus dem Münchner Kunsthandel erworben werden.[9] Dieses virtuos gefertigte Kunstkammerstück unterstreicht einmal mehr das breite künstlerische Spektrum im Œuvre von Johann Ignaz Bendl und verweist auch auf dessen Fähigkeiten als Medailleur. Zudem ergänzt das Stück den Elfenbeinbestand der Wiener Kunstkammer aus der leopoldinischen Epoche mit seiner dynastisch-politisch-propagandistischen Zielsetzung auf das Beste. TK

1 Grundlegende und ausführliche wissenschaftliche Untersuchung des Objekts siehe Haag 2002/03.
2 Vgl. hierzu die Objekte Inv.-Nr. KK 4694, 4794, 4766.
3 Ausführliche Darstellung siehe Witzmann 2005. Siehe auch Boeckl 1996.
4 Ausst.-Kat. Regensburg 2004, Kat.-Nr. 1.13, S. 226.
5 Haag 2008, Kat.-Nr. 3.7, S. 71–72.
6 Haag 2002/03, S. 354.
7 Die Schrift »Beschreibung deß Zu Ehren der Allerheiligisten Dreyfaltigkeit allhie auff dem Graben auffgerichten dreyekkichten weissen Marmorsteinen Pyramidis sambt der zu Zeit der Einweyhung allda gehaltener Lob=Predig« erschien 1692 in der kaiserlichen Hofdruckerei in Wien. Siehe auch Polleross 1996, S. 179.
8 Die Bronzemedaille wird im Münzkabinett des Kunsthistorischen Museum in Wien verwahrt (Inv.-Nr. Mk 968/1914b); siehe Haag 2002/03, S. 355.
9 Das Kunsthistorische Museum erwarb das Medaillon von der Kunstkammer Georg Laue in München. Davor gehörte das Objekt zum Bestand der Sammlung Rudolf Just in Prag; siehe Haag 2008, S. 71.

30b

30a

Ignaz Elhafen (1658–vor 1715)

»TYROLENSIS SCULPTOR«

THOMAS KUSTER

Ignaz Elhafen, einer der wichtigsten österreichischen Kleinplastiker des Hochbarock, hinterließ ein umfangreiches Œuvre von Arbeiten in Elfenbein sowie von Stücken in Buchsbaum und Zedernholz. Generell gilt für den Künstler, dass aufgrund fehlender Quellen die Biografie und das Schaffen nur anhand weniger gesicherter Eckdaten beschrieben werden kann.[1] Gemäß der älteren Literatur vermutete man den Bildschnitzer aus den Niederlanden, aus Süddeutschland, respektive Nürnberg oder aus Hall in Tirol stammend. Ebenso rätselte man über eine nicht bewiesene verwandtschaftliche Beziehung zum Nürnberger Patriziergeschlecht der Ölhafen.[2]

Erst ein Quellennachweis in den Innsbrucker Taufmatrikeln erhellte die Herkunft des Künstlers. Ignaz Elhafen wurde im Sommer 1658 in der Residenzstadt der Grafschaft Tirol geboren und am 1. August in der Stadtpfarrkirche zu St. Jakob, dem heutigen Dom, getauft. Den Matrikeln zufolge war Ignaz der zweite Sohn und das dritte Kind des landesfürstlichen Reitknechts Bartholomäus Elhafen und dessen Frau Agnes, geborene Ainisch.[3]

Über Kindheit, Jugend und die erste künstlerische Ausbildung des Schnitzers ist nichts bekannt, sein Leben dürfte sich aber aufgrund der beruflichen Stellung des Vaters im Umkreis des landesfürstlichen Hofes abgespielt haben. Über mögliche Lehrmeister muss spekuliert werden. Da nach 1665 mit dem Aussterben der jüngeren Tiroler Linie der Landesfürsten aus dem Hause Habsburg eine aktive Hofhaltung verloren ging, sind auch keine Hofkünstler als Lehrmeister vorstellbar.[4] Besonders in den frühen gesicherten Werken sind künstlerische Bezüge und Motive aus dem Schaffen des niederländischen Bildhauers Alexander Colin (1527/29–1612) erahnbar. Der Schluss liegt nahe, dass der junge Elhafen erste Studien unter anderem an den Marmorreliefs am Kenotaph des Maximiliansgrabes in der Innsbrucker Hofkirche nahm (Abb. 90).[5] Deutlich wird diese formale Ähnlichkeit an fünf Reliefs aus Zedernholz mit alttestamentlichen Themen, die Elhafen um oder vor 1685 für das Benediktinerstift Kremsmünster fertigte und dafür laut Quittung den Lohn von 359 Gulden erhielt (Abb. 91).[6] Ähnlichkeiten zu den Arbeiten Colins ergeben sich dabei im Aufbau der Szenerie, im Schlachtencharakter, im flach reliefierten Hintergrund mit plastischer Vordergestaltung sowie im Rückgriff auf das Motiv der gebündelt dargestellten Stangenwaffen und Lanzen.[7] Im Frühwerk Elhafens überwogen wohl Arbeiten in Holz, während Elfenbein erst ab der Wiener Zeit in den späten 1690er-Jahren relevant zu werden schien.[8]

Über die weitere Ausbildung des Schnitzers sind wir durch den niederländischen Kunstschriftsteller Arnold Houbraken anhand dessen Ver-

Abb. 90 Alexander Colin, Unterwerfung des Herzogs von Geldern, Kenotaph Kaiser Maximilians, nach 1562, Marmor, Innsbruck, Hofkirche

zeichnisses niederländischer Künstler, dem »Groote schouburgh«, von 1721 informiert, in welchem dieser Elhafen zwar fälschlicherweise als »een Duitser« bezeichnet, aber den Zusatz »die lang te Rom gewoont hat« anführt. Der Tiroler hielt sich also während seiner Gesellenjahre über längere Zeit in der Ewigen Stadt auf. Mangels gesicherter Quellen kann auch über den Aufenthalt im Süden lediglich spekuliert werden. Als mögliches Zeitfenster dafür käme die Spanne vom 14. bis 16. Lebensjahr, also um 1673 bis ins Jahr 1675, in Betracht. Eine weitere Variante würde die für einen bildenden Künstler der damaligen Zeit wohl recht spät angesetzte Periode nach 1690 bis 1697 darstellen. In diesem Jahr scheint Elhafen in den Ehematrikeln von St. Stephan in Wien auf.[9]

Im Barock standen Künstler aus dem deutschsprachigen und niederländischen Raum zahlenmäßig und qualitativ an der Spitze der Elfenbeinverarbeitung. Ihr Weg zum Studium nach Süden, vorrangig nach Rom, kann als Quelle der Inspiration verstanden werden, um sich am Ideal antiker Werke oder an Meisterwerken eines Gianlorenzo Bernini (1598–1680) oder Borromini (1597–1667) zu schulen.[10] So etablierte sich in der Ewigen Stadt eine dichte deutschsprachige Künstlergemeinde, zu der sicherlich auch Elhafen Kontakt gepflegt hätte. Beispielgebend und richtungweisend mag dabei das Werk der seit 1678 in Rom lebenden Brüder Domenicus (1655–1721) und Franz Stainhart (1651–1695) gewesen sein, an dem sich der Schnitzer künstlerische Anregungen genommen haben mag (Abb. 92).[11] Hierzu zählt vor allem die während der Düsseldorfer Schaffenszeit verwendete kastenförmige Rahmung der

Abb. 91 Ignaz Elhafen, Schändung des Adonibesek, vor 1685, Zedernholz, Kremsmünster, Stiftsammlung

Objekte und die bühnenartige Gestaltung der Reliefs mit freiplastischen Elementen im Vordergrund. Über den künstlerischen Stil Elhafens in dieser Phase gibt das signierte und mit »ROMA« versehene Elfenbeinrelief »Die Auffindung des Mosesknaben« Auskunft, das sich heute in den Sammlungen des Fürsten von und zu Liechtenstein befindet (Abb. 93).[12]

Von 1697 bis 1703 ist Ignaz Elhafen in der Residenzstadt der Habsburgermonarchie in Wien nachweisbar. Zum Freundeskreis Elhafens in Wien gehörte der Maler Johann Michael Rottmayr (1654–1730),[13] der in Diensten der Fürsten von Liechtenstein stand und durch dessen Vermittlung Elhafen wohl zahlreiche Aufträge bei den Liechtensteins lukrierte und dadurch möglicherweise weitere Gönner in der Wiener Aristokratie erreichte.[14] Eine direkte Verbindung zum kaiserlichen Hof als Auftraggeber ist nicht belegt, obwohl Kaiser Leopold I. als leidenschaftlicher Elfenbeinsammler und als dilettantisch drechselnder Herrscher bekannt war.[15] Das Herrscherhaus wird wohl über Händler und Mitglieder der Aristokratie Objekte Elhafens erworben haben. Auch der Kontakt zu den in Wien tätigen Elfenbeindrechslern sowie deren Einfluss auf den Stil des Tiroler Schnitzers schien gering gewesen zu sein. Eine Ausnahme bildete das Werk des Matthias Rauchmiller (1645–1686),[16] in dessen Werkstätte und an dessen Werk Elhafen möglicherweise Inspiration fand.[17]

Die Arbeiten während der Wiener Zeit sind geprägt von kleinformatigen, querrechteckigen Elfenbeinreliefs, die immer dem gleichen Gestaltungsschema folgen. Das Trägermaterial wurde waagerecht gerade, nach oben schmal verlaufend, bearbeitet und mit einem nach vorne springenden, sockelähnlichen Unterbau gestaltet, worauf schichtweise die Figuren teilplastisch platziert sind. Bereits in dieser Zeit kommt die kastenförmige Rahmung hinzu. In die Schaffensperiode vor 1704 fällt auch die Produktion zweier rundplastischer Elfenbeinzylinder, einer Werkgattung, die Elhafen nur selten umsetzte. Ein Zylinder ist mit den Initialen »I.E.« signiert und zeigt den Raub der Sabinerinnen, der andere, als einziges Objekt aus dem Œuvre des Künstlers, ist vollständig mit der Umschrift »Ignatius Elhafen Wien 1697« versehen, zeigt als Dekor ein Bacchanal und war Teil einer in Augsburg produzierten Prunkuhr.[18]

Ab 1704 finden wir Ignaz Elhafen in Düsseldorf am Hofe des Kurfürsten Johann Wilhelm von der Pfalz (reg. 1690–1716).[19] Die Umstände, die Elhafen nach Deutschland brachten, liegen im Dunkeln. Es besteht die Möglichkeit, dass der Schwager des Kurfürsten, Kaiser Leopold I., den Schnitzer empfahl. Am kunstsinnigen Hof im Rheinland war ein weiterer, aus Venedig stammender Elfenbeindrechsler, Antonio Leoni (nachweisbar ab 1694/96–1716), wohl seit Ende des 17. Jahrhunderts beschäftigt.[20] Über das Verhältnis der beiden Künstler, jeder um die Gunst des Auftraggebers bemüht, ist nichts bekannt, es war aber sicherlich nicht spannungsfrei, da beide in ähnlicher Art und Weise arbeiteten. Die Düsseldorfer Phase stellt auch die produktivste im Schaffen Elhafens dar, die Werke sind zumeist mit seinen Initialen versehen und datiert. So lässt sich eine stetige Produktion bis 1710 rekonstruieren. Am Hofe des Kurfürsten entstanden primär kastenförmige Reliefs mit Themen der antiken Mythologie, Bacchanalien und Schlachtenszenen, die alle einem ähnlichen Duktus folgen.[21] Die Werke Elhafens wurden entweder in eigenen Schränken der Düsseldorfer Kunstsammlung verwahrt und bei Bedarf zum Betrachten

Abb. 92 Franz Stainhart, Maria Magdalena, um 1680, Elfenbein, Wien, Kunsthistorisches Museum, Kunstkammer

herausgenommen, oder sie waren in schwarz gebeizten Holzrahmen unterhalb großformatiger Gemälde in der kurfürstlichen Gemäldegalerie serienweise präsentiert.[22] Einige Reliefs mögen auch als Dekor von Kleinmöbeln oder Kabinettschränken gedient haben. Auch vollplastische Werke des Tiroler Künstlers sind überliefert, die ausschließlich in Düsseldorf entstanden und die sich an den bekannten Mustern eines Giambologna (1529–1608), der flämischen Malerei oder des Düsseldorfer Hofbildhauers Gabriel Gruppello (1644–1730) orientierten.[23] Figuren mit mythologischen Sujets sind vielfach paarweise gestaltet und ergänzen sich dadurch in ihren Körperbewegungen.

Als bislang jüngstes und wohl auch letztes Werk Elhafens gilt ein mit der Jahreszahl 1710 datiertes Bacchus-Relief, danach taucht sein Name in keiner relevanten Quelle mehr auf (Abb. 94).[24] Daher ergibt sich ein Zeitfenster für sein Ableben zwischen 1710 und vor 1715.[25] Ignaz Elhafen ist als Elfenbeinkünstler einzustufen, der keine eigenen Ideen oder Entwürfe umsetzt, sondern sich zeitlebens an Vorlagen orientiert, somit

Abb. 93 Ignaz Elhafen, Auffindung des Mosesknaben, Detail, 1680/90, Elfenbein, Vaduz–Wien, Sammlungen des Fürsten von und zu Liechtenstein

als »Eklektizist, manchmal sogar fast als Kopist« agiert.[26] Hält er sich zu Beginn seiner Tätigkeit noch strikt an die Vorgaben, kann man ab der Wiener Zeit eine Lockerung und Flexibilität vor allem im Arrangement der Figuren erkennen. Noch freier arbeitet Elhafen dann in Düsseldorf. Zu den grafischen Druckvorlagen zählten Werke von Matthäus Merian (»icones biblicae«; 1625/27), Stiche nach Pietro da Cortona (1596–1669), Antonio Tempesta (um 1555–1630) und Charles Lebrun (1619–1690) sowie Bildmotive von Peter Paul Rubens (1577–1640), Tizian (um 1488/90–1576) oder Jacob Jordaens (1593–1678), die durch Gemälde in der kurfürstlichen Sammlung Düsseldorf vertreten waren.[27] Das verarbeitete Sujet konzentrierte sich primär auf die antike Mythologie, auf Geschichten rund um Bacchus, auf historische Schlachtendarstellungen und immer wiederkehrend das Thema des Raubs der Sabinerinnen.

Charakteristika im Werk Elhafens sind der bühnenartige Aufbau, ein beinahe konsequent vorherrschendes, relativ kleines Normmaß der Reliefs sowie das geradezu typische Detail der figuralen Fingerstellung, bei der Mittel- und Ringfinger sehr eng aneinander liegen, während die übrigen Finger gespreizt wirken.[28]

Den hohen Stellenwert Elhafens und wie sehr man seine Kunst in Düsseldorf schätzte und von seinem Können überzeugt war, gibt die Umschrift einer Medaillendarstellung des Tirolers wieder: »Wenn diese Deine schönen Elfenbeinarbeiten leben, hast Du von den Göttern das Geschenk Pygmalions«.[29]

Abb. 94 Ignaz Elhafen, Bacchanal, 1710, Elfenbein, München, Bayerisches Nationalmuseum

1 Die wichtige und grundlegende wissenschaftliche Aufarbeitung zu Elhafen und seinem Werk lieferte Christian Theuerkauff mit seiner Dissertation 1964; siehe Theuerkauff 1964.

2 Siehe hierzu Scherer 1897; Scherer 1903; Hoffacker 1895; Berliner 1926; Pelka 1923; Devigne 1925; Töwe 1928.

3 Theuerkauff 1964, S. 60–61.

4 Theuerkauff 1964, S. 83.

5 Auch Theuerkauff schließt ein Studium nach Colin nicht aus; siehe Theuerkauff 1964, S. 97–98.

6 Philippovich 1961, S. 13.

7 Im Werkverzeichnis Elhafens (Theuerkauff 1964) sind bislang insgesamt 19 Holzreliefs fassbar. Neben den Kremsmünsterer Objekten sind drei Querformate mit zwei Schlachten sowie dem »Raub der Sabinerinnen« inventarisch bis 1788 in den Ambraser Sammlungen nachweisbar, die 1819 durch die Präsentation im Unteren Belvedere nach Wien kamen (Inv.-Nr. KK 3932, 3934, 3936). Das Kunsthistorische Museum verwahrt zudem vier hochformatige Reliefs aus Buchsbaum, zweimal Szenen aus dem Leben der Kleopatra, der Heilige Martin und der Heilige Georg. Die Letztgenannten wurden ursprünglich wohl von Fürst Johann Adam Andreas von Liechtenstein zusammen mit drei weiteren Reliefs (»Raub der Sabinerinnen«, »Streitschlichtung zwischen Römern und Sabinern« und »Reiterschlacht«) in Auftrag gegeben. Die drei Hochformate gelangten 1905 aus Privatbesitz in die Sammlungen des heutigen Kunsthistorischen Museums (Inv.-Nr. KK 7166–7169).

8 Weitere Holzreliefs von Ignaz Elhafen aus der Zeit um 1685 besitzt das Herzog Anton-Ulrich Museum Braunschweig (»Bekehrung des Saulus«), das Kunstmuseum Düsseldorf (»Bekehrung des Saulus«) und das Grüne Gewölbe in Dresden (zwei Reiterschlachten); siehe Theuerkauff 1964; Frankfurt am Main, Liebieghaus Skulpturensammlung, Inv.-Nr. 2596 (»Die Schlichtung des Streits zwischen Römern und Sabinern«).

9 Theuerkauff 1968, S. 93. Am 28. April 1697 heiratete der Künstler Anna Isabella Kopetzky († 1703), Tochter eines höfischen Beamten des Herzogs von Anhalt.

10 Scherer 1903, S. 15.

11 Theuerkauff 1972/1, S. 22, 32.

12 Das Relief befand sich im 19. Jahrhundert in der Sammlung des Karl Meyer, Freiherr von Rothschild, und wurde 1998 von Hans Adam II. von und zu Liechtenstein mit einem weiteren Elfenbeinrelief Elhafens im Kunsthandel erworben (Inv.-Nr. SK 577).

13 Allgemeines siehe Brugger 2004.

14 Darunter Elfenbeinreliefs wie der »Raub der Proserpina«, »Orpheus und Herakles«, »Götterversammlung«, »Alexanderschlacht«, »Schlacht Kaiser Konstantins«, »Römische Schlachtenszene« und »Türkische Schlachtenszene«, heute alle Sammlungen des Fürsten von und zu Liechtenstein, Vaduz–Wien. Laut dem Werkverzeichnis (Theuerkauff 1964) traten neben den Fürsten von Liechtenstein auch die Familien Schönborn, Fürstenberg sowie die Markgrafen von Baden als Auftraggeber in Erscheinung.

15 Haag 2007/1, S. 35, 180.

16 Allgemeines siehe Birke 1981.

17 Theuerkauff 1968, S. 100.

18 Die Prunkuhr ist 1704 in den markgräflichen Sammlungen in Baden verzeichnet; der Elfenbeinhumpen befindet sich heute im Victoria & Albert Museum in London (Inv.-Nr. A.3-1959); siehe Theuerkauff 1962/2, S. 291.

19 Zum Leben und Kunstverständnis am Düsseldorfer Hof siehe Heppe 1988.

20 Scherer 1929.

21 Der gesamte, noch erhaltene Elfenbeinbestand wird heute im Bayerischen Nationalmuseum München verwahrt. Durch das Aussterben diverser Wittelsbacher Seitenlinien ab der Mitte des 18. Jahrhunderts und der Vereinigung aller Territorien ab 1777 unter Kurfürst Karl Theodor sowie dem Residenzwechsel von Düsseldorf nach München kamen auch die bedeutenden Kunstobjekte in die bayerische Hauptstadt; siehe Berliner 1926, S. XXIV–XXV.

22 Theuerkauff 1964, S. 201–203.

23 Theuerkauff 1964, S. 168–169, 188–189; siehe auch Theuerkauff 1968, S. 109–111.

24 Heute München, Bayerisches Nationalmuseum, Inv.-Nr. R 4665.

25 Elhafen heiratete in Düsseldorf im November 1705 ein zweites Mal, Margarethe Sophie Krels, die sich wiederum im Sommer 1715 erneut vermählte; siehe Theuerkauff 1968, S. 94.

26 Theuerkauff, zitiert nach Schädler 1972, S. 8, 10.

27 Scherer 1903, S. 100–102.

28 Scherer 1897, S. 14.

29 Zitiert nach Theuerkauff 1964, S. 65. In diesem Zusammenhang auch das Zitat »Tyrolensis sculptor« in der Überschrift nach der Umschrift der Medaille auf Ignaz Elhafen, die Giorgio Maria Rapparini, Sekretär von Kurfürst Johann Wilhelm von der Pfalz, in seiner Abhandlung »Le portrait du vrai mérite de [...] Monsigneur l'Electeur Palatin« von 1709 über die Künstler am Düsseldorfer Hof anführt; siehe Theuerkauff 1962/2, S. 290.

31

Ignaz Elhafen (1658–vor 1715)

KAISER LEOPOLD I.

zwischen 1687 und 1699
Elfenbein
H. 15,1 cm, B. 11,4 cm
Wien, Kunsthistorisches Museum, Kunstkammer
Inv.-Nr. KK 7170

Das hochrechteckige Relief (Abb. Kat.-Nr. 31a) zeigt Kaiser Leopold I. (1640–1705). Es zählt zu einer achtteiligen, in vergleichbarer Manier gearbeiteten Serie von Feldherrendarstellungen aus der Zeit des Zweiten Türkenkrieges nach 1683, die die militärische Stärke des Abendlandes und die Vormachtstellung der Habsburgerlande demonstrieren sollen. Neben dem Habsburgerkaiser werden seine beiden Söhne, Erzherzog Joseph, der nachmalige Kaiser Joseph I. (1678–1711), und Erzherzog Karl, der nachmalige Kaiser Karl VI. (1685–1740), dargestellt. Des Weiteren sind König Karl II. von Spanien (1661–1700), Markgraf Ludwig Wilhelm von Baden (»Türkenlouis«, 1655–1707), Kurfürst Max Emanuel von Bayern (»Blauer Kurfürst«, 1662–1726), Kurfürst Johann Georg III. von Sachsen (»Sächsischer Mars«, 1657–1691) sowie Herzog Karl V. von Lothringen (1643–1690) abgebildet (Abb. 95).[1] Leopold I. kam als zweiter Sohn Kaiser Ferdinands III. und dessen erster Frau, der spanischen Infantin Maria Anna, zur Welt. Als Nachgeborener war der Erzherzog ursprünglich für die geistliche Laufbahn vorgesehen, folgte aber durch den unerwarteten Tod seines Bruders, König Ferdinand IV., diesem als römisch-deutscher Kaiser und als Herrscher in den habsburgischen Landen nach.

Leopold I. wird auf einem sich aufbäumenden Pferd dargestellt. Das Ross zeigt sich in der Haltung der Levade mit angezogenen Hinterbeinen und vom Boden losgelösten Vorderbeinen. Diese kunstvolle Pose der Reitkunst, die heute noch zur Hohen Schule in der Spanischen Hofreitschule zählt, basiert auf militärischem Kampf- und Gefechtsreiten, mit dem sich der Soldat vor feindlichen Angriffen mit Stichwaffen schützen konnte. Leopold wird in zeitgenössischem, schweren Küraß dargestellt, dessen Schulterkappen mit Maskarons verziert sind. In seiner Rechten hält er einen Feldherrenstab, um den Brustharnisch ist ein Überwurf gelegt, der sich dramatisch durch die Reitbewegung aufbauscht. Um den Hals erkennt man die Collane des Ordens vom Goldenen Vlies. Der Habsburger zeigt sich mit modischer, schulterlanger Allongeperücke, worauf, in Anlehnung an die antiken Cesaren, ein zarter Lorbeerkranz platziert ist.

Abb. 95 Ignaz Elhafen, Herzog Karl V. von Lothringen, zwischen 1687 und 1699, Elfenbein, Wien, Kunsthistorisches Museum, Kunstkammer

31a

31c

Am Sattelzeug ist ein aufwendig dekorierter Waffenhalfter montiert, worin sich eine Radschlosspistole mit Keulengriff befindet. Eine besondere Spannung in der Darstellung erreichte der Elfenbeinschnitzer durch die Kombination der unbewegten Physiognomie Leopolds mit seinem starren, nach rechts gewandten Blick auf der einen und dem lebhaft agierenden Pferd, das sein Maul aufreist, die Nüstern bläht und den Kopf seitlich nach hinten wirft, auf der anderen Seite.

Der Hintergrund zeigt in einem fein abgestuften Relief in der unteren Hälfte angestrengtes Waffengetümmel zwischen dem christlich-kaiserlichen Heer und den Osmanen. Die Schlacht scheint sich in einem hügeligen Talkessel abzuspielen. Die Ungläubigen sind anhand ihrer Turbane, ihrer Oberbekleidung und ihren Waffen mit Pfeil und Bogen deutlich charakterisiert. Das kaiserliche Heer trägt Rüstung beziehungsweise Landsknechtkleidung und ist mit langen Stangen- und Stichwaffen ausgerüstet. Der obere Teil der Staffage öffnet sich zu einer weiten, bewaldeten Flusslandschaft und schließt mit angedeuteten Haufenwolken ab.

Die Gesichtszüge Kaiser Leopolds I. entsprechen dem geläufigen und tradierten Porträttypus dieses barocken Monarchen aus der Zeit um 1690 und sind keinesfalls geschönt, sondern spiegeln das wahre, von den Zeitgenossen oft als hässlich beschriebene Antlitz mit wulstigen Lippen und weit nach vorne ragendem Unterkiefer wider.

Die elfenbeinerne Reliefserie ist 1767 im Inventar des Vinzenzo Fanti über die fürstlich liechtensteinische Kunstsammlung als »L'imperador Leopoldo a cavallo 5 ¾ x 4 ¾, L'imperador Giuseppe I a cavallo, L'imperador Carlo VI a cavallo, Quattro Generali di campo a cavallo d'avorio 5 ¾ x 4 ¾« unter den Bestandsnummern 159 bis 166 nachweisbar.[2] Als möglicher Auftraggeber kann Fürst Johann Adam Andreas von Liechtenstein (reg. 1684–1712) in Betracht gezogen werden. Gemäß den Akten des kaiserlichen Oberstkämmeramtes erwarb das österreichische Kaiserhaus die Serie am 5. Juli 1905 aus dem Privatbesitz der Anna Seim um rund 5000 Kronen für das Hofmuseum, dem heutigen Kunsthistorischen Museum. Alle acht Darstellungen sind ungerahmt und zeigen jeweils seitlich kreisförmige Bohrlöcher, was eine mögliche Verwendung als Dekoration im Sinne einer Einlegearbeit auf einem repräsentativen Möbel vermuten lässt. Als Vorlagen für die Komposition der Darstellungen gelten Stiche des 16. und 17. Jahrhunderts nach Crispjn de Passe (1564–1637), Antonio Tempesta (um 1555–1630) und Matthäus Merian (1621–1687). Die Reiterbildnisse selber dürften auf zeitgenössischen Gemälden oder auf Medaillenbildnissen der jeweiligen Feldherren beruhen.[3]

Als Zeitfenster für die Entstehung der Serie liefert das Jahr 1687 mit der Ernennung des neunjährigen Erzherzogs Joseph zum römischen König sowie das Jahr 1691 mit der Aufnahme des Markgrafen von Baden in den Orden vom Goldenen Vlies wichtige Hinweise. Die Tafel mit Erzherzog Karl unterscheidet sich in seiner Ausführung von den anderen Stücken. Sie wirkt weniger plastisch und proportioniert und scheint nachträglich, aufgrund des jugendlichen Aussehens des Prinzen wohl vor 1700, geschaffen worden zu sein. TK

1 Haag 2007/1, Kat.-Nr. 44, S. 126–127.
2 Theuerkauff 1964, S. 70, 137–138, 140, 349, Nr. 87.
3 Ausst.-Kat. Nürnberg 1998, Kat.-Nr. 51, S. 92–93.

< 31b

32

Ignaz Elhafen (1658–vor 1715)

»DIANA UND IHRE NYMPHEN« ODER »RAUB DER ORITHYIA«

um 1690
Elfenbein
H. 11,7 cm, B. 16,7 cm
Wien, Kunsthistorisches Museum, Kunstkammer
Inv.-Nr. KK 4177

Das querrechteckige Relief weist im Vordergrund arrangierte plastische Figuren auf, die sich um die zentral positionierte, liegende Göttin Diana gruppieren (Abb. Kat.-Nr. 32a). Diana stützt sich auf einen ihrer Hunde, darunter sind ein Köcher mit Pfeilen sowie der Bogen erkennbar. Umgeben ist die Göttin der Jagd von acht Nymphen, wovon eine rechts als nackte Repoussoirfigur für Plastizität und Räumlichkeit sorgt. Als Pendant hierzu kann der kleine Hund an der linken Seite verstanden werden. Die Szenerie wird durch die auffällig gestikulierenden Frauen bestimmt, die auf den Raub der Nymphe Orithyia durch den Gott des Nordwindes, Boreas, im Reliefmittelpunkt hinweisen.

Ignaz Elhafen verarbeitet hier eine Szene aus dem sechsten Buch der »Metamorphosen« von Ovid. Der Windgott Boreas begehrt Orithyia, Tochter des Erechtheus, König von Athen. Diese weigert sich, sich dem Gott hinzugeben, worauf dieser die Prinzessin mit Gewalt »Über die Gipfel der Berge hinschleifend […] in Dunkel gehüllt, mit den fahlen Flügeln der Liebende jetzt Orithyia, die schreckenerbleichte« nach Thrakien entführt.[1]

Als Stilmittel der Bewegung und Dynamik setzt Elhafen auf faltenreiche Textilien, dramatische Armgestiken, stark gedrehte Körperpartien sowie Wolkenbänder am Himmel. Die Gesichter der Figuren sind stereotyp, weisen keine Individualität auf. Auffällig dabei sind die langgezogenen Nasen sowie die beinahe mandelförmig angesetzten Augen. Die Körper und Gliedmaßen sind fest und kräftig ausgeführt. Rund zwei Drittel des Reliefs nimmt der sehr flach durchgearbeitete Hintergrund in Form eines Landschaftsausblickes ein, der sich aus Laubbäumen, Sträuchern, Wiesen und Feldern sowie einem sich im linken hinteren Bereich schlängelnden Fluss zusammensetzt. Der Hintergrund gleicht einer gemalten Theaterkulisse, ein Merkmal, das allen Reliefs Elhafens seit seiner Wiener Tätigkeit ab den 1690er-Jahren ähnlich ist. Dadurch wird den Schnitzereien der Charakter eines Bühnenbildes verliehen.

Ein interessantes Detail zeigt die Bearbeitung der Rückseite des Objekts. Im oberen Drittel, an deren Vorderseite man die Horizontlinie vermutet, wurde das Elfenbein der gesamten Länge nach hauchdünn abgeschabt. Hält man die Platte nun gegen eine Lichtquelle, ergibt sich für den Betrachter am Relief der Eindruck einer ausgeleuchteten Bühnenszenerie (siehe Abb. Kat.-Nr. 34b).[2] Besonders wirkt sich dies bei den Augen des Boreas und der Orithiya sowie bei den oberen Nymphen aus, die dadurch eine unerwartete Lebendigkeit erlangen. Auch die Staffage bekommt dadurch eine neue Bewegtheit. Es lässt sich vermuten, dass das Relief mit gleichartig gestalteten Objekten in Kunstkammerschränken verwahrt wurde und bei Interesse und Belieben vom Besitzer hervorgeholt und – vor eine Kerze gehalten – genauestens studiert und betrachtet wurde.

Elhafen orientierte sich bei seinen Arbeiten immer sehr konsequent an druckgrafischen Vorlagen. Während Elhafens Düsseldorfer Zeit begann der Künstler dann neu und freier zu arrangieren. Für sein Relief entnahm Elhafen die zwei links sitzenden Nymphen aus dem Gemälde »Raub der Proserpina« von Joseph Heintz (1564–1609) in Dresden, die Repoussoirfigur und die Frau dahinter sind an »Diana und Callisto« von Paul Moreelse (1571–1638) in Amsterdam angelehnt.[3]

Das Elfenbeinrelief stammt wie jenes mit der Darstellung vom »Urteil des Paris« (Kat.-Nr. 35) aus der umfangreichen Wiener Privatsammlung des Joseph Angelo de France. De France stammte aus Besançon, war seit den 1730er-Jahren in habsburgischen Diensten und wurde 1747 von Maria Theresia mit der Neuaufstellung und der Katalogisierung des kaiserlichen Schatzkammerbestandes betraut. Die Monarchin ernannte ihn wegen seiner Verdienste auch zum Generaldirektor der kaiserlich-königlichen Schatzkammern und Galerien. Nach dem Tode von de France wurde seine Sammlung katalogisiert und unter dem Titel »Musei Franciani descriptio« 1781 publiziert. Das Diana-Relief Elhafens ist in diesem »Catalogue raisonée« unter der Rubrik »Anaglyphorum« unter Nummer 13 verzeichnet.[4] Beim Verkauf der Sammlung de France konnte sich das Kaiserhaus den Bestand an Bronzen und Elfenbein für das Antikenkabinett sichern. Das Relief wurde an die Schatzkammer von Schloss Laxenburg abgegeben, wo es im dortigen Inventar von 1824 im zweiten Kasten als »Diana mit vielen Nymphen in deren Angesicht der geflügelte Boreas die Orithyia entführt« beschrieben wird.[5] 1879 wurde die Arbeit Elhafens an die Ambraser Sammlung im Unteren Belvedere übergeben, von wo das Objekt 1891 zur Aufstellung im damaligen Wiener Hofmuseum, dem heutigen Kunsthistorischen Museum, gelangte. TK

1 Holzberg, Ovid 1997, VI, Vers 705–707.
2 Haag 2007/1, Kat.-Nr. 45, S. 128–129.
3 Dresden, Staatliche Kunstsammlungen, Gemäldegalerie, Inv.-Nr. Gal. Nr. 1971 (um 1595) und Amsterdam, Rijksmuseum. Siehe Theuerkauff 1968, S. 105, 132, Nr. 62.
4 Musei Franciani, erschienen bei Andreas Glasler, Wien 1805; Wien, Kunsthistorisches Museum, Kunstkammer, o. Inv.-Nr., Nr. 13.
5 Inventarium ueber die in der k.k. Franzensburg befindlichen Antiquitäten, Mobilien, Armaturs, Stücke und Atillerie Gut, 1824, unpubliziert; Wien, Kunsthistorisches Museum, Kunstkammer, o. Inv.-Nr., S. 16.

32a

33

Ignaz Elhafen (1658–vor 1715)

KINDHEIT DES BACCHUS

Ende 17. Jahrhundert
Elfenbein
H. 10,1 cm, B. 19,4 cm
Wien, Kunsthistorisches Museum, Kunstkammer
Inv.-Nr. KK 4188

Das Elfenbein wurde zu einem querrechteckigen Relief mit rahmenähnlicher Fassung und seitlich hochgezogenen Wänden verarbeitet (Abb. Kat.-Nr. 33a). Als zusätzlich rahmendes und zugleich begrenzendes Motiv zeigt das Relief rechts den knorrigen Stamm eines Laubbaumes sowie auf der linken Seite eine sich nach oben schlingende Pflanze. Die gestalterische Feinheit ergibt sich aus der gesteigerten plastischen Erhöhung von hinten nach vorne. Tiefenwirkung und Räumlichkeit ergeben sich durch den Einsatz von zwei Repoussoirfiguren in der linken Bildhälfte, der musizierenden Frauengestalt sowie des dahinter stehenden Fauns.

Ignaz Elhafen setzte auf eine ausgewogene Figurenverteilung innerhalb des Reliefs. So bilden sich links und rechts jeweils Zweiergruppen, in der Mitte präsentiert sich ein Dreierarrangement. Auffällig ist die statisch wirkende, bewusst zurechtgerückte Positionierung der handelnden Figuren, die untereinander scheinbar in keinerlei Beziehung stehen.

Im Mittelpunkt des Elfenbeinreliefs steht der kleine Bacchus, der von einer weiblichen Person mit Hilfe eines muskulösen, bärtigen und weinlaubbekrönten Satyrs auf den Rücken einer Ziege gesetzt wird, um das Reiten zu lernen. Der nackte Bacchus scheint mit der Gesamtsituation unzufrieden und wehrt sich mit Unbehagen.

Elhafen greift für sein Relief über die Kindheit des Weingottes auf die »Metamorphosen« des Ovid zurück.[1] Bacchus als Sohn des Jupiter und der Semele geboren, musste vor dem Zorn der Juno in Sicherheit gebracht werden. Der Säugling wuchs zunächst bei seiner Tante Ino auf, wurde aber, um der göttlichen Rache zu entfliehen, Bergnymphen zur Pflege übergeben. Als Amme des Bacchus fungierte Nysa, als dessen Lehrmeister ein Silen.

Das Relief zeigt rechts vorne eine sitzende Frau mit hochgestecktem Haar und freizügigem, üppigen Dekolleté, die in beiden Händen eine Flöte hält. Vis-à-vis von ihr sitzt ein Jüngling, der sie mit seiner Hand im Nacken umarmt und in seiner Linken ebenfalls ein Blasinstrument hält. Das Paar nimmt an der Handlung nicht teil, sondern grenzt sich durch seine Körperhaltung vom Geschehen ab und ist in ein Gespräch vertieft. Die linke Reliefseite nimmt eine Frauengestalt ein, die dem Betrachter demonstrativ den Rücken zukehrt. Sie sitzt auf einem steinernen, mit Lorbeerkränzen behängten Sockel. Die Frau spielt ausdrucksstark auf ihrem Tamburin und wendet sich einem bärtigen Faun zu, der an einem, wohl mit Wein gefüllten Henkelgefäß hantiert. Der Hintergrund der Szenerie ist flach und schematisch gearbeitet und gibt den Blick auf eine bewaldete Landschaft frei, durch die ein Flöte spielender Putto nach links schreitet.

Elhafen verarbeitet hier das in seinem Œuvre sehr häufig wiederkehrende Sujet der Bacchusgeschichte. Zwei vergleichbare Elfenbeinreliefs dieses Inhaltes kamen über die Düsseldorfer Kunstsammlung von Kurfürst Johann Wilhelm von der Pfalz in das Bayerische Nationalmuseum, davon ist ein Relief mit den Initialen »IE« signiert, ein weiteres befindet sich in der Sammlung Schönborn.[2] Der Schnitzer griff bei der »Montage« seines Reliefs auf künstlerische Vorlagen von Pietro Aquila († 1692; »Opfer an Diana«), von Stefano della Bolla (1610–1664; »Satyrengruppe«) sowie bei der Zweiergruppe rechts vorne auf die »Lebensalter« von Tizian (um 1488/90–1576) in Edinburgh zurück.[3]

Als charakteristisch für die Arbeiten Elhafens gilt die seit seiner Wiener Schaffenszeit verwendete kastenförmige Gestaltung des Materials, in die das Relief wie hineingebettet erscheint. Eine stilistische Eigenheit des Schnitzers sind die sehr eng nebeneinander platzierten Mittel- und Ringfinger seiner Figuren, wie dies beim vorliegenden Werk an der Hand der sitzenden Nymphe rechts sowie an der Tamburin spielenden Frau links deutlich zu erkennen ist.

Das hier präsentierte Elfenbeinrelief lässt sich bis 1788 in den habsburgischen Sammlungen nachweisen. Es wurde in der Kunstkammer von Schloss Ambras im zehnten Kasten zusammen mit anderen Schnitzarbeiten verwahrt und ist im Inventar unter der Nummer 92 folgenderweise beschrieben: »Ein sehr schönes Hirtenstück, wo in der Mitte ein gehörnter Satyr, und ein Weib miteinander ein Kind auf eine Ziege setzen, Links sitzt ein junger Hirt mit dem rechten Arm um den Hals seine Schäferin, welche in jeder Hand ein Flöte hält. Rechts geht ein Faun mit einem Krug weg, und siecht sich noch um ein Weib aber, die von einer steinernen Bank kniet, hält ihn ein runds Werkzeug vor, das ich nicht kenne. Im Grunde Bäume und Gesträuche, und ein Knab, der ein Trompech bläßt, von einem Stück Elfenbein bei 7 1/2 Zoll lang fast 4 Zoll hoch, mit einem schwarz gepeitzten Ram.«[4] Das Objekt kam im Zuge der Napoleonischen Kriege aus Sicherheitsgründen zusammen mit den noch in Innsbruck vorhandenen Ambraser Objekten nach Wien, wo man die Sammlung 1819 im Unteren Belvedere der Öffentlichkeit zugänglich machte. Das Relief wurde auch dort unter den »Arbaiten aus Elfenbain« präsentiert.[5]

Wie man den Inventareinträgen entnehmen kann, war das Elfenbein ursprünglich mit einem schwarzen Holzrahmen versehen, wohl um es an der Wand hängend zu präsentieren.

33a

Diese Art der Präsentation, das gerahmte Relief im Kontext und Zusammenspiel zu Bildern zu positionieren, ist für zahlreiche Arbeiten Elfhafens während seiner Düsseldorfer Schaffensperiode nach 1704 überliefert, wo die Kleinkunstwerke unterhalb von Gemälden in der kurfürstlichen Galerie präsentiert wurden. TK

1 Holzberg, Ovid 1997, III, Vers 310–317, IV, Vers 416–523.
2 Theuerkauff 1964, S. 324–325, »Kindheit des Bacchus« (München, Bayerisches Nationalmuseum, Inv.-Nr. R 4673) und »Kindheit des Bacchus« (Pommersfelden, Schloss Wiesentheit, Gräfliche Schönbornsche Sammlung, Inv.-Nr. M 116).
3 Edinburgh, National Gallery of Scotland, Inv.-Nr. 068.46. Tietze-Conrat 1920, S. 35, 171, Nr. 32.
4 Inventarium der K. Ambraser Sammlung vom Jahre 1788, Tom. II, unpubliziert; Wien, Kunsthistorisches Museum, Kunstkammer, Inv.-Nr. KK 6661, S. 191–192.
5 Kramer 1972, S. 380.

33b >

34

Ignaz Elhafen (1658–vor 1715)

BACCHISCHE SZENE

um 1700
Elfenbein
H. 12,1 cm, B. 16,6 cm
Sammlung Reiner Winkler
Inv.-Nr. W. 166

Das Relief ist in einen kastenähnlichen elfenbeinernen Rahmen eingebettet (Abb. Kat.-Nr. 34a). Die Szenerie wirkt dabei sehr dicht gedrängt. Links liegt ausgestreckt ein weinlaubbekrönter Jüngling, der wohl den Weingott Bacchus darstellt, dem eine Nymphe einen Trunk bereitet, indem diese Weintrauben über einem Becher auspresst. Rechts dreht eine nackte weibliche Gestalt dem Betrachter den Rücken zu. Sie sitzt auf einem Erdhügel und fasst einem Faun, der einen Eimer auf der linken Schulter trägt, unerwartet an die Seite. Als Flachrelief sind ein Flöte spielender Putto sowie rechts ein erschrockener Faun, hinter einem Busch versteckt, ausgeführt. Der Hintergrund wird aus Vegetation und einer auf einem Postament mit Reliefdekoration ruhenden Vase gebildet. Als seitliche Begrenzung des Reliefs sind ein Laubbaum und ein Weinstock platziert.

34b

Der Schnitzer hat die Figuren fein durchmodelliert und legte dabei viel Wert auf die Wiedergabe der Muskulatur. Das Relief dürfte vor der Bestellung Ignaz Elhafens nach Düsseldorf, also vor 1704, entstanden sein. Es wirkt ausgereifter als die bislang vor und um 1700 datierten Reliefs, die sich beispielsweise in der Kunstkammer des Kunsthistorischen Museums in Wien (Kat.-Nr. 31–33) befinden. Die Figuren sind präzisiert, deren Körper sind überlegt ausgeführt, es herrscht ein Zusammenspiel der handelnden Personen und die Physiognomie ist individuell gestaltet.

Das Bacchanten-Thema zählt zu den populärsten Sujets im Schaffen Elhafens, das dieser auf unterschiedlichste Weise immer wieder aufgreift. Eine Elfenbeinarbeit, die demjenigen aus Privatbesitz besonders nahesteht, kam über die kurfürstliche Kunstsammlung in Düsseldorf ins heutige Bayerische Nationalmuseum nach München.[1] Diese Version ist ebenfalls kastenhaft gestaltet, die Figuren Bacchus, weinpressende Nymphe, weibliche Rückenfigur sowie Vase und Putto im Hintergrund sind identisch. Unterschiede ergeben sich in der Staffage, der erweiterten figuralen Besetzung sowie der gesteigerten Lebhaftigkeit und Verspieltheit.

Das vorliegende Relief dürfte mit jenem Stück identisch sein, das sich in der zweiten Hälfte des 19. Jahrhunderts in der Kunstsammlung des Freiherrn Anselm von Rothschild in Wien befand. Dort ist als Nummer 158 ein »Relief in Elfenbein, in schwarzem Rahmen, mit einer bacchantischen Scene, 17. Jahrh. Länge 6 1/2", Breite 4 3/4"« verzeichnet.[2] Hinweise auf die Autorenschaft des Tiroler Elfenbeinschnitzers Elhafen bei diesem unsignierten Relief liefern die häufig wiederkehrenden Motive wie der charakteristischen Fingerhaltung, der reliefierten Vase und des durch die Szenerie marschierenden, musizierenden Eroten. Auch diese Bacchantenszene ist aus druckgrafischen Vorlagen zusammenmontiert. Elhafen orientierte sich dabei an Elementen von Radierungen Franz Ertingers (geb. 1669) nach Stichen des Franzosen Raymond La Fage (1656–1684).[3] TK

1 München, Bayerisches Nationalmuseum, Inv.-Nr. R 4673; siehe Berliner 1926, S. 93.
2 Schestag 1866, S. 23.
3 Theuerkauff 1984, S. 39–40.

34a

35

Ignaz Elhafen (1658–vor 1715)

DAS URTEIL DES PARIS

nach 1700
Elfenbein
H. 10,4 cm, B. 16,7 cm
Bezeichnet: »IE«
Wien, Kunsthistorisches Museum, Kunstkammer
Inv.-Nr. KK 4178

Ignaz Elhafen schildert in diesem Elfenbeinrelief mit dem Urteil des Paris eine der populärsten Geschichten aus der antiken Mythologie in der Barockzeit (Abb. Kat.-Nr. 35a). Die Themen und Motive der klassischen Literatur boten den bildenden Künstlern eine ideale Möglichkeit, nackte Körper, Freizügigkeit und sexuelle Anspielungen unverhohlen, ohne Vorbehalte und großteils kritikfrei darzustellen.

Elhafen greift thematisch die Ursache für den Trojanischen Krieg auf, die unkonkret in Homers Epos der »Ilias« beschrieben wird.[1] Anlässlich der Hochzeit des Peleus und der Thetis sind zahlreiche Götter geladen, ausgenommen die Rachegöttin Eris, die als Strafe einen vergoldeten Apfel mit der Aufschrift »Der Schönsten« unter die Gäste wirft. Juno, Venus und Minerva begehren den Titel und fordern den Jüngling Paris auf, als Schiedsrichter zu fungieren. Der Sohn des Trojakönigs Priamos wird vom Götterboten Merkur zur Hochzeit gebracht, und jede der drei Gottheiten versucht, mit Versprechungen wie Weltherrschaft, absolute Weisheit und die Liebe der schönsten Sterblichen den Jüngling zu beeindrucken. Dieser entscheidet sich für Venus und die Liebe zu Helena, Gattin des Spartakönigs Menelaos. Helena wird mit Hilfe der Götter von Paris entführt und gibt damit den Anstoß für den Krieg zwischen Sparta und Troja.

In seiner Arbeit zeigt Elhafen jenen Moment, wo Paris den Siegespreis der Venus entgegenstreckt. Juno wirkt enttäuscht, Minerva verlässt bereits als Verliererin die Szene. Die drei Göttinnen sind anhand ihrer Attribute erkennbar: Juno mit dem Pfau, Venus in Begleitung von Amor sowie Minerva mit Kriegshelm und dem am Boden zurückgelassenen Köcher. Der sitzende Götterbote Merkur ist durch seinen geflügelten Helm ausgewiesen. Das Relief weist eine querrechteckige, kastenförmige Fassung auf, die oben und unten abgerundete Außenflächen zeigt. Mit künstlerischem Feingefühl setzt der Schnitzer beinahe vollplastische Figuren im Vordergrund den Halb- und Flachreliefs gegenüber und erzielt dadurch einen Tiefen- und Räumlichkeitseffekt. Dieser Kunstgriff wird durch zwei geschickt platzierte Rückenfiguren, den sitzenden Merkur links und die abgehende Minerva rechts, gesteigert und lässt den Betrachter intensiver an der Szenerie teilhaben.

Das »Urteil des Paris« zählt zu den fortgeschrittenen Arbeiten Elhafens, wohl vor 1704, aus der Spätphase seiner Tätigkeit in Wien. Im Unterschied zu den Arbeiten, die vor 1700 datiert werden, kommunizieren die handelnden Figuren miteinander, die Physiognomie der Personen weist keine Schemenhaftigkeit mehr auf, sondern ist individueller ausgeführt. Die Körpergestaltung ist gleichmäßig, beinahe klassisch anmutend und ausmodelliert. Auffällig ist das vom Betrachter zu erahnende Mienenspiel der handelnden Figuren, wie dies deutlich beim enttäuschten Gesichtsausdruck der Juno, dem fast fordernden Gestus des Merkur und der durchaus verwunderten Venus deutlich wird. Der Hintergrund ist charakteristisch für die Arbeiten Elhafens schematisch reliefiert und zeigt eine hügelige Flusslandschaft. Die eigentliche Szenerie ist auf einer Anhöhe angesiedelt.

Das Paris-Thema ist ein mehrmals wiederkehrendes Motiv im Werk Elhafens. Ein dem Wiener Relief eng verwandtes, ebenfalls mit den Initialen »IE« signiertes Stück schuf der Tiroler Schnitzer in seiner Zeit am Düsseldorfer Hof nach 1704. Es wird heute im Bayerischen Nationalmuseum verwahrt.[2] Das Münchner Relief weicht von der Wiener Version nur geringfügig, primär in der Ausführung der Gesichter ab. Minerva erhält als zusätzliches Attribut dort ein Schild. Gemäß dem Werkverzeichnis befindet sich ein weiteres Stück in Privatbesitz und ein bislang Elhafen zugeschriebenes Relief dieses Themas, dessen Autorenschaft Theuerkauff allerdings bezweifelt, wird in St. Petersburg verwahrt.[3]

35b

Der Elfenbeinschnitzer arrangierte seine Darstellung aus verschiedenen Stichen, so folgen alle Figuren bis auf Minerva Zeichnungen des Niederländers Willem van Swanenburg (1580–1612), die 1609 veröffentlicht wurden.[4] Die Kriegsgöttin wurde nach Gerard de Jodes (1509/17–1591) Blatt »Poesis picturata« geschaffen.[5]

35a

Das vorliegende Elfenbeinrelief stammt aus der Wiener Sammlung des Joseph Angelo de France (1691–1761) und wurde nach dessen Tod vom kaiserlichen Hof Ende des 18. Jahrhunderts für das Antikenkabinett angekauft. 1810 wurde das Objekt in den Bestand der Wiener Schatzkammer aufgenommen, wo es im Inventar von 1815 unter der Nummer 46 inventarisiert und neben dem sechsten Kasten (darin Elfenbein) an der Wand hängend als »Urtheil des Paris, ein längliches Viereck« beschrieben wird.[6] Von der Schatzkammer gelangte das Kleinkunstwerk 1875 in die Ambraser Sammlung, wo es im neunten Kasten mit zahlreichen anderen Elfenbeinobjekten der Öffentlichkeit präsentiert und im Inventarbuch unter Nummer 70 als »Paris der Venus den Apfel reichend. Ebenso [Relief mit schwartzem Rahmen]« verzeichnet wurde.[7] Die Inventarbeschreibung des Objekts als an der Wand hängend setzt eine heute nicht mehr existente Rahmung des Reliefs voraus. Dieser Umstand erhärtet erneut die Vermutung, dass Elfenbeinreliefs mit kastenförmiger Gestaltung als bildhafte Kleinkunstwerke, den Gemälden ähnlich, präsentiert wurden.
TK

1 Rupé, Homer 1994, Gesang 3, Vers 100, Gesang 24, Vers 25–30.
2 »Urteil des Paris«, München, Bayerisches Nationalmuseum, Inv.-Nr. R 4662, zwischen 1704 und 1710.
3 Theuerkauff 1964, S. 332; St. Petersburg, Staatliche Eremitage, Inv.-Nr. E 1306; Ausst.-Kat. Erbach 1975, Kat.-Nr. 42, S. 26.
4 Berliner 1926, S. 94.
5 Tietze-Conrat 1920, S. 137–138, 171, Nr. 30.
6 Inventarium der Kaiserl. Königl. Schatzkammer, 1810–1815, unpubliziert; Wien, Kunsthistorisches Museum, Kunstkammer, Inv.-Nr. VIIa, S. 407.
7 Theil-Inventar uber die zum beweglichen Fideikommiss-Vermögen des a. h. Erzhauses gehörende K.K. Ambraser Sammlung, 1875, unpubliziert; Wien, Kunsthistorisches Museum, Kunstkammer, o. Inv.-Nr., S. 220.

35b >

Quàm bene conveniunt, et in una
sede morantur –
Majestas & Amor.

Leopold I. von Habsburg (1640–1705)

»MAGNI CAESARIS AUGUSTI«

THOMAS KUSTER

Leopold I. von Habsburg kam am 9. Juni 1640 als fünftes Kind und zweiter die Kindheit überlebender Sohn Kaiser Ferdinands III. (reg. 1637–1657) und dessen erster Frau, der spanischen Infantin Maria Anna, Tochter König Philipps III. von Spanien, zur Welt.[1] Als Nachgeborener für die geistliche Laufbahn vorgesehen, erhielt Leopold eine konventionell-traditionelle, der Gegenreformation und dem Renaissance-Humanismus verpflichtete Erziehung, die von den Jesuiten Philipp Miller und Johann Eberhard Nidhard geleitet wurde. Als »ajo«, also erzherzoglicher Erzieher, fungierte Johann Ferdinand Graf Portia, der Zeit seines Lebens eine Vertrauensfunktion im Leben des späteren Monarchen einnahm.[2]

Seit dem Spätmittelalter charakteristisch für Mitglieder des Hauses Österreich war, dass diese eine Unterweisung in einem Handwerk erhielten, was als pädagogisch-praktischer Aspekt bis zum Untergang der Habsburgermonarchie Teil der Erziehung blieb. Laut der Familienhistorie soll bereits König Rudolf I. Mitte des 13. Jahrhunderts gedrechselt haben, Kaiser Maximilian I. (1459–1519) unterhielt sogar in der Innsbrucker Hofburg eine eigene Werkstatt zur Holzbearbeitung und Kaiser Rudolf II. (1552–1612) galt als Erster der Dynastie, der sich in der Bearbeitung des kostbaren Elfenbeins probierte.[3] Eine spezielle Ausbildung im Elfenbeindrehen durch einen Fachmann ist erstmals für Kaiser Ferdinand III. im 17. Jahrhundert überliefert. Noch als Monarch ließ sich Ferdinand durch den aus Nürnberg stammenden Lorenz Zick, der seit 1644 als Kammerdrechsler am Wiener Hof tätig war, »treflich in der Drehkunst unterweisen«.[4] Sogar während des Reichstages in Augsburg 1654 arbeitete Kaiser Ferdinand III. zusammen mit dem Drechsler Martin Täuber in dessen Werkstatt.[5] Erzherzog Leopold bekam, ebenso wie bereits mehrere Generationen vor ihm, eine Ausbildung im Kunstdrechseln. Neben dem Kunsthandwerk spielten bei der Ausbildung Leopolds die Naturwissenschaften, Sprachen sowie die Musik eine bedeutende Rolle.

Unerwartet folgte Leopold 1654 auf Grund des plötzlichen Todes seines älteren Bruders, Erzherzog Ferdinand IV., diesem als Thronfolger nach. Ferdinand III. erreichte noch vor seinem Tod 1657 die Wahl seines jüngeren Sohnes zum König von Böhmen und Ungarn, problematisch erwies sich aber die Nachfolgeregelung in den Deutschen Landen. Die Mehrheit der Reichsfürsten stand dem unerfahrenen Habsburger ablehnend gegenüber und favorisierte den bayerischen Kurfürsten Ferdinand Maria, den Kurfürsten von Mainz, Johann Philipp von Schönborn, und sogar den französischen König Ludwig XIV., womit bereits ein erster Grundstein zur Rivalität zwischen dem Bourbonen und dem Habsburger gelegt war. Erst nach langwierigen Verhandlungen und

Abb. 96 Johann Bernhard Fischer von Erlach, Paul Strudel, Kaiser Leopold I., zwischen 1687 und 1692, Mamor an der Pestsäule am Graben, Wien

zahlreichen Zugeständnissen (Wahlkapitulation) an die Reichsfürsten erfolgte im Jahr 1658 die Proklamation Leopolds zum Römisch-Deutschen Kaiser.[6]

Kaiser Leopold I. galt äußerlich als wenig einnehmende Erscheinung. Zeitgenossen beschrieben ihn als kleingewachsen, hässlich mit dicken, fleischigen Lippen, hervorstehendem Kinn und aufgrund seiner Kurzsichtigkeit mit vorquellenden Augen.[7] Gelobt wurden hingegen sein friedliebendes und gemäßigtes Wesen, sein Charakter und sein Temperament, wie es etwa in einer zeitgenössischen Biografie heißt, mit »genuegsamen und frommen Gemüthe«.[8] Leopold war dreimal verheiratet, zunächst mit der spanischen Infantin Margarita Teresa (1651–1673), einer Tochter Philipps IV., worauf Leopold im Spanischen Erbfolgestreit seine Thronrechte begründete. Nach deren Tod ehelichte der Kaiser Erzherzogin Claudia Felicitas (1653–1676), Tochter des Tiroler Landesfürsten Erzherzog Ferdinand Karl, die bereits nach zwei Jahren Ehe verstarb. Die dritte Verbindung ging der Habsburger mit der tiefgläubigen Eleonore Magdalena von Pfalz-Neuburg (1655–1720) ein, die Mutter der beiden nachfolgenden römisch-deutschen Kaiser, Joseph I. und Karl VI.[9]

Die Politik Leopolds I. galt bis in die 1680er-Jahre als passiv-defensiv, ein Ergebnis seiner größten Schwächen, nämlich seiner fehlenden Entschluss- und Entscheidungskraft.[10] Wie ein roter Faden begleitet ein Zweifrontenkrieg Leopolds Herrschaft, im Westen mit dem rivalisierenden Frankreich und im Osten mit dem expandierenden Osmanischen Reich. König Ludwig XIV. versuchte das seit Jahrhunderten bestehende Problem Frankreichs, die territoriale, habsburgische Umklammerung, durch gezielte Erweiterung zu lösen. Die Spannungen konnten 1697 im Frieden von Rijswjik zumindest temporär eingedämmt werden. Weiteres Konfliktpotenzial zwischen Wien und Versailles entwickelte sich aus dem drohenden Aussterben der habsburgischen Linie in Spanien. Bourbonen und österreichische Habsburger erhoben aufgrund verwandtschaftlicher Bande gleichermaßen Ansprüche auf die Thronfolge. Als König Karl II., Opfer der inzestuösen Familienverbindungen der Dynastie, im November 1700 in Madrid ohne Nachkommen starb, entbrannte der Spanische Erbfolgekrieg, welcher bis 1714 dauerte. Zur demonstrativen Sicherung des Thronanspruches entsandte Leopold I. seinen zweiten Sohn, Erzherzog Karl, nachmalig Kaiser Karl VI., 1703 nach Spanien, wo dieser als König von Kastilien installiert wurde.[11] Schlussendlich ging aber Frankreich mit Philipp V. (1683–1746), einem Enkel des Sonnenkönigs, als neuem spanischen Monarchen als Sieger aus dieser Auseinandersetzung hervor.[12]

Eine ernstzunehmende Gefahr stellte auch das expressiv-aggressiv expandierende Osmanische Reich Sultan Mehmeds IV. dar. Unter Großwesir Kara Mustafa erreichte ein Heer über Ungarn kommend im Jahr 1683 Wien.[13] Ein militärischer Hilferuf Leopolds an das Reich blieb ungehört, erst die militärische Unterstützung der sogenannten Heiligen Liga unter Kurfürst Georg III. von Sachsen, Kurfürst Max Emanuel von Bayern, Markgraf Ludwig von Baden, Herzog Karl V. von Lothringen sowie Jan Sobieski, König von Polen, ermöglichte den Entsatz von Wien und konnte die Osmanen kurzfristig zurückdrängen. Eine zeitweise friedliche politische Lösung konnte mit der Hohen Pforte mit dem Frieden von Karlowitz 1699 erzielt werden.[14] Die gelungene Abwehr der Türkeninvasion und der damit verbundene Sieg über die Ungläubigen sowie die propagierte Sicherung und Befreiung des Abendlandes wurde von Seiten des Wiener Hofes propagandistisch geschickt über verschiedenste Medien umgesetzt. Dies geschah auch im Bereich der Kleinkunst, als beispielsweise Ignaz Elhafen dieses Sujet aufgriff und in Elfenbein eine Serie von allegorischen Reiterreliefs der militärischen Hauptakteure der Schlacht vor Wien schuf (vgl. Kat.-Nr. 31).

Neben den politisch-militärischen Spannungen war die Herrschaft Leopolds I. auch von schweren Naturkatastrophen und Seuchen überschattet. Schwerwiegend war die Pestepidemie 1679, die allein in der kaiserlichen Haupt- und Residenzstadt Wien rund ein Drittel der Bevölkerung dahinraffte.[15] Um der scheinbar aussichtslosen Lage entgegenzuwirken, gelobte Leopold I. bei raschem Ende der Seuche und Verschonung seines Volkes sowie seiner Familie die Stiftung eines Ehrenmonuments. Der Kaiser ließ dementsprechend mitten in Wien »Am Graben« unter der Leitung des kaiserlichen Hofbaumeisters Johann Bernhard Fischer von Erlach (1656–1723) die »Wiener Pestsäule« aufrichten, an deren Dekoration zahlreiche am Kaiserhof tätige Künstler wie Paul Strudel (1651/52–1708), Matthias Rauchmiller (1645–1686) und Ignaz Bendl (um 1650–um 1730) mitwirkten (Abb. 96; vgl. Kat.-Nr. 30). Vor allem dieses Monument spiegelt einen wichtigen Aspekt der Regierungszeit Leopolds I. wider, die sogenannte Pietas Austriaca, die ad personam an das Herrscherhaus gebundene, öffentlich demonstrierte Frömmigkeit und Tugendhaftigkeit. Der Regent wurde als Beschützer des wahren Glaubens, als Bewahrer und Verteidiger manifestiert.[16]

Abb. 97 Daniel Vading ?, Kaiser Leopold I., nach 1680, Elfenbein, Wien, Kunsthistorisches Museum, Kunstkammer

Parallel mit dem Sieg über die Osmanen im letzten Viertel des 17. Jahrhunderts konnte sich auch die barocke Kunst und Kultur in vollem Ausmaß entfalten. Ein markantes sichtbares Zeichen dafür waren die zahlreichen neuen Garten- und Sommerpalais österreichischer, böhmischer und ungarischer Adeliger, die in barocker Manier außerhalb der Stadtmauern rund um Wien entstanden.[17] Im Unterschied zu Ludwig XIV. von Frankreich wurde die Kunst seitens der Habsburger nicht allein zur Selbstdarstellung eingesetzt, dies zeigt sich schon allein daran, dass es im Unterschied zum Sonnenkönig bis ins 18. Jahrhundert mit Ausnahme des Bildnisses an der Pestsäule keine öffentlichen Standbilder Leopolds I. gab. Für den Kaiser waren Kontinuität, Anciennität und das Bewahren des Traditionellen sowie die »Betonung der Familientradition« eine wichtige Konstante.[18]

Leopold war, wie zahlreiche andere Mitglieder des Hauses Österreich auch, dem Sammeln zugetan, dabei galt seine Leidenschaft Uhren, Automaten und Büchern. Mit Hilfe des Bibliothekars Peter Lambeck (1628–1680) trug der Monarch so einen wesentlichen Grundstock der heutigen Wiener Nationalbibliothek zusammen.[19] Vor allem aber kann er als Liebhaber der Klein- und Schatzkunst verstanden werden. Er förderte in ähnlichem Maße wie sein Vorfahr Kaiser Rudolf II. den Steinschnitt und schätzte das ungewöhnliche Material Wachs, für dessen Verarbeitung ein eigener Hofpossierer, Daniel Neuberger, engagiert war.[20] Der barocken Tradition folgend favorisierte der Monarch Elfenbein für Kleinplastiken; vorrangig durch die persönliche Affinität Leopolds I. für die Verarbeitung des Elefantenstoßzahnes konnte sich Wien als Kunstzentrum der Elfenbeinverarbeitung etablieren.[21] So ist es nicht verwunderlich, dass gerade von diesem Kaiser, wie sonst von keinem anderen Habsburger, zahlreiche Kunstkammerstücke aus Elfenbein, die sich auf seine Persönlichkeit beziehen, sei es in Form seiner Büste, seines Profils oder als Relief mit seinem Namenszug, Bestand des Kunsthistorischen Museums sind (Abb. 97).[22]

Das Interesse an der direkten Förderung von Kunst und Wissenschaft wird an der Etablierung einer kaiserlichen Akademie 1688 deutlich. Diese Einrichtung unter der Leitung des Hofbildhauers Paul Strudel konnte sich jedoch aufgrund fehlender Strukturen nur wenige Jahre halten. Auch die Gründung der Universitäten in Innsbruck, Breslau und Olmütz stehen als Zeichen für dieses Interesse.[23]

Mit dem Tod Kaiser Leopolds I. im Jahr 1705, mitten in den Wirren des Spanischen Erbfolgekrieges, ging eine der längsten Herrscherperioden des Hauses Habsburg nach 47 Jahren zu Ende.[24] Die zeitgenössische Literatur versuchte unmittelbar zu diesem Zeitpunkt den Herrscher als einen »Großen« der Geschichte zu positionieren und zu manifestieren. Als schlagende Argumente wurden die leeren Kassen bei Regierungsantritt, die immanente Bedrängnis in West und Ost angeführt sowie die Tatsache, dass Leopold in den 1660er-Jahren das einzige männliche Mitglied des österreichischen Habsburgerzweiges war und die Familie zu erlöschen drohte. Trotz aller Katastrophen und Krisen im Inneren und Äußeren konnte Kaiser Leopold I. ein gefestigtes und konsolidiertes Territorium an seinen Sohn und Nachfolger Joseph I. übergeben.[25]

1 Wangermann 1997, S. 330. Zum Überblick zur Vita Leopolds I. siehe Spielman 1981; Press 1985; Press 1988; Schindling 1990; Schwarz 1992.
2 Huss 2008, S. 141–142.
3 Maurice 1985, S. 32, 34; siehe auch Maurice 1997.
4 Zitiert nach Thieme-Becker, Bd. 36, 1947, S. 477.
5 Tietze 1917, S. 6.
6 Press 1985, S. 256.
7 Vehse 2008, S. 42–43.
8 Rinck 1708; zitiert nach Polleroß 1986, S. 91; siehe auch Eisenberg 1937, S. 374.
9 Press 1988, S. 253–255.
10 Huss 2008, S. 23.
11 Reifenscheid 1988, S. 191.
12 Mikoletzky 1967, S. 58–60. Allgemeines zum Spanischen Erbfolgekrieg siehe Edelmayer 2008. Mit dem Tode König Philipps IV. von Spanien 1665 begannen Überlegungen um die künftige Erbfolge. Es entwickelten sich wechselseitige Erbabsichten, die jahrzehntelang zwischen Versailles, Wien und München pendelten. Auch an eine Aufteilungsstrategie des spanischen Imperiums wurde gedacht.
13 Winkelbauer 2003. Allgemeines siehe Ausst.-Kat. Wien 1983.
14 Reifenscheid 1988, S. 187–188.
15 Allgemeines siehe Spielman 1995, S. 137–155.
16 Ausst.-Kat. Wien 1986, S. 255. Allgemeines siehe Coreth 1959.
17 Zur Stadterweiterung und Barockisierung Wiens siehe Spielman 1995, S. 157–203.
18 Polleroß 1986, S. 92.
19 Allgemeines siehe König 1975. Für die Bereicherung der kaiserlichen Büchersammlung in Wien wurde Lambeck 1666 mit der Sichtung des reichen Bücherbestandes von Schloss Ambras betraut. Allgemeines siehe Ausst.-Kat. Innsbruck 1995.
20 Haupt 1983, Nr. 1759, 1739, 1787, 1804.
21 Haag 2007/1, S. 35. Allgemeines zum Kunstverständnis Leopolds I. siehe Polleroß 2004.
22 Darunter ein Flakon mit dem Profilporträt des Kaisers (Inv.-Nr. KK 4337), eine Gliederkette mit Anhänger (Inv.-Nr. KK 4749), ein ovaler Medaillonanhänger mit Profil (Inv.-Nr. KK 10184), eine Kleinbüste als Aufsatz eines Richtlots (Inv.-Nr. KK 4507), eine Miniaturbüste (Inv.-Nr. KK 4501), zwei Humpen mit Porträts der Kaiserfamilie (Inv.-Nr. KK 4481, 4483), ein Rosenreifen mit dem Namenszug Leopolds (Inv.-Nr. KK 4670) sowie ein Profilmedaillon (Inv.-Nr. KK 4297).
23 Ausst.-Kat. Wien 1986, S. 155; siehe auch Polleroß 1986, S. 89.
24 Mencik 1898.
25 Zu den auflagenstärksten Biografien zählten »Leopoldi Magni Caesaris Augusti« des Jesuiten Franz Wagner (1705), »Leben und Thaten Leopold's des Großen« von Eucharius Gottlieb Rinck (1708) sowie »Leben und Thaten Leopold's des Großen« von Johann Burchard Mencke (1708).

36

Erzherzog Leopold, nachmalig Kaiser Leopold I. (1640–1705)

DECKELBECHER

Wien ?, Regensburg ?
1654
Elfenbein
H. 13,3 cm
Wien, Kunsthistorisches Museum, Kunstkammer
Inv.-Nr. KK 4796

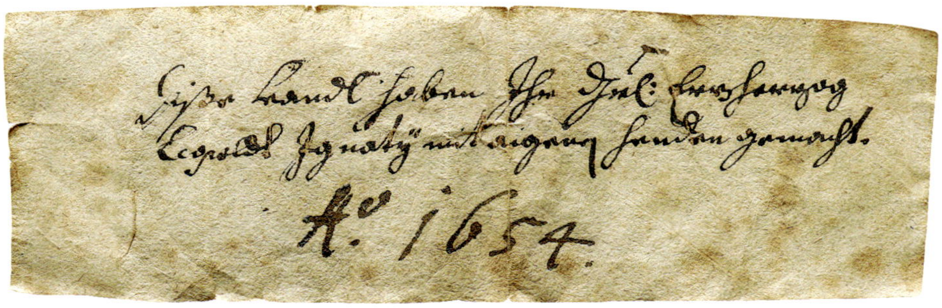

Abb. 98 Beschriftung, im Humpen bewahrt, Feder auf Papier

Gemäß jenem, dem Objekt beiliegenden Beglaubigungsschreiben: »Dieses Kandl haben Ihre Gnaden Erzherzog Leopold Ignaz mit eigener Hand gemacht Ao 1654«, wurde dieser Becher vom späteren Kaiser Leopold I. im Alter von 14 Jahren eigenhändig gedrechselt (Abb. 98). Wie im Hause Habsburg seit der frühen Neuzeit üblich, wurden die Kinder neben den Schulfächern auch in einem speziellen Handwerk unterwiesen. So erlernten der spätere Kaiser Ferdinand III. und seine beiden Söhne, Ferdinand und eben Leopold, das Elfenbeindrechseln. Die Affinität zum Bearbeiten des exotischen und kostbaren Elfenbeins bei Ferdinand III. wird auch darin deutlich, dass er sich am Reichstag in Regensburg 1654 zusammen mit seinen Söhnen in der Werkstatt des Drechslers Martin Täuber an der Werkbank versuchte.[1]

Als erster Lehrmeister für Erzherzog Leopold käme der zwischen 1644 und 1660 am Wiener Hof tätige Nürnberger Kammerdrechsler Lorenz Zick (1594–1666) in Frage.[2] Es erscheint durchaus möglich, dass der Erzherzog den hier präsentierten Becher unter der fachmännischen Anleitung Zicks fertigte. Anhand der Kammerbücher des Hofes sind für 1652 auch Ausgaben für einen »Andreen Speckhl, khay. camertraxler« verzeichnet, »wegen noch im verwichen 1650isten jahr mitsambt ihre hochfürstlich dh. erzherzog Leopoldt Ignati underschiedtlich verrichten arbaithen«,[3] worunter man einen weiteren Handwerker der fürstlichen Unterweisung vermuten könnte.

Im Verständnis des Renaissance-Humanismus und einer Neuinterpretation der aristotelischen Lehre, wonach Gott als Maschinist die Welt gestalte und antreibe, wurden die Technik, die Mechanik und Teilbereiche der Naturwissenschaften auf- und neugewertet und das Beherrschen dieser Studien zu einer fürstlichen Tugend hochstilisiert. Die Kenntnis und der Umgang mit den zuweilen technisch ausgefeilten Drechselmaschinen, die als Synonym für die menschliche Gesellschaft standen, sollten auf ein Herrscheramt vorbereiten.[4]

Der Drechsler Johann Martin Täuber verfasste in barocker Manier eine Art Fachhandbuch, »Kurtzen Unterricht Von der Drehkunst«, worin er darlegt, weshalb sich speziell das Drechseln für »grosse Herren, Fürsten und Potentaten« eigne: »[…] theils um der Cultur ihres Verstandes, theils auch um der Bewegung des Leibes willen. […] sondern auch eine Befreiung der Seele […].«[5] Ganz der Maxime des Johann Martin Täuber verpflichtet, wurde im 17. Jahrhundert an beinahe allen europäischen Fürstenhöfen, beispielsweise in Stockholm, Kopenhagen, Dresden, Berlin, München, Düsseldorf und in Innsbruck, das Elfenbeindrechseln praktiziert. Bereits der Tiroler Landesfürst, Erzherzog Leopold V. von Habsburg (1586–1633), unterhielt in Räumlichkeiten der Innsbrucker Burg eine eigene Werkstatt, wo er, wie der Augsburger Kunstagent Philipp Hainhofer bei seinem Besuch der Tiroler Residenzstadt 1628 beschreibt, »alles selbs gedrehet habe […] fast täglich nach dem Mittag eßsen aine stund lang animi gratia im drehen exercieren […]«.[6] Auch die Erzherzöge Ferdinand Karl und Sigmund Franz, Söhne Leopolds V., wurden im Elfenbeindrechseln unterwiesen, wie dies ein von Sigmund Franz eigenhändig gefertigter Becher bezeugt, der im Wiener Schatzkammerbestand beschrieben wird.[7]

Der hier präsentierte Elfenbeinbecher ist an der Wandung mehrfach, abwechselnd weiter und enger profiliert (Abb. Kat.-Nr. 36a). Diese Rillenbearbeitung entstand durch das Runddrehen des an der Drechsel eingespannten Elfenbeins, an das entweder verschieden starke Meißel, sogenannte Schrotstähle, angesetzt oder das an rotierende, unterschiedlich breite und konstruierte Profilscheiben, sogenannten Patronen, gehalten wurden.[8] Der Übergang zum Deckel ist überkragend und geht mehrfach abgestuft in den Knauf des Gefäßes, ausgeführt in Gestalt einer stilisierten vasen- oder blütenförmigen Bekrönung, über. Der ausdrucksstarke Henkel in Form eines Drachens mit aufgerissenem Maul und einem sitzenden Herkules an der Deckelwand, der mit geschwungener Keule das Ungeheuer zurückzudrängen versucht, stammt wahrscheinlich

36a

nicht von Erzherzog Leopolds eigener Hand, sondern wurde vom Lehrmeister, möglicherweise Lorenz Zick, gefertigt.

Der kleine Deckelbecher kam wohl bereits in den 1660er-Jahren in die Kaiserliche Schatzkammer und wurde dort fast wie eine Ikone immer wieder ausdrücklich erwähnt. Eine der ältesten Beschreibungen dieses Objekts liegt in der vom Jesuiten Bonifaz Georg Reifenstuell 1702 publizierten »Kurtz-Lesens=Würdige Erinnerung [...] um die Kayserliche Haupt: und Residentzstadt Wien« vor, wo er den Becher folgenderweise erwähnt: »Eine Kleine Kanne von Helffen-Bein so der jetzige Kayser LEOPOLD, mit eigener Hand gedrähet [...]«.[9]

Wie meisterhaft der spätere Kaiser Leopold I. das Drechselhandwerk erlernte, wird anhand eines weiteren erhaltenen Elfenbeinpokals deutlich, der heute in der Schatzkammer von Schloss Rosenborg in Kopenhagen verwahrt wird.[10] Dieser Pokal erhebt sich über einen polygonalen, mehrfach abgetreppten Standfuß, geht in ein oval gedrehtes Deckelgefäß über, worauf eine becherförmige Blüte mit Bekrönung montiert ist. Die grandios gestaltete Vielfalt der unterschiedlichen Formen des Objekts kann sich dabei durchaus mit Meisterstücken professioneller Elfenbeindrechsler messen.[11] TK

1 Haupt 1979, Nr. 549, S. LXVII.
2 Schulz 1947, S. 476.
3 Haupt 1979, Nr. 432, S. LVII.
4 Maurice 1985, S. 14.
5 Täuber 1730, S. 10–11.
6 Zitiert nach Doering 1901, S. 40.
7 »Noch eine [Kanne] von den letzten verstorbenen Ertzherzogen Sigismondo von Inspruck [...]«, zitiert nach Ebengreuth 1899, S. CXCI; siehe auch Haag 1996, S. 93.
8 Ausst.-Kat. Erbach 1995, S. 42–43; siehe auch Spannagel 1948, S. 172–173.
9 Reifenstuell 1702, S. 50.
10 Kopenhagen, Schloss Rosenborg, Inv.-Nr. DKK-Nr. 25.81.
11 Gundestrup 1991, S. 261–262.

Essays

Vom Naturprodukt zum Kunstobjekt und dessen Erhaltung

KONSERVIERUNG UND RESTAURIERUNG VON ELFENBEIN

SABINE SCHWAB

Die Konservierung und Restaurierung von Kunstobjekten setzt umfassende Kenntnisse aus zahlreichen verschiedenen Sachgebieten voraus. Der Umgang mit Objekten aus Elfenbein erfordert eine differenzierte Beschäftigung mit den spezifischen Eigenschaften des Materials sowie den Möglichkeiten der Identifizierung und der diversen wissenschaftlichen Untersuchungsmethoden. Die historischen Bearbeitungstechniken, vorangegangene Restaurierungsmethoden, die Ursachen der Schadensbilder sowie die Aufbewahrungsmodalitäten müssen dem Restaurator geläufig sein, um Kunstwerke konservatorisch und restauratorisch behandeln zu können.

MATERIAL

Wie ist das Material Elfenbein definiert, woher stammt es und was hat es für Eigenschaften?

Als echtes Elfenbein werden die Stoßzähne des afrikanischen und asiatischen Elefanten und deren Vorgänger wie Mammut oder Mastodon bezeichnet.[1] Bei den Zähnen anderer Tierarten, welche ebenso als Werkstoff zur Herstellung von Gebrauchsgegenständen oder Kunstobjekten Verwendung fanden, handelt es sich um elfenbeinähnliche Ersatzstoffe. In Abgrenzung zum »echten« Elfenbein werden sie mit dem Zusatznamen des Tieres versehen, von dem sie stammen. Man spricht von Walrosselfenbein, Nilpferdelfenbein, Narwalelfenbein oder Pottwalelfenbein. Da es sich bei den Stoßzähnen des Mammuts zwar um Elfenbein, aber um fossiles Material handelt, das sich aufgrund seines Alters in Struktur, Aussehen und Materialeigenschaften deutlich vom jüngeren Elfenbein unterscheidet, wird hier die Bezeichnung Mammutelfenbein verwendet.

Elefantenelfenbein sowie elfenbeinähnliche Zähne anderer Tiere zeichnen sich durch eine hohe Dichte, Homogenität und eine geringe Mohs-Härte aus.[2] Aufgrund dieser Eigenschaften lassen sich alle genannten Zahnarten hervorragend mit verschiedenen Techniken bearbeiten. Sie eignen sich zum Schnitzen, Gravieren, Drechseln und Sägen, die Oberflächen können hochglänzend poliert werden.

Das organische Material Elfenbein ist hygroskopisch, es speichert Feuchtigkeit aus der Luft und gibt sie wieder ab. Der Feuchtigkeitsgehalt steht also in unmittelbarem Zusammenhang mit der relativen Luftfeuchte der Umgebung. Verursacht durch Schwankungen der Luftfeuchtigkeit, können Dimensionsveränderungen in drei unterschiedlichen Wachstumsrichtungen auftreten, radial, tangential sowie longitudinal. Dieses Verhalten wird als anisotrop bezeichnet.

CHEMISCHE ZUSAMMENSETZUNG UND FARBE

Die Gemeinsamkeit des »echten« Elfenbeins und der auch als Elfenbein bezeichneten Zähne liegt im Wesentlichen in ihrer übereinstimmenden chemischen Zusammensetzung. Diese besteht aus organischen Stoffen zusammen mit mineralischen Bestandteilen, bei denen es sich hauptsächlich um Calciumphosphatverbindungen handelt.[3]

Der Elefantenstoßzahn besteht größtenteils aus diesem organischen Hartgewebe, dem Zahnbein oder auch Dentin. Diese Grundsubstanz ist am gesamten Zahn von einer dünnen, harten, gelblichbraunen Schicht, dem Zahnzement, überzogen. An der Zahnbasis befindet sich die Zahnmarkhöhle, die sogenannte Pulpa, die zum Kiefer hin offen ist. Das Zahnwachstum erfolgt in kegelförmiger Struktur zur Spitze hin. Ein ausgewachsener Stoßzahn kann eine Länge von 2 bis 3 Metern und ein Gewicht von 70 bis 90 kg erreichen. Im unteren Abschnitt ist die Wandstärke sehr dünn, im Mittelteil schließt sich die Hohlung an und im oberen Drittel besteht der Zahn aus massivem Material.[4]

Die Unterschiede zu anderen elfenbeinähnlichen Zähnen bestehen in der Wachstumsstruktur, der andersartigen Ausbildung des Zahnschmelzes, Dichte und Farbe des Materials. Im Einzelnen lassen sich für alle anderen Zahnarten spezifische Merkmale erfassen, welche eine Unterscheidung zum Elfenbein des Elefanten ermöglichen.[5] Auch in farblicher Hinsicht bestehen fein differenzierte Unterschiede zwischen Elefantenelfenbein, Mammutelfenbein und den Zähnen anderer Tiere.

Die weiße bis gelbliche Grundfarbe des Elefantenelfenbeins ist abhängig von verschiedenen Faktoren wie Spezies, Nahrung der Tiere sowie regionalen Gegebenheiten und kann deshalb variieren. Die Färbung ist jedenfalls so charakteristisch, dass sie als »elfenbeinfarben« in der Farbskala und unserem Wortschatz einen festen Platz einnimmt, man assoziiert damit eine cremeweiß schimmernde, kostbare Oberfläche.

ERKENNUNGSMERKMALE

Elefantenzähne wachsen in dünnen linienförmigen Schichten, welche im Längsschnitt die Struktur ineinander gesteckter Kegel bilden. Im Querschnitt ist diese Wachstumsstruktur in Form von ovalen oder runden feinen Linien sichtbar. Ebenfalls im Querschnitt zu erkennen, ist das für Elefantenelfenbein charakteristische rautenförmige Schreger-Muster. Dieses Netzwerk feiner sich kreuzender Linien, die eine Rosette formen, wird aus den zahlreichen feinen Dentin-Kanälchen gebildet.[6]

Das Schreger-Muster ermöglicht auch eine Unterscheidung zwischen Elefanten- und Mammutelfenbein, bei dem die Schnittwinkel der Rosetten viel stumpfer sind.

Abb. 99 Unbekannter Meister, Kokosnusspokal mit Elfenbeinaufsatz, um 1700, Kokosnuß, Elfenbein, Süddeutschland, Museumslandschaft Hessen Kassel

Abb. 100 Unbekannter Meister, Kokosnusspokal mit Elfenbeinaufsatz, um 1700, Kokosnuss, Elfenbein, Süddeutschland, Museumslandschaft Hessen Kassel

IDENTIFIZIERUNG

Je kleiner die zu untersuchenden Flächen sind, desto schwieriger lassen sich diese charakteristischen Materialmerkmale unterscheiden. Eine mikroskopische Untersuchung ermöglicht es jedoch, die mit dem bloßen Auge nicht sichtbaren Strukturen zu erkennen. Fein geschnitzte, gravierte oder ganzflächig bearbeitete Gegenstände lassen sich dennoch gelegentlich nicht eindeutig bestimmen.

Hier bietet sich eine naturwissenschaftliche Untersuchungsmethode an, die eine zerstörungsfreie Analyse des Materials erlaubt. Mithilfe der Röntgendiffraktionsanalyse kann Elfenbein von anderen elfenbeinähnlichen Zähnen und Bein-Knochen unterschieden werden.[7]

BEARBEITUNGSMÖGLICHKEITEN

Als Werkstoff fand Elfenbein bereits im Paläolithikum Verwendung, die Herstellung von Kunstwerken ist in allen Epochen nachweisbar. Die Bearbeitungstechniken wurden stetig verfeinert. Man versuchte durch Miniatur- und Mikroschnitzerei sowie in der Drechselkunst das Potential des Werkstoffes voll auszuschöpfen.

Der Elfenbeinzahn ist morphologisch in drei Bereiche geteilt, die sich zu unterschiedlicher Verwendung eignen. Aus der massiven Spitze wurden bevorzugt vollplastische Gegenstände gefertigt. Die Hohlung eignet sich zur Herstellung von Gefäßen wie Humpen, Bechern oder Dosen. Aus den unteren großflächigen Wandungsteilen konnten Platten hergestellt werden, die zu Reliefs, Diptychen oder Kästchen weiterverarbeitet wurden. Reststücke des kostbaren Materials fanden Verwendung zur Herstellung kleinerer Gegenstände.

SCHNITZEN

Das dichte, homogene und zähe Material lässt sich mit Werkzeugen wie groben Raspeln, verschiedenen Schaber- und Stichelformen sowie Feilen Span abhebend bearbeiten. Diese als Schnitzen bezeichnete Technik wurde als Miniaturschnitzerei, der stark verkleinerten vollplastischen Gestaltung, noch verfeinert. Ihren Höhepunkt findet die Schnitzkunst in der Mikroschnitzerei, welche die Verwendung von Lupen und herausragende Fähigkeiten im Umgang mit den Schneidwerkzeugen erfordert.[8] Ebenfalls sehr minutiös gearbeitet sind gitterartige Durchbrucharbeiten, die optisch an textile Spitze erinnern.

Eine spezielle Objektgattung stellen die sogenannten Contrefait-Kugeln (Abb. 4) dar. Es handelt sich dabei um ineinander verschränkte Körper, Kugeln oder Würfel mit Einsätzen, die jedoch entgegen vorherrschender Meinung nicht gedrechselt, sondern mit speziellen langen, gebogenen Schnitzmessern aus einem geschlossenen Materialblock gefertigt werden.

VERFORMEN

Feine Arbeiten mit Schnitzwerkzeugen erfolgen am harten Material. Man erweichte Elfenbein aber auch in verschiedenen, in der historischen Literatur beschriebenen Lösungen, um grobe Vorarbeiten leichter ausführen zu können.[9]

Durch das Erweichen wurden Elfenbeinstücke von geringer Materialstärke formbar gemacht. Dadurch konnten sehr dünnwandige, wellenförmig geschwungene Gefäße oder Schalen hergestellt werden. Man presste das Material in Metallformen und furnierte andere Werkstoffe wie Holz, Schildpatt oder Geweihe damit.

DRECHSELN

Aufgrund seiner Materialeigenschaften eignet sich Elfenbein besonders gut zum Drechseln. Das Werkstück wird bei dieser Span abhebenden Bearbeitung mithilfe einer Drehbank in Rotation versetzt und während des Drehens bearbeitet. Die Technik des Drechselns ist seit der Antike bekannt und wurde im Barock zu äußerster Perfektion entwickelt.[10]

Die hochartifiziellen Elfenbeinkunststücke wurden zu dieser Zeit auch in passig geschobenen und elliptischen Formen gedreht. Dies wurde durch immer komplexer entwickelte Drechselbänke mit Programmsteuerung und Schnittwerkzeugen aus Metall bewerkstelligt. Trotz aller Kunstfertigkeit war es jedoch nicht möglich, diese virtuosen Werke aus einem Stück zu drechseln, sie bestehen immer aus mehreren zusammengefügten Einzelteilen (Abb. 99–100).

VERBINDUNGSTECHNIKEN

Zum Verbinden von Einzelteilen wurden Dübel oder Zapfen aus Elfenbein oder Holz eingesetzt. Bei Drechselkunststücken findet man Gewindeverschraubungen aus Elfenbein oder Bajonettverschlüsse sowie Verbindungen in Nut- und Federtechnik. Die so zusammengefügten Teile wurden in der Regel noch verleimt, wobei verschiedene tierische Leime wie Hausenblase, der aus der Schwimmblase einer Störart gewonnen wird, Hasenleim oder Knochenleim verwendet wurde. Der Gebrauch von tierischen Leimen zum Verkleben wird in der historischen Literatur mehrfach beschrieben.[11] Hausenblasenleim wurde wegen seiner Transparenz, hohen Klebkraft und Elastizität besonders geschätzt.

POLIEREN UND BLEICHEN

Die Faszination, die Elfenbeinobjekte heute auf uns ausüben, ist nicht nur in der virtuosen Schnitz- und Drechselkunst der Werkstücke begründet, sondern maßgeblich auch in der schimmernden, zuweilen auch hochglänzend polierten, leicht transparent wirkenden

Abb. 101 Unbekannter Meister, Sänftenträger mit Parfümflacons, 1. Viertel 18. Jh., Elfenbein, Holz, Schildpatt, Messing, Silber vergoldet, Glas, Edelsteine, Frankreich, wohl Paris, Dresden, Grünes Gewölbe, Staatliche Kunstsammlungen Dresden

Oberfläche. In seiner Rohform zeigt der Elefantenstoßzahn meist eine eher matte, schmutzig-weiße bis gelblich-bräunliche Oberfläche, was durch die noch vorhandene dünne Rindenschicht bedingt ist. Erst durch die aufwendige Politur mit natürlichen Schleifpulvern in verschiedener Körnung erhält das Elfenbein den so geschätzten schönen Glanz. Der historischen Literatur können wir entnehmen, dass die Oberfläche mit nassem Schachtelhalm, aufwendig aus Bimsstein gewonnenem Bimsmehl[12] sowie weiteren feinen Kreiden wie Schlämmkreide, Wiener Kalk oder Tripel poliert wurde.[13]

Da nicht nur eine hochglänzende Oberfläche, sondern auch eine leuchtend weiße Farbgebung erwünscht war, griff man zu verschiedenen Bleichmitteln. Bereits polierte Teile wurden mit Mischungen aus Kalk und Pottasche behandelt und anschließend zum Bleichen in die Sonne gelegt.[14] Diese Prozedur wurde bis zum Erreichen des gewünschten Weißtons über Wochen wiederholt.

VERGILBUNG

Offensichtlich beobachtete man auch in früheren Jahrhunderten den Prozess einer nicht erklärbaren Vergilbung des Materials, die man durch Bleichen zu beseitigen versuchte. Der Schutz der Objekte und die fach-

Abb. 102 Simon Troger, Der Raub der Proserpina, um 1740, Elfenbein, verschiedene Hölzer, Dresden, Grünes Gewölbe, Staatliche Kunstsammlungen Dresden

gerechte Aufbewahrung rücken diese Problematik heute wieder in den Vordergrund. In vielen Museen und Sammlungen sind an Elfenbeinobjekten gelbe bis braune Verfärbungen sichtbar. Mittlerweile wissen wir, dass Elfenbein sensibel auf optische Strahlung reagiert. Welche Strahlung im Einzelnen sich schädigend auswirkt, ist jedoch noch nicht bekannt. Ein gemeinsames Forschungsprojekt der Technischen Universität Berlin und der Skulpturensammlung für Byzantinische Kunst in Berlin beschäftigt sich mit dem Problem, um in Zukunft geeignete Beleuchtungssituationen für Präsentation und Aufbewahrung von Elfenbein zu schaffen.[15]

KONSERVATORISCHE MASSNAHMEN

Basierend auf dem derzeitigen Kenntnisstand sollte Elfenbein zumindest unter Ausschluss ultravioletter Strahlung bei einer mäßigen Beleuchtung ausgestellt werden, um die Gefahr einer Schädigung durch Licht zu minimieren. Als hygroskopisches Material kann es auf Klimaschwankungen empfindlich reagieren. Daher sollte ein Klima von 50 bis 55 Prozent Luftfeuchtigkeit und eine gleichbleibende Temperatur um 20 Grad Celsius erfüllt werden. Dabei ist die Klimakonstanz von besonderer Bedeutung: Kurzfristige starke Schwankungen der Luftfeuchtigkeit können Risse und Verwerfungen im Material zur Folge haben.[16] Zu hohe Luftfeuchtigkeit ist ebenfalls bedenklich. Bei zu geringer Luftzirkulation und sehr hoher Feuchtigkeit kann sich Schimmel auf Elfenbein bilden, der schlimmstenfalls nicht mehr entfernbare Flecken hinterlässt.

Die Aufbewahrung der Objekte in Vitrinen versteht sich von selbst, da sich Staub und Schmutz aus der Raumluft trotz der Homogenität und Dichte des Materials langfristig in der Oberfläche festsetzen. Vitrinen und Vitrineneinbauten sollten aus geprüft schadstofffreien Materialien hergestellt sein, um die Anreicherung unerwünschter Schadstoffkonzentration auszuschließen.

SCHADENSBILDER, MÖGLICHE SCHÄDEN, VERLUSTE

Bereits der zu verarbeitende Rohstoff, der Stoßzahn, kann Wachstumsschäden und Zeichen des natürlichen Alterungsprozesses aufweisen. Die organischen und anorganischen Bestandteile unterliegen chemischen und physikalischen Prozessen, die die Versprödung und Rissbildung des Werkstoffes zur Folge haben können. Der im Laufe der Zeit eingetragene Schmutz lässt diese Risse dunkel erscheinen. Chemische Prozesse verursachen auch das allmähliche Austrocknen und Schrumpfen des Materials, so dass sich zusammengehörende Teile unterschiedlich verformen können und nicht mehr zueinander passen.

Das vorherrschende Schadensbild bei Elfenbeinobjekten besteht in mehr oder weniger starker Oberflächenverschmutzung. Lange aufliegender Staub und Schmutz dringen vor allem in unpolierte Oberflächen ein und bewirken ein Vergrauen des Materials. Häufig findet man auch gelockerte oder lose Teile an Elfenbeinobjekten, da die zur Verleimung verwendeten Glutin-Leime einer natürlichen Alterung unterliegen, sie

Abb. 103 Simon Troger, Der Raub der Proserpina, um 1740, Elfenbein, verschiedene Hölzer, Dresden, Grünes Gewölbe, Staatliche Kunstsammlungen Dresden

Abb. 104 Wohl von Erbprinz Wilhelm IX von Hessen Kassel, Architekturmodell eines Rundtempels, um1760/70, Elfenbein, Ebenholz, Kopenhagen oder Hanau, Museumslandschaft Hessen Kassel

verspröden und verlieren ihre Klebekraft (Abb. 100). Weiterhin können durch unkonstante Klimaverhältnisse Risse und Verwerfungen im Material entstehen.
Es treten aber auch Schäden auf, die bereits in der Verarbeitungstechnik und den Materialien des Kunstwerks selbst ihre Ursache haben. Bei der direkten Verleimung von Elfenbein und Holz können aufgrund des unterschiedlich stark ausgeprägten anisotropen Verhaltens der Werkstoffe Spannungen auftreten, die zum Ablösen, zur Rissbildung oder sogar zur Verformung der Elfenbeinteile führen können. Durch die Verbindung von Elfenbein mit Messing oder Eisen können in dem organischen Material durch Metallkorrosion irreversible grüne bis braunschwarze Verfärbungen entstehen. Auch der Verbund mit anderen organischen Materialien wie Leder, gefärbten Hölzern bei Intarsienarbeiten oder Textilien können Farbänderungen im Elfenbein hervorrufen.

Manche Objekte strapazieren in ihrem konstruktiven Aufbau das Material so sehr, dass Brüche und Bruchstücke entstehen. Dies führt dann häufig zu Verlusten der Fragmente, da die Einzelteile über Jahrzehnte, manchmal Jahrhunderte, nicht zusammen mit dem Objekt aufbewahrt wurden. Als Beispiel hierfür sei ein Kunstkammerstück aus dem Grünen Gewölbe in Dresden angeführt (Abb. 101).[17]

Durch Kriege, Auslagerung, Verwüstungen, Raub, Lagerung und Transport der Stücke unter ungeeigneten Bedingungen haben viele Werke unwiederbringliche Verluste und irreversible Schäden erlitten.[18] Kaum eines der Objekte, die der Besucher heute in den Museen bewundern kann, hätte ohne Restaurierung die Geschichte überdauert (Abb. 102). Der Umgang mit Kunstobjekten wurde in früheren Zeiten nicht so vorsichtig, akribisch und auf der Basis wissenschaftlicher Erkenntnisse gepflegt wie das heute üblich ist. Daher sind Objekte auch gerade durch unsachgemäße Reparaturen und »Restaurierungen« geschädigt worden. Die unbedingte Erhaltung der Originalsubstanz wurde nicht immer beachtet. So wurden Bruchkanten von zerbrochenen Gegenständen abgefeilt, es wurden Dübel oder Metallklammern gesetzt. Die Verwendung von nicht geeigneten Restaurierungsmaterialien in Reinigung, Klebung, Kittung und Ergänzung konnte eine ganze Palette von Schäden verursachen.

REINIGUNG

Aufwendige Restaurierungen können nicht in allen Fällen geleistet werden, die Reinigung von Elfenbeinobjekten ist jedoch eine grundlegende konservatorische Maßnahme.[19] Es stehen verschiedene Möglichkeiten der trockenen und feuchten Reinigung zur Verfügung. Eine erste Beseitigung des Oberflächenschmutzes kann mit einem weichen Pinsel vorgenommen werden, bereits länger aufliegender Schmutz lässt sich anschließend meist am besten durch eine feuchte Reinigung entfernen. Die am häufigsten verwendeten Reinigungslösungen sind Mischungen aus Wasser und Alkohol, denen auch nicht-ionische Zusätze beigefügt werden können. Aufgrund der hygroskopischen Eigenschaften des Elfenbeins empfiehlt es sich, Wasser sparsam zu verwenden. Zusätze wie Alkohol, Spiritus oder Aceton bewirken das schnellere Trocknen der Elfenbeinoberfläche. Selbst jahrzehntelang aufliegender, bereits in die Oberfläche eingedrungener Schmutz kann durch wiederholtes Reinigen mit einer Wasser-Ethanollösung entfernt werden, wie das Beispiel der stark verschmutzten Elfenbeinfiguren der Gruppe »Raub der Proserpina« zeigt (Abb. 103).

Als Bleichmittel findet nach wie vor Wasserstoffperoxid in unterschiedlichsten Rezepturen Verwendung, es schädigt aber aufgrund der starken Oxidationsprozesse nachweislich irreversibel die organischen

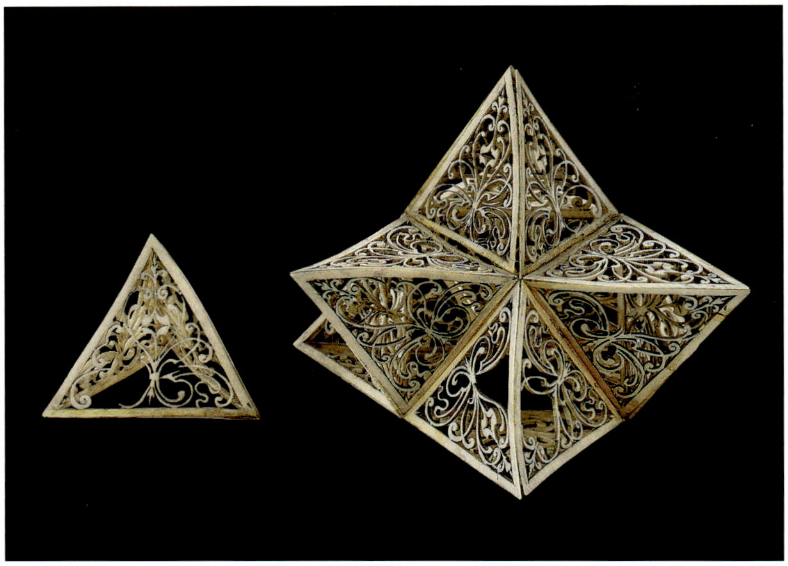

Abb. 105 Anton Örtel, durchbrochen gearbeiteter Stern, um 1620, Elfenbein, Dresden, Grünes Gewölbe, Staatliche Kunstsammlungen Dresden

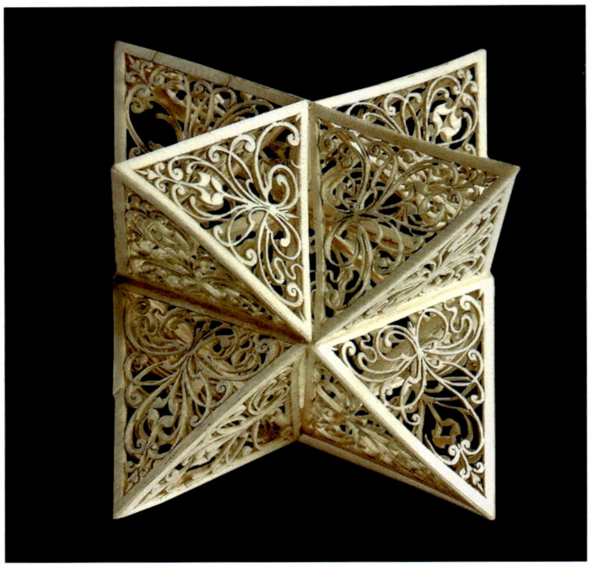

Abb. 106 Anton Örtel, durchbrochen gearbeiteter Stern, um 1620, Elfenbein, Dresden, Grünes Gewölbe, Staatliche Kunstsammlungen Dresden

Bestandteile des Materials.[20] Auch Fungizide, die gegen Schimmelpilze eingesetzt werden, enthalten bleichende Inhaltsstoffe, so dass Schimmelbefall am besten trocken entfernt und mit einer Ethanol-Wasser Lösung gereinigt wird.

VERKLEBEN LOSER TEILE

Beim Verkleben von historischen Elfenbeinwerken wurde fast ausschließlich Leim verwendet, bevorzugt sogenannter Hausenblasenleim, ein aus der Schwimmblase des Störfisches gewonnener Glutinleim. Es kommen aber auch andere tierische Leime zum Einsatz. Heute werden sowohl verschiedene Warm- und Kaltleime verwendet als auch Lösemittelklebstoffe. Unter diesen werden bevorzugt Kleber auf Acrylharzbasis benutzt, weil sie die für die Restaurierung von Kunstwerken geforderten Kriterien weitgehend erfüllen. Ein geeigneter Klebstoff sollte gleichzeitig eine gute Adhäsionskraft sowie Elastizität besitzen, reversibel und alterungsbeständig sein und das Elfenbein in seiner Materialstruktur weder schädigen noch in seinem Erscheinungsbild verändern.

Sowohl die Jahrhunderte lang verwendeten Glutinleime als auch die heute eingesetzten Kunststoffe haben Vor- und Nachteile. Daher muss bei jedem einzelnen Objekt abgewogen werden, welcher Klebstoff bei der Restaurierung Verwendung finden sollte (Abb. 104).

RÜCKFORMUNGEN

Stücke, die sich aufgrund ungünstiger klimatischer Bedingungen verworfen, verzogen oder verformt haben, können aus diesen Gründen nicht mehr zusammengefügt werden. In einzelnen Fällen lassen sich Objektteile jedoch durch beidseitiges Befeuchten wieder in ihre ursprüngliche Gestalt zurückformen. Diese Möglichkeit bietet sich jedoch nur bei dünnwandigen kleinen Einzelteilen oder Furnierbesätzen an (Abb. 105–106).

Gelegentlich kann es auch erforderlich sein, Klebungen durch Dübel oder Hinterlegungen zu verstärken. Hierbei können dieselben Werkstoffe zum Einsatz kommen, die auch bei der Herstellung der Werke verwendet wurden. Als Material hierzu eignen sich Elfenbein, Knochen, gut getrocknetes, schwundarmes Holz wie Birnbaum oder auch Horn.

KITTEN KLEINER FEHLSTELLEN

Trotz einer Neuverleimung präsentieren sich die Elfenbeinwerke nicht immer in ihrer ursprünglichen Vollkommenheit. Kleine Fehlstellen zwischen zusammengefügten Einzelteilen oder Schwundrisse beeinträchtigen häufig den ästhetischen Gesamteindruck. Das Verschließen von Rissen und Fugen sollte gegebenenfalls mit reversiblem und elastischem Material ausgeführt werden, um keine Spannungen im Gesamtgefüge des Objekts zu erzeugen. Als Werkstoffe eignen sich Kitte aus Elfenbein und Leim oder auch Wachsmischungen.

ERGÄNZUNGEN UND MATERIALFRAGE

Die Wiederherstellung des ästhetischen Gesamteindrucks wirft auch immer wieder die Frage nach eventuellen Ergänzungen fehlender Teile auf. Ein Grundsatz der Restaurierung fordert, nur Ergänzungen vorzunehmen, wenn die fehlenden Teile in allen Details originalgetreu rekonstruiert werden können. Wenn diese Voraussetzungen nicht gegeben sind, können Ergänzungen ein Kunstwerk verfälschen und somit auch seiner Authentizität berauben. Es gibt zahlreiche Gründe für oder wider die »Vervollkommnung« von Kunstschätzen. Die Entscheidung sollte für jedes Stück im Einzelnen diskutiert und dann erst getroffen werden. Ergänzungen können jedoch konstruktionsbedingt zur Wiederherstellung eines Objektes erforderlich werden. Fehlende Verbindungselemente können daher berechtigt anhand originaler Vorgaben nachgearbeitet werden (Abb. 107).

Die Bandbreite der für Ergänzungen verwendeten Materialien erstreckt sich vom identischen Werkstoff Elfenbein[21] und Mammut über Knochen bis hin zu verschiedenen Kunststoffen wie eingefärbten Acryl-, Epoxid- oder Polyesterharzen. Dabei sollte wie bei der Wahl der Klebstoffe die Reversibilität und die Alterungseigenschaften von Ergänzungsmaterialien sowie die optische Einfügung in das Erscheinungsbild des Kunstwerks berücksichtigt werden.

Abb. 107 Unbekannter Meister, Sänftenträger mit Parfümflacons, 1. Viertel 18. Jh., Elfenbein, Holz, Schildpatt, Messing, Silber vergoldet, Glas, Edelsteine, Frankreich, wohl Paris, Dresden, Grünes Gewölbe, Staatliche Kunstsammlungen Dresden

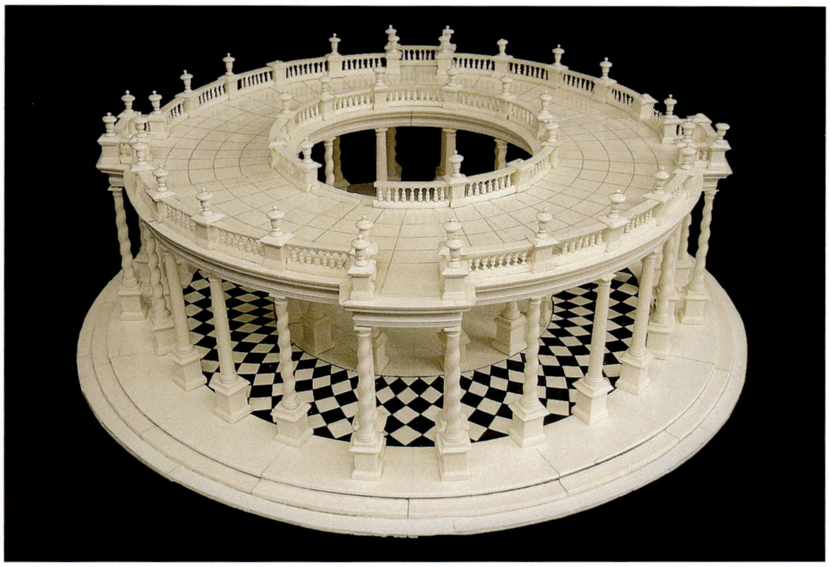

Abb. 108 Wohl von Erbprinz Wilhelm IX von Hessen Kassel, Architekturmodell eines Rundtempels, um1760/70, Elfenbein, Ebenholz, Kopenhagen oder Hanau, Museumslandschaft Hessen Kassel

Letztlich soll der Betrachter das Werk in seiner gestalterischen Gesamtheit wahrnehmen können, sich an der Ästhetik erfreuen und nicht durch fehlende Bestandteile oder störende Ergänzungen am Stück irritiert werden. Manches Objekt ist aber in seiner Ästhetik so überwältigend, dass kleine Fehlstellen nicht als störend empfunden werden. Allgemein gültige Vorgaben sind auch bei dieser Problematik nicht nützlich, jedes Kunstwerk ist ein unwiederbringliches Einzelstück und ist daher auch individuell zu behandeln (Abb. 108).

1 Rönnerstam 1998.
2 Die Werte für die Dichte von Elefantenelfenbein variieren zwischen 1,7 bis 1,9 g/cm³, die Mohs-Härte von 2,25 bis 2,75. Die Mohs-Härte gibt in einer Werte-Skala von 1 bis 10 die Härte eines Materials an. Die Skala beginnt mit dem Werkstoff Grahit, Härte 1, und endet mit Diamant, Härte 10.
3 Freund 1999, S. 16.
4 Freund 1999, S. 8.
5 Espinoza/Mann 1991.
6 Kühn 2001, S. 354.
7 Hammer 1998, S. 143.
8 Hartmann 1999, S. 69.
9 Endes 1911.
10 Maurice 1985, S. 131–132.
11 Teubers 1983, S. 23.
12 Teubers 1983, S. 27.
13 Freund 1999, S. 27.
14 Teubers 1983, S. 29.
15 Derzeit werden die durch optische Strahlung hervorgerufenen farblichen Veränderungen an Elefantenelfenbein innerhalb eines von der Reiner Winkler Stiftung geförderten Forschungsprojektes untersucht; Dr.-Ing. Sirri Aydinli, Technische Universität Berlin, Fakultät IV, Fachgebiet Lichttechnik und Dipl. Restauratorin Hiltrud Jehle, Staatliche Museen Berlin, Skulpturensammlung und Museum für Byzantinische Kunst.
16 Kühn 2001, S. 358.
17 Offizieller Führer des Grünen Gewölbes Dresden, München 1994, S. 176.
18 Zahlreiche Objekte des Grünen Gewölbes in Dresden konnten aufgrund kriegsbedingter Schäden noch in den 1990er-Jahren nicht ausgestellt werden. Während einer zwölfjährigen intensiven Restaurierungszeit mit mehreren Fachrestauratoren wurden zahlreiche Objekte wieder ausstellungsfähig gemacht.
19 Freund 1999, S. 56.
20 Freund 1999, S. 70.
21 Der Handel mit Elfenbein ist verboten, das Material unterliegt dem Artenschutzgesetz. Für Museen und gewerbliche Elfenbeinschnitzer besteht eine Sonderregelung, welche die Verarbeitung des Werkstoffes erlaubt. Der Bezug und die Menge des verwendeten Materials unterliegen der Nachweispflicht und strengen Kontrollen.

Elfenbeinkunst am Münchner Hof

ASTRID SCHERP

Das kostbare Material Elfenbein übte am Hof der Wittelsbacher in München seit dem frühen 16. Jahrhundert eine ganz besondere Faszination aus.[1] Bereits Herzog Wilhelm IV. von Bayern (reg. 1511–1550) richtete in der Neuveste eine Drechselwerkstatt ein und beherrschte selbst die handwerkliche Tätigkeit des Elfenbeindrechselns.[2] Sein Sohn, Herzog Albrecht V. von Bayern (reg. 1550–1579), begründete um 1565 die Münchner Kunstkammer, die im zweiten Obergeschoss des Marstallgebäudes zwischen dem Alten Hof und der Neuveste auf einer Fläche von weit über 1.000 Quadratmetern untergebracht war. Unter den mehr als 6.000 Kunstkammerobjekten aus den Bereichen Naturalia, Artificialia und Scientifica befanden sich ungefähr 65 gedrechselte Kunstwerke aus Elfenbein[3] und zahlreiche geschnitzte Elfenbeinarbeiten wie Reliefs, Statuetten, Bildnisminiaturen, Besteckgriffe, Waffen, Fächer, Jagdhörner, Kämme und Kästchen.[4] Zum Bestand der Kunstkammer gehörten zudem außereuropäische Elfenbeinstücke von der Westküste Afrikas. Dort waren afro-portugiesische Bestecke, darunter insgesamt 76 Elfenbeinlöffel, sowie Salzbehälter, Dosen und Oliphanten zu bestaunen.[5] Diese Angaben gehen aus dem ersten detaillierten Inventarverzeichnis der Kunstkammer am Münchner Hof hervor, das 1598 von dem Juristen Johann Baptist Fickler (1533–1610) angelegt worden war.

Aus dieser Zeit haben sich jedoch nur noch wenige Elfenbeinwerke erhalten. Neben einigen wichtigen Ethnographica, die heute im Staatlichen Museum für Völkerkunde München verwahrt werden,[6] blieben in der Schatzkammer der Münchner Residenz ein Erd- und Himmelsglobus aus Elfenbein in emaillierter Goldfassung und ein elfenbeinener Handstab Herzog Albrechts V. von Bayern.[7] Überdies gelangten in die Sammlungen des 1855 gegründeten Bayerischen Nationalmuseums Drechselwerke des 16. Jahrhundert (Abb. 109): Hierzu gehört ein großer, im Aufbau rund gedrechselter Deckelbecher mit glatter Wandung, der auf der Oberseite des Deckelknaufs ein in Hinterglasmalerei ausgeführtes Medaillon mit dem herzoglich-wittelsbachischen Wappen und der Inschrift »ALBERTUS COMES PALATINUS RHENI BAVARIAE DUX 1552« trägt.[8] Diese konisch zulaufende Gefäßform ist im Aufbau mit zwei sehr schlanken, kleineren Bechern vergleichbar, die ursprünglich auch einen Deckel besaßen.[9] Besonders beliebt war in der Frühzeit der Kunstdrechselei der Formtypus des Balsamgefäßes: Beim Münchner Exemplar besteht der zylindrische Korpus aus vier verschraubbaren, scheibenförmigen Teilen, in die jeweils oben sieben gleich große, runde Mulden eingelassen sind.[10] Von außen wirkt die als Apothekerbüchse bezeichnete Stapeldose ebenso schlicht wie das Balsamgefäß; im Inneren verbergen sich jedoch zahlreiche weitere Dosen: Um eine Mittelsäule werden drei runde

Abb. 109 Hans Wecker und Umkreis, Balsamgefäß, Deckelbecher mit Wappen, Stapeldose mit Einsatz und zwei Becher, um 1552–um 1600, Elfenbein, Hinterglasmalerei, München, Bayerisches Nationalmuseum

Dosen übereinander gesetzt, so dass insgesamt 15 kleine Doseneinsätze – fünf auf jeder Ebene – Platz finden.[11]

Die gedrechselten Werke, die während der Regierungszeit Albrechts V. entstanden sind, dürften aus der Münchner Werkstatt des Hofkünstlers Hans Wecker († 1576) stammen. Hier arbeitete auch sein Sohn Georg Wecker (um 1550– nach 1626), der allerdings von Kurfürst August von Sachsen (reg. 1553–1586), einem der einflussreichsten Herrscherpersönlichkeiten seiner Zeit, an den Hof nach Dresden abgeworben wurde: Am 13. Januar 1578 erhielt der junge und talentierte Wecker dort eine Festanstellung; in die Herzogstadt an der Isar sollte er nicht mehr zurückkehren.[12]

Vielleicht wurde der Weggang Weckers durch den Aufenthalt des Mailänder Kunstschreiners und Elfenbeindrechslers Giovanni Ambrogio Maggiore (nachweisbar 1573–1598) am Hof Herzog Wilhelms V. (reg. 1579–1597) in den Jahren zwischen 1574 und 1585 kompensiert. Auf Empfehlung des Kunstagenten Prospero Visconti unternahm Maggiore 1574 die erste von insgesamt fünf Reisen nach Landshut und München.[13] Der Elfenbeindrechsler aus Italien war ein Virtuose, denn er lehrte Wilhelm V. eine neuartige Methode der Drechselkunst, deren Ausführung zunächst nur er kannte: Es gelang ihm, nicht nur zylindrisch,

Abb. 110 Christoph Angermair, Münzschrank mit hölzernem Futteral, 1618–1624, Elfenbein, Lapislazuli, Email, verschiedene Hölzer, München, Bayerisches Nationalmuseum

sondern auch ovale Formen sowie Contrefait-Kugeln, das sind Hohlkugeln mit Lochöffnungen, in deren Innern sich eine Kapsel mit Miniaturbildnissen verbirgt, zu drechseln. In München arbeitete Maggiore mit dem Miniaturisten Joris Hoefnagel (1542–1600) zusammen, der 1577 zum Hofkünstler ernannt worden war. Solche Gemeinschaftswerke wurden von Wilhelm V. für wert geachtet, sie als Geschenke dem habsburgischen Kaiser Rudolf II. – hier eine ovale Stapeldose mit Tier- und Pflanzendarstellungen – beziehungsweise dem Florentiner Großherzog Francesco I. de'Medici – dort eine Contrefait-Kugel mit den Bildnisminiaturen der herzoglichen Familie – zu überreichen.[14] Bereits 1576 hatte der Erbprinz seinen Eltern Albrecht V. und Anna von Habsburg als Nikolausgeschenk eine oval gedrechselte und überaus kostbar verzierte Elfenbeindose mit zwei fein gewirkten Bildnissen der beiden ältesten Kinder Christina (1571–1580) und Maximilian (1573–1651, reg. 1598–1651, seit 1623 Kurfürst von Bayern) überreicht.[15] Jahre später dürfte Maggiore den jungen Maximilian in der Kunst des Elfenbeindrechselns unterwiesen haben, denn von ihm haben sich acht selbst gedrehte Kunststücke erhalten, die deutlich die Handschrift Maggiores tragen: ein Deckelpokal, eine achtteilige Stapeldose, eine Stapeldose mit Schreibzeug, eine ovale Deckeldose mit zwei Aufsätzen in doppelter Ausführung, ein Leuchter mit Lichtschirm, ein Paar Kerzenhalter und eine dreiteilige Stapeldose, letztere heute in Stockholm.[16] Diese Kunststücke finden sich nicht im Fickler'schen Inventar. Erst der Augsburger Handelsherr und Kunstagent Philipp Hainhofer (1578–1647) notierte bei seinem Besuch

Abb. 111 Christoph Angermair, Satyrmaske, um 1620, Elfenbein, Geweih, München, Bayerisches Nationalmuseum

Abb. 112 Balthasar Grießmann, Prunkschale mit mythologischen und christlichen Darstellungen, um 1660–80, Elfenbein, Hirschhorn, München, Bayerisches Nationalmuseum

der Kunstkammer im Mai 1611 folgende Veränderung: »Auf ainem tisch ein hauffen helffenbaininer runder, vnd ablanger geschürr, becher, trühlein, flaschen, schüsslen, darunter etliche schöne so Hertzog Maximilian gedrehet hat.«[17] Kurz darauf gelangten die selbstgedrechselten Werke in die herzogliche Kammergalerie, wo sie im 1627/ 30 angelegten Inventar unter der Überschrift »Ablange von Hellenpain und Ebano geträte Geschir, so Ihr Curfrt: Drt: selbs gemacht« eine geschlossene Gruppe bildeten.[18] Aus der Beschreibung der Stücke geht hervor, dass die Elfenbeinwerke durch eine Montierung mit emaillierten Goldgriffen oder bekrönenden Korallenspitzen nobilitiert wurden. Die Entstehungszeit der Werke ist nicht eindeutig. Zwar tragen alle Stücke eine Signatur Maximilians sowie Datierungen aus den Jahren 1608 und 1610, jedoch gab es in jenem Zeitraum keinen professionellen Drechsler und Lehrmeister am Münchner Hof, der in der Lage gewesen wäre, in Zusammenarbeit mit dem jungen Fürsten derart perfekte und präzise, ovalgedrechselte Schaustücke herzustellen.

Als Maximilian I. im Februar 1598 die Regierungsgeschäfte von seinem Vater Wilhelm V. übernahm, galt es zunächst, den stark überschuldeten Staatshaushalt zu sanieren. Deshalb entließ der junge Herzog mit Ausnahme des Werkmeisters Hans Reiffenstuel, des Kunstindendanten Friedrich Sustris, des Malers Antonio Ponzano und des Scagliolameisters Blasius Fistulator (Pfeiffer) alle anderen Hofkünstler. Obwohl er zweifellos eine Vorliebe für die Kunstdrechselei hegte, ordnete er an, dass sich Blasius Fistulator »umb helffenbain und Ebano zuevermögen annemen« sollte.[19]

Erst mit Erholung der Staatsfinanzen wurde wohl auf Vermittlung Philipp Hainhofers im Jahr 1613 erneut ein Elfenbeinspezialist an den Münchner Hof berufen: Die Wahl fiel auf den aus Weilheim stammenden Christoph Angermair (um 1580–1633).[20] In diesem Jahr verhandelten Maximilian und Hainhofer über die Anfertigung eines neuen Kabinettschranks. Während der Augsburger Agent die Bestellung eines prunkvollen Ebenholzmöbels im Stil des Pommerschen Kunstschranks anregte, hatte Maximilian I. ganz andere Pläne. Der Herzog interessierte sich nicht für ein reines Schauobjekt, sondern er bevorzugte einen zweckgebundenen Kabinettschrank, der die antiken Goldmünzen seiner umfassenden numismatischen Sammlung aufnehmen sollte. Die Grundlage für die Auswahl der wertvollen Münzen stellte die von Johann Baptist Fickler zwischen 1599 und 1608 durchgeführte Katalogisierung der herzoglichen Münzsammlung dar. Hierfür schuf der Hofkünstler Christoph Angermair zwischen 1618 und 1624 den in seiner Art einzigartigen Münzschrank mit 22 Schubladen aus Elfenbein und Lapislazuli. Das gelehrte, wohl von Maximilian selbst entworfene Programm nimmt auf den Herrscher und seine Gemahlin Elisabeth von Lothringen sowie auf die Themen Numismatik, Musik und römische Geschichte Bezug (Abb. 110).[21]

Das rundum mit filigran geschnitzten Elfenbeinreliefs dekorierte und von einer Reiterstatue bekrönte Münzmöbel war zu seinem Schutz nochmals in ein aufwendig gestaltetes hölzernes Futteral eingeschlossen.[22] Welchen imposanten Eindruck der Münzschrank auf zeitgenössische Betrachter machte, schildert der Maler und Kunsthistoriograf Joachim von Sandrart (1606–1688), der für Maximilian I. zahlreiche Gemälde angefertigt hatte und deshalb wohl zum auserwählten Personenkreis gehörte, dem Zutritt in einen ansonsten nur dem Souverän vorbehaltenen Wohnbereich gewährt wurde: »Ich genosse auch die Gnad zu sehen, ein von Cypressenholz gemachtes Cabinet, drey Schuh hoch, in sich haltend ein viel köstlichers von Helfenbein voll erhobner Bildlein: dessen Ordnung und Arbeit also künstlich ist, dass es vor allen den Vorzug behält, in schöner Ersinnung und guter Zeichnung. Alles vorhergehende aber wird übertroffen durch die alda in zwanzig Schublädlein enthaltene vierzehenhundert Medaglien von Gold, allermeist wegen der guten historischen Ordnung, sowohl der Römischen Kaiser als der Griechischen Helden und sind deren bey vierhundert wahre Originalia, die Zahl zu compliren, diese auch die Abgüsse derer, so mit grossem Gold nicht zu erhalten, eben so sauber dazu gelegt.«[23]

Aufgestellt war der prächtige Münzschrank in unmittelbarer Nähe der fürstlichen Privatgemächer, die aus Ritterstube, Antecamera, Audienzzimmer und Schlafzimmer bestanden.[24] Bereits 1606/07 hatte Maximilian I. bedeutende Kunstwerke aus der im Marstallgebäude eingerichteten Kunstkammer in seine Wohnräume in der Residenz transferieren lassen.[25] Hier hatte sich der Fürst in einem langgestreckten Raum eine eigene Kammergalerie eingerichtet, zu der er direkten Zugang über sein Schlafgemach hatte. Diese nach seinen ganz persönlichen Vorlieben eingerichtete Kunstsammlung ergänzte Maximilian I. mit Elfenbeinwerken von Christoph Angermair: vier Satyrmasken, wovon heute noch drei im Bayerischen Nationalmuseum nachweisbar sind, und ein Kronleuchter, bestehend aus einem vollrund gearbeiteten Satyrkopf, aus dem vier schneckenförmig gedrehte Lichtarme herauswachsen.[26] Den Elfenbeinmasken wurden außergewöhnlich gebildete Hirsch- oder Rehgeweihe aufgesetzt, die zu den absoluten Kostbarkeiten jeder Kunstkammer gehörten. Entsprechend vermerkte man in den Inventarlisten die Verformungen oder die Anzahl der weitverzweigten Geweihenden mit größter Akribie (Abb. 111).[27] Der Kurfürst gab zudem bei Angermair einen Christus an der Geißelsäule, eine Schmerzensmutter und ein 1631 datiertes, großformatiges Golgatharelief in Auftrag.[28] In der Kammergalerie Maximilians befanden sich unter den Elfenbeinstücken jedoch nicht nur Werke des Hofkünstlers Angermair, sondern auch einzelne Kunstgegenstände, die bereits im Fickler'schen Inventar erwähnt waren, sowie vier Kruzifixe, eine Sebastiansstatuette von Leonhard Kern (1588–1662)[29] und zwei Christusfiguren. Komplettiert wurde die Elfenbeinkollektion der Kammergalerie durch zwei Arbeiten aus Koralle und Elfenbein, eine Adam und Eva-Gruppe sowie eine »Venus sambt dem Cupidine« und einem »Neptunus«.[30] Unter Maximilians Enkel, Kurfürst Maximilian II. Emanuel (reg. 1679–1726), vollzog sich die sukzessive Auflösung der Kammergalerie; zahlreiche Objekte gelangten so in die Schatzkammer der Residenz.

Wie seine Vorfahren wurde auch der Sohn Maximilians I., Ferdinand Maria (reg. 1651–1679), als jugendlicher Kurprinz in den handwerklichen Fertigkeiten Zeichnen, Schnitzen und Drechseln unterrichtet. Dies erfolgte auf der verbindlichen Grundlage der »Chur Prinzens Hofmaisters Instruction« aus dem Jahr 1646. Zwei Jahre zuvor, 1644, wurde für den achtjährigen Ferdinand Maria eine Lieferung von Elefantenstoßzähnen in Venedig bezahlt. Von ihm hat sich eine signierte und mit 1655 datierte schlichte Deckelschale in München erhalten, dem ebenfalls drechselnden Erzherzog Leopold (Kat.-Nr. 36) überbrachte er in Wien eine längsovale Dose als Geschenk.[31] In seiner Regierungszeit erfuhr die Münchner Elfenbeinsammlung durch Werke von Balthasar Grießmann (um 1620–1706) einen beträchtlichen Zuwachs.[32] Eine aus vielen Teilen zusammengesetzte Prunkschüssel mit mythologischen sowie religiösen Darstellungen, in denen das Element Wasser eine besondere Rolle spielt (Abb. 112),[33] stammt ebenso von seiner Hand wie der zunächst gedrechselte, dann bravourös geschnitzte Deckelpokal mit Szenen einer Weinlese (Abb. 113).[34] Ebenfalls dürfte die mit 54 cm ungewöhnlich großformatige und oben rund geschlossene Darstellung einer Kreuzabnahme um 1660 den Weg in die Münchner kurfürstliche Kunstkammer gefunden haben (Abb. 114).[35] Als Bildvorlage diente dem Künstler ein Kupferstich von Francesco Villamena nach einem

Abb. 113 Balthasar Grießmann, Deckelpokal mit Szenen einer Weinlese, um 1660, Elfenbein, München, Bayerisches Nationalmuseum

Abb. 114 Süddeutsch, wohl Augsburg, Die Kreuzabnahme Christi, um 1670, Elfenbein, München, Bayerisches Nationalmuseum

Altarbild von Federigo Barocci (um 1526/35–1612) im Dom von Perugia. Dass es sich hierbei um ein beliebtes Motiv gehandelt haben muss, beweist die Tatsache, dass sich zwei weitere Versionen des Themas im Landesmuseum Württemberg in Stuttgart sowie in einer Privatsammlung erhalten haben.[36]

Unter den drechselnden bayerischen Fürsten dürfte Kurfürst Maximilian II. Emanuel der produktivste gewesen sein. Fasziniert vom Material Elfenbein, drehte er selbst zahlreiche ovale, zum Teil mit seinem Konterfei geschmückte Tabatieren an der Drechselbank und bestellte spätestens 1682, drei Jahre nach seinem Regierungsantritt, für 650 Gulden bei Domenicus Stainhart (1655–1721) eine erste biblische Folge von insgesamt »8 Stukh helfenbein, so in passion Christi historien bestehen«.[37] Der aus Weilheim stammende Domenicus Stainhart war kurz zuvor mit seinem Bruder Franz Stainhart (1651–1695) aus Süditalien nach Bayern zurückgekehrt. Dort hatten sie von 1674 bis 1680 im Auftrag des römischen Principe Lorenzo Onofrio Colonna für einen Kabinettschrank 28 Elfenbeinreliefs nach berühmten Meisterwerken des 16. und 17. Jahrhunderts angefertigt.[38] In München empfahlen sich die beiden Brüder sogleich als Hofkünstler. Max Emanuel lehnte jedoch die Bewerbung der Stainharts wohl unter anderem mit der Begründung ab, dass die Bildhauerstelle am Münchner Hof von Balthasar Ableithner (1614–1705) hervorragend besetzt sei. Auch wenn Franz und Domenicus Stainhart nicht auf den regelmäßigen Besoldungslisten des Hofes standen, gab der Kurfürst bei ihnen weitere Elfenbeinarbeiten, darunter sechs Reliefs mit Szenen aus dem Alten Testament, in Auftrag: Für die Reliefs mit den Darstellungen der Auffindung des Mosesknaben (Abb. 115), der Sintflut, der Öffnung der Arche Noah, der Aufrichtung der ehernen Schlage, der Anbetung des Goldenen Kalbes und Bileam mit dem Esel zahlte der Kurfürst je 600 Gulden.[39]

Während der Jahre im französischen Exil von 1704 bis 1715 hielt sich Max Emanuel zunächst am Hofe König Ludwigs XIV. auf und residierte dann in Mons, Compiègne und Saint-Cloud. Auch dort betätigte er sich nachweislich als Elfenbeindrechsler. So ist von Graf Louis Hector Villars, dem er selbst zwei gedrechselte Tabatieren überließ, der wenig schmeichelhafte Ausspruch überliefert, dass sich Max Emanuel während seines Zwangsaufenthaltes in Frankreich nur mit seinen Mätressen, dem Glücksspiel und seiner Drechselbank beschäftigt habe.[40] Ein Zeugnis seiner Drechselleidenschaft stellt die einzige erhaltene fürstliche Drechselbank aus dem Jahr 1712 dar.[41] Der aus Eisen gebaute Guillochierapparat stammt von François Houard. Er war seit 1711 mit jährlich 400 Florin in Naumur angestellt und einer der beiden offiziellen Hofdrechsler. Der zweite, Maximilian Koch, hatte dem Kurfürsten bereits während seiner Zeit als Generalstatthalter der Spanischen Niederlande (1691–1701) in Brüssel gedient. In dieser Zeit dürfte Max Emanuel auch bei einem flämischen Künstler den reich geschnitzten Elfenbeinleuchter bestellt haben, der Herkules mit der Keule zeigt, wie er seinen Fuß auf den abgeschlagenen Kopf der Hydra setzt. Nachweislich hing der Leuchter, der Silbermontierungen von Johann Andreas Thelot besitzt, im französischen Palais des Kurfürsten in Saint-Cloud.[42] Von dort gelangte er 1715 nach München in die kurfürstliche Residenz, wo er sich heute noch befindet.

Auf der 1712 datierten Drechselbank dürfte Max Emanuel ein eigenhändig gedrechseltes Elfenbeinreliquiar angefertigt haben.[43] Bei dem persönlichen Geschenk für das Kloster in Compiègne handelt es sich um ein ovales, von einem Kreuz bekröntes Reliquienbehältnis mit schlankem Schaft und ovalem Fuß. Im Inneren befindet sich eine Kreuzreliquie mit folgender Inschrift: »Ce reliquaire a esté donné par son altesse Électorale monseigneur Maximilian Électeur de Bavière quy la fait de ses propres main en 1712«. Auf dem Fuß erkennt man die goldenen Initialen »ME« für Max Emanuel. Bereits fünf Jahre früher ist eine kleine gedrechselte Elfenbeinpyxis entstanden, die der Kurfürst seinem jüngeren Bruder Joseph Clemens, dem späteren Kurfürsten und Erzbischof von Köln, zu dessen Priesterweihe 1707 schenkte.[44]

In München haben sich nur wenige gedrechselte Elfenbeinwerke aus der Zeit Max Emanuels erhalten. Dazu passt die Nachricht, dass beim Residenzbrand von 1729 viele Kunstwerke verloren gegangen sein sollen, vielleicht auch der in der Residenzbeschreibung von 1680 erwähnte Schrank mit »molti lavori d'avario« in der Galerie Max Emanuels. Allerdings existierte in Schloss Nymphenburg ebenso ein »Grand Cabinet«, in der eine »Drechselbank [stand], wo Seine Kurfürstliche Durchlaucht in seinen Mußestunden diese schönen Werke aus Gold, Silber, Perlmutt,

Abb. 115 Domenicus Stainhart, Die Auffindung des Mosesknaben, um 1700, Elfenbein, München, Bayerisches Nationalmuseum

Schildpatt und Elfenbein macht, die in allen Formen, rund, oval, kanneliert und gedreht die Bewunderung der geübtesten Meister sowie der größten Kenner erregen« sollte.[45]

Zu den verbliebenen Werken Max Emanuels gehören die bislang nicht beachteten vier Spieldosen aus Elfenbein, die in einer besonderen Technik, einem Dekor in Goldpiqué, verziert sind. Hierfür verwendete man kleine vergoldete Nägel oder Stifte, die in das Material hineingedrückt wurden, um dann an der Oberfläche abgeschnitten und poliert zu werden. Max Emanuel war von diesem Verfahren fasziniert. Deshalb schickte er seinen Hofkünstler Maximilian Koch in den Jahren 1706/07 eigens nach Paris, damit er dort die Technik des Goldpiqués erlernte. Die vier einfach gedrechselten Dosen tragen auf der Oberseite ein Rankendekor in Piquétechnik (Abb. 116).[46] Mittig befinden sich die französischen Spielkartensymbole Herz, Pik, Kreuz und Raute. Zu den Dosen gehören ferner zahlreiche Spieljetons, die in der gleichen Technik verziert sind.[47] Das gesamte Konvolut beschreibt das Inventar der Kurfürstlichen Kunstkammer von 1778: »Vier runde Dosen, oder Spiel-Truherl mit goldenen charniers, worin 20 grosse, und 80 kleine von Elfenbein mit gold eingelegte Marquen«.[48] Auch drei weitere, erst jetzt identifizierte Piquédosen, die sich im Bayerischen Nationalmuseum erhalten haben, können vermutlich Max Emanuel zugeschrieben werden. Sie belegen anschaulich das künstlerische Interesse des Regenten an der ausgefallenen Technik.[49]

In der Münchner Residenz hatte Max Emanuel, über den 1706 sogar die Reichsacht verhängt worden war, eine große Zahl von Elfenbeinwerken zurückgelassenen. Ein 1707 während der österreichischen Besetzung Kurbayerns wegen Verpfändung an die Landschaft angelegtes Kunstinventar listet Kruzifixe, Statuetten, Reliefs und Pokale sowie das bereits oben erwähnte »gross helffenpainers handtbeckh, sambt deren Kanndl, vornember arbeith, in Roth ledern fuetter« auf.[50] Die Begeisterung für das kostbare Naturmaterial Elfenbein gab Max Emanuel an seinen Sohn Karl Albrecht (reg. 1726–1745, als Römischer Kaiser Karl VII. reg. 1742–1745) weiter. Im Jahr seines Regierungsantritts, 1726, ließ sich der aus Osttirol stammende Elfenbeinschnitzer Simon Troger (1683–1768) in München-Haidhausen nieder.[51] Der Kurfürst gab mehrere bühnenhaft arrangierte Figurengruppen, zusammensetzt aus Elfenbein und Schlangenholz, bei Troger in Auftrag. Der Bildschnitzer dürfte auch für den letzten Herrscher der altbayerischen Linie der Wittelsbacher im Kurfürstentum Bayern, Maximilian III. Joseph (reg. 1745–1777), gearbeitet haben. Zumindest ist der Münchner Bestand an Troger-Werken die größte geschlossene Sammlung dieser Art.[52] Freilich galt das Interesse Max Josephs auch der Ausübung der Elfenbeindrechselei, und so beschäftigte er den schon für seinen Großvater Max Emanuel tätigen »Eisenträxler Franz Houard« an seinem Hof.[53] Schließlich bezeugt nochmals ein großformatiges, 1765 von Johann Jacob Dorner geschaffenes Gemälde mit der Darstellung des drechselnden Kurfürsten, die hohe Wertschätzung, die das Elfenbeinhandwerk im Hause Wittelsbach über mehr als zwei Jahrhunderte genossen hat.[54]

1 Die barocke Elfenbeinsammlung des Bayerischen Nationalmuseums in München gehört neben den Beständen des Kunsthistorischen Museums in Wien und des Grünen Gewölbes in Dresden zu den bedeutendsten in Europa. Zur Sammlungsgeschichte der barocken Elfenbeinskulptur am Bayerischen Nationalmuseum immer noch vorbildlich: Berliner 1926, S. XV–XXIX; ergänzend hierzu Thinesse 1977; siehe auch Schädler 1972; Scherp 2006. Ein von Jens Burk erarbeiteter Auswahlkatalog soll 2011 erscheinen.

2 Maurice 1985.

3 Sauerländer 2008, Bd. 1, S. 269–270, Nr. 828–829; S. 272, Nr. 835; S. 278–289, Nr. 848–886.

4 Sauerländer 2008, Bd. 1, S. 64, Nr. 177; S. 108–111, Nr. 292–295, 298, 300–301; S. 172–173, Nr. 474; S. 204, Nr. 587–588; S. 236–241, Nr. 730–731, 733, 737, 740, 743–744, 747–748; S. 245–247, Nr. 764, 766; S. 255, Nr. 781; S. 270–273, Nr. 831–832, 837–839; S. 277, Nr. 846–847.

5 Sauerländer2008, Bd. 1, S. 83–86, Nr. 241,2; 242,2.

6 München, Staatliches Museum für Völkerkunde, Inv.-Nr. 26. N. 131 (Oliphant), Inv.-Nr. 2827 (Elfenbeinfächer), Inv.-Nr. 5380 (Salzbehälter der Sapi), Inv.-Nr. 26. N. 129, Inv.-Nr. 26. N. 130 (Elfenbeinlöffel); Bujok 2003, S. 62, 64, 70–72.

7 München, Bayerische Schlösserverwaltung, Inv.-Nr. Res Mü Sch. 619 und Res Mü Sch. 620 sowie Res Mü Sch. 156 WAF.

8 München, Bayerisches Nationalmuseum, Inv.-Nr. R 1078; die Datierung »1552« ist heute nicht mehr lesbar; dazu siehe Catalog 1846, S. 29, nr. 223. Sauerländer 2008, Bd. 1, S. 285, Nr. 870. Inventar von 1778: »Ein runder hocher Becher ohne Fuß mit einem Luck, worauf das Baierische, und des Alberti V. Wappen« eingelassen ist.

9 München, Bayerisches Nationalmuseum, Inv.-Nr. R 4871 und R 4872. Vielleicht identisch mit Sauerländer 2008, Bd. 1, S. 287, Nr. 876, wobei sich jeweils die Deckel mit den Wappen nicht erhalten haben. Ein weiterer, konisch geformter Becher mit einem streifig gedrechselten Dekor hat sich im Bayerischen Nationalmuseum erhalten (R 4873).

Abb. 116 Maximilian Koch, Dose mit Spielmarken in Goldpiqué, um 1710, Elfenbein, Gold, München, Bayerisches Nationalmuseum

10 München, Bayerisches Nationalmuseum, Inv.-Nr. R 4879.

11 München, Bayerisches Nationalmuseum, Inv.-Nr. R 4877. Freilich ist der Nachweis einer Herkunft aus der Münchner Kunstkammer im Einzelfall schwierig, jedoch könnte die Apothekerdose mit dem von Johann Baptist Fickler beschriebenen Exemplar identisch sein: »Ein helffenbaine Apotegckherpüchsen, auf dem luckh das Bayrische wappen eingeschmelzt.« Allerdings fehlt heute der im Inventareintrag erwähnte Deckel. Sauerländer 2008, Bd. 1, S. 286, Nr. 873. Irrtümlich wird hier die Balsambüchse (R 4879) als Vergleichsstück herangezogen.

12 Kappel 2004, S. 177. Als Herzog Albrecht V. von Bayern 1576 Kurfürst August von Sachsen in Dresden besuchte, überließ sein Sohn Wilhelm V. dem Dresdner Hof eine kostbar ausgestattete Drehbank als Geschenk; siehe hierzu: Diemer 1985, S. 328–329, Dok. 5–7.

13 Diemer 1985, S. 302; Diemer 2008, Bd. 3, S. 268.

14 Haag 2007/1, S. 162, Kat.-Nr. 61; Mosco/Casazza 2004, S. 123; Florenz, Museo degli Argenti, Inv.-Nr. Bg. 1879 Nr. 39.

15 München, Bayerisches Nationalmuseum, Inv.-Nr. R 1554; Sauerländer 2008, Bd. 1, S. 245, Nr. 764.

16 München, Bayerisches Nationalmuseum, Inv.-Nr. R 4823, R 4843, R 4844, R 4876.1–2, R 4880–R 4883 sowie Stockholm, Kungl. Husgerådskammaren, Inv.-Nr. HGK SS 148. Alle Münchner Stücke besitzen Inschriften, die sich im überhöhten Sprachduktus gleichen: »Ebur ars nobilitat, artem Auctor Maximilianus Dux Bavariae, Anno 1608« (Kunst veredelt das Elfenbein, und der Urheber Herzog Maximilian von Bayern veredelt die Kunst – R 4876.1–2) oder »Mentoris me credes opus Maximiliani sum Ducis Bavariae« (Du magst meinen, ich sei von Mentor, ich bin aber ein Werk von Maximilian, Herzog von Bayern – R 4881). Nur die Drechselarbeit, die sich heute in Stockholm befindet und durch die schwedische Plünderung im Jahr 1632 dorthin gelangt sein dürfte, trägt auf der Bodenunterseite folgende nüchterne Inschrift: »SERENISS. MAXIMILIANVS VTR. BAVAR. DUX MANV PROP. F.« Siehe hierzu auch Diemer 1985, S. 341, Anm. 147–149. Interessanterweise unterläuft dem Schreiber der Signatur auf dem gedrechselten Schreibzeug (R 4844) ein Fehler, indem er Maximilian – bereits Anno 1610 – als Kurfürsten anspricht; Maximilian erhielt die Kurwürde jedoch erst 1623. – Vgl. im Gegensatz hierzu eine Inschrift eines von Kurprinz Johann Wilhelm von der Pfalz (reg. 1690–1716) gedrechselten Pokals »IOHN WILHELM CVR PRINS 1688« (Inv.-Nr. R 4808).

17 Sauerländer 2008, Bd. 3, S. 373.

18 Bachtler/Diemer/Erichsen 1980, S. 207.

19 Diemer 2004, S. 328, Anm. 1037.

20 Grünwald 1975, S. 100.

21 Himmelheber 1977, S. 27–34. Zu den Verhandlungen 1613 zwischen Maximilian I. und Hainhofer siehe Volk-Knüttel 1980, S. 90.

22 München, Bayerisches Nationalmuseum, Inv.-Nr. R 4909 und R 4910. Im Kammergalerie-Inventar von 1627/30 wird das Hauptwerk Christoph Angermairs erstmals erwähnt: »Ein gannz von helffenpain, mit sondern fleiß gearbeites Khästlein, darauf zu obrist ein haidischer Kaiser auf einem Roß, unnder Ihme an den vier Eggen vier gefanngene König sizent, die zwo düren Innen unnd aussen, wie auf alle anndre seithen, zum theil von basso rilievo, maistens aber von erhebt geschniten künstliche Figuren geziehrt, in den schublade (so vornen mit lapis lazuli versetzt) seind vermöge des darinen ligenden Inventary, allerlay antiquische guldene Pfenning numismata, unnd Megdaliern, dises stehet in einem von Nusspaum, Ebanen, unnd Indianischen Holz, mit plau Sammet gefirtertem fuederal 3 Schuech 3 Zoll hoch, und 1 Schuech 9 Zoll braith.« Zitiert nach Bachtler/Diemer/Erichsen 1980, S. 208.

23 Sandrart 1679, S. 73.

24 Spätestens um das Jahr 1750 gelangte der Münzschrank von Angermair in die Schatzkammer der Residenz und etwa zwischen 1803 und 1808 aus der Schatzkammer in das Münzkabinett. Von dort erfolgte 1874 die Überweisung an das Bayerische Nationalmuseum. Von diesem Möbel existiert im Musée du Louvre, Paris, eine unvollendet gebliebene Nachschöpfung des 19. Jahrhunderts (Inv.-Nr. OA 6920). Das Stadtmuseum in Weilheim/Oberbayern besitzt einen Gipsabguss des Schreins, der 1896 von Kreittmayer angefertigt wurde.

25 Diemer 1980, S. 129–135.

26 München, Bayerisches Nationalmuseum, Inv.-Nr. R 4706–R 4708 sowie R 4885.

27 Volk 1980, S. 175.

28 München, Bayerische Schlösserverwaltung, Inv.-Nr. Res Mü Sch. 155 WAF, Res Mü Sch. 154 WAF und Res Mü Sch. 156 WAF.

29 München, Bayerische Schlösserverwaltung, Inv.-Nr. Res Mü Sch. 153 WAF.

30 Bachtler/Diemer/Erichsen 1980, S. 208–210.

31 München, Bayerisches Nationalmuseum, Inv.-Nr. R 4819 sowie Wien, Kunsthistorisches Museum, Kunstkammer, Inv.-Nr. KK 3625.

32 Schmidt 2009. Siehe auch Wagner 1994; Theuerkauff 1973.

33 München, Bayerisches Nationalmuseum, Inv.-Nr. R 4908.

34 München, Bayerisches Nationalmuseum, Inv.-Nr. R 4759.

35 München, Bayerisches Nationalmuseum, Inv.-Nr. R 4505.

36 Stuttgart, Landesmuseum Württemberg, Inv.-Nr. KK 113 und Sammlung Reiner Winkler, Inv.-Nr. W. 160; dazu siehe Theuerkauff 1984, S. 149–151.

37 München, Bayerisches Hauptstaatsarchiv (BHStA), HR II, Fasz. 14, Nr. 115, fol. 14r. Aus dieser Serie dürften folgende Reliefs stammen: »Das Gastmahl im Haus des Simon« (Inv.-Nr. R 4479) und »Die Kreuztragung Christi« (Inv.-Nr. R 4484), »Die Erweckung des Lazarus« (Inv.-Nr. R 4480). In der Kunstkammer befanden sich noch weitere Stücke der Brüder Stainhart: »Anbetung der Heiligen Drei Könige« (Inv.-Nr. R 4474) und »Anbetung der Hirten« (Inv.-Nr. R 4471). Siehe hierzu den Eintrag im Kunstkammerinventar von 1807, fol. 19r.

38 Strunck 2005, S. 231–259. Siehe auch Feuchtmayr 1937; Theuerkauff 1972/1; Kessler 2001.

39 München, Bayerisches Nationalmuseum, Inv.-Nr. R 4714, R 4456–R 4460.

40 Maurice 1976, S. 278.

41 München, Bayerische Schlösserverwaltung, Inv.-Nr. Res Mü Sch. B I/15; Ausst.-Kat. Schleißheim 1976, Bd. 2, S. 183, Kat.-Nr. 415 (Peter Volk).

42 München, Residenz; Tillmann 2009, S. 273–275.

43 Moulin, Musée de la Visitation, Inv.-Nr. 00.1.10.D.

44 Köln, Domschatzkammer, Inv.-Nr. L 85.

45 Tillmann 2009, S. 19, Anm. 58.

46 München, Bayerisches Nationalmuseum, Inv.-Nr. R 5656–R 565.

47 München, Bayerisches Nationalmuseum, Inv.-Nr. R 5659.1–R 5659.26.

48 BHStA, HR, Fasz. 23/62, unter »Elfenbeinene Stücke, Nr. 25«.

49 München, Bayerisches Nationalmuseum, R 5654, R 5655 und R 5660. Man kennt die Verwendung von Goldpiqué eher im Zusammenhang mit dem Material Schildpatt. Hier ist der Hell-Dunkelkontrast besonders reizvoll: Eine Schale (Inv.-Nr. R 6033), ein Zollstock (Inv.-Nr. R 6034) und ein Kasten mit dem Monogramm der Erzherzogin Anna Amalia (Inv.-Nr. R 6035), der Schwiegertochter von Max Emanuel, lassen sich als Arbeiten von Maximilian Koch im Bayerischen Nationalmuseum identifizieren. Die Goldpiquétechnik in Elfenbein ist eine Spezialität Max Emanuels. An dieser Stelle danke ich herzlich Frau Angelika Schuster-Fox, München, und Herrn Thomas Rainer, München.

50 München, Bayerische Staatsbibliothek, Handschriftenabteilung, cgm 1959, fol. 9rv, 10v, 11rv, 12r, 13rv, 14r, 16r, 31r.

51 Stahleder S. 100.

52 München, Bayerisches Nationalmuseum, Inv.-Nr. R 4637, R 4920, R 4922, R 4923, R 4926, R 4999, R 5000, R 5001, R 5005. Zwei weitere Werke Trogers, R 4925 und R 5002, gelangten mit der kurpfälzischen Sammlung über Mannheim nach München.

53 München, Bayerisches Hauptstaatsarchiv, Kurbayern Hofzahlamt 1751, Nr. 232, fol. 511r: 565 Gulden werden 1751 vom Hofzahlamt an Houard ausbezahlt.

54 Maurice 1985, S. 50, Abb. 26. Max III. Joseph wird ein 1767 datierter Elfenbeinleuchter mit kurfürstlichem Monogramm aus dem Spiegelkabinett der Reichen Zimmer in der Münchner Residenz zugeschrieben. Hierzu existiert ein Pendant aus Buchsbaumholz im Speisesaal der Magdalenenklause im Schlosspark Nymphenburg. München, Bayerische Verwaltung der staatlichen Schlösser, Gärten und Seen, Inv.-Nr. Ny. M. B. 1.

Matthias Rauchmiller (1645–1686)

»DIE KUNST NICHT ZÜNFTIG GELERNT«

MARAIKE BÜCKLING

Zahlreiche Künstler, die sich in Wien ansiedelten, kamen aus dem süddeutschen Raum in die Hauptstadt Österreichs. Angezogen durch den kaiserlichen Hof und die sich daraus ergebenden Verdienstmöglichkeiten, wichen sie in der ersten Hälfte des 17. Jahrhunderts damit zugleich den Auswirkungen des Dreißigjährigen Krieges aus. Zu den ersten nach Österreich ziehenden Künstlern gehörten Mitglieder der Familie Zürn aus dem nahe dem Bodensee gelegenen Waldsee. In der zweiten Jahrhunderthälfte folgten weitere aus dem Seeschwäbischen gebürtige Bildhauer. Zu ihnen gehörte Matthias Rauchmiller, der am 11. Januar 1645 in Radolfzell geboren wurde.

Rauchmiller erhielt seine Ausbildung, die er vorzeitig abgebrochen zu haben scheint, vermutlich in der Werkstatt der Bildhauerfamilie Schenck.[1] Danach begab er sich, wie es Einflüsse von Peter Paul Rubens (1577–1640) auf spätere Werke vermuten lassen,[2] möglicherweise nach Mecheln zu Lucas Faydherbe (1617–1697), der mehrere Jahre im Atelier Rubens' verbracht hatte, oder nach Amsterdam in die Werkstatt der Bildhauerfamilie Quellinus. Anschließend führte ihn sein Weg nach Mainz. Hier geriet er in einen Konflikt mit der Zunft, denn einige Bildhauer legten am 14. und am 21. August 1669 beim Rat der Stadt Beschwerde über den »Frembten Bildschnitzer, so doch die Kunst nicht gelernt hatte« ein und wiederholten dies am 21. Mai 1670: »ohngeachtet Er die Kunst nicht zünftig gelernt, dennoch sowohl in Stein als in Holtz arbeite«.[3] Kurz darauf heiratete er die Mainzerin Anna Maria Münich, ein Jahr später wurde am 14. August 1671 sein erster Sohn in Mainz getauft.[4]

Obwohl er wegen seiner Probleme mit der Zunft in der Stadt eigentlich nicht weiter hätte arbeiten können, ist für das Jahr 1671 Rauchmillers Mitarbeit am Grabmal des Ehepaars Philipp Erwein von Schönborn (Abb. 117) in der Pfarrkirche von Geisenheim belegt.[5] Eine Quelle im Schönbornarchiv besagt, dass Rauchmiller 1671 nach Schwäbisch Hall geschickt wurde, um dort Alabaster, der nach Mainz verschifft wurde, für den »Altar nacher Geißenheim« zu bestellen.[6] Des Weiteren heißt es, dass er für ein Epitaph mit fünf Figuren und zwei Wappen von Philipp Erwein von Schönborn und seiner Ehefrau Maria Ursula von Greiffenclau, ferner für ein Kruzifix mit Maria und Johannes, schließlich für ein Altarblatt mit 500 Reichstalern bezahlt wird. Ob Rauchmiller die Aufträge allein und bis zum Ende ausführte, ist derzeit nicht zu klären. Deutlich wird aber, dass die Einschränkungen durch Zunftbestimmungen ihn nicht daran hinderten, die Aufträge anzunehmen. Möglicherweise – und darauf deutet der Dokumentenfund im Schönbornarchiv hin – war er vom Erzbischof Johann Philipp von Schönborn, der seinem Bruder Philipp Erwein sehr verbunden gewesen war und wahrscheinlich das Epitaph in Auftrag gegeben hatte, hofbefreit worden.[7] Handwerker, die aufgrund besonderer Fähigkeiten auffielen, wurden von fürstlichen Höfen häufig von der bürgerlichen Zunft befreit, das heißt »hofbefreit«. Ihnen war es möglich, ohne besondere Erlaubnis für jeden Auftraggeber tätig sein zu können und eine Werkstatt zu führen.[8]

Rauchmiller, der ja seine Ausbildung möglicherweise ohne Abschluss abgebrochen hatte, wie die Beschwerden der Mainzer Bildhauer vermuten lassen, wäre es durch diese Position möglich gewesen, ohne weitere Probleme mit der Zunft als Maler und Bildhauer zu arbeiten. Mit einer in die frühen 1670er-Jahre datierten Federzeichnung[9] entwarf Rauchmiller, der als »sehr gerühmeter« »Bildhauer vom Bodensee« bezeichnet

Abb. 117 Matthias Rauchmiller, Grabmal des Ehepaars Erwein Philipp von Schönborn, 1671, Marmor, Pfarrkirche Geisenheim

Abb. 118 Matthias Rauchmiller, Herzogin Charlotte, 1678 bis 1679, Alabaster, Legnica, Piastenmausoleum

wird, im Auftrag des Mainzer Erzbischofs, der damals zugleich Fürstbischof von Würzburg war, ein nicht ausgeführtes Grabmal für seinen Vorgänger Franz von Hatzfeldt.[10]

Mit diesen erzbischöflichen Aufträgen wäre Rauchmiller längere Zeit beschäftigt gewesen. Nachdem Erzbischof Johann Philipp von Schönborn im Jahr 1673 starb, verlor die Familie unter seinem Nachfolger Lothar Friedrich von Metternich (reg. 1673–1675) an Einfluss,[11] so dass eine etwaige Hofbefreiung Rauchmillers wahrscheinlich nicht bestätigt worden war. Da es ihm nun die Zunftbestimmungen unmöglich machten, in Mainz zu arbeiten, wird er die Stadt bald verlassen haben.[12]

Am 18. März 1675 ist Rauchmiller, von dem sich Steinskulpturen, Elfenbeinschnitzereien sowie Fresken und Entwürfe für grafische Blätter erhalten haben,[13] in Wien nachweisbar, da ihm an diesem Tag die Ausstattung des Langhauses der Wiener Dominikanerkirche übertragen wurde.[14] Wie Quellen berichten, hatte ihn der Kaiser zum hofbefreiten Künstler ernannt: Er wurde am 24. Februar 1676 im Sterberegister als Vater einer zwei Tage alten Tochter als »hofbefreiter Maler in gemainer Stadt Wien Haus im tiefen Graben« bezeichnet.[15] Es folgte in den Jahren 1678 bis 1679 die Ausgestaltung der Grablege der fürstlichen Familie der Piasten in Legnica mit Skulpturen und Fresken (Abb. 118). Der Kontakt mit dem schlesischen Fürstenhaus war zweifelsohne durch den Dramatiker und Staatsmann Daniel Caspar von Lohenstein (1635–1683) vermittelt worden, den der Bildhauer im März/April 1675 kennengelernt hatte, als Lohenstein als Ratsmitglied und offizieller Vertreter der Stadt Breslau in diplomatischer Mission nach Wien gereist war.[16] Ein weiterer wichtiger Auftrag erreichte den Bildhauer, als Kaiser Leopold I. 1679 versprach, eine Votivsäule mit der Darstellung der von neun Engeln umgebenen Dreifaltigkeit zu stiften, um die in Wien wütende sogenannte Große Pest einzudämmen (vgl. Kat.-Nr. 35). Mit dem Entwurf zu diesem größten Auftrag, den das Kaiserhaus in der Zeit um 1680 vergab, wurde Rauchmiller betraut.[17]

Eines der grandiosesten Werke des Wiener Barock ist der im Jahr 1676 vollendete, gänzlich aus Elfenbein gefertigte Deckelpokal Matthias Rauchmillers,[18] den Fürst Johann Adam Andreas I. von Liechtenstein 1707 von Karl Lebzelter, Arzt und Rektor der Wiener Universität, erwarb (Abb. 119).[19] Die Pokalwandung ist mit einem Gemenge von Menschen, Tüchern und Details bedeckt. Die von muskulösen, jungen wie alten Männern bedrängten Frauen bewegen sich in einem Zug nach links. Eine der ersten Hintergrundfiguren links des Griffs ist ein eine Posaune blasender Mann, der das Signal für das Geschehen zu geben scheint. Davor nähert sich bereits ein alter Mann mit offenem Mund einer jungen Frau und greift in die Falten ihres Gewands. Eine alte Frau hinter ihm zieht an seinen Haaren und versucht, ihn zurückzuhalten. Die Jüngere taumelt, halb entkleidet und mit weit vorgebeugtem Oberkörper, nach vorn (Abb. 120). Zugleich greift sie nach der kraftlosen Hand einer Frau vor ihr. Zwischen ihnen läuft nach rechts ein Knabe, der in einer Hand eine Weintraube, in der anderen einen Stab hält, an den ein Tuch wie eine kleine Fahne gebunden ist. Er schreit auf, da ihn ein Hund in die Ferse beißt. Eine nackte Jünglingsgestalt mit dem Rücken zum Betrachter hält den Hund am Halsband. Die vordere der beiden sich an den Händen haltenden Frauen schleppt sich mühsam weiter (Abb. 121). Kostbare Brokatgewänder, Armbänder und Armreifen, ein mit Blüten geschmückter Gürtel, der gelöst ist und die Gewänder herab gleiten lässt, und ein Haarreif zeichnen sie besonders aus. Sie trägt als einzige Frau eine Kette mit einem Medaillon, auf dem ein Männerporträt im Profil wiedergegeben ist.[20] Ihr tief geneigtes Gesicht drückt Trauer und Erschöpfung aus (Abb. S. 230). Vor ihr und zugleich hinter den nächsten Figuren liegt im Hintergrund ein kleiner Junge am Boden. Eine Schlange beißt ihn ins Bein, ein Hund bedroht ihn mit gefletschten Zähnen. Es folgen zwei nackte Frauen, von denen eine zusammenbricht und nur mehr versucht, mit den Händen und Locken ihre Blöße zu bedecken (Abb. 122). Ein alter, einzähniger Mann hält sie fest. Die zweite Frau wendet dem Betrachter den Rücken zu und windet sich, um sich aus einem Männerarm zu befreien (Abb. 123). Sie blickt zurück und deutet auf ein kleines Mädchen am Boden, das versucht, sich an sie zu klammern. In größerer Breite ist die letzte Szene (Abb. 124) geschildert: Auf eine junge, nackte Schöne, die zu Boden sinkt, dringt von links ein muskulöser Krieger ein. Tief neigt er den Kopf und ergreift ihren Körper. Sie schreit in Abwehr auf und hebt klagend einen Arm.

Der Zug beginnt mit der Verfolgung einer jungen Frau und entwickelt sich weiter bis zur gewaltsamen Verführung. Der Krieger stellt, da er sich von links nach rechts bewegt, den Endpunkt des Geschehens dar. Obwohl es somit eine Entwicklung innerhalb der Darstellung gibt, suggeriert die Rundform des Humpens zugleich die immerwährende Wiederholung der Ereignisse.

Abb. 119 Matthias Rauchmiller, Prunkhumpen »Raub der Sabinerinnen«, Detail Humpenwandung, 1676, Elfenbein, Vaduz–Wien, Sammlungen des Fürsten von und zu Liechtenstein

Abb. 120 Detail Abb. 119

Abb. 121 Detail Abb. 119

Auf dem Deckel wird das Geschehen in Puttenfiguren gespiegelt, die sich gegenläufig – von links nach rechts – bewegen:[21] Bewaffnete Putten liegen am Boden; ihre Helme sind verrutscht, die Waffen entfallen ihnen (Abb. 125, 128). Unter Waffen, in Tücher und in das Inschriftband »MARS STERNIT PRATA« sind sie wie in Schlingpflanzen hilflos verwickelt. Es folgen zwei Gruppen, in denen Knaben versuchen, weibliche Putten zu küssen, die die Umarmungen indes nur unwillig ertragen (Abb. 126–127). Über ihnen liegt das Schriftband »SED HIC VICTORIA«. Bis zum Griff folgen unter dem Schriftband »PARTA« weitere Kriegerputten. Eine Gruppe von Mars und Amor bekrönt den Deckel: Der Liebesgott sitzt siegreich über dem rücklings liegenden, qualvoll schreienden Kriegsgott, vollzieht eine obszöne Geste zu ihm hin und blickt grinsend zu den Liebespaaren. Die auf drei Bänder verteilte Inschrift »MARS STERNIT PRATA SED HIC VICTORIA PARTA«, ein lateinischer Hexameter, sollte zusammengelesen werden und bedeutet: »Mars trampelt die Wiesen nieder, hier aber wird er besiegt«.[22] Damit wird die Erzählung des Prunkhumpens zusammengefasst: Dominieren auf der Wandung der Kuppa die Männer über die überwältigten Frauen, so wendet sich auf dem Deckel allmählich das Blatt. Die bewaffneten Knaben verlieren die Oberhand und liebevoll-lüstern nähern sich unbekleidete Putten den Mädchen, die sich allerdings als eher widerstrebend erweisen.

Flatternde Tücher, Köcherbänder, Waffen, Schriftbänder, umgestürzte Gefäße und Körbe, Weintrauben, Weinblätter, verzierte Frauengewänder, wehende Haare, Schmuck sowie Männer- und Frauenköpfe im Hintergrund vergrößern das Gewirr der mit knapp 40 Figuren dicht besetzten Reliefs sowohl der Humpenwandung wie des Deckels. Von hauchdünnem, kaum erhabenem Relief bis zu nahezu freiplastischen Gliedmaßen reicht das Spektrum der Figurenfriese.[23] Trotz der Fülle an Details sind sie aufgrund Rauchmillers virtuoser Schnitztechnik, in der er die unterschiedlichen Materialien und die räumliche Staffelung der Gestalten erfahrbar macht, gut lesbar.[24]

Ein bacchantisches Fest scheint der Entführung voraus gegangen zu sein. [25] So hält ein Knabe eine Weintraube und ein Fähnchen, ein zweiter hatte Blüten in der Hand. An einigen Stellen sind umgestürzte Gefäße sowie Körbe zu sehen, aus denen Weintrauben und Weinblätter heraus quellen. Ein ausgelassenes Fest endet in Gewalttätigkeit: Alte wie junge, begehrliche Männer bedrängen die kraftlosen Frauen, Kinder werden verletzt und verlassen.

Bereits während der Anfertigung des Elfenbeinwerks entstand ein Lobgedicht auf den Humpen, geschrieben von dem schlesischen Barockdichter und Staatsmann Daniel Caspar von Lohenstein, in dem der Dichter das Thema der Darstellung benennt: »Herrn Matthias Rauchmuellers künstlich erhoeheter Raub der Sabinen in Helffenbein«.[26] Lohenstein muss das Werk bereits in einem fortgeschrittenen Stadium der Vollendung im März/April 1675 gesehen haben, um es in 13 Strophen ausführlich und korrekt beschreiben zu können.[27] Das bedeutet, dass Rauchmiller, der in Wien erstmals am 18. März des Jahres 1675 nachzuweisen ist, bereits geraume Zeit vorher in Wien ansässig gewesen sein musste, um den Auftrag zu diesem sicherlich sehr teuren Werk erhalten und es innerhalb kürzester Zeit nahezu fertig stellen zu können.[28] Vielleicht war er also früher als bisher vermutet nach Wien in der Hoffnung

Abb. 122 Matthias Rauchmiller, Prunkhumpen »Raub der Sabinerinnen«, 1676, Elfenbein, Vaduz–Wien, Sammlungen des Fürsten von und zu Liechtenstein

Abb. 123 Matthias Rauchmiller, Prunkhumpen »Raub der Sabinerinnen«, 1676, Elfenbein, Vaduz–Wien, Sammlungen des Fürsten von und zu Liechtenstein

gekommen, Nachfolger des 1674 verstorbenen kaiserlichen Kammerbeinstechers Johann Caspar Schenck zu werden, den er vermutlich aus seiner Ausbildungszeit gekannt hatte.[29] So ist es durchaus denkbar, dass er bereits Mitte 1674 Wien erreichte.

Seine Ankunft könnte zu einer Zeit stattgefunden haben, in der Kaiserin Claudia Felicitas (1653–1676) ihrem Gemahl, Leopold I., aus Anlass seines Geburtstages am 9. Juni die Aufführung der Oper »Raub der Sabinerinnen«[30] schenkte und damit möglicherweise den Anstoß zu einem Auftrag des Elfenbeinhumpens gab.[31] Gerade dieses Thema der Oper stellte ein beziehungsreiches Geschenk dar, wurden doch, den antiken Autoren zufolge, die Sabinerinnen geraubt, um den Fortbestand des jungen römischen Staats zu gewährleisten.[32] Es war ein Motiv, das seit der Renaissance Hochzeitsbanner und Brautkisten schmückte.[33] Leopold I. hatte lange Zeit keinen männlichen Erben und bangte um den Erhalt der habsburgischen Monarchie.[34] Der Humpen wurde aller Wahrscheinlichkeit nach entweder von der Kaiserin oder vom Kaiser selbst in Auftrag gegeben, um der Hoffnung auf die Geburt eines männlichen Thronfolgers Ausdruck zu verleihen.[35]

In themengleichen Darstellungen des 16. und 17. Jahrhunderts wird der gewalttätige und sexuelle Aspekt des Themas oft verschleiert.[36] Bei bekannten Vorbildern wie Werken von Giambologna (1529–1608), Pietro da Cortona (1596–1669) oder auch Nicolas Poussin (1594–1665) handelt es sich um eher tänzerische, serpentinatahafte Wiedergaben des Raubs. Davon setzt sich Rauchmiller deutlich ab. Vergleichbar sind höchstens einige Zeichnungen von Peter Paul Rubens, in denen sich Frauen Hilfe suchend aneinanderklammern oder zusammen brechen und Kinder hilflos zurück bleiben.[37] Die Gewalttätigkeit des Geschehens, wie der Bildhauer es schildert, lässt sich weniger mit Darstellungen der Entführung der Sabinerinnen verknüpfen, sondern erinnert eher an Triumphzüge, in denen die Sieger ihre gebeugten, mutlosen Opfer mitführen.[38]

Es ist bei vielen Raubgruppen nicht geklärt, welcher Raub gezeigt wird. So ist von Adam Lenckhardt eine Gruppe bekannt, in der entweder Okeanos und Thetis oder Neptun und Amphitrite dargestellt sind (Abb. 33). Von Giambologna ist überliefert, dass ihn bei seinem sogenannten »Raub der Sabinerin« (Abb. 34) weniger das Thema als vielmehr die Kunstfertigkeit interessierte.[39] Wenn also Rauchmiller eine derart ungewöhnliche Darstellungsform wählte, könnte es sich bei diesem Werk darum handeln, sich einem Auftraggeber als ungewöhnlicher Bildhauer zu empfehlen.

Abb. 124 Matthias Rauchmiller, Prunkhumpen »Raub der Sabinerinnen«, 1676, Elfenbein, Vaduz–Wien, Sammlungen des Fürsten von und zu Liechtenstein

Die aufglänzende Oberfläche und weiche Körpermodellierung zeichnen Werke aus Elfenbein aus und kommen der genussvollen Betrachtung entgegen. Dies selbst dann, wenn Grauenhaftes und Beängstigendes in Form gebracht wurde: In Adam Lenckhardts Gruppe »Apoll schindet Marsyas« (Kat.-Nr. 4) beispielsweise zeigt die Haut des gemarterten Satyrs struppiges Fell; die Innenseite der Haut und das offen gelegte Fleisch ebenso wie die Körper von Apoll und der trauernden Nymphen derselben Gruppe zeigen subtile Modellierung und samtene Oberflächen. Die Entführung der Sabinerinnen durch römische Soldaten wird auf Rauchmillers Humpen »in eine fast zynische Betrachtung über die gewalttätigen Folgen dieses Ereignisses umgedeutet – er zeigt Qualen, Schmerz, Wut und Raserei.«[40] Lohenstein führt in seinem Lobgedicht jedoch aus, dass es die besondere Qualität dieser Schnitzerei sei, die die schändliche Tat der Römer geradezu rechtfertigen könne: Durch die Schönheit des Humpens sei die Entführung und Verführung transformiert und »künstlich erhoehet«.[41] Tatsächlich führt der Humpen »in seiner atemberaubenden strudelnden Bewegung und Torsion von Relief und Körpervolumen« die virtuose, stupende Beherrschung des Werkstoffs eindrucksvoll vor Augen.[42] In seinem Lobgedicht äußert Lohenstein abschließend, Rauchmiller habe es ebenso wie der antike Bildhauer Lysipp verdient, den Kaiser zu porträtieren. Rauchmiller galt dem Dichter damit als der größte Bildhauer des Reichs.[43]

Abb. 125 Matthias Rauchmiller, Prunkhumpen »Raub der Sabinerinnen«, Detail Deckel, 1676, Elfenbein, Vaduz–Wien, Sammlungen des Fürsten von und zu Liechtenstein

Abb. 126 Matthias Rauchmiller, Prunkhumpen »Raub der Sabinerinnen«, Detail Deckel, 1676, Elfenbein, Vaduz–Wien, Sammlungen des Fürsten von und zu Liechtenstein

Abb. 127 Matthias Rauchmiller, Prunkhumpen »Raub der Sabinerinnen«, Detail Deckel, 1676, Elfenbein, Vaduz–Wien, Sammlungen des Fürsten von und zu Liechtenstein

Abb. 128 Matthias Rauchmiller, Prunkhumpen »Raub der Sabinerinnen«, Detail Deckel, 1676, Elfenbein, Vaduz–Wien, Sammlungen des Fürsten von und zu Liechtenstein

1 Zum Lebenslauf Rauchmillers siehe Birke 1981, S. 9–12.

2 Dazu siehe Braun-Troppau 1940, S. 83–85; Theuerkauff 1964, S. 54–57; Birke 1981, S. 23–24; Hecht 1985/86, S. 104; Theuerkauff 1995, S. 194; Syndram 1996, S. 132; Haag 1999, S. 479. Inwiefern Rauchmiller, vermittelt möglicherweise durch niederländische oder flämische Künstler, Werke Gianlorenzo Berninis (1598–1680) rezipiert, ist noch nicht untersucht.

3 Beide Zitate nach Birke 1981, S. 9.

4 Dazu siehe Birke 1981, S. 10.

5 Zu dem Grabmal siehe auch Reber 1966, S. 113–120; Birke 1976/77, S. 164–169; Birke 1981, S. 16–20.

6 Bayerisches Staatsarchiv Würzburg, Schönbornarchiv Korr JP 3290: »Abrechnung Anno 1671: [...] It. als Matthes Rauchmüller Bildhauer undt Mahler nacher Schwäbisch Hall verschickt worden, den Alabasterstein zum Altar nacher Geißenheim zu bestellen, hat derselbe verzehrt 22 RthLer 78 kr./ It. von ged. Alabasterstein nach Maintz zu führen vor schifffracht 24 Rthler./ It. ged. Rauchmüller von einem Epitaphio von Alabaster von fünf Figuren undt beeden Schönbornischen undt Greiffenklawischen Wappen, dann einem Crucifix samb Mutter Gotteß undt S. Jois bildt je 7 schuch hoch [ca. 2,10 m], wie auch von einem Platt in den Altar zu machen, undt ander arbeith nach außweiß deß ihm zugestelten dingzettuls undt abrißes zahlt 500 Rthler thut 750 fl. [...]«. Für die großzügige Überlassung (10. November 2010) dieser Quelle bin ich Werner Loibl, Gauting, zu großem Dank verpflichtet. Den Kontakt zu Werner Loibl vermittelte Horst Reber, Frankfurt am Main, wofür ich ebenfalls ganz besonders herzlich danke. Ihm gebührt ebenfalls mein Dank für Informationen über die Brüder Philipp Erwein von Schönborn und seinen Bruder, den Erzbischof von Mainz, Johann Philipp von Schönborn (reg. 1649–1673), der zugleich Fürstbischof von Würzburg (reg. 1644–1673) und Bischof von Worms (reg. 1663–1673) war. Ich danke ihm ferner sehr für Diskussionen, die dem Thema galten, und für Hinweise auf weiterführende Literatur.

7 Zur Beziehung des Erzbischofs zu seinem Bruder siehe Gatz 1990, S. 438.

8 Dazu siehe Haupt 1989/90, S. 90–93.

9 Neuenstein, Hohenlohe-Zentralarchiv, HZAN Archiv Niederstetten, Herrschaft Haltenbergstetten-Laudenbach, Bü 27.

10 Dazu siehe Kossatz 1998, S. 279–280 (mit Abb.).

11 Dazu siehe Gatz 1990, S. 310.

12 Ob es danach schon allein aus zeitlichen Gründen noch möglich war, das Grabmal des Kurfürsten Karl von Metternich in der Trierer Liebfrauenkirche auszuführen, ist eher unwahrscheinlich. Zu dem Grabmal siehe Braun-Troppau 1940, S. 81; Theuerkauff 1964, S. 52–57; Reber 1966, S. 102–113; Reber 1976/77, S. 176–178; Birke 1976/77, S. 169–172; Birke 1981, S. 20–21.

13 Siehe Theuerkauff 1964, S. 41; Birke 1981, S. 30–55.

14 Dazu siehe Birke 1981, S. 10, 23.

15 Zitiert nach Braun-Troppau 1940, S. 80. Das Totenregister seiner zweiten Tochter bezeichnet ihn als »Kunstarbeiter«, siehe ebd.

16 Wohl ebenfalls auf Lohenstein gehen die Aufträge für zwei Grabmäler in Breslau zurück, dazu siehe ausführlich Waterman 2007, S. 90–95, 142–146.

17 Dazu siehe ausführlich Tietze-Conrat 1920, S. 4–5; Braun-Troppau 1940, S. 139–142; Birke 1981, S. 41–49.

18 H. 34,5 cm, bezeichnet: »MATHIAS RAUCHMILER FECIT ANNO 1676«; bezeichnet auf dem Deckel: »MARS STERNIT PRATA«, »SED HIC VICTORIA«, »PARTA«; Sammlungen des Fürsten von und zu Liechtenstein, Vaduz–Wien, Inv.-Nr. SK 326. Zu dem Elfenbeinhumpen gehört ein silberner Einsatzbecher, dazu siehe Stockhammer 2004, S. 365. Es ist das einzige Werk aus Elfenbein, das sich von Rauchmiller erhalten hat. Weitere Schnitzereien sind in Quellen nachgewiesen, dazu siehe Syndram 1996, S. 132. Bei Syndram auch eine vollständige Auflistung der zum Humpen entstandenen oder ihn auch nur erwähnenden Literatur, siehe S. 295–296.

19 Dazu siehe Hecht 1985/86, S. 100.

20 Möglicherweise wollte Rauchmiller damit diejenige verheiratete Frau, Hersilia, charakterisieren, die die Römer versehentlich raubten, dazu siehe Plutarch, Romulus, Kap. 14.

21 Auch die Inschrift unterstreicht diese gegenläufige Leserichtung der Deckelreliefs.

22 Hiermit folge ich Herrn Tino Licht, Heidelberg (freundliche Mitteilung vom 5. November 2010) und danke ihm sehr herzlich für die Übersetzung des Textes und die Erläuterungen zu den Inschriftbändern.

23 Die Schnitzereien erreichen eine Tiefe von bis zu 23 mm; dazu siehe Stockhammer 2004, S. 355.

24 Zum Stil siehe auch Theuerkauff 1964, S. 126–127.

25 Auf den bacchantischen Zusammenhang verweisen auch Scherer 1905, S. 75; Hecht 1986, S. 102; Syndram 1996, S. 132; Wieczorek 1998, S. 62–63.

26 Dazu siehe Braun-Troppau 1940, S. 81, Zitat des Gedichts S. 90–92. Zuletzt dazu ausführlich Waterman 2007, S. 63–90. Der Humpen war offenbar auch im 18. Jahrhundert bekannt, wiederholte ihn doch Peter Hencke (aktiv 1743–1777) in einem Relief; London, Victoria & Albert Museum, Inv.-Nr. A. 7–1949.

27 So Waterman 2007, S. 71, 119. Dazu siehe auch Schröder 2004, S. 195–196, im Zusammenhang mit Giambolognas Marmorgruppe »Raub der Sabinerin«, die nachträglich zur Legitimation der Liebesheirat des Großherzogs Francesco de Medicis mit Bianca Cappello (1578) diente.

28 So Waterman 2007, S. 71, 112, 119.

29 Diese Position wurde aber erst 14 Jahre später an Matthias Steinl vergeben. Zur früheren Ankunft Rauchmillers in Wien siehe auch Waterman 2007, S. 119.

30 So erstmals Waterman 2007, S. 117; zur Bedeutung der Oper am Hof Leopolds I. siehe auch Hadamowsky 1951/52, S. 21–28; zur Aufführung von »Il ratto delle Sabino« siehe ebd., S. 78.

31 Dazu siehe Waterman 2007, S. 59, 112–122.

32 Am ausführlichsten Plutarch, Große Griechen und Römer, eingeleitet und übersetzt von Konrad Ziegler, Zürich/München 1979, Bd. 1, S. 92–94; Livius, Ab urbe condita I, Kap. 9; Ovid, Fasti 3, Vers 195–200.

33 So Waterman 2007, S. 59; Wolfthal 1999, S. 8, 12.

34 Zwei Söhne (Ferdinand Wenzel, 1667–1668, und Johann Leopold, geb. und gest. 1670) waren im Kindesalter gestorben.

35 So Waterman 2007, S. 112–122. Der Arzt Lebzelter, von dem der Fürst von Liechtenstein den Humpen erwarb, und auch der schlesische Dichter Lohenstein verfügten nicht über die finanziellen Mittel, ein derartiges Werk zu erwerben. Beispielsweise erhielt der Bildhauer Justus Glesker (1610/20–1678) für ein Elfenbeinkruzifix 540 Reichstaler – und der Humpen war sicherlich teurer –, Lohenstein verdiente jährlich aber nur 1050 Reichstaler, dazu siehe ebenfalls Waterman 2007, S. 109–111.

36 So auch Wolfthal 1999, S. 9.

37 Siehe Glück/Haberditzl 1928, Abb. 220, 222, 241; Burchard/d'Hulst 1956, Kat.-Nr. 42, Abb. XIX; Kat.-Nr. 83 mit Abb.

38 So siehe beispielsweise in dem Gemälde »Die Totenfeier für Decius Mus« (1616/17) von Rubens in der Sammlung des Fürsten von und zu Liechtenstein, Vaduz–Wien, Inv.-Nr. GE 52.

39 Dazu siehe ausführlich Gerald Schröder 2004.

40 Zitiert nach Syndram 1996, S. 132.

41 Dazu siehe Waterman 2007, S. 72–73.

42 Zitiert nach Theuerkauff 1995, S. 104.

43 Zu der Interpretation siehe Waterman 2007, S. 89.

Anhang

Literaturverzeichnis

Adler 1982
Wolfgang Adler, Landscapes, Corpus Rubenianum, hg. von Ludwig Burchard, Bd. 18.1, London 1982

Bachtler/Diemer/Erichsen 1980
Monika Bachtler/Peter Diemer/Johannes Erichsen, Die Bestände von Maximilians I. Kammergalerie. Das Inventar von 1641/41, in: Quellen und Studien zur Kunstpolitik der Wittelsbacher vom 16. bis zum 18. Jahrhundert (Mitteilungen des Hauses der Bayerischen Geschichte I), München 1980, S. 191–252

Balis 1986
Arnout Balis, Rubens Hunting Scenes, Corpus Rubenianum, hg. von Ludwig Burchard, Bd. 18.2, London 1986

Bauer/Haupt 1976
Rotraud Bauer/Herbert Haupt, Das Kunstkammerinventar Kaiser Rudolfs II., 1607–1611, in: Jahrbuch der kunsthistorischen Sammlungen in Wien, Bd. 72, 1976, S. 1–140

Becker 1991/1
Peter-René Becker, Elfenbein, in: Dirk Syndram (Hg.), Naturschätze Kunstschätze. Vom organischen und mineralischen Naturprodukt zum Kunstobjekt, Bielefeld 1991, S. 20–25

Becker 1991/2
Peter-René Becker, Nasenhorn, in: Dirk Syndram (Hg.), Naturschätze. Kunstschätze. Vom organischen und mineralischen Naturprodukt zum Kunstobjekt, Ausst.-Kat. Naturkunde-Museum der Stadt Bielefeld, Bielefeld 1991, S. 50–51

Berger 1883
Adolf Berger, Inventar der Kunstsammlung des Erzherzogs Leopold Wilhelm von Österreich. Nach der Originalhandschrift im fürstlich Schwarzenberg'schen Centralarchive, in: Jahrbuch der kunsthistorischen Sammlungen des Allerhöchsten Kaiserhauses, Bd. 1, 1883, S. LXXXVI–CLXXVII

Berliner 1926
Rudolf Berliner, Die Bildwerke in Elfenbein, Knochen, Hirsch- und Steinbockhorn (Kataloge des Bayerischen Nationalmuseums, Bd. XIII, 4), Augsburg 1926

Bezner 2008
Frank Bezner, Artikel: Herakles, in: Maria Moog-Grünewald (Hg.), Mythenrezeption (Der Neue Pauly, Supplemente 5), Stuttgart 2008, S. 326–343

Birke 1976/77
Veronika Birke, Zum Frühwerk Matthias Rauchmillers im Rheingebiet, in: Mainzer Zeitschrift 71/72, 1976/77, S. 164–175

Birke 1981
Veronika Birke, Mathias Rauchmiller. Leben und Werk, Wien/Freiburg/Basel 1981

Boeckl 1996
Christine M. Boeckl, Vienna's Pestsäule. The analysis of a seicento plague monument, in: Wiener Jahrbuch für Kunstgeschichte, Bd. IL, 1996, S. 41–56

Boeheim 1887
Wendelin Boeheim, Über einige Jagdwaffen und Jagdgeräte, in: Jahrbuch der kunsthistorischen Sammlungen des Allerhöchsten Kaiserhauses, Bd. 5, 1887, S. 97–109

Bormastino 1719
Antonio Bormastino, Historische Beschreibung von der Kayserlichen Residentzstadt Wienn Und ihren Vorstädten, Wien 1719

Born 1936
Wolfgang Born, A newly discovered Masterpiece of Adam Lenckhardt, in: Apollo, XXIII, 133, 1936 S. 41–45

Braun-Troppau 1940
Edmund Wilhelm Braun-Troppau, Matthias Rauchmüller (1645–1686), in: Oberrheinische Kunst. Jahrbuch der oberrheinischen Museen, 9. Jg., 1940, S. 78–109, 119–150

Brugger 2004
Walter Brugger, Johann Michael Rottmayer. Sein Leben und sein Wirken, Laufen 2004

Bruhns 1923
Leo Bruhns, Würzburger Bildhauer der Renaissance und des werdenden Barock 1540–1650, München 1923

Brunner 1970
Herbert Brunner, Die Schatzkammer der Residenz München, Bayrische Verwaltung der staatlichen Schlösser, Gärten und Seen München, München 1970

Bückling 1991
Maraike Bückling, Die Negervenus. Liebieghaus Monographien, Bd. 14, hg. von Herbert Beck, Frankfurt am Main 1991

Bujok 2003
Elke Bujok, Africana und Americana im Ficklerschen Inventar der Münchner Kunstkammer von 1598, in: Münchner Beiträge zur Völkerkunde (Jahrbuch des Staatlichen Museums für Völkerkunde München), Bd. 8, 2003, S. 57–142

Bulst 1994
Wolfger Bulst, Artikel: Samson, in: Lexikon der christlichen Ikonographie, hg. von Engelbert Kirschbaum u. a. 1994, Bd. 4, Sp. 30–38

Burchard/d'Hulst 1956
L. Burchard/R.-A. d'Hulst, Tekeningen van P. P. Rubens, Stadt Antwerpen, Rubenshuis, Antwerpen 1956

Catalog 1846
Catalog der Vereinigten Sammlungen Nro. 5, München 1846

Coreth 1959
Anna Coreth, Pietas Austriaca. Ursprung und Entwicklung barocker Frömmigkeit in Österreich, Wien 1959

Coudenhove 1958
Gerolf Coudenhove, Die Wiener Pestsäule. Versuch einer Deutung, Wien/München 1958

Devigne 1925
Marguerite Devigne, François Bossuit and Ignaz Elhafen, in: The Burlington Magazine, Bd. 47, Juli–Dezember 1925, S. 40–46

Diemer 1980
Peter Diemer, Materialien zu Entstehung und Ausbau der Kammergalerie Maximilians I. von Bayern, in: Quellen und Studien zur Kunstpolitik der Wittelsbacher vom 16. bis zum 18. Jahrhundert (Mitteilungen des Hauses der Bayerischen Geschichte I), München 1980, S. 129–174

Diemer 1985
Dorothea Diemer, Giovanni Ambrogio Maggiore und die Anfänge der Kunstdrechselei um 1570, in: Jahrbuch des Zentralinstituts für Kunstgeschichte, 1985, S. 295–342

Diemer 2004
Dorothea Diemer, Hubert Gerhard und Carlo di Cesare del Palagio. Bronzeplastiker der Spätrenaissance, Bd. 1 Darstellungen, Berlin 2004

Diemer 2008
Dorothea Diemer, Gedrechselte Elfenbeine, in: Sauerländer 2008, Bd. 3, S. 269–272

Doering 1901
Oscar Doering (Hg.), Des Augsburger Patriciers Philipp Hainhofer Reisen nach Innsbruck und Dresden. Quellenschriften für Kunstgeschichte und Kunsttechnik des Mittelalters und der Neuzeit, N.F. Bd. X, Wien 1901

Draper 1984
James David Draper, Sculpture, in: The Jack and Belle

Linsky Collection, in: The Metropolitan Museum of Art, New York 1984, S. 141–176

Dworschak 1934
Fritz Dworschak, Der Medailleur Johann Bernhard Fischer von Erlach (Johann Permann und Ignaz Bendl). Ein Beitrag zur Geschichte der österreichischen Barockmedaille, in: Jahrbuch der kunsthistorischen Sammlungen in Wien, NF VIII, 1934, S. 235–238

Ebengreuth 1899
Arnold Luschin von Ebengreuth, Die älteste Beschreibung der Kaiserlichen Schatzkammer zu Wien. Kurtze Verzeichnis [...] 1677, in: Jahrbuch der kunsthistorischen Sammlungen des AH Kaiserhauses, Bd. XX, 1899, S. 190–196

Edelmayer 2008
Friedrich Edelmayer (Hg.), Der Spanische Erbfolgekrieg, Wien 2008

Egg 1975
Erich Egg, Jagd und Kunst, in: Ausst.-Kat. Innsbruck 1975, S. 5–20

Ehmer 1992
Angelika Ehmer, Die Maucher. Eine Kunsthandwerkerfamilie des 17. Jahrhunderts aus Schwäbisch Gmünd, Schwäbisch Gmünd 1992

Eisenberg 1937
Nona Eisenberg, Studien zur Historiographie über Kaiser Leopold I., in: Mitteilungen des Instituts für Österreichische Geschichtsforschung, Bd. 51, 1937, S. 359–414

Endes 1911
Louis Edgar Endes, Verarbeitung des Hornes, Elfenbeins, Schildpatts, der Knochen und der Perlmutter, Wien 1911

Espinoza/Mann 1991
E. O. Espinoza/M.-J., Mann, Identification Guide for Ivory and Ivory Substitutes. World Wildlife Fund, Washington 1991

Evers 1941/42
Hans Gerhard Evers, Perseus und Andromeda von Rubens, in: Das Werk des Künstlers, 2. Jg., 1941/42, Heft 3/4, S. 200–218

Fehl 1995
Philipp Fehl, Über das Schreckliche in der Kunst: »Die Schindung des Marsyas« als Aufgabe, in: Ausst.-Kat. München 1995, S. 49–91

Feuchtmayr 1937
Karl Feuchtmayr, Artikel: Stainhart, in: Hans Vollmer (Hg.), Allgemeines Lexikon der bildenden Künstler von der Antike bis zur Gegenwart, Bd. 31, 1937, S. 450–451

Feuchtmayr 1957
Karl Feuchtmayr, Der Fall Bendl, in: Das Münster, 9/10, 1957, S. 319–335

Fillitz 1988
Hermann Fillitz (Hg.), Führer durch die Sammlungen, Kunsthistorisches Museum, Wien 1988

Fischer 1991
Fritz Fischer, Bildwerke des 17. und 18. Jahrhunderts (Kataloge des Hessischen Landesmuseums, Nr. 17), Darmstadt 1991

Fischer 1996
Fritz Fischer, Barockes Pathos im Dienst der Kirche. Christoph Daniel Schenck, der Bildhauer des Fürstbischofs von Konstanz und des Fürstabts von Einsiedeln, in: Ausst.-Kat. Konstanz/Freiburg/Stuttgart 1996, S. 9–32

Fischer 1999
Fritz Fischer, Christoph Daniel Schenck und Johann Caspar Schenck – zwei vorderösterreichische Künstler?, in: Schwäbische Heimat 1999, Heft 1, S. 37–40

Fleischer 1910
Victor Fleischer, Fürst Karl Eusebius von Liechtenstein als Bauherr und Kunstsammler (1611–1684) (Veröffentlichungen der Gesellschaft für Neuere Geschichte Österreichs, Bd. I), Wien/Leipzig 1910

Föcking 2008
Marc Föcking, Artikel: Artemis, in: Maria Moog-Grünewald (Hg.), Mythenrezeption (Der Neue Pauly, Supplemente 5), Stuttgart 2008, S. 151–163

Freund 1999
Anke Freund, Elfenbeinrestaurierung. Diplomarbeit an der Akademie für Bildende Künste, Stuttgart 1999

Garrard 1993
Mary D. Garrard, Artemisia Gentileschi's »Corisca and the satyr«, in: Burlington Magazine 135, Nr. 1078, 1993, S. 34–38

Gatz 1990
Erwin Gatz (Hg.), Bischöfe des Heiligen Römischen Reiches Deutscher Nation 1648–1803, Berlin 1990

Gerhardt 1996
A. Gerhardt, Artikel: Auer, Jakob, in: The Dictionary of Art, hg. von Jane Turner, Bd. 2, London 1996, S. 711–712

Glück/Haberditzl 1928
Gustav Glück/Frank Martin Haberditzl, Die Handzeichnungen von Peter Paul Rubens, Berlin 1928

Götte, Vergil 1988
Johannes Götte (Hg.), Vergil. Aeneis, München/Zürich 1988

Gräf 2005
Holger Th. Gräf, Die Entstehung des neuzeitlichen Gesandtschaftswesens aus dem Geist der Curiositas – Das Diarium des Johann Sebastian Müller als diplomatiegeschichtliche Quelle, in: Katrin Keller/Martin Scheutz/Harald Tersch (Hg.), Einmal Weimar – Wien und retour. Johann Sebastian Müller und sein Wien-Bericht aus dem Jahr 1660 (Veröffentlichungen des Instituts für Österreichische Geschichtsforschung, Bd. 42), Wien/München 2005, S. 170–191

Grünberg 1960
Alexander Grünberg, Pestsäulen in Österreich, Wien 1960

Grünwald 1975
Michael D. Grünwald, Christoph Angermair. Studien zu Leben und Werk des Elfenbeinschnitzers und Bildhauers (Münchner Kunsthistorische Abhandlungen Bd. 7), München 1975

Gundestrup 1991
Bente Gundestrup, Det kongelige danske Kunstkammer 1737, Kopenhagen 1991

Haag 1991
Sabine Haag, Die beiden großen Elfenbeinreliefs mit dem Martyrium des Hl. Sebastian von 1655 und 1657 in Wien und Linz, in: Ausst.-Kat. Wien 1991, S. 124–139

Haag 1995
Sabine Haag, Studien zur Elfenbeinskulptur des 17. Jahrhunderts. Vorarbeiten für einen systematischen Katalog der Elfenbeinarbeiten des Kunsthistorischen Museums Wien, Wien 1995 (maschinenschriftl. Diss.)

Haag 1996
Sabine Haag, Johann Caspar Schenck (um 1620–1674). »Cammerdrechsler von Ynsprug« und »Cammerpainstecher« am Hof Kaiser Leopolds I. in Wien, in: Ausst.-Kat. Konstanz/Freiburg/Stuttgart 1996, S. 93–106

Haag 1999
Sabine Haag, Katalogbeiträge 196–198, in: Geschichte der bildenden Kunst in Österreich. Bd. 4: Barock, hg. von Hellmut Lorenz, München/London/New York 1999, S. 479–481

Haag 2002/03
Sabine Haag, »Sancta Trias Triadem Nostram Salvare Memento«. Zu einem unbekannten Elfenbeinmedaillon von Johann Ignaz Bendl, in: Jahrbuch des Kunsthistorischen Museums Wien, Bd. 4/5, 2002/03, S. 350–357

Haag 2005
Sabine Haag, Bernstein für Thron und Altar. Das Gold des Meers in fürstlichen Kunst- und Schatzkammern, Wien 2005

Haag 2006
Sabine Haag, »Von Helfenbain geschnitzte Bildlein«. Bemerkungen zur Wertigkeit von Elfenbein als Material in der Kunstkammer um 1600, in: Ausst.-Kat. Frankfurt 2006, S. 143–148

Haag 2007/1
Sabine Haag, Meisterwerke der Elfenbeinkunst. Kurzführer durch das Kunsthistorische Museum, Bd. 8, Wien 2007

Haag 2007/2
Sabine Haag, Kaiser Leopold I. zu Pferd als Sieger über die Türken, in: Seipel 2007, S. 9

Haag 2007/3
Sabine Haag, König Joseph I. zu Pferd als Sieger über den Furor, in: Seipel 2007, S. 9

Haag 2007/4
Sabine Haag, Kaiser Karl VI. zu Pferd mit der Personifikation des Hl. Römischen Reiches, in: Seipel 2007, S. 29

Haag 2007/5
Sabine Haag, Allegorie der Elemente Wasser und Luft, in: Seipel 2007, S. 39

Haag 2007/6
Sabine Haag, Matthias Stainl – Leben und Werk, in: Seipel 2007, S. 45

Haag 2008
Sabine Haag, Gedenkmedaillon auf die Errichtung der Pestsäule, in: Additionen. Neuerwerbungen des Kunsthistorischen Museums 1990–2008, Wien 2008, S. 71–72, Kat.-Nr. 3.7.

Hadamowsky 1951/52
Franz Hadamovsky, Barocktheater am Wiener Kaiserhof. Mit einem Spielplan (1625–1740), in: Jahrbuch der Gesellschaft für Wiener Theater-Forschung 1951/52, 1955, S. 7–117

Hainisch 1959
Erwin Hainisch, Die Kunstdenkmäler des Gerichtsbezirkes Lambach (Österreichische Kunsttopographie, Bd. XXXIV), Wien 1959

Hammer 1998
Vera Hammer, Die zerstörungsfreie Bestimmung einiger organischer Schmuckmaterialien mit Hilfe der Röntgendiffraktrometrie, in: Mitteilungen der Österreichischen Mineralogischen Gesellschaft, Nr. 143, 1998, S. 294–295

Hartmann 1999
Peter W. Hartmann, Elfenbeinkunst, Wien 1999

Haselberger-Blaha 1956
Herta Haselberger-Blaha, Die Triumphtore Fischers von Erlach, in: Wiener Jahrbuch für Kunstgeschichte, Bd. XVII, 1956, S. 63–85

Hauk 1994
Waltraud Hauk, Artikel: Bendl, in: Saur. Allgemeines Künstler-Lexikon. Die Bildenden Künstler aller Zeiten und Völker, Bd. 8, München/Leipzig 1994, S. 633

Haupt 1979
Herbert Haupt (Hg.), Archivalien zur Kulturgeschichte des Wiener Hofes. I. Teil: Kaiser Ferdinand III. Die Jahre 1646–1656, in: Jahrbuch der kunsthistorischen Sammlungen in Wien, Bd. 75, 1979, S. I–CXX

Haupt 1983
Herbert Haupt (Hg.), Archivalien zur Kulturgeschichte des Wiener Hofes. III. Teil: Kaiser Leopold I. Die Jahre 1661–1670, in: Jahrbuch der kunsthistorischen Sammlungen in Wien, Bd. 79, 1983, S. I–CXXXV

Haupt 1989/90
Herbert Haupt, Kammer-, Hof- und hofbefreites Handwerk. Der Versuch einer inhaltlichen Abgrenzung, in: Jahrbuch der kunsthistorischen Sammlungen in Wien, Bd. 85/86 (NF Bd. XLI/L), 1989/90, S. 89–93

Haupt 1998
Herbert Haupt, Von der Leidenschaft zum Schönen. Fürst Karl Eusebius von Liechtenstein 1611–1684, Quellenband, Quellen und Studien zur Geschichte des Fürstenhauses Liechtenstein II/2, Wien/Köln/Weimar 1998

Haupt 2007/1
Herbert Haupt, Fürst Karl Eusebius von Liechtenstein 1611–1684. Erbe und Bewahrer in schwerer Zeit, hg. von Johann Kräftner, München/Berlin/London/New York 2007

Haupt 2007/2
Herbert Haupt, Das Hof- und hofbefreite Handwerk im barocken Wien 1620 bis 1770. Ein Handbuch, Innsbruck/Wien/Bozen 2007

Hecht 1985/86
Johanna Hecht, Katalogbeiträge 65–67, in: Ausst.-Kat. New York 1985/86, S. 97–106

Hecht 1987
Johanna Hecht, Bodies by Rubens: Reflections of Flemish Painting in the Work of South German Ivory Carvers, in: The Metropolitan Museum of Art Journal 22, 1987, S. 179–188

Hegemann 1988
Hans Werner Hegemann, Das Elfenbein in Kunst und Kultur Europas. Ein Überblick von der Antike bis zur Gegenwart, Mainz 1988

Heilingsetzer 1979
Georg Heilingsetzer, Schwaben, Bayern, Mähren und Oberösterreich im 17. Jahrhundert. Die historischen Voraussetzungen der bildenden Kunst, in: Ausst.-Kat. Branau 1979, S. 10–22

Henkel/Schöne 1996
Arthur Henkel/Albrecht Schöne (Hg.), Emblemata. Handbuch zur Sinnbildkunst des 16. und 17. Jahrhunderts, Stuttgart/Weimar [1]1967, 1996

Heppe 1988
Karl Bernd Heppe u. a., Anna Maria Luisa Medici – Kurfürstin von der Pfalz, Düsseldorf 1988

Hernmarck 1978
Carl Hernmarck, Die Kunst der europäischen Gold- und Silberschmiede von 1450 bis 1830, München 1978

Herrbach-Schmidt 1996
Brigitte Herrbach-Schmidt, Katalogbeitrag Nr. 65, 71, in: Ausst.-Kat. Karlsruhe 1996, S. 94, 104

Herzog/Reß 1958
Erich Herzog/Anton Reß, Elfenbein, Elfenbeinplastik, in: Reallexikon zur deutschen Kunstgeschichte, hg. von Ernst Gall/Ludwig Heinrich Heydenreich, Bd. IV, Stuttgart 1958, Sp. 1307–1362

Himmelheber 1977
Georg Himmelheber, Kabinettschränke (Bildführer Nr. 4 des Bayerischen Nationalmuseums), München 1977

Hoberg 2007
Annegret Hoberg, Zeit, Kunst und Geschichtsbewusstsein. Studien zur Ikonographie des Chronos in der französischen Kunst des 17. Jahrhunderts, Phil. Diss., Tübingen 2007

Hoffacker 1895
Karl Hoffacker, Studien zur Elfenbeinplastik des 18. Jahrhunderts, in: Kunstgewerbeblatt, Neue Folge, 6. Jg., 1895, S. 6–12

Hollstein 1991
D. De Hoop Scheffer (Hg.), Claes Jansz Visscher to Claes Claesz Visscher II , Hollstein's Dutch and Flemish Etchings, Engravings and Woodcuts, ca. 1450–1700, Bd. XXXVIII, Amsterdam 1991

Hollstein 2008
Huigen Leeflang (Hg.), The New Hollstein, Dutch and Flemish Etchings, Engravings and Woodcuts 1450–1700, Johannes Stradanus, Part III, Ouderkerk aan den Ijssel 2008

Holzberg, Ovid 1997
Niklas Holzberg (Hg.), Publius Ovidius Naso. Metamorphosen, Darmstadt 1997

Holzhausen 1939
Walter Holzhausen, Die Bronzen Augusts des Starken in Dresden, in: Jahrbuch der preußischen Kunstsammlungen, Bd. 60, 1939, S. 157–186

Hülsbergen 2008
Henrike Hülsbergen, Jagdlust. Von der höfischen Jagd zur Großwildjagd im 21. Jahrhundert, in: Fürstliches Halali. Jagd am Hofe Esterhaázy, hg. von Stefan Körner für die Esterházy Privatstiftung, München/Berlin/London/New York 2008, S. 20–31

Hunger 1969
Herbert Hunger, Lexikon der griechischen und römischen Mythologie, Wien 1969

Huss 2008
Frank Huss, Der Wiener Kaiserhof. Eine Kulturgeschichte von Leopold I. bis Leopold II., Gernsbach 2008

Inv. Mannheim 1730
Johann Caspar Müller und Johann Philipp von der Schlichten, Inventarium über die, in Ihrer Churfürstl: Dhltg: beyden Cabineten zu Düsseldorf befundene rahre gemähl, wie auch in Helfenbein und Bronso kostbahr ausgeschnittene Statuen welche von Gülich und Bergischen Hof Camer Rathen Karsch anhero und sofort aus Churfürstl: gnädigstem befehl vom 21.ten 8bris 1730 bis auf Höchstgedl: Ihrer Churfürstl: Dhltg: ferner weite gnädigste disposition, ahn Churpfalz Hof Camer Rathen und Cabinets Mahlern von Schlichten ausgeliefert worden. Karlsruhe, Generallandesarchiv, Pfalz Generalia 77, Nr. 3894 [Archiv der Bayerischen Staatsgemäldesammlungen, Inv. Dü A 730/2.]

Irmscher 1994
Günther Irmscher, Das Trionfi-Elfenbeinzifferblatt im Stift Kremsmünster, in: Barockberichte 8/9, 1994, S. 320–333

Kaeser 2003
Bert Kaeser, Erste Tat: der Löwe von Nemea, in: Herakles, Herkules, Ausst.-Kat. Staatliche Antikensammlungen München, München 2003, S. 69–90

Kappel 2001/1
Jutta Kappel, Katalog der ausgestellten Werke, in: Ausst.-Kat. Erbach/Dresden/Frankfurt 2001, S. 23–121

Kappel 2001/02
Jutta Kappel, Balthasar Permoser (1651–1732), Jupitersäule, in: Ausst.-Kat. Dresden 2001/02, S. 66–67

Kappel 2004
Jutta Kappel, Elfenbeindrechselkunst am Dresdner Hof, in: Ausst.-Kat. Hamburg 2004, S. 176–179

Koller 1970
Manfred Koller, Die Akademie Peter Strudels in Wien (1688–1714), in: Mitteilungen der österreichischen Galerie 14, 1970, S. 5–74

Koller 1993
Manfred Koller, Die Brüder Strudel. Hofkünstler und Gründer der Wiener Kunstakademie, Innsbruck 1993

Koller/Prandstetten 1982
Manfred Koller/Rainer Prandstetten, Die Wiener Pestsäule (Restauratorenblätter, Bd. 6), Wien 1982

König 1975
Georg König, Peter Lambeck (1628–1680). Leben und Werk mit Berücksichtigung seiner Tätigkeit als Präfekt der Hofbibliothek in den Jahren 1663–1680, Phil. Diss., Wien 1975

Kopp 2008
Margit Kopp, Formen und Mittel der Hohen Jagd, in: Fürstliches Halali. Jagd am Hofe Esterhaázy, hg. von Stefan Körner für die Esterházy Privatstiftung, München/Berlin/London/New York 2008, S. 34–55

Kossatz 1998
Tilman Kossatz, Katalogeintrag, in: Ausst.-Kat. Nürnberg 1998, S. 279–280

Kramer 1972
Manfred Kramer (Hg.), Alois Primisser. Die K.K. Ambraser Sammlung 1819, Graz 1972

Krenn 1988
Stefan Krenn, Der kaiserliche Schatz bei der Kapuzinergruft und seine Inventare, in: Jahrbuch der kunsthistorischen Sammlungen in Wien, Bd. 84, 1988, S. I–CXXVII

Kuechelbecker 1730
Johann Basilii Kuechelbeckers Allerneueste Nachricht vom Römischkayserl. Hofe. Nebest einer ausfuehrlichen Beschreibung der Kayserlichen Residentzstadt Wien, und der umliegenden Oerter, Hannover 1730

Kühn 2001
Hermann Kühn, Erhaltung und Pflege von Kunst und Antiquitäten, München 2001

Kunstdenkmäler Kremsmünster 1977
Die Kunstdenkmäler des Benediktinerstiftes Kremsmünster, II. Teil, Die Stiftlichen Sammlungen und die Bibliothek (Österreichische Kunsttopographie, Bd. XLIII, hg. vom Institut für Österreichische Kunstforschung des Bundesdenkmalamtes unter der Leitung von Eva Frodl-Kraft), Wien 1977

Laine/Magnusson
Merit Laine/Börje Magnusson (Hg.), Nicodemus Tessin the Younger: Sources, Works, Collections. Travel Notes 1673–77 and 1687–88, Stockholm 2002

Legenda aurea 1925
Die Legenda aurea des Jacobus de Voragine. Aus dem Lateinischen übersetzt von Richard Benz, Heidelberg 1925

Leithe-Jasper 2000
Manfred Leithe-Jasper, Artikel: Herkules, Nessus und Deianira, in: Ausst.-Kat. Augsburg 2000, S. 325–327

Lhotsky 1941–45
Alfons Lhotsky, Festschrift des Kunsthistorischen Museums in Wien zur Feier des fünfzigjährigen Bestandes, 1891–1941, 2 Bde., Wien 1941–1945

Liebenwein 1977
Wolfgang Liebenwein, Studiolo. Die Entstehung eines Raumtypus und seine Entwicklung bis um 1600, Phil. Diss Berlin 1977

Lieure 1927
Jules Lieure, Jacques Callot. Catalogue de l'œuvre gravé, Bd. 2, Paris 1927

Lorenz 1952
Johann Lorenz, Barockkünstler im Bezirke Landeck-Ried, in: Tiroler Heimatblätter, 27. Jg., 1952, Bd. 4/6, S. 66–72

Luger 1966
Walter Luger, Die Benediktiner-Abtei Lambach (Kunst der Heimat), 2. verbesserte Auflage, Linz 1966

Mandel 1996
Corinne Mandel, Perseus and the Medici, in: Storia dell'arte, 86, 1996, S. 168–187

Marino 1964
Gian Battisto Marino, Sonette und Madrigale, hg. von Edward Jaime, Berlin 1964

Maurice 1976
Klaus Maurice, Der drechselnde Souverän, in: Kurfürst Max Emanuel. Bayern und Europa, Bd. 1, Ausst.-Kat. Altes und Neues Schloß Schleißheim, München 1976, S. 277–278

Maurice 1985
Klaus Maurice, Der drechselnde Souverän. Materialien zu einer fürstlichen Maschinenkunst, Zürich 1985

Maurice 1997
Klaus Maurice, Fürstliche Drechselkunst. Zur ästhetischen Bedeutung von Naturwissenschaft und Technologie, in: Weltkunst. Aktuelle Zeitschrift für Kunst und Antiquitäten, 67. Jg., 1997, S. 1971–1974

Mayr 2003
Daniela F. Mayr/Klaus O. Mayr, Von der Kunst, Locken auf Glatzen zu drehen. Eine illustrierte Kulturgeschichte der menschlichen Haarpracht, Berlin 2003

Mencik 1898
Ferdinand Mencik, Die letzten Tage Kaiser Leopolds I., in: Mitteilungen des Instituts für Österreichische Geschichtsforschung, Bd. 19, 1898, S. 518–520

Merz 1991
Jörg Martin Merz, Pietro da Cortona. Der Aufstieg zum führenden Maler im barocken Rom, Tübingen 1991

Mikoletzky 1967
Hanns Leo Mikoletzky, Österreich. Das große 18. Jahrhundert. Von Leopold I. bis Leopold II., Wien 1967

Mosco/Casazza 2004
Marilena Mosco/Ornella Casazza, The Museo degli Argenti. Collections and Collectors, Florenz 2004

Mutz 1969
Alfred Mutz, Geheimnisse der alten Elfenbeindrechslerei, Basel 1969

Olschki 1908
Leonardo Olschki, G. P. Guarinis Pastor Fide in Deutschland. Ein Beitrag zur Literaturgeschichte des 17. und 18. Jahrhunderts, Leipzig 1908

Paula 2009
Georg Paula, Schönfelds kirchliche Werke in situ, in: Johann Heinrich Schönfeld. Welt der Götter, Heiligen und Heldenmythen, Ausst.-Kat. Zeppelin Museum Friedrichshafen – Technik und Kunst und Staatsgalerie Stuttgart, Graphische Sammlung, Köln 2009, S. 62–73

Pée 1971
Herbert Pée, Johann Heinrich Schönfeld. Die Gemälde, Berlin 1971

Pelka 1923
Otto Pelka, Elfenbein (Bibliothek für Kunst- und Antiquitäten-Sammler, Bd. XVII), Berlin 1923

Petrasch 1966
Ernst Petrasch, Neuerwerbungen 1952–1965. Eine Auswahl, Badisches Landesmuseum Karlsruhe, Karlsruhe 1966

Philippovich 1961
Eugen von Philippovich, Simon Troger und andere Elfenbeinkünstler aus Tirol (Schlern-Schriften, Bd. 216), Innsbruck 1961

Philippovich 1962
Eugen von Philippovich, Zum Werk des Elfenbeinschnitzers Johann Caspar Schenck, in: Jahrbuch des Stiftes Klosterneuburg, NF Bd. 2, 1962, S. 193–199

Philippovich 1973
Eugen von Philippovich, Hauptwerke des Elfenbeinkünstlers Johann Caspar Schenck, in: Kunst in Hessen und am Mittelrhein 13, 1973, S. 47–51

Philippovich 1982
Eugen von Philippovich, Ein Handbuch für Sammler und Liebhaber. Elfenbein, München 1982^2

Pigler 1974
Andor Pigler, Barockthemen. Eine Auswahl von Verzeichnissen zur Ikonographie des 17. und 18. Jahrhunderts, 3 Bde., Budapest 1974

Pollak 1909
Oskar Pollak, Artikel: Bendl, in: Ulrich Thieme/Felix Becker (Hg.), Allgemeines Lexikon der bildenden Künstler von der Antike bis zur Gegenwart, Bd. 3, 1909, S. 303

Polleroß 1986
Friedrich Polleroß, Zur Repräsentation der Habsburger in der bildenden Kunst, in: Welt des Barock, hg. von Rupert Feuchtmüller, Ausst.-Kat. St. Florian-Wien 1986, S. 87–104

Polleroß 1996
Friedrich Polleroß, Docent et delectant. Architektur und Rhetorik am Beispiel von Johann Bernhard Fischer von Erlach, in: Wiener Jahrbuch für Kunstgeschichte, Bd. IL, 1996, S. 165–206

Polleross 1996
Friedrich Polleross, Artikel: Steinl, in: The Dictionary of Art, hg. von Jane Turner, Bd. 29, 1996, S. 610–611

Polleroß 1997
Friedrich Polleroß, »Ergetzliche Lust der Diana«: Jagd, Maskerade und Porträt, in: Wolfgang Adam (Hg.), Geselligkeit und Gesellschaft im Barockzeitalter (Wolfenbütteler Arbeiten zur Barockforschung), Wiesbaden 1997, S. 795–820

Polleroß 1998
Friedrich Polleroß, From the exemplum virtutis to the Apotheosis. Hercules as an Identification Figure in Portraiture, in: Allen Ellenius (Hg.), Iconography, Propaganda, and Legitimation (The Origins of the Modern State in Europe), Oxford 1998, S. 37–62

Polleroß 2004
Friedrich Polleroß, »Pro decore Majestatis«. Zur Repräsentation Kaiser Leopolds I. in Architektur, Bildender und Angewandter Kunst, in: Jahrbuch des Kunsthistorischen Museums Wien, Bd. 4/5, 2002/03, 2004, S. 190–295

Polleroß 2010
Friedrich Polleroß, Die Kunst der Diplomatie. Auf den

Spuren des kaiserlichen Botschafters Leopold Joseph Graf von Lamberg (1653–1706), Petersberg 2010

Pons 2001
Rouven Pons, »Wo der gekrönte Löw hat seinen Kayser-Sitz«. Herrschaftsrepräsentation am Wiener Kaiserhof zur Zeit Leopolds I. (Deutsche Hochschulschriften 1195), Egelsbach 2001

Press 1985
Volker Press, Leopold I., in: Neue Deutsche Biografie, Bd. 14, 1985, S. 256–260

Press 1988
Volker Press, Leopold I., in: Die Habsburger. Ein biografisches Lexikon, hg. von Brigitte Hamann, Wien 1988, S. 252–255

Prodromus 1735
Frans von & Anton Joseph von Prenner, Prodromus, seu praeambulare lumen portentosae magnificentiae theatri, Vienna: Johann Peter van Ghelen, 1735

Prodromus 1888
Prodromus, in: Heinrich Zimmermann (Hg.), Franz von Stamparts und Anton von Prenners Prodromus zum Theatrum Artis pictoriae, von den Originalplatten in der k.k. Hofbibliothek zu Wien abgedruckt und mit einer erläuternden Vorbemerkung herausgegeben, in: Jahrbuch der kunsthistorischen Sammlungen des Allerhöchsten Kaiserhauses, Bd. 7, 1888, Teil II, Reg. Nr. 4584, Einleitung S. VII-XIV

Pühringer-Zwanowetz 1962
Leonore Pühringer-Zwanowetz, Ein Triumphdenkmal aus Elfenbein: Die Reiterstatuetten Kaiser Leopolds I. und König Josephs I. von Matthias Steinl, in: Wiener Jahrbuch für Kunstgeschichte, XIX (XXIII), 1962, S. 88–164

Pühringer-Zwanowetz 1965
Leonore Pühringer-Zwanowetz, Zur kunstgeschichtlichen Bedeutung des Reiterdenkmals für Kaiser Leopold I. in Klagenfurt, in: Carinthia I, 155, 1965, S. 714–751

Pühringer-Zwanowetz 1966
Leonore Pühringer-Zwanowetz, Matthias Steinl, Wien/München 1966

Pühringer-Zwanowetz 1975
Leonore Pühringer-Zwanowetz, Unbekannte Zeitungsnachrichten zum Wiener Barock. Mit einem Anhang von Auszügen aus den Beständen des Hofkammerarchivs, in: Wiener Jahrbuch für Kunstgeschichte XXVII, 1975, S. 182–214

Pühringer-Zwanowetz 1977
Leonore Pühringer-Zwanowetz, Triumphdenkmal und Immaculata. Zwei Projekte Matthias Steinls für Kaiser Leopold I., in: Städel-Jahrbuch NF 6, 1977, S. 409–444

Raggio 1985
Olga Raggio, The Collection of Sculpture, in: Ausst.-Kat. New York 1985/86, S. 63–65

Rasmussen 1974
Jörg Rasmussen, Jakob Auer, St. Sebastian, in: Jahrbuch der Hamburger Kunstsammlungen, Bd. 19, 1974, S. 192

Rasmussen 1975
Jörg Rasmussen, Deutsche Kleinplastik der Renaissance und des Barock, hg. vom Museum für Kunst und Gewerbe Hamburg (Bilderhefte des Museums für Kunst und Gewerbe Hamburg 12), Hamburg 1975

Rasmussen 1980
Jörg Rasmussen, Hl. Sebastian, in: Museum für Kunst und Gewerbe Hamburg, Handbuch, München 1980, Kat.-Nr. 239, S. 118

Raspe 1771
Gabriel Nicolaus Raspe, Versuch einer Beschreibung der Kaiserlichköniglichen Schatzkammer zu Wien, Nürnberg 1771

Reber 1966
Horst Reber, Der Frankfurter Bildhauer Johann Wolfgang Fröhlicher und seine Arbeiten in Trier, in: Schriften des Historischen Museums in Frankfurt/M., Bd. XII, 1966, S. 65–141

Reber 1976/77
Horst Reber, Fröhlicher oder Rauchmiller, in: Mainzer Zeitschrift 71/72, 1976/77, S. 176–178

Reifenscheid 1988
Richard Reifenscheid, Die Habsburger. Von Rudolf I. bis Karl I., Wien/Graz/Köln 1988

Reifenstuell 1702
B.G. Reifenstuell, Kurtz: Lesens-würdige Erinnerung [...] um die Kayserliche Haubt- und Residentzstadt Wien in Oesterreich, Wien 1702

Rinck 1708
E. G. Rinck, Leopolds des Grossen Röm. Kaysers wunderwürdiges Leben und Thaten aus geheimen Nachrichten eröffnet, 2 Bde., Leipzig 1708

Roethlisberger 1993
Marcel G. Roethlisberger (Hg.), Abraham Bloemaert and his sons: paintings and prints. Biographies and documents, Doornspijk 1993

Rönnerstam 1998
Cecilia Rönnerstam, Proboscidean Dentine, the Biology, Morphology and Mechanical Properties of Elefant Ivory. Science Essay, RCA V&A Conservation Course London, 1998

Rösener 2004
Werner Rösener, Die Geschichte der Jagd. Kultur, Gesellschaft und Jagdwesen im Wandel der Zeit. Darmstadt 2004

Rupé, Homer 1994
Hans Rupé (Hg.), Homer. Ilias, Darmstadt 1994

Sandrart 1679
Joachim von Sandrart, Teutsche Academie der Bau-, Bild- und Mahlerey-Künste, zweiter Hauptteil, Nürnberg 1679

Sauerländer 2008
Willibald Sauerländer (Hg.), Die Münchner Kunstkammer, bearb. von Dorothea Diemer (Bayerische Akademie der Wissenschaften, Philosophisch-Historische Klasse, Abhandlungen, Neue Folge, Heft 129), 3 Bde., München 2008

Schade 1994
Herbert Schade, Artikel: Adam und Eva, in: Lexikon der christlichen Ikonographie, hg. von Engelbert Kirschbaum u. a., 1994, Bd. 1, Sp. 41–70

Schädler 1972
Alfred Schädler, Barocke Elfenbeinplastik im Bayerischen Nationalmuseum, in: Alte und moderne Kunst, 17. Jg., 1972, Heft 122, S. 1–15

Schatzkammer 1991
Weltliche und Geistliche Schatzkammer, Bildführer, Wien 1991

Schauerte 2001
Thomas Schauerte, Die Ehrenpforte für Kaiser Maximilian I. Dürer und Altdorfer im Dienst des Herrschers, München/Berlin 2001

Schemper-Sparholz 1998
Ingeborg Schemper-Sparholz, Skulptur und dekorative Plastik, in: Geschichte der Bildenden Kunst in Österreich, Bd. IV: Hellmut Lorenz (Hg.), Barock, München/London/New York 1998, S. 461–478

Scherer 1897
Christian Scherer, Elfenbeinplastik der Barockzeit, Strassburg 1897

Scherer 1903
Christian Scherer, Elfenbeinplastik seit der Renaissance (Monographien des Kunstgewerbes, Bd. VIII); Leipzig 1903

Scherer 1929
Christian Scherer, Artikel: Antonio Leoni, in: Hans Vollmer (Hg.), Allgemeines Lexikon der bildenden Künstler von der Antike bis zur Gegenwart, Bd. 23, 1929, S. 83–84

Scherp 2006
Astrid Scherp, Elfenbeine nach 1550, in: Das Bayerische Nationalmuseum 1855–1005. 150 Jahre Sammeln, Forschen, Ausstellen. München 2006, S. 296–305

Schestag 1866
Franz Schestag, Katalog der Kunstsammlung des Freiherrn Anselm von Rothschild in Wien, Wien 1866

Schikola 1970
Gertraud Schikola, Wiener Plastik der Renaissance und des Barocks, in: Geschichte der bildenden Kunst in Wien. Plastik in Wien (Geschichte der Stadt Wien, Neue Reihe, Bd. VII, I), Wien 1970, S. 85–162

Schikola 1972
Gertraut Schikola, Ludovico Burnacinis Entwürfe für die Wiener Pestsäule, in: Wiener Jahrbuch für Kunstgeschichte, Bd. XXV, 1972, S. 248–262

Schindling 1990
Anton Schindling, Leopold I. (1658–1705), in: Die Kaiser der Neuzeit 1519–1918, hg. von Walter Ziegler/Anton Schindling, München 1990, S.169–185

Schleier/Röttgen 1993
Erich Schleier/Herwarth Röttgen, »Perseus befreit Andromeda«: Ein unbekanntes Werk von Giuseppe Cesari, gen. Il Cavalier d'Arpino. Zu einer Neuerwerbung des Kaiser-Friedrich-Museums-Vereins, in: Jahrbuch der Berliner Museen, Bd. 35, 1993, S. 191–213

Schlosser 1908
Julius von Schlosser, Die Kunst- und Wunderkammern der Spätrenaissance, Wien 1908

Schlosser 1910
Julius von Schlosser, Werke der Kleinplastik in der Skulpturensammlung des A. H. Kaiserhauses, Bd. II, Bildwerke in Holz, Wachs und Elfenbein, Wien 1910

Schmidt 2009
Eike D. Schmidt, Fruits of Desire. A seventeenth-century carved ivory cup, hg. vom J. Paul Getty Museum, Los Angeles, Los Angeles 2009

Schmitt 2006
Bettina Schmitt, Der Furienmeister – Überlegungen zu einem unbekannten Bildhauer um 1600, in: Ausst.-Kat. Frankfurt 2006, S. 9–17

Schmitz 1992
Eva M. Schmitz, Raptusdarstellungen in der Plastik von der Renaissance bis zum Zeitalter des Klassizismus, Aachen 1992 (Phil. Diss.)

Schmitz-Eichhoff 1977
Marie-Theres Schmitz-Eichhoff, St. Rochus, Ikonographische und medizinhistorische Studien (Kölner medizinhistorische Beiträge; Arbeiten der Forschungsstelle des Instituts für Geschichte der Medizin der Universität Köln, Bd. 3), Köln 1977

Schröder 2004
Gerald Schröder, Versteinernder Blick und entflammte Begierde. Giambolognas »Raub der Sabinerin« im Spannungsfeld poetisch reflektierter Wirkungsästhetik und narrativer Semantik, in: Marburger Jahrbuch für Kunstwissenschaft, Bd. 31, 2004, S. 175–203

Schulz 1947
Fritz Traugott Schulz, Artikel: Zick, in: Hans Vollmer (Hg.), Allgemeines Lexikon der bildenden Künstler von der Antike bis zur Gegenwart, begründet von Ulrich Thieme und Felix Becker, Bd. 36, 1947, S. 476–478

Schulze 1992
Stefan Schulze, Artikel: Auer, in: Saur, Allgemeines Künstlerlexikon. Die Bildenden Künstler aller Zeiten und Völker, Bd. 5, München/Leipzig 1992, S. 613

Schwarz 1992
Karl Schwarz, Leopold I., in: Biografisches-bibliografisches Kirchenlexikon, Bd. 4, 1992, Sp. 1501–1505

Sedlmayr 1997
Hans Sedlmayr, Johann Bernhard Fischer von Erlach, bearb. von Giovanna Curcio, Neuauflage Stuttgart 1997

Seelig 1989
Lorenz Seelig, Die Münchner Kunstkammer. Geschichte, Anlage, Ausstattung, in: Jahrbuch der bayerischen Denkmalpflege, Bd. 40, 1989, S. 101–138

Seelig 1994/1
Lorenz Seelig, Die Kunst der Augsburger Goldschmiede im Dienst höfischer Repräsentation, in: Ausst.-Kat. München 1994, S. 32–56

Seelig 1994/2
Lorenz Seelig, Schaubuffet und Hoftafel. Demonstration von Macht und Reichtum im kunstvoll verarbeiteten Edelmetall, in: Ausst.-Kat. München 1994, S. 174–180

Seifert 1998
Hans Seifert, 1619–1705: »Die kaiserlichen Hofkapellen«. Italienisches Barock in Wien, in: Musica Imperialis – 500 Jahre Hofmusikkapelle in Wien 1498–1998, Ausst.-Kat Österreichische Nationalbibliothek, Wien 1998, S. 43–82

Seipel 2007
Wilfried Seipel (Hg.), Kaiserliches Elfenbein. Matthias Steinl (1643/44–1727) in der Kunstkammer des Kunsthistorischen Museums, Wien 2007

Seling 1994
Helmut Seling, Einleitung. In: Ausst.-Kat. München 1994, S. 17–31

Simon 1992
Erika Simon, Artikel: Laokoon, in: Lexicon Iconographicum Mythologiae Classicae, Bd. VI, Zürich/München 1992, S. 196–201

Simon 2009
B. Simon, Artikel: Grießmann, in: Saur, Allgemeines Künstlerlexikon. Die bildenden Künstler aller Zeiten und Völker, Bd. 62, München/Leipzig 2009, S. 77–78

Spannagel 1948
Fritz Spannagel, Das Drechslerwerk. Ein Fachbuch für Drechsler, Lehrer und Architekten, Stuttgart 1948

Spielman 1981
John Spielman, Leopold I. Zum Herrschen nicht geboren, Graz/Köln/Wien 1981

Spielman 1995
John Spielman, The City and the Crown. Vienna and the Imperial Court. 1600–1740, West Lafayette (IN) 1995

Stockhammer 2004
Andrea Stockhammer, Saal IV bis X, in: Liechtenstein Museum Wien. Die Sammlungen, hg. von Johann Kräftner, München/Berlin/London/New York 2004, S. 96–423

Storffer 1730
Ferdinand Storffer, Gemaltes Inventarium der Aufstellung der Gemäldegalerie in der Stallburg, Bd. II, Wien 1730

Strunck 2005
Christina Strunck, Bernini zitiert sich selbst? Die Kunstmöbel der Galleria Colonna in Rom, in: Römische Historische Mitteilungen, Bd. 47, 2005, S. 227–278

Swoboda 2010
Gudrun Swoboda, Die Galerie Kaiser Karls VI. in Wien. Solimenas Widmungsbild und Storffers Inventar (1720–1733), Wien 2010

Syndram 1991
Dirk Syndram, »Geschirrlein aus Renotzerhorn« – Nasenhörner als seltene Kunstkammergegenstände, in: Dirk Syndram (Hg.), Naturschätze. Kunstschätze. Vom organischen und mineralischen Naturprodukt zum Kunstobjekt, Ausst.-Kat. Naturkunde-Museum der Stadt Bielefeld, Bielefeld 1991, S. 52–53

Syndram 1996
Dirk Syndram, Kunsthandwerk, in: Uwe Wieczorek (Hg.), Meisterwerke der Sammlungen des Fürsten von Liechtenstein, Skulpturen, Kunsthandwerk, Waffen, Bern 1996, S. 95–206

Syndram 2005
Dirk Syndram, Schatzkunst der Renaissance und des Barock. Das Grüne Gewölbe zu Dresden, München/Berlin 2005

Täuber 1730
Johann Martin Täuber, Kurtzer Unterricht von der Dreh-Kunst [...], Regensburg 1730

Tauschhuber 1947
Georg Tauschhuber, Kaiser Leopold I. und das Wiener Barocktheater, Phil. Diss., München 1947

Teubers 1983
Johann Martin Teubers Mechanici. Reprint 1756, Hannover 1983

The Illustrated Bartsch
The Illustrated Bartsch, Bd. 19, Teil 1: German Masters of the sixteenth Century. Virgil Solis: Intaglio Prints and Woodcuts, hg. von Jane S. Peters, New York 1987

Theuerkauff 1962/1
Christian Theuerkauff, Elfenbein in Klosterneuburg (Klosterneuburger Kunstschätze, Bd. 2), Klosterneuburg 1962

Theuerkauff 1962/2
Christian Theuerkauff, A signed ivory tankard by Ignaz Elhafen, in: The Burlington Magazine 104, 1962, S. 289–291

Theuerkauff 1964
Christian Theuerkauff, Studien zur Elfenbeinplastik des Barock, Matthias Rauchmiller und Ignaz Elhafen, Freiburg i. Br. 1964 (Diss.) [mit Werkverzeichnis]

Theuerkauff 1965
Christian Theuerkauff, Der Elfenbeinbildhauer Adam Lenckhardt, in: Jahrbuch der Hamburger Kunstsammlungen, Bd. 10, 1965, S. 27–70

Theuerkauff 1966
Christian Theuerkauff, An Ivory Carving of Judith and Holofernes and the Work of the Master F. G., in: Register, Museum of Art, University of Kansas, Bd. 3, 1966, 5/6, S. 2–35

Theuerkauff 1967
Christian Theuerkauff, Die Jagd in der Kunst. Elfenbeinarbeiten aus dem Barock, Hamburg/Berlin 1967

Theuerkauff 1968
Christian Theuerkauff, Der »Helffenbeinarbeiter« Ignaz Elhafen, in: Wiener Jahrbuch für Kunstgeschichte, Bd. XXI, 1968, S. 92–157

Theuerkauff 1972/1
Christian Theuerkauff, »Kunststückhe von Helfenbein« – zum Werk der Gebrüder Stainhart, in: Alte und moderne Kunst, 17. Jg., 1972, Heft 124/125, S. 22–33

Theuerkauff 1972/2
Christian Theuerkauff, Una statuetta di Tritone a Londra: opera giovanile di Matthias Steinl?, in: Antichità viva, Bd. 11, 1972, Heft 5, S. 49–62

Theuerkauff 1973
Christian Theuerkauff, Zum Werk des Monogrammisten B. G (vor 1662–nach 1680), in: Aachener Kunstblätter 44, 1973, S. 245–286

Theuerkauff 1983
Christian Theuerkauff, Jacob Auer – »Bildhauer in Grins«, in: Pantheon 41, 1983, S. 194–208

Theuerkauff 1984
Christian Theuerkauff, Elfenbein. Sammlung Reiner Winkler, München 1984

Theuerkauff 1986
Christian Theuerkauff, Die Bildwerke in Elfenbein des 16.–19. Jahrhunderts (Die Bildwerke der Skulpturengalerie Berlin, Bd. II), Berlin 1986

Theuerkauff 1990
Christian Theuerkauff, Addenda und Anmerkungen zum Katalog der Ausstellung »Leonhard Kern (1588–1662)« in Schwäbisch-Hall, in: Leonhard Kern (1588–1662). Neue Forschungsbeiträge, zusammengestellt und hg. von Harald Siebenmorgen, Folgeband zu Schwäbisch Hall 1988, Kataloge des Hällisch-Fränkischen Museums Schwäbisch-Hall, Bd. 2 – Supplement, Sigmaringen 1990, S. 38–74

Theuerkauff 1991
Christian Theuerkauff, Johann Ignaz Bendl: Sculptor and Medalist, in: Metropolitan Museum Journal 26, 1991, S. 227–275

Theuerkauff 1994
Christian Theuerkauff, Elfenbein. Sammlung Reiner Winkler, Bd. II, München 1994

Theuerkauff 1995
Christian Theuerkauff, Adam Lenckhardt (1610–1661). Daten zu Leben und Werken, in: Ausst.-Kat. München 1995, S. 93–139

Theuerkauff 1996
Christian Theuerkauff, Zu drei Elfenbeinreliefs der Kirchberger Kunstkammer auf Schloß Neuenstein, in: Hofkunst in Hohenlohe, hg. von Harald Siebenmorgen, Sigmaringen 1996, S. 123–149

Theuerkauff 2000
Christian Theuerkauff, David Heschler (1611–1667), in: Weltkunst, 70. Jg., 2000, S. 1704–1708

Theuerkauff 2003
Christian Theuerkauff, Baroque ivories from the collection of Anselm Salomon von Rothschild in Vienna, in: Apollo, Bd. CLVII, Nr. 492, Februar 2003, S. 15–25

Thinesse 1977
Jutta Thinesse, Appendix zum Elfenbeinkatalog Rudolf Berliners, maschinenschriftliches Manuskript, München 1977

Tietze 1917
Hans Tietze, Ein Besuch in Wien beim Regierungsantritt Kaiser Leopold I. Nach einem Reisediarium aus dem Jahre 1660, Wien 1917

Tietze-Conrat 1920
Erika Tietze-Conrat, Die Erfindung im Relief. Ein Beitrag zur Geschichte der Kleinkunst, in: Jahrbuch der Kunsthistorischen Sammlungen in Wien, Bd. 35, Heft 3, 1920, S. 99–176

Tillmann 2009
Max Tillmann, Ein Frankreichbündnis der Kunst. Kurfürst Max Emanuel von Bayern als Auftraggeber und Sammler (Passagen Bd. 25), München 2009

Tinagli 1997
Paola Tinagli, Women in Italian Renaissance Art. Gender – Representation – Identity, Manchester/New York 1997

Tissot 1932
Will Tissot, Samson und Herkules in den Gestaltungen des Barock (Diss. Greifswald 1930), Stadtroda 1932

Töwe 1938
Christian Töwe, Eine Elfenbeinarbeit von Ignaz Elhafen, in: Wallraf-Richartz-Jahrbuch, Bd. X, 1938, S. 247–250

Trnek 2007
Helmut Trnek, Sammlungsgeschichtliches zum Elfenbein aus ehemals habsburgischem Besitz, in: Seipel 2007, S. 11–19

Vehse 2008
Karl Eduard Vehse, Habsburger privat, hg. von Kai Kilian, Köln 2008

Veldman 2001
Ilja M. Veldman, Profit and Pleasure. Print Books by Crispijn de Passe, Rotterdam 2001

Vocelka 1997
Karl Vocelka, Die Lebenswelt der Habsburger. Kultur- und Mentalitätsgeschichte einer Familie, Graz/Wien/Köln 1997

Volk 1980
Peter Volk, Satyrköpfe mit Geweihen in Maximilians Kammergalerie, in: Quellen und Studien zur Kunstpolitik der Wittelsbacher vom 16. bis zum 18. Jahrhundert (Mitteilungen des Hauses der Bayerischen Geschichte I), München 1980, S. 175–178

Volk 1995
Katharina Volk, Marsyas in der antiken Literatur, in: Ausst.-Kat. München 1995, S. 13–18

Volk 1995/1
Peter Volk, Adam Lenckhardts »Apoll schindet Marsyas« und weitere Werke seiner Hand mit profanen Themen, in: Ausst.-Kat. München 1995, S. 197–228

Volk 1995/2
Peter Volk, Kat.-Nr. 51–52, in: Ausst.-Kat. München 1995, S. 249–250

Volk-Knüttel 1980
Brigitte Volk-Knüttel, Maximilian I. von Bayern als Sammler und Auftraggeber. Seine Korrespondenz mit Philipp Hainhofer 1611–1615, in: Quellen und Studien zur Kunstpolitik der Wittelsbacher vom 16. bis zum 18. Jahrhundert (Mitteilungen des Hauses der Bayerischen Geschichte I), München 1980, S. 83–128.

Wagner 1990
Franz Wagner, Die Hornschneider und Dosenmacher, in: Ausst.-Kat. Salzburg 1990, S. 65–62

Wagner 1994
Franz Wagner, Balthasar Grießmann (um 1620–1706). Überlegungen zu einer Identifizierung des Monogrammisten B. G., in: Barockberichte: Informationsblätter aus dem Salzburger Barockmuseum zur bildenden Kunst des 17. und 18. Jahrhunderts, Bd. 8/9, 1994, S. 334–340

Wangermann 1997
Ernst Wangermann, Leopold I., in: Deutsche Biographische Enzyklopädie, Bd. 6, 1997

Waterman 2007
Joshua Paul Waterman, Intersections of Art and Literature of the Silesian Baroque: Studies on the Works of Matthias Rauchmiller, Daniel Caspar von Lohenstein, Michael Willmann, and Johannes Scheffler (Angelus Silesius), Princeton University 2007

Weihrauch 1967
Hans R. Weihrauch, Europäische Bronzestatuetten, 15.–18. Jahrhundert, Braunschweig 1967

Welich 2001/02
Dirk Welich, Balthasar Permoser(1651–1732), Chronos, in: Ausst.-Kat. Dresden 2001/02, S. 20–21

Welker 1994
Klaus Welker, Artikel Rochus (Roch) von Montpellier, in: Lexikon der christlichen Ikonographie, hg. von Engelbert Kirschbaum u. a., 1994, Bd. 8, Sp. 275–278

Wieczorek 1998
Uwe Wieczorek, »Götter wandelten einst…«. Antiker Mythos im Spiegel alter Meister aus den Sammlungen des Fürsten von Liechtenstein, Bern 1998

Wiener 2009
Jürgen Wiener, Entführte Elemente. Ikonographische Gelegenheiten, Verlegenheiten und Vorwände der Raptusgruppen in Salzburg und Versailles, in: Beständig im Wandel: Innovationen, Verwandlungen, Konkretisierungen, Festschrift für Karl Möseneder zum 60. Geburtstag, hg. von Christian Hecht, Berlin 2009, S. 221–238

Wietig 2006
Christina Wietig, Perücken, Puder und Schminke der Damen als Ausdruck aristokratischer Lebensart im gesellschaftlichen Kontext der Zeit – Kulturgeschichtliche Aspekte der Körperbildästhetik, in: Ausst.-Kat. Braunschweig 2006, S. 25–40

Wilhelm 1990
P. Wilhelm, Artikel: Auferstehung Christi, in: Lexikon der christlichen Ikonographie, hg. von Engelbert Kirschbaum u. a., 1990, Bd. 1, Sp. 201–218

Winkelbauer 2003
Thomas Winkelbauer, Das Habsburgerreich und die Osmanen, in: Österreichische Geschichte. 1522–1699. Ständefreiheit und Fürstenmacht. Länder und Untertanen des Hauses Habsburg im konfessionellen Zeitalter, Wien 2003, S. 423–448

Winter 2009
Heinz Winter, Glanz des Hauses Habsburg. Die habsburgische Medaille im Münzkabinett des Kunsthistorischen Museums (Sammlungskatalog des Kunsthistorischen Museums 5), hg. von Wilfried Seipel, Wien 2009

Witzmann 2005
Reingard Witzmann, Die Pestsäule am Graben in Wien (Wiener Geschichtsblätter, hg. vom Verein für Geschichte der Stadt Wien, Beiheft 4, 2005), Wien 2005

Wolfthal 1999
Diane Wolfthal, Images of Rape. The »Heroic« Tradition and its Alternatives, Cambridge1999

Wünsche 1998/1
Raimund Wünsche, Torso des Michelangelo, in: Ausst.-Kat. München/Rom 1998, S. 30–37

Wünsche 1998/2
Raimund Wünsche, Der Torso als Symbol, in: Ausst.-Kat. München/Rom 1998, S. 50–59

Zimerman 1889
Heinrich Zimerman (Hg.), Inventare, Acten und Regesten aus der Schatzkammer des Allerhöchsten Kaiserhauses, in: Jahrbuch der Kunsthistorischen Sammlungen des Allerhöchsten Kaiserhauses, Bd. 10, 1889, S. CCI-CCCXXIII

Zoege von Manteuffel 1979
Claus Zoege von Manteuffel, Die Bildhauer Zürn in Oberösterreich, in: Ausst.-Kat. Braunau 1979, S. 101–105

Zöllner 1990
Erich Zöllner, Geschichte Österreichs, Wien/München 1990

Ausstellungskataloge

Ausst.-Kat. Augsburg 2000
Adriaen de Vries 1556–1626. Augsburgs Glanz – Europas Ruhm, hg. von Björn R. Kommer, Augsburg, Städtische Kunstsammlungen, 11. März – 12. Juni 2000, Heidelberg 2000

Ausst.-Kat. Braunau 1979
Die Bildhauerfamilie Zürn 1585–1724. Schwaben/Bayern/Mähren/Österreich, Braunau am Inn, 27. April – 28. Oktober 1979, Linz 1979

Ausst.-Kat. Braunschweig 2006
Lockenpracht und Herrschermacht. Perücken als Statussymbol und modisches Accessoire, hg. von Jochen Luckhardt/Regine Marth, Braunschweig, Herzog Anton Ulrich-Museum, 10. Mai – 30. Juli 2006, Berlin 2006

Ausst.-Kat. Dresden 2001/02
Balthasar Permoser hat's gemacht. Der Hofbildhauer in Sachsen, hg. von Bärbel Stephan, Dresden, Staatliche Kunstsammlungen, Skulpturensammlung, 4. August 2001 – 27. Januar 2002, Dresden 2001

Ausst.-Kat. Düsseldorf 1958
Johann Wilhelm von der Pfalz als Mäzen. Kunstmuseum der Landeshauptstadt Düsseldorf, Sonderausstellung im Schloss Jägerhof April – Mai 1958 zum 300. Geburtstage des Kurfürsten Johann Wilhelm, Düsseldorf 1958

Ausst.-Kat. Erbach 1975
Westeuropäische Elfenbeinarbeiten. 11. – 19. Jahrhundert aus der Staatlichen Ermitage Leningrad, hg. von Martha Kryjanowskaja und Ljubov Faenson, Deutsches Elfenbeinmuseum Erbach, 21. Juni – 20. Juli 1975, Erbach 1975

Ausst.-Kat. Erbach 1995
Wiedergewonnen. Elfenbein-Kunststücke aus Dresden, eine Sammlung des Grünen Gewölbes, hg. von Dirk Syndram, Deutsches Elfenbeinmuseum Erbach, 2. Juni – 3. Dezember 1995, Erbach 1995

Ausst.-Kat. Erbach/Dresden/Frankfurt 2001/02
Elfenbein. Einblicke in die Sammlung Reiner Winkler, hg. von Jutta Kappel, Deutsches Elfenbeinmuseum Erbach, 24. März– 29. Juli 2001 / Staatliche Kunstsammlungen Dresden, Albertinum, 11. August – 18. November 2001 / Städtische Galerie Liebieghaus – Museum alter Plastik Frankfurt am Main, 6. Dezember 2001 – 3. März 2002, Wolfratshausen 2001

Ausst.-Kat. Frankfurt 1985/86
Natur und Antike in der Renaissance, hg. von Herbert Beck/Peter C. Bol, Liebieghaus – Museum alter Plastik, Frankfurt am Main, 5. Dezember 1985 – 2. März 1986, Frankfurt am Main 1985

Ausst.-Kat. Frankfurt 2006
Der Furienmeister, hg. von Herbert Beck/Peter C. Bol/ Maraike Bückling/Max Hollein, Liebieghaus – Museum alter Plastik, Frankfurt am Main, 4. April – 9. Juli 2006, Petersberg 2006

Ausst.-Kat. Hamburg 1993
Pegasus und die Künste, hg. von Claudia Brink/Wilhelm Hornbostel, Hamburg, Museum für Kunst und Gewerbe, 8. April – 31. Mai 1993, München/Berlin 1993

Ausst.-Kat. Hamburg 2004
In fürstlichem Glanz. Der Dresdner Hof um 1600, Hamburg, Museum für Kunst und Gewerbe, 10. Juni – 26. September 2004, Mailand 2004

Ausst.-Kat. Innsbruck 1975
Jagd und Kunst, hg. vom Tiroler Landesmuseum Ferdinandeum und Tiroler Jagdschutzverein 1875, Oktober – November 1975, Innsbruck 1975

Ausst.-Kat. Innsbruck 1995
Natur und Kunst. Handschriften und Alben aus der Ambraser Sammlung Erzherzog Ferdinands II. (1529–1595), hg. von Alfred Auer/Eva Irblich, Wien, Kunsthistorisches Museum und Österreichische Nationalbibliothek in Schloss Ambras, Innsbruck, 23. Juni – 24. September 1995, Wien 1995

Ausst.-Kat. Karlsruhe 1996
Für Baden gerettet. Erwerbungen des Badischen Landesmuseums 1995 aus den Sammlungen der Markgrafen und Großherzöge von Baden, hg. von Harald Siebenmorgen, Karlsruhe, Badisches Landesmuseum, 13. März – 9. Juni 1996, Karlsruhe 1996

Ausst.-Kat. Konstanz/Freiburg/Stuttgart 1996
Christoph Daniel Schenck 1633–1691, hg. von Rosgartenmuseum Konstanz/Augustinermuseum Freiburg/ Württembergisches Landesmuseum Stuttgart, Sigmaringen 1996

Ausst.-Kat. München 1994
Silber und Gold. Augsburger Goldschmiedekunst für die Höfe Europas, hg. von Reinhold Baumstark/Helmut Seling, München, Bayerisches Nationalmuseum, 23. Februar – 29. Mai 1994, München 1994

Ausst.-Kat. München 1995
Apoll schindet Maryas. Über das Schreckliche in der Kunst. Adam Lenckhardts Elfenbeingruppe, hg. von Reinhold Baumstark/Peter Volk, München, Bayerisches Nationalmuseum, 15. März – 18. Juni 1995, Passau 1995

Ausst.-Kat. München 2007
Georg Petel (1601/02–1634). Bildhauer im Dreißigjährigen Krieg, hg. von León Krempel, München, Haus der Kunst, 9. Mai – 19. August 2007, München 2007

Ausst.-Kat. München/Rom 1998
Der Torso. Ruhm und Rätsel, hg. von Raimund Wünsche, München, Staatliche Antikensammlungen und Glyptothek, 21. Januar – 29. März 1998, München 1998

Ausst.-Kat. New York 1985/86
Liechtenstein. The Princely Collections, New York, The Metropolitan Museum of Art, 26. Oktober 1985 – 1. Mai 1986, New York 1985

Ausst.-Kat. Nürnberg 1998
Von teutscher Not zu höfischer Pracht 1548–1701, hg. von G. Ulrich Großmann, Nürnberg, Germanisches Nationalmuseum, 2. April – 16. August 1998, Kleve 1998

Ausst.-Kat. Prag 1982
Oldrich Blazicek, Jan Jiří Bendl: výběr řezeb pražského sochaře raného baroku, Národní Galerie, Prag 1982

Ausst.-Kat. Regensburg 2004
Grenzenlos. Geschichte der Menschen am Inn, hg. von Egon Boshof, Katalog zur ersten Bayerisch-Oberösterreichischen Landesausstellung 2004, Asbach/Passau/Reichersberg/Schärding, Regensburg 2004

Ausst.-Kat. Salzburg 1990
Geschnitztes Steinbockhorn, hg. von Johannes Neuhardt, XIV. Sonderschau im Dommuseum Salzburg, Salzburg 1990

Ausst.-Kat. Salzburg 2008
Sünde. Süße Laster – Lässliche Moral in der bildenden Kunst, hg. von Thomas Habersatter, Residenzgalerie Salzburg, 11. Juli –2. November 2008, Salzburg 2008

Ausst.-Kat. Schleißheim 1976
Kurfürst Max Emanuel. Bayern und Europa, Bd. 2, Katalog der Ausstellung im Alten und Neuen Schloß Schleißheim, 2. Juli – 3. Oktober 1976, München 1976

Ausst.-Kat. Schwäbisch Hall 1988
Leonhard Kern (1588–1662). Meisterwerke der Bildhauerei für die Kunstkammern Europas, hg. von Harald Siebenmirgen, Schwäbisch Hall, Hällisch-Fränkisches Museum, 22. Oktober – 15. Januar 1989, Bd. 2, Sigmaringen 1988

Ausst.-Kat. Wien 1983
Die Türken vor Wien. Europa und die Entscheidung an der Donau 1683., hg. von Rudolf Waissenberger, Historisches Museum der Stadt Wien, 5. Mai – 30. Oktober 1983, Wien 1983

Ausst.-Kat. Wien 1986
Prinz Eugen und das barocke Österreich, hg. von Karl Gutkas, Wien, Niederösterreichisches Landesmuseum, 22. April – 26. Oktober 1986, Wien 1986

Ausst.-Kat. Wien 1987
Zauber der Medusa. Europäische Manierismen, hg. von Werner Hofmann, Wiener Künstlerhaus, 3. April – 12. Juli 1987, Wien 1987

Ausst.-Kat. Wien 1991
Zu Gast in der Kunstkammer, Wien, Kunsthistorisches Museum, 12. Oktober – 15. Dezember 1991, Wien 1991

Ausst.-Kat. Wien 1995
Eros und Mythos. Kunst am Hof Rudolfs II., hg. von Wilfried Seipel, Wien, Kunsthistorisches Museum, 15. April – 5. Juni 1995, Wien 1995

Ausst.-Kat. Wien 2000
Exotica. Portugals Entdeckungen im Spiegel fürstlicher Kunst- und Wunderkammern der Renaissance, Wien , Kunsthistorisches Museum, 3. März – 21. Mai 2000, Wien 2000

Impressum

Diese Publikation erscheint anlässlich der Ausstellung
Elfenbein. Barocke Pracht am Wiener Hof
Liebieghaus Skulpturensammlung, Frankfurt am Main
3. Februar bis 26. Juni 2011

Katalog

Herausgeber
Maraike Bückling, Sabine Haag

Projektleitung und Redaktion
Eva Maria Breisig

Katalogmanagement
Eva Mongi-Vollmer

Lektorat
Ines Dickmann, Köln

Satz und Reproduktion
Carolin Zentgraf, Michael Imhof Verlag

Gestaltung
Cathrin Ladwig

Lithografie
Carolin Zentgraf, Michael Imhof Verlag

Druck
Grafisches Centrum Cuno, Calbe

Schrift
Adobe Garamond und Kievit

Papier
LumiSilk, 150 g/qm²

Erschienen im
Michael Imhof Verlag GmbH & Co. KG
Stettiner Str. 25
36100 Petersberg
Tel. +49 661 9628286
www.imhof-verlag.de

Bibliografische Information der Deutschen Nationalbibliothek
Die Deutsche Nationalbibliothek verzeichnet diese Publikation
in der Deutschen Nationalbibliografie; detaillierte bibliografische
Daten sind im Internet über http://dnb.d-nb.de abrufbar.

ISBN 978-3-86568-639-8
www.imhof-verlag.de

Printed in Germany

Liebieghaus Skulpturensammlung

Direktor
Max Hollein

Kuratorinnen
Maraike Bückling, Sabine Haag

Projektleitung und wissenschaftliche Mitarbeit
Eva Maria Breisig

Ausstellungsorganisation
Katja Hilbig, Sven Lubinus, Doris Prade

Restauratorische Betreuung
Harald Theiss, Sabine Schwab, Petra Bausch

Technik/Aufbau
Nils Jahnke, Thomas Pietrzak, Thomas König

Ausstellungsarchitektur
Kühn Malvezzi Architekten, Berlin

Grafik Intern
Cathrin Ladwig, Sandra Adler

Sponsoring
Julia Lange, Julia Hammer

Marketing
Kerstin Schultheis, Laura Salice, Daniela Bamberger

Presse/PR
Dorothea Apovnik, Axel Braun, Sarah Heider

Bildung und Vermittlung
Chantal Eschenfelder, Céline Mülich, Kirsten Herrmann

Finanzen
Heinz-Jürgen Bokler, Adelheid Felsing, Claudia Kroh, Jutta Okos, Iris Sauer, Susann Schürer

Liebieghaus Skulpturensammlung
Schaumainkai 71
60596 Frankfurt am Main
Telefon +49 69 650049-0
Telefax +49 69 650049-150
www.liebieghaus.de

Partner und Förderer der Liebieghaus Skulpturensammlung
Förderstiftung Liebieghaus
Hogan Lovells
InterContinental Frankfurt

Partner der Liebieghaus Skulpturensammlung, des Städel Museums und der Schirn Kunsthalle Frankfurt
Allianz Global Investors
Bank of America Merrill Lynch
Ernst & Young
Fraport AG
Hardtberg Stiftung
Mayer Brown LLP
PwC-Stiftung Jugend – Bildung – Kultur
SAP AG
Škoda Auto Deutschland GmbH
Stadt Frankfurt am Main
Zumtobel

Abbildungsnachweis

Amsterdam, Collection Rijksprentenkabinet: Abb. 54

Antwerpen, © Museum Plantin-Moretus/Prentenkabinet, image: Peter Maes: Abb. 57

Baltimore, © The Walters Art Gallery: Abb. 27

Berlin, © bpk/New York, The Metropolitan Museum of Art: Abb. 25–26; /Rom, Vatikanische Museen: Abb. 32

Berlin, © bpk/Scala, Florenz, Loggia dei Lanzi: Abb. 34

Berlin, Staatliche Museen Preußischer Kulturbesitz, Bode-Museum, Archiv: Abb. 33

Maraike Bückling: Abb. 76, 87, 96; Abb. Kat.-Nr. 3d, 4b, 11c

Darmstadt, © Hessisches Landesmuseum, Foto: Wolfgang Fuhrmannek HLMD 2010: Abb. Kat.-Nr. 8a–8c

Dresden, © Grünes Gewölbe, Staatliche Kunstsammlungen Dresden, Foto: Jürgen Karpinski: Abb. 3, 103, 107

Dresden, Bildarchiv Grünes Gewölbe, Staatliche Kunstsammlungen Dresden, Foto: Sabine Schwab: Abb. 101–102, 105, 106

Frankfurt am Main, © Liebieghaus Skulpturensammlung/Archiv: Abb. 58–60; Abb. Kat.-Nr. 1a–b, 10a–f, 12a–c, 15a, 18a–b, 23a–b, 24a–b, 34a–b; S. 112, 182

Frankfurt am Main, © Liebieghaus Skulpturensammlung – Artothek: Abb. 73

Frankfurt am Main, © Städel Museum, Graphische Sammlung: Abb. 69

Geisenheim, Pfarrkirche © Foto: Laufs, Geisenheim: Abb. 117

Gotha, © Stiftung Schloss Friedenstein, Schlossmuseum: Abb. 28a–c

Hamburg, © Museum für Kunst und Gewerbe Hamburg: Abb. Kat.-Nr. 25a–b

Hartford, Foto © 2010, Wadsworth Atheneum Museum of Art/Art Resource, NY/Scala, Florence: Abb. 38

Innsbruck, © Kuratorium zur Erhaltung der Hofkirche, Innsbruck: Abb. 90

Karlsruhe, © Badisches Landesmuseum, Foto: Thomas Goldschmidt: Abb. 39; Abb. Kat.-Nr. 3a–c

Klosterneuburg, Stiftssammlungen, © Foto: Verlag Janos Stekovics: Abb. 40; © Foto: Michael Zechany: Abb. 86

Kremsmünster, Stiftssammlung: Abb. 91

Lawrence/Kansas, © The University of Kansas, Museum of Art: Abb. 46

Legnica, Muzeum Miedzi, Piastenmausoleum, © 2010 Foto: Franciszek Grzywacz: Abb. 118

Linz, © Oberösterreichische Landesmuseen, Schlossmuseum, Foto: A. Bruckböck: Abb. 9

London, © Trustees of the British Museum: Abb. 61

London, © V&A Images/Victoria and Albert Museum, London: Abb. 48, 71

München, © Bayerisches Nationalmuseum, Foto: Walter Haberland: Abb. 47, 50, 72, 81, 83, 94, 109– 116; Abb. Kat.-Nr. 4a, 4c–d; S. 222; Foto: Bastian Krack: Abb. 64

München, © Bayerische Schlösserverwaltung: Abb. 77

München, © Kunstkammer Georg Laue: Abb. 70

Ontario, © Art Gallery of Ontario: Abb. 43

Sabine Schwab: Abb. 99–100, 104, 108; S. 214

Starnberg, © Kunsthandlung Julius Böhler: Abb. Kat.-Nr. 22a–f

Vaduz–Wien, © Sammlungen des Fürsten von und zu Liechtenstein: Abb. 37, 65–67, 93, 119–128; S. 230

Weimar, © Klassik Stiftung Weimar: Abb. 82

Wien, © Albertina: Abb. 30, 52–53, 55, 68, 88

Wien, © Foto Bundesdenkmalamt: Abb. 78

Wien, © Kunsthistorisches Museum: Abb. 1–2, 4–8, 10–14, 15a–b, 16–21, 22a–b, 23–24, 35–36, 41–42, 44–45, 49, 51, 62–63, 74–75, 79–80, 84–85, 92, 95, 97–98; Abb. Kat.-Nr. 2a–d, 5a–d, 6a–g, 7a–g, 9a–f, 11a–b, 11d, 13a–d, 14a–d, 16a–d, 17a–c, 19a, 20a–g, 21a–f, 26a, 27a, 28a, 29a–29b, 30a–b, 31a–c, 32a, 33a–b, 35a–c, 36a; S. 4, 14, 34, 58, 76, 134, 154, 168, 204, 212–213, 242, 251; Umschlagvorderseite

Wien, MAK – Österreichisches Museum für angewandte Kunst / Gegenwartskunst, Foto: © MAK: Abb. 89

Umschlagvorderseite: Detail aus Abb. Kat.-Nr. 21c
Seite 2–3: Ferdinand Storffer, Gemaltes Inventarium der Aufstellung der Gemäldegalerie in der Stallburg, Bd. II, 1730, fol. 5
Seite 4: Detail aus Abb. Kat.-Nr. 14a
Seite 8: Matthias Steinl, Allegorie der Elemente Wasser und Luft, 1688, Elfenbein, Wien, Kunsthistorisches Museum, Kunstkammer (Detail)
Seite 10: Matthias Steinl, Allegorie der Elemente Wasser und Luft, 1688, Elfenbein, Wien, Kunsthistorisches Museum, Kunstkammer (Detail)
Seite 12–13: Detail aus Abb. Kat.-Nr. 21
Seite 14: Matthias Steinl, Kaiser Leopold I. als Sieger über die Türken, Wien 1690–1693, Elfenbein, Wien, Kunsthistorisches Museum, Kunstkammer
Seite 32–33: Detail aus Abb. Kat.-Nr. 23a
Seite 34: Adam Lenckhardt, Bacchantengruppe, 1651, Rhinozeroshorn, Wien, Kunsthistorisches Museum, Kunstkammer
Seite 58: Detail aus Abb. Kat.-Nr. 6a
Seite 76: Balthasar Grießmann, Deckelhumpen, 1662, Elfenbein, Wien, Kunsthistorisches Museum (Detail)
Seite 112: Detail aus Abb. Kat.-Nr. 18a
Seite 134: Matthias Steinl, König Joseph I. als Sieger über den Furor, 1693, Wien, Kunsthistorisches Museum, Kunstkammer
Seite 154: Jacob Auer, Apoll und Daphne, um 1688/90, Elfenbein, Wien, Kunsthistorisches Museum, Kunstkammer
Seite 168: Detail aus Abb. Kat.-Nr. 26a
Seite 182: Detail aus Abb. Kat.-Nr. 34b
Seite 204: Johann Andreas Thelott, Allegorie auf Kaiser Leopold I. mit der Majestas und Amor, 1687, Silber, Wien, Kunsthistorisches Museum, Kunstkammer
Seite 212–213: Detail aus Abb. Kat.-Nr. 9a
Seite 214: Unbekannter Meister, Kokosnusspokal mit Elfenbeinaufsatz, um 1700, Kokosnuss, Elfenbein, Süddeutschland, Museumslandschaft Hessen Kassel
Seite 222: Detail aus Abb. 113
Seite 230: Detail aus Abb. 120
Seite 240–241: Adam Lenckhardt, Perseus rettet Andromeda, 1643, Elfenbein, Karlsruhe, Badisches Landesmuseum
Seite 242: Detail aus Abb. Kat.-Nr. 20a
Seite 251: Johann Caspar Schenck, Deckelpokal – »Begegnung des Kaisers Pentheus mit Bacchus«, um 1670, Elfenbein, Wien, Kusnthistorisches Museum, Kunstkammer (Detail)
Seite 254–255: Ferdinand Storffer, Gemaltes Inventarium der Aufstellung der Gemäldegalerie in der Stallburg, Bd. II, 1730, Tafel 53

Die übrigen Abbildungen entstammen den Archiven der Autoren bzw. dem Bildarchiv und der Vorlagensammlung der Liebieghaus Skulpturensammlung. Nicht in allen Fällen war es möglich, Rechtsinhaber der Abbildungen ausfindig zu machen. Berechtigte Ansprüche werden selbstverständlich im Rahmen der üblichen Vereinbarungen abgegolten.